U0921691

南亚研究丛书·薛克翘文集（三）

本文集主编　姜景奎

# 中印文化交流史

A HISTORY OF CHINA-INDIA CULTURAL EXCHANGES

薛克翘　著

中国大百科全书出版社

**图书在版编目（CIP）数据**

中印文化交流史 / 薛克翘著. -- 北京：中国大百科全书出版社，2017.1

ISBN 978-7-5000-9997-0

Ⅰ.①中… Ⅱ.①薛… Ⅲ.①中印关系—文化交流—文化史 Ⅳ.①K203②K351.03

中国版本图书馆CIP数据核字（2016）第296133号

**责任编辑：**王　宇
**封面设计：**春天书装工作室
**责任印制：**乌　灵

中国大百科全书出版社 出版发行
（北京阜成门北大街17号　邮政编码：100037　电话：010-68315606）
网址：http://www.ecph.com.cn
新华书店经销
北京杰瑞腾达科技发展有限公司排版
北京汇瑞嘉合文化发展有限公司印刷
开本：710毫米×1000毫米　1/16　印张：27.25　字数：460千字
2017年1月第1版　2017年1月第1次印刷
ISBN 978-7-5000-9997-0
定价：68.00元

# 南亚研究丛书编委会

# 丛书前言

自古以来，南亚地区就是丝绸之路的要冲，是东西方物质文化和精神文化交流的中间站。中国和南亚又是山水相连的近邻，其直接交流的历史异常悠久，而且内容丰富。当前，中国与南亚各国领导人之间的互访频繁，国家关系紧密、合作空前良好。中国与南亚各国的民间交往也空前活跃，经贸往来、旅游开发，前景广阔。我们需要彼此了解、加深友谊。因此，不论从历史的角度看，还是从现实的角度看，深入开展对南亚各国的研究都显得格外重要。

恰在此时，中国大百科全书出版社决定出版一套《南亚研究丛书》，这是具有远见卓识之举。受出版社委托，由吾人出面组织这套丛书，不胜荣幸。吾人者，五人也，按印度的传统，可以叫作“般遮耶多”（Pancayata，今译潘查雅特），即五人会议或五人小组。由五人小组负责组织稿件、审查质量、决定取舍。

经与出版社协商，这套丛书拟出版两个系列：一是研究系列，二是翻译系列。吾人欢迎学风严谨、有独创性的研究专著和文集，也欢迎文笔流畅、具有出版价值的翻译作品。专著和译著的内容可以包括南亚学的方方面面，如历史、地理、宗教、哲学、语言、文字、文学、艺术、社会，以及政治、经济，等等。

长河浩荡，不弃一涓一滴；高山嵬嵬，不遗一草一石；广厦千寻，有赖一砖一瓦。愿吾人的工作有助于我国南亚学研究的深入，增进国人对南亚文化的了解和认识，促进中国与南亚各国人民间的友谊。

有不足之处，还望读者指教。

《南亚研究丛书》编审五人小组

2014年10月28日

# 自序

首先要感谢中国大百科全书出版社的领导和编辑同志们。尤其是龚莉社长、马汝军副总编和滕振微主任，他们在编辑《中印文化交流百科全书》之初就决定开设《南亚研究丛书》这个平台，也给了我出版文集的机会。四年来，几位领导对我给予热情的鼓励和有力的支持，编辑同志们也不厌其烦地予以指正和磋商，心感身受，岂感谢二字所能表达。

二要感谢北京大学姜景奎教授。是他提出将我的部分著作编辑成文集在此平台刊出，并为之作序。我原想，出文集固然好，但那应是身后之事，如能在有限的生年再出几个像样点的成果，再出文集也许更好。但景奎再三动员，说有这样一个平台，机不可失，我便活了心。其实我也知道，在我身后，若非景奎，不会再有人提起出版我文集的事，也不会再有出版社愿意为我出文集了。经他与出版社领导沟通，终成此事，让我提前享受到出文集的快感。此心此情，亦非感谢二字所能表达。

三要感谢多年的同学、同事和好友刘建教授，他愿意为我的文集写篇长序。我们从相识到相知，已经38年。他不仅了解我读研究生、工作及退休后的情况，熟悉我的想法和心情，也熟悉我的作品。他曾编辑、审读、修改和翻译我的作品达数十万字，从来都认真细致，热心真诚。我们中国有个传统，讲究交友之道，向来推崇友善、友诤、友多助、友多闻，刘建就是我这样的挚友。平生能得如是者一二，已是大幸。此情此谊，亦非感谢二字所能表达。

两位教授和好友的序言，使我免去了王婆卖瓜之烦。而关于文集中所收内容，我想多说几句。

《中国与南亚文化交流志》写于20世纪90年代前期，出版于1998年（上海人民出版社《中华文化通志·中外文化交流典》）。出版时，不知是主编还是编辑删掉了我写的后记，这次补上，因为后记中我表明了对老师们和同学们的感恩心迹，而这种心迹和态度是需要传承的。原书的“总序”和“内容提要”此次不再采用。本书共分11章，根据有关史料和考古实证，对上自秦汉，下至20世纪80年代中国与南亚文化交流的事实作了分门别类的记叙和分析。而其中的主要部分，则与我后来的著作《中国印度文化交流史》有所重合。我之所以愿意将它列入文集，是因为其中还有涉及南亚其他国家的内容，也许对后来的研究者会有所帮助。此次再版，除了对个别文字做了订正外，其余部分未作任何修改和调整。

《中印文学比较研究》（外二种）是我研究生毕业后早期成果的汇集。其中，《中印文学比较研究》一书出版于2003年（昆仑出版社），但其绝大部分内容均写于20世纪80年代。最初是以文章的形式发表于《南亚研究》等杂志，后连缀成篇，居然涉及汉魏以来中国文学发展的各个时期。这正说明，在古代，印度文学主要是通过佛教的媒介影响中国文学的；自从印度佛教传入中国，便对中国文学发生了影响；中国文学的各个发展阶段都受到佛教的影响；直到近现代，虽然中印文学交流的领域已经大大扩展，但佛教的影响仍然存在，因为佛教已成为中国文化的一部分，已深深地扎根于人们的头脑中。另外两种，《剪灯新话及其他》也写于80年代，最初以小册子的形式出版于1992年（辽宁教育出版社《古小说评介丛书》）。《西洋记评介》作于90年代中期，最初名为《西洋记》，亦以小册子的形式出版于1999年

(春风文艺出版社《插图本中国文学小丛书》)。敝帚自珍，如今读起这3种作品的文字，虽然常常觉得有得意之笔，但毕竟是较早的作品，也难免有唐突武断之处。今再版，照旧托出，仅供读者参考。

《中印文化交流史》原作于2004～2007年，完成于2007年8月。最初以《中国印度文化交流史》为题，作为《东方文化集成》的一种，由昆仑出版社出版于2008年初。由于此前曾写过《佛教与中国文化》和《中国与南亚文化交流志》两书，所以此书的撰写已经有了基本的纲要和素材，加上电脑文字搬家的便利，仅用三四年的时间便告完成。此次再版，对一些地方作了大段的裁剪，也对一些具体问题作了修订。希望它比原先的版本更好一点。

《印度民间文学》一书是我2007年应北京大学张玉安和陈岗龙教授之邀而作，2008年完稿，最初作为《东方民间文学丛书》之一出版于2008年12月(宁夏人民出版社)。根据当时出版社编辑的要求，此书的写作既要体现学术价值，又要有一定的知识性和趣味性。虽然当时尽力而为，但仍难以达到那种学术性与趣味性完美结合的高度。此次再版，未作改动。作为我国目前为止唯一一部关于印度民间文学的带有一定学术性的专著，也许对读者有点用处。书后的附件，也算是印度民间文学的重要内容，摘自我主编的《东方神话传说》第四卷(北京大学出版社，1999年版)。其中，《罗摩的故事》最初由我根据中文和印地文资料编写。《摩诃婆罗多的故事》最初由张钟群学长根据中外文资料编写，此次我又将它改编缩写。《黑天的故事》原先也是由钟群学长依据《诃利世系》编译，此次我又在此基础上加以改编、缩写。所以，在这里要特别感谢钟群学长。《黑天的故事》来自《诃利世系》，是钟群学长首次将它编译出来，详细地介绍给国人。这个故事的价值不仅在于它是印度民间文学研究的重要资料，而且，它对于印度教的研究也具有重要意义，甚至我们还能从中发现某些古代印度史的痕迹。《黑天的故事》里，也不乏比较文学研究的资料，那些神奇的法宝，那些斗法的情节，那些怪异的神魔，包括它们的坐骑，都很容易让我们联想到中国神魔小说中的一些情节。正因为它具有多方面的价值，所以，这次要特别把它附在书后。

《象步凌空——我看印度》算是一部散文集，或者说是一本普及性读物，最初由世界知识出版社出版于2010年。这次再版，没有改动，因为我觉得书中的内容和有关提法至今并未过时，依然有一定的知识性和可读性。

《走近释迦牟尼》收录了我独著与合著的4个剧本。其中，电影文学剧本《玄奘》发表最早（1985年第2期《电影创作》），距今已经整整30年了。发表之后，我与合作者高树茂（笔名木君）便一面争取拍摄，一面多方征求意见，并不断修改。为寻求与印度合拍的机会，1985年，请刘建和王槐挺先生将剧本译为英文，并通过各种途径送往印度。在不断修改过程中，还曾请教过中国佛教协会佛教文化研究所所长吴立民先生和赵朴老的秘书李家振先生，并根据他们的意见于1994年作了第六次修改。现在看来，这个30年前的剧本未免幼稚，修改后的剧本也未能达到令人满意的程度。尽管如此，我仍然敝帚自珍，因为它既是一个见证，又是一个鞭策。它见证的是我30年来研究玄奘的过程，它鞭策着我像玄奘那样锲而不舍地工作。就在修改《玄奘》的同时，高树茂再次提出动议，合写另一个电影剧本《五世达赖喇嘛》，经过一段时间的学习和准备，这个剧本也于20世纪80年代末完成了。又经过长时间的周折，在没有得到拍摄机会的情况下，于2003年将它发表在《新剧本》上。2003年，我接到一个邀请，写一部七集专题片《走近释迦牟尼》。经过一番努力，终于在当年写出。该片由华艺音像有限公司与印度英迪拉·甘地基金会合作拍摄于2005年。不久即翻译成英文在中印两国电视台同时播放。影片拍摄和制作过程中对剧本有一些改动，但这里刊出的仍然是改动前的本子。1996年，受一家影视公司负责人的委托，我又写了一部25集的电视专题片《中华国粹——围棋文化》。但写完之后便泥牛入海，再无消息。尽管这是一部不成熟的剧本，但将它发表出来，也许会有益于社会。如果有哪位导演、制片或出品人觉得可以以此为基础，写出一部电视片，更是求之不得。

《印地语文学史》两卷，是在《印度中世纪宗教文学》（昆仑出版社，2011年版）和《印度近现代文学》（昆仑出版社，2014年版）基础上剪裁、增补而成，非我独立之作，除景奎外，尚有北京大学唐仁虎、郭童、姜永红、魏丽明、王靖，以及洛阳解放军外国语学院廖波等先生的作品。此前，刘安武先生曾著《印度印地语文学史》一书。作为前辈学者的著作，我们晚辈曾悉心阅读，颇多受益。我们现将学习心得进一步整理扩充，并大幅度增加了现当代部分的比重，以期有益于后来者，有益于相关学科的建设。

除了以上7部书外，还有4部著作（《印度密教》、《神魔小说与印度密教》、《印度文化论辑》、《印度古代文化史》）和3部译著被列入文集。这后6部书，各有说明，不再赘言。

这14部书，是我到目前为止的主要著作。

薛克翘

2016年元月于京东太阳宫

# 序一

好几年前就有了编辑《薛克翘文集》的想法。

薛克翘先生参加过我的硕士学位论文评阅和博士学位论文答辩。不过，与他的合作始于21世纪初，当时他作为“印度中世纪宗教文学”的课题负责人邀请我和印度学者Rakesh Vats教授参与，之后又有“印度近现代文学”的合作，2012年开始《中印文化交流百科全书》的合作，目前正在合作的是“中印经典和当代作品互译出版项目”，以及“南亚研究丛书”。算起来，这类近距离的合作已十年有余。在之前接触和之后合作的过程中，我从薛克翘先生那里学到很多。在我看来，薛克翘先生为学为人兼优，堪称中国印度学/南亚学研究领域的卓越者。

薛克翘先生平时话少，属于有话则多无话则少的人。他看似不爱“闲话”，聊起来也会滔滔不绝，得看话题。谈学术谈创作，永远有结束不了的议论。跟他聊学术，你会发现，原来学术也可以海阔天空……薛克翘先生实在，爱抽烟，喜甜食，这些对身体无益，但因自由潇洒的性情，其害处似乎又被稀释到最小。由于师母近年的“管束”，他也“收敛”了不少，“节制”了许多。我曾建议他完全戒除，他说还不到时间。哈哈，难道要到90岁以后？薛克翘先生谦虚，学养深厚，却从不目中无人，对小辈饱含提携之心。我从读硕士研究生开始就得益于他的指导，现在看当时的文字议论，颇显幼稚，自觉难为情，却不记得他说过什么负面的言语，反而记得他的鼓励和肯定。现在，对于我的硕士研究生和博士研究生，他也持同样态度，愈显长者风范。

在学术领域，薛克翘先生是我最佩服的学者之一。先生本科就读于北京大学东语系印地语专业，硕士就读于中国社会科学院研究生院南亚系，与印度研究/南亚研究直接关联。本科毕业后，他一直在中国社会科学院南亚研究所/亚太研究所从事印度文化和中印文化交流的研究工作，成果丰硕。2005年5月退休之前，他出版有专著6部、译著5部、工具书2部、普及读物3部、文学创作2部、学术论文70余篇；退休后至今，他发表专著6部、译著2部、工具书2部、普及读物3部、文学创作2部、学术论文40篇，行将出版的专著4部、译著2部……他仍在耕耘，我们会不断看到他的新成果。

在我看来，薛克翘先生在印度研究方面的学术贡献主要体现在三个方面：其一，印度文学及中印比较文学的研究。这方面以专著《印度近现代文学》（合著）、《印度中世纪宗教文学》（合著）、《印度民间文学》以及《中印文学比较研究》为代表，辅以《评普拉萨德的大诗〈迦马耶尼〉》、《最早的印地语苏非传奇长诗〈月女传〉》、《印度独立后印地语诗歌流派简评》等学术论文。《中印文学比较研究》是他在这一领域的代表成果之代表，该著从汉代文学到当代文学，又从当代文学到少数民族文学，全面研究了中印文学的互动、影响。其中的“印度佛教文学的传入”、“读《拾遗记》杂谈”、“从王度的《古镜记说起》”、“中印鹦鹉故事姻缘”、“变文六议”、“《太平广记》的贡献”、“《西游记》与《西域记》”、“鲁迅在印度四例”、“比尔巴与阿凡提”等篇章尤令人拍案，作者从点滴议起，把中印文学放到极微极小的层面，以实在鲜活的事例探讨中印文学的关系，论述了佛教在中印文学交流中的媒介作用、中国文学中的印度佛教因素以及中印当代文学的相对平行双向的交流模式。其二，印度文化及中印文化交流的研究。薛克翘先生在这一领域的代表作有《中国与南亚文化交流志》和《中国印度文化交流史》等。这一研究在中印两国都是显学，关注者甚多，研究成果颇丰。研究者中的佼佼者有中华人民共和国建立以前的梁启超、向达、张星烺、许崇灏等前辈，有建国后不久即成名的季羡林、金克木、常任侠等大家，有改革开放后取得成就的刘安武、林承节、耿引曾、王宏纬等先生。薛克翘先生是“后起之秀”，他凭借自己深厚的语言及文化功底（古汉语、印地语、英语及汉学、佛学等），搜集研究了相关成果，在自己的著作中，前人论及的他研究了，前人没有论及的他也考察了。《中国印度文化交流史》的第七章和“后记”值得提及，前者探讨的是中华人民共和国建立后至2002年前后中印交流的内容，后者则把这一内容一直延续到2007年年中。可以看出，作者搜集了大量相关材料，并科学整理、合理使用，为中印文化交流史增添了全新的一页。其三，印度密教及其与中国神魔小说关系的研究。这似乎是薛克翘先生退休以后的重点研究领域，他先后发表了《印度佛教金刚乘诗歌浅谈》、《印度密教大师萨罗诃及其证道歌》、《关于印度佛教金刚乘八十四悉陀》、《金刚乘悉陀修行诗试解》、《印度佛教金刚乘成就师坎诃巴》、《也谈神怪小说与密教的关涉——〈聊斋志异〉中印文学源流研究》、《印度佛教金刚乘主要道场考》、《牛护是否是金刚悉陀》等学术论文，并即将出版专著《印度密教》和《神魔小说与印度密教》，可谓中国学者在这方面最为扎实的学术贡献。《印度密教》从印度文献入手，使用了印度中世纪金刚乘成就师的诗作、印度教的《火神往世书》和《女神薄伽梵往世书》以及印度民间文学作品《故事海》等，对密教和印度教的关系做了多方面的探讨和阐述，为国内相关研究之先。《神魔小说与印度密教》以《西游记》、《封神演义》和《华光天王传》等为研究文本，解决了前人没有关注或没有解决的问题，许多考证别开生面，打破了神魔小说研究的僵局，开拓了中国古小说研究的视野。

除研究著述外，薛克翘先生对印度文学的翻译也值得书写。他的译文有史诗（节译），如《古印度吠陀时代和列国时代史料选辑》（合译）；有小说，如《檀香树》（中篇）、《还我相思债》（长篇）、《谁之罪》（中篇）、《雷努小说选》（长短篇合集）、《人生旅途没有返回的车票》（短篇）等；有诗歌，如《伯勒萨德诗选》；有评传，如《普列姆昌德传》（合译）等。这些著作的原文大都是印地语，这恰是薛先生的长处，他精通印地语，汉语功底深厚，故译作文字精练到位，对原文及印度文化理解透彻，没有模棱之处，传达了原作的意境，展现了翻译的精准。印度现当代作品汉译不多，薛先生的翻译鼓励促进后学跟进，对丰富和发展这一领域大有裨益。

《中印文化交流百科全书》、《简明南亚中亚百科全书》、《简明东亚百科全书》等是薛克翘先生主编或参与编写的工具书类著述。笔者也参与了《中印文化交流百科全书》的编写工作，深知薛克翘先生的贡献和创新，他是全书主编，也是分支主编，还是执笔者。从组织团队，到编写条目，到审定条目，他事无巨细，必躬亲，必亲审。此外，该书有部分较长的概述条是他自己撰写的，印方建议冠合写或不写著者，他都从大局出发，予以同意认可，表现了大家之风及大学者之雅量。这些著述，名为工具书，但其研究性要远远大于很多专著，其中表现出来的学术价值和专业水准是常人无法体认得到的。

薛克翘先生具作家气质，他在文学创作方面也有不少实践，已经发表电影文学剧本《玄奘》（合著）和《五世达赖喇嘛》（合著）、专题片剧本《走近释迦牟尼》（7集）及散文集《象步凌空——我看印度》等4部作品，另有大型系列片《中华国粹——围棋文化》（25集）还没有发表。2015年年初，他与动漫公司签约，其《玄奘》将被制成大型游戏软件，进军动漫市场。此外，他还应约撰写50集电视连续剧脚本《大唐玄奘》，即将踏入电视剧领域。专业知识与文化市场相结合，这是薛克翘先生的另一贡献。先生“文气冲天”，对于中印文化交流市场的冲击可谓独到。与“进军”文化市场相类似，薛克翘先生对科学普及也有兴趣，他先后发表了相关著述8部，如《围棋故事精萃》、《世界智谋故事精粹》（合主编）、《东方趣事佳话集》（主编）、《东方神话传说》（合主编）、《佛教与中国古代科技》、《中国围棋史话》等。作为后学，我可以想象得到薛先生爱好围棋，却想象不到他会撰写相关著述！

因此，薛克翘先生的笔墨不仅用于专业研究方面，还用于文化普及和教化民众方面，一者显示先生知识博大精深，二者显示先生素养泽被时世，乃真君子也。

退休之后十余年，先生笔耕不辍。祈望先生劳作时不忘健康，以长寿辅之文章。

就年庚而言，薛克翘先生于2015年逢七十华诞。值此吉祥时机，出《薛克翘文集》十数册，记古稀，飨读者。

谢中国大百科全书出版社玉成此事。

如是为序。

姜景奎

于印度加尔各答

2015年12月29日

# 序二

薛克翘先生是中国南亚学界素负盛名的学者，以研究中印文化关系而著称。近40年来，他在这一领域勤苦耕耘，硕果累累。即将面世的多卷本《薛克翘文集》是他半生主要著述的一个集成。由于文集中的一些作品系首次付梓，因此又可将它们视为中印文化关系研究领域的新收获。能先睹这部文集并应命作序，快何如之?

黑格尔在《历史哲学·东方世界·印度》开篇指出:“印度，同中国一样，是一个既现代又古老的神奇国度，一个始终一成不变而又获得至为完善的自我发展的神奇国度。它一直是富于想象力的人们的热望之地，而且对我们而言似乎还是一个仙境，一个魔界。与只是呈现至为平实的‘知性’的中国不同，印度是幻想与感性之域。”（笔者据电子图书馆英文版自译）黑格尔的论断，表明印度对他具有一种特殊的魅力，历来受到学术界的重视和传扬。在他看来，印度是一个新旧文化并存的国家，是一种自成体系的伟大文明，也是一个具有鲜明地域特色的世界。

印度与中国同为文明古国。1999年7月5日上午，季羡林先生在印度文学院授予其名誉院士学衔的仪式上发表演说，高度评价了中印文化交流的历史意义。他说:“自远古以来，中国与印度就一直是好邻邦和好朋友。甚至在先秦时期，即在东周时期，我们已经能够在诸如《战国策》和《国语》

这样一些中国典籍中，主要是在神话和民间传说中，找到印度影响的一些蛛丝马迹。在屈原的诗歌中，特别是在《天问》中，我们也可以发现印度的一些影响，主要是神话方面的影响。在天文学中，我们同样可以找到中国和印度的相互影响。中国的著名发明，如造纸术、印刷术、火药、指南针等，从中国传到包括印度在内的其他国家。中国的纸和丝以及丝织品，经由丝绸之路从中国传到印度。与此同时，中国南方的海上丝绸之路也是功不可没的。在佛教从印度传入中国后，在近两千年的岁月中，印度文化源源不断地涌入中国。在各种不同学术领域中，都可以发现印度的影响。佛教在中国人民中风行起来。一言以蔽之，中印之间的文化交流有着十分悠久的历史，而这种交流促进了我们两国的社会进步，加强了我们的友谊，并给两国带来了福祉。在人类历史上，这是一个在任何别的地方都不曾发现的绝无仅有的例证。”(《南亚研究》1999年第2期)

印度文化在众多领域的辉煌成就，使之在整个世界文明中占有极其重要的地位。同时，印度文明又具有极强的辐射力，数千年来对亚洲邻国乃至世界产生了深刻的影响，为丰富人类文化和社会进步做出了卓越贡献。

作为我们最重要的邻国，印度与中国的文化交流，至少已有两千余年的历史。在许多世代，在所有外来文化中，只有印度文化对中国文化的影响最为持久和广泛。在漫长的岁月里，印度文化的许多成果，已渐次融入中国文化之中。因此，不只一代学者认为，要厘清中国文化的源流，就必须学习和研究印度文化；要弘扬传统文化和建设现代文化，也不应忽视印度文化的借镜作用。研究印度文化，深入探讨中印文化交流历史的意义，不仅有助于认识和了解今天的印度，也有益于中国民族文化复兴的大业。

在数千年的历程中，印度和中国有过不少类似的发展阶段。释迦牟尼在印度创立佛教之时，孔子在中国创立了儒家学说。印度在佛教问世之时异说纷呈，中国在春秋战国时期百家并起。阿育王统一印度不久之后，秦始皇开始统一中国。印度的笈多王朝与中国的唐朝先后成为两国政治、经济、文学、艺术、科学、技术等全面发展的黄金时代。印度的莫卧儿帝国与中国的清王朝在全盛时期占世界经济总量的一半。20世纪40年代末，印度共和国与中华人民共和国相继诞生。20世纪后期，中印两国先后推行经济改革，目前正在同时崛起。此外，两国在人口规模、发展程度等基本国情方面也存在着明显的相似之处。半个多世纪以来，无论是中国还是印度，都发生了旷古未有的深刻变化。

中国和印度两国，曾被称为“遥远的近邻”。然而，无论是崇山峻岭还是汪洋大海，都未能阻断两国人民及政府之间两个层次的双向往还。在印度古代史诗《摩诃婆罗多》（公元前4世纪~公元4世纪）和印度古代法论名著《摩奴法论》中，都曾提到中国，称之为“支那”(Cina)。根据印度学者玛妲玉推测，可能早在公元前5世纪，印度人即已知道并珍视中国丝绸。《大劫疏》和《摩诃婆罗多》中都出现过cinamsuka（中国丝绸）一词。约成书于公元前4世纪（一说公元前2世纪~公元3世纪）的印度古代政治学名著《利论》，亦有关于中国丝绸的记载。这些文献证明，尽管史乘记载阙如，但中印两国之间的丝绸贸易实际上可能早已开始。

据《史记·大宛列传》记载，张骞在公元前2世纪后期，初步凿通从中原通往西域的丝绸之路，并派副使前往印度。根据《三国志·魏书·东夷传》裴松之注引《魏略·西戎传》，在西汉哀帝元寿元年（公元前2年），即有“博士弟子景卢受大月氏王使伊存口授《浮屠经》”之事(《浮屠经》即佛经)。学术界对此说虽有不同意见，但佛陀降生的传说及其教义，至迟应于此时传入中国。据《后汉书》等典籍记载，永平七年(64)，明帝曾梦见金人并向群臣索解。太学闻人傅毅对曰:“西方有神名曰佛，其形长丈六尺而黄金色。”明帝于是遣郎中蔡愔、博士弟子秦景等使于印度，“问佛道法”。翌年，楚王英皈依佛教，造成轰动。永平十年(67)，蔡愔等与印度僧人摄摩腾、竺法兰以白马驮经及造像抵达洛阳。翌年，明帝敕造白马寺，标志着佛教正式传入中国。汉地营造佛寺由此开始。时至今日，佛寺犹遍布城邑及无数村落。明帝对佛法东渐及中印文化交流起了关键性推动作用。

汉魏以降，中印两国以佛教为指归的文化交流全面展开。两国僧人联袂接踵，络绎于途。商人们也沿着丝绸之路频繁流动，开展经贸活动。印度的天文历算、医药、建筑、绘画、雕塑等科学知识和艺术样式以及物产随之传入中国。大量佛经由中印两国高僧合作或独立译成汉文。他们在译经的同时，总结并提出翻译理论，开创了翻译学。隋代译经家彦琮的“八备”说至今犹有现实意义。中国由此形成译介国外典籍的传统，至今长盛不衰。

起源于印度的石窟寺，经由新疆的克孜尔、甘肃的敦煌、陕西的麦积山、山西的云冈、河南的龙门，一路向东延伸，形成一条悠长而壮观的佛教艺术带。它们是中印文化交流的实证和象征，至今依然吸引着无数游人前往观瞻。

三国吴赤乌十年（247），西域僧人康僧会抵达吴都建业（今南京），吴王孙权为其敕建建初寺，使之成为江南首座佛寺。与寺院伴生的佛塔在汉末亦已开始出现。

南北朝时期，在洛阳和建业南北两大佛教中心，寺庙如雨后春笋般拔地而起。《魏书 · 释老志》记载：“自洛中搆白马寺，盛饰图画，画迹甚妙，为四方式。凡宫塔制度，犹依天竺旧状而重搆之，从一级至三、五、七、九。世人相承，谓之‘浮图’，或云‘佛图’。晋世，洛中佛图有四十二所矣。”《南史 · 郭祖深传》则记载：“都下佛寺五百余所，穷极宏丽，僧尼十余万，资产丰沃。所在郡县，不可胜言。”杜牧《江南春》诗云：“千里莺啼绿映红，水村山郭酒旗风。南朝四百八十寺，多少楼台烟雨中。”由此可见，时至晚唐，在风景秀丽的江南，佛教寺庙依然夺人眼目。

除帝王敕建皇家寺院外，僧尼、居士也群策群力，不甘落后。《续高僧传》描述了建康寺庙林立的盛况:“钟山帝里，宝刹相临；都邑名寺，七百余所。”印度僧人参与了某些寺院的营造。宋熙寺即传为天竺僧伽罗多哆所造。从名字看，此位能够造寺的僧人当为东印度孟加拉人。罽宾寺、天竺寺等寺则专为印度来华僧人而建。富豪舍宅建刹成风。

北魏兴建寺塔之众，不亚于南朝。据《魏书·释老志》，自兴光至太和年间（454~499），“京城内寺新旧且百所，僧尼二千余人，四方诸寺六千四百七十八，僧尼七万七千二百五十八人”。“至延昌（512~515）中，天下州郡僧尼寺，积有一万三千七百二十七所。”到神龟年间（518~520），佛寺增至三万余所，蔚为壮观。

北魏杨衒之撰《洛阳伽蓝记》，以记述北魏时期寺塔营造之盛而著称。据此书记载，晋永嘉年间（307~312），此地仅有寺四十二所；北魏元宏迁都洛阳后，数十年间寺庙增至一千余所。佛寺之多，甲于天下。一时之间，洛城内外，“昭提栉比，宝塔骈罗，争写天上之姿，竞摩山中之影，金刹与灵台比高，广殿共阿房等壮”。熙平元年（516），胡太后敕造永宁寺，中立九级木构佛塔一座，“高九十丈。有刹复高十丈，合去地一千尺。去京师百里遥已见之”。另有“僧房楼观一千余间，雕梁粉壁，青璅绮疏，难得而言”。瑶光寺有五级佛塔一座，“去地五十丈，仙掌凌云，铎垂云表，作工之妙，美埒永宁”。这些美轮美奂、富丽堂皇的佛教建筑曾令洛城熠熠生辉。

在中印两国的文化交流中，高僧、学者起了至为重要的作用。他们是一代代舍身求法和传播真谛之人。朱士行少怀远悟，出家之后，专务经典，讲《道行经》，心生疑惑，遂矢志捐身，西行求取大本。他于三国魏甘露五年（260）从今西安出发，涉流沙，抵于阗。当时于阗多印度侨民，流行佛法。他虽未曾踏上印度本土，却是汉地僧人西行求经的先行者。此后，宋云、法显等数十人次第前往印度。盛唐时期，玄奘、义净先后奔赴并长期居留印度，成为举世闻名的历史佳话。这些高僧不但取经、译经，而且留下了堪称千古奇书的著作。这些著作是研究中印文化交流的珍贵文献,也是记载印度文明历程的重要典籍。

与此同时，尽管关山难越，道阻且长，西域也不断有佛僧和商旅等不畏艰险，前来中国。据《高僧传》记载，在摄摩腾和竺法兰于公元1世纪前来洛阳之后，从吴黄武三年（224）至北周天和年间（566~572），以印度为主的西域来华名僧即达44位。他们的足迹广布于大江南北。其中鸠摩罗什等高僧成为译经大家。中印僧人在合作译经之余，时赴王宫或僧寺讲经弘法。有时采用合讲方式。例如，佛图澄与弟子道安讲经时，前者主讲，后者复述。所聚僧众，往往数以百计。译经与讲学，推进了佛教在宫廷和民间的传播。

随着佛教东渐，印度音乐样式及技法，乃至音韵学知识等也逐渐传入中国。例如，在北周（557~581）与隋（581~618）之际，由于战乱而礼崩乐坏，七声音阶失传。“七声之内，三声乖应，每恒求访，终莫能通。”（《隋书·音乐志》）周武帝时，龟兹乐师苏祇婆传入源于印度的五旦七调理论，沛公郑译“习而弹之，始得七声之正”（《隋书·音乐志》）。此乃中国音乐史上的大事。至于音韵学的兴起，对魏晋南北朝时的骈文、五言诗和唐代律诗的发达，则起了积极的促进作用。

隋唐之际，中国与印度无论在政府层面还是民间层面的交往均达到高潮。隋开皇（581~600）初，文帝杨坚“雅信佛法”。唐太宗三遣使臣访印，鼎力支持玄奘译经弘法，并撰《大唐三藏圣教序》，褒扬玄奘“引慈云于西极，注法雨于东垂”的不朽功业。印度佛教逐渐在唐代完成本土化的进程。与此同时，佛教经尼泊尔传入西藏并获得巨大成功。松赞干布在位时期，曾派遣数十位学者前往尼泊尔和印度学习梵语、佛经及其他典籍。

此时，佛教在中国达于鼎盛时期。天文历算之学，颇受政府重视。包括天文学家在内的西域僧俗，前来中国者不可胜数。他们将印度的天文学、数学、医学等科学知识传入中国。在唐代开元六年（718），印度天文学家瞿昙悉达任司天台太史监，受命编译印度的《九执历》并编撰《开元占经》。《开元占经》介绍了印度的“算字法样”，即数字写法，称“其字皆一举札而成”，便于书写。“每空位处，恒安一点”，首次引入零的书写符号，即一个圆点“·”。这就说明，书写便捷的印度–阿拉伯数字至少在开元年间已传入中国。

从北宋至明季（10~17世纪），中印文化交流虽然势头弱于公元1千纪，但总体依然处于繁盛时期。随着佛教于2千纪初在印度衰微，中印之间由求法和传法为主要动力的文化交流逐渐停息。不过，中印之间的海上交通和贸易开始发展起来。

中印两国之间以佛教为主要媒介的艺术交流的价值，历来为文化或艺术学者所重。中国历史学家柳诒徵在其编著的《中国文化史》(1932，1948）中表示，自汉以降，为中国文化中衰时期，“种族衰落，时呈扰乱分割之状……于此时期，有一大事足记者，即印度之文化输入于吾国，而使吾国社会思想以及文艺、美术、建筑等皆生种种之变化”。他在该书的多个章节中扼要阐述了印度文化对中国文化的作用、影响和意义。印度历史学家高善必在《印度古代文化与文明史纲》(1965）第五章中则说，没有在印度影响之下发展起来的佛教主题，缅甸、泰国、朝鲜、日本与包括西藏在内的中国的艺术和建筑，乃至世界艺术，都会逊色许多。事实确乎如此。中印艺术交流，成为人类文化交流史上独一无二的光辉范例。

在文学方面，中印两国交光互影，例证极多，不胜枚举。印度文学对中国文学的影响与佛经的汉译和传播如影随形，几乎同步发生。中国古代文人学者大多阅读佛经，熟悉佛教，并有与高僧结交的风习。于是，佛经中蕴含的大量充满智慧、哲理和趣味的故事不胫而走。从六朝志怪小说、唐宋传奇到明清小说，从僧禅诗歌至变文、戏剧，从文学理论到文学样式，从古至今，印度文学对中国文学的影响是多方面的。几经嬗变，不少印度故事业已中国化，以致一般读者难以辨明。“曹冲称象”就是这方面的一个典型例子。20世纪以来，泰戈尔等印度作家的作品在中国的风行，鲁迅等中国作家作品在印度的流传，都是自古以来中印文学交流传统的延续。

元明之际，中印海上交通获得巨大发展。蒙元统治中国虽不足百年，但与印度互动频繁，保持了良好的外交关系。明初，中国政府即不断派遣使者前往东南亚和南亚地区。永乐元年（1403），明廷遣中官尹庆前往印度西南部的古里及柯枝两国。从永乐三年（1405）至宣德八年（1433），郑和奉使七下西洋，造访30余国，其中包括古里、柯枝、阿拔巴丹、甘巴里、榜葛剌等印度诸国，成为明初国家盛事和世界航海史上的壮举。郑和随行人员马欢、费信、巩珍分别撰写《瀛涯胜览》、《星槎胜览》和《西洋番国志》，留下对印度诸国的生动记录，成为研究中古时期中印文化交流的重要文献。

与此同时，印度诸国亦与明廷互动频繁，保持了密切关系。据《皇明象胥录》卷七“榜葛剌”条载，明永乐二年（1404），国王蔼牙思丁遣使朝贡，六年（1408）上金叶表。永乐七年（1409），蔼牙思丁再度遣使朝贡，从者230余人，永乐皇帝赏赐甚厚。随后，蔼牙思丁连年入贡，旨在积极同中国修好。蔼牙思丁逝世后，其子赛勿丁（赛佛丁）继位为王，于永乐十二年（1414）遣使奉表来华，贡麒麟（长颈鹿）及名马方物。永乐十三年（1415），侯显赍诏使其国，王与妃、大臣皆有赐。

明朝的强盛甚至使得榜葛剌国王在遭遇邻国入侵时前来寻求帮助，而郑和七下西洋也得到了榜葛剌国的巨大支持。郑和宝船体积大，吃水深，无法沿沙洲众多的恒河口长驱直入榜葛剌国腹地。经榜葛剌国慨然应允，明朝得以在吉大港设立官厂，使之成为郑和船队的基地。海上交通的开拓和发展，促进了中印两国的贸易和人员往来。在印度的一些博物馆中，可以看到中国宋元明清的大量瓷器乃至中国商人赠送印度商人的礼品。

郑和在第七次下西洋归途中病逝于今印度马拉巴尔海岸的古里。这场持续28年的航海活动终结后，中印两国的海上交通逐渐减少。西方殖民者入侵南亚次大陆以来，中国与印度的往来受到阻隔，文化交流活动趋弱，海上贸易渐为葡萄牙人、荷兰人和英国人所掌控。在清代的一些著述中，留下了有关中印交往的记载。清代嘉应州（治今广东梅州）人谢清高，18岁随外商海船出洋，游历多国，习其语言，记其地理、风俗和物产等。他航海14年始告返国。他以自己的阅历和传闻的海外诸国情况口述而成的《海录》卷上即有关于孟加拉的详细记载。后来魏源（1794~1857）编著《海国图志》就直接采用了《海录》中的不少材料。

19世纪中叶，印度完全沦为英国的殖民地。清朝亦日趋衰朽，内忧外患频仍。20世纪上半叶，在争取民族独立和革命的斗争中，两国人民相互同情，相互支持。两国的有识之士努力了解对方，保持了互动关系。光绪五年（1879），学者黄懋材受官方派遣考察印度。这是近代史上官方派遣赴印考察第一人。他归国后著有《印度札记》、《游历刍言》、《西徼水道》等书，增进了中国对印度的了解。

20世纪以来，中印文化交流逐渐呈现全新的格局，获得了全面的发展。章炳麟、陈独秀、鲁迅、苏曼殊等大家都对印度文化表现了浓厚的兴趣。章炳麟流亡日本期间与印度革命者有所过从，表示了对印度民族独立斗争的支持。陈独秀对佛教和印度学均有一定造诣。鲁迅对印度古代文学十分推崇。他在1907年写的《摩罗诗力说》中盛赞印度古代吠陀文献“瑰丽幽夐”，梵文史诗《摩诃婆罗多》和《罗摩衍那》“亦至美妙”，并推许印度古代大诗人迦梨陀娑“以传奇鸣世，间染抒情之篇”。他在1926年写的《〈痴花鬘〉题记》中又说：“天竺寓言之富，如大林深泉。”苏曼殊译述印度故事，编译梵文语法书籍，为开中国现代梵文研究先河第一人。

1913年，印度大诗人泰戈尔获得诺贝尔文学奖，对于中国现代诗歌的产生 和发展产生了积极的影响。他在1916年预言中国终将崛起。他在1924年访问中国，盛赞中国文化的丰富和瑰丽以及中印之间源远流长的友好关系。他发现中印两国的先辈用生命缔造的珍贵友谊一直延续了下来。他呼吁中国人民“重新开启交流的渠道”，希望“中国走近印度，印度走近中国”。围绕泰戈尔访华，中国掀起一场泰戈尔热，成为中印现代文化交流史上的一桩大事。1937年，在泰戈尔的主持下，在谭云山的努力下，国际大学中国学院举行落成典礼，成为印度第一个学习并研究中国语言、文学和文化的中心。中国作家许地山、画家徐悲鸿等先后应邀在该学院讲学。1946年，北京大学东方语言系成立，教学内容包括印度语言文学。

1950年，中国与印度建立外交关系。中印文化交流从此进入一个全面发展的新时代。虽然两国关系曾因边界问题而出现波折，但两个伟大的民族终竟走向理性与合作之路。

从张骞凿通西域到谭云山协助泰戈尔创办印度国际大学中国学院，从印度僧人摄摩腾和竺法兰以白马驮经前来洛阳到柯棣华大夫为中国人民的抗日战争献出宝贵生命，无数志士仁人在两千余年间共同摹绘了中印文化交流的恢宏历史长卷。

学术界开始对中印文化交流历史自觉研究的时间并不算长。梁启超曾撰写《佛教之初步输入》、《中国印度之交通》、《翻译文学与佛典》和《印度与中国文化之亲属的关系》等文章，从多个角度深入考察和分析了印度文化对中国的影响。胡适曾写过《中国的印度化：一种文化借鉴的个案研究》等涉及中印文化交流的论文。他在《西游记考证》一文中，提出孙悟空形象源于印度史诗《罗摩衍那》中的神猴哈奴曼之说。鲁迅除盛赞印度古代文学外，还在《中国小说史略》中揭示了一些中国古代小说与佛教的渊源关系。艺术考古学家、东方艺术史家常任侠曾在印度国际大学讲授中国文化史，于1955年出版《中印艺术因缘》，勾勒了中印艺术交流的历史。台湾学者裴普贤（糜文开夫人）写过《中印文学关系研究》一书（1968）。此书虽篇幅不算太长，却大致梳理了中印两国文学交互影响的脉络，尤其是中国文学所受印度文学影响的各个主要方面。台湾佛教学者东初长老撰有专著《中印佛教交通史》（1968），论述了中印佛教交流和融合的历史进程。香港学者饶宗颐撰有《中印文化关系史论集——悉昙学绪论》（1990），对中印文化交流进行了深入探讨。

中国大陆向为中印文化交流史研究的重镇。佛教史家汤用彤著有《汉魏两晋南北朝佛教史》（1938）、《隋唐佛教史稿》（1982），探讨了印度佛教传入中国的历史及其对中国思想文化的影响。季羡林先生对中印文化关系进行了多方面的深入研究。20世纪50年代以来，他陆续出版了《中印文化关系史论集》（1957）、《中印文化关系史论文集》（1982）、《佛教与中印文化交流》（1990）、《中印文化交流史》（1993）、《蔗糖史》（1998）等著作，对中印文化交流史研究产生了深远影响和示范作用。金克木先生在中印文化交流研究领域也做出了突出的贡献。他撰写的《中印人民友谊史话》（1957）追溯了中印两国人民两千余年友好交往历史中的一些主要人物和事件，阐述了印度在科学、语言、文学、艺术、佛教等方面对中国的主要影响。他的《梵语文学史》（1964）、《印度文化论集》（1983）、《比较文化论集》（1984）等著述均涉及中印比较文学研究。林承节先生的《中印人民友好关系史：一八五一——一九四九》（1993）以资料的丰富和内容的新颖而著称。张星烺编注的《中西交通史料汇编》第六册初版于20世纪30年代，后曾不断再版，聚集了从两汉至明代的大量涉及中印交通的史料。耿引曾先生的《汉文南亚史料学》（1990）具有很强的史料性。她主持编写的两卷本

《中国载籍中南亚史料汇编》(1994) 对中印文化交流史的研究具有极大的参考价值。还有不少学者及其著作，对中印文化交流史研究做出了重要贡献，恕不一一胪陈。

印度学者师觉月也为中印文化交流史研究做出了引人瞩目的贡献。他的代表作《印度与中国：千年文化关系》(1944) 记载了中印文化交流的历史，探讨了中国文化在印度的流传和影响，在国际学术界产生了重要影响。阿马迪亚·森在其有关中印文化交流历史的重要论文《中国与印度》(2004，收入其论文集《惯于争鸣的印度人》) 中即曾参考并引证师觉月的这部著作。

20世纪70年代末以来，中印关系逐渐得到全面恢复和提高。在两国几乎同时崛起的时代背景下，中印文化关系史的研究获得良好机遇。然而，在前辈学者业已取得巨大成就的情况下，能够独辟蹊径，进行深入系统的研究，发人所未发，取得新成果，不但需要学术功力，也需要学术勇气，更需要坚持不懈的精神。

20世纪80年代初，季羡林先生发表重要论文《印度文学在中国》。他在文首按语中说，希望“能有更多的人在这方面（中印文学交流研究）做更多的工作。这方面的材料很多，倘加以搜集、整理与研究，会对增强中印两国人民的友谊，促进两国人民的互相了解起很大的作用”。当时，我与薛克翘都在北京大学读研究生。记得他在读过此文后曾对我说，他有心响应先生的号召，笃志从事中印比较文学的研究。后来，他逐步将自己的学术领域从中印比较文学研究拓展到中印文化关系史研究。30余年来，他手不释卷，笔耕不辍，撰写了百余篇以学术论文为主的文章，十余部专著，翻译了若干印度现当代印地语文学作品，主编了两卷本《中印文化交流百科全书》等重要工具书。这些成果数量不菲，质量尤令人称许。他在中印文化交流领域的著作不仅在国内学术界受到激赏，而且在印度等国家和地区产生了影响。

这部文集收入薛克翘先生过去30余年来在中印文化交流史方面的主要著作:《中国与南亚文化交流志》(1998)、《中印文学比较研究》(2003)、《印地语文学史》(合著)、《中国印度文化交流史》(2008)、《印度民间文学》(2008)、《象步凌空——我看印度》(2010)、《印度密教》、《神魔小说与印度密教》、《印度文化论辑》、《印度古代文化史》。前6种此前曾由不同出版社印行,后4种则是近年来完成或整理出来的著作。

《中国与南亚文化交流志》是《中华文化通志·中外文化交流典》之一。这是一部史志性质的专著,对秦汉至20世纪80年代的中国与南亚文化交流的史实作了分门别类的记述,涉及宗教哲学、文学、艺术、民俗的交流,也兼顾了物产和科技的交流,归纳了各个历史时期中国与南亚文化交流的特点。虽然兼及南亚诸国,但重点在于中国与印度的文化交流概貌。行文简明,具有工具书价值。

《中印文学比较研究》在学科上属于比较文学范畴。研究比较文学,至少需要熟悉比较对象国家的语言和文学传统及有关文学理论。歌德关于"世界文学"的主张蕴含了比较文学的思想。作为一门学科,比较文学于19世纪后期兴起于欧洲。20 世纪上半叶,注重影响研究的法国学派居于主导地位。第二次世界大战结束后,比较文学以美国为中心获得长足发展。美国学派将平行研究的概念和方法纳入比较文学的研究领域。我在20世纪80年代末期初到美国留学时,很快就感受到了一股浓郁的比较文学研究气氛。许多大学开设比较文学系。大学书店属于比较文学范畴的经典作品汗牛充栋。学生至少需要懂两门外语,需要读大量原著。我当时在课余开始翻译英国作家E. M. 福斯特的名著《印度之行》,这是比较文学系学生的必读书。我发现书店有读书笔记性质的配套读物,只有原著篇幅的五六分之一,却能让学生在短时间内认知该书的学术要点。目前,以美国为主的一些比较文学学者认为，比较文学也是一种文化研究。有的学者甚至认为，比较文学即比较文化学的概念。随着全球化的发展，美国学派的研究范围正在变得多样化，除欧美主要语言文学外，也在将其他地区的主要语言文学纳入研究范畴。德国学派也曾产生重要影响。1895年，德国学者本法伊在其为《五卷书》德译本撰写的前言中指出，欧洲文学的某些题材直接来源于印度故事，涉及东西方比较文学。虽然中国、印度的传统文学体系引起比较文学学者的兴趣和重视，但西方学者在中印比较文学方面很难深入研究并有所建树，因为同时掌握古代汉语和梵语或至少一门印度现代语言的西方学者十分罕见。

20世纪70年代末，在季羡林先生和乐黛云先生的积极倡导下，比较文学在中国本土尤其是北京大学开始兴旺起来。薛克翘先生就是在这个学术背景下开始中印比较文学研究的，《中印文学比较研究》成为他在这一领域的力作。这部专著系统梳理了上自汉魏六朝下迄近现代中印文学交流和融合的历史，揭示了印度文学在语汇、修辞、题材、体裁乃至审美取向等方面对中国文学的深刻影响，归纳了中印文学交流的主要特点。这部具有学术原创性的专著，倘若能够译成英文出版，当成为国际比较文学界的一部填补空白之作。

如果说前人和薛克翘本人早期研究的一个侧重点是中印比较文学，那么后者的《中国印度文化交流史》则是一部涵盖中印之间两千余年来文化交流各个层面的专史性著作。该书以全景式方法概括总结了各个历史时期中印文化交流的情况，以娓娓动人的笔法描述了许多重要历史事件和人物，并对之做出独立的分析和精当的评价。薛克翘将中印文化交流划分为精神文明交流和物质文明交流两大类，分别论述了各个历史时期中印两国在经济贸易、宗教哲学、科学技术、文学艺术、民间风俗等领域的互动情况，并客观地对其特点和变化予以论证。书末还设专章介绍了20世纪下半叶中华人民共和国和印度共和国规模空前的文化交流活动。这部厚重的著作超越前人之处在于它的系统性和全面性。除学术性外，该书还具有极强的可读性，在引人入胜之余令人大开眼界。

《神魔小说与印度密教》是薛克翘先生退休后的一部新作。鲁迅在《中国小说史略》中即将《西游记》定义为“神魔小说”。那么，中国的神魔小说从何而来，与印度文化有什么关系？我所看到的一些颇具盛名的中国文学史和中国小说史专著对此几乎不予落墨。前人所撰文章倒是有论及《西游记》与印度史诗《罗摩衍那》的关系的，但都不曾涉及它与密教的关系。因此，薛克翘的《神魔小说与印度密教》属于一部极富原创性的专著。此书从一个过去遭人忽视的视角出发，突破了传统神魔小说研究的局限，一扫中国古典小说研究陈陈相因的学术范式。书中的许多考证、探索和论断都别开生面。例如，作者在对《西游记》、《封神演义》和《华光天王传》与密教关系的研究中，通过对有关人物、神通和法宝的考释，使中国神魔小说的研究得以深入，从而解决了前人忽略或不曾解决的许多问题。书中独到的见解异彩纷呈。例如，作者对《西游记》中的“瑜伽之正宗”、“金刚琢”、“金襕袈裟”、“车迟国”、“五行山”、“五方揭谛”、“铁扇公主与红孩儿”、“白龙马”、“木叉”等的考证，对《封神演义》中的“接引道人”、“毗芦仙”、“惧留孙”、“准提道人”、“韦护”、“孔雀明王”、“杨任”、“马元”、“番天印”、“五龙轮”等的考证，以及对《华光天王传》中“华光”、“三眼火神”、“五显灵官”、“风火轮”、“三角金砖”等的考证，读来均有令人耳目一新之感。

收入这部文集的《印度密教》是一部与《神魔小说与印度密教》具有学术相关性的专著。密教（Tantra），亦称密宗、秘密佛教、真言宗、金刚乘等，是一个佛教宗派，至少萌发于公元5世纪之前，兴盛于8~14世纪，对晚期佛教和印度教均产生了影响，对藏传佛教的走向起了重要作用，与汉传佛教的发展也有一定关系。

在笈多帝国和戒日王的曷利沙帝国先后崩解之后，印度出现分裂局面。一些新的王国兴起，各自控制大量属国。在这一社会发生剧烈变化的时期，10世纪或11世纪，密教传遍印度，连侵入印度的伊斯兰教也受到密教的某些影响。随后，密教传入东亚和东南亚的不少国家。

从19世纪开始，一些西方的印度学学者开始关注密教。英国东方学学者约翰·伍德罗夫是西方第一个认真研究密宗的学者，被尊为这一学科的奠基人。一些比较宗教学和印度学学者，例如奥地利学者利奥波德·菲舍尔、罗马尼亚学者米尔恰·埃利亚德、意大利学者尤利乌斯·埃沃拉、瑞士学者卡尔·荣格、意大利学者朱塞佩·图奇、德国学者海因里希·齐默尔，继而对密宗产生浓厚兴趣并从事相关研究。

其实，密教思想及其密仪在三国时期即已传入中国。8世纪时，印度密教高僧善无畏在长安被唐玄宗尊为国师。中国天文学家一行通晓梵文，亲承讲传，并与其合作翻译密教经典，在从事天文学和数学研究的同时，成为一名密教高僧。元世祖忽必烈笃信藏传佛教，践祚之初即极端重视宗教事务，命藏传佛教萨迦派五祖、国师八思巴·罗哲坚赞在吐蕃造黄金塔。尼泊尔建筑师、雕塑家阿尼哥应召先后在大都和上都营造了众多藏传佛教寺院与巨量密宗法像，带来了属于尼波罗（尼泊尔）–波罗（东印度佛教王朝，750~1150）风格的艺术样式。今北京妙应寺（俗称白塔寺）释迦舍利灵通宝塔（俗称白塔）就是这样一座密教佛塔。至元十三年（1276），八思巴命阿尼哥在涿州建护国寺，内塑密教摩诃葛剌（Mahakala，大黑天神）之像，使之面朝南宋都城临安。摩诃葛剌系藏传佛教护法神之一。忽必烈亦视之为蒙元君主的保护神，深信此神会保佑元军，使之所向披靡，战无不胜。三年之后，他果然灭掉南宋。

中国具有开展印度密教研究得天独厚的条件。然而，近代以来，由于种种原因，中国学术界在这一方面建树不多。在一段时间之内，佛教研究陷入困境，遑论密教研究。因此，西方学者捷足先登，日本学者亦遥遥领先。

周一良先生在20世纪40年代发表《中国的怛特罗》一文，是中国学者开展密宗研究的标志。台湾学者张曼涛主编的《现代佛教学术丛刊》中收录密教专集4部。汤用彤先生的《隋唐佛教史稿》和黄心川先生的《印度哲学史》(1989) 等著作均设专门章节介绍和探讨密教哲学思想。中国密教学者吕建福在《法音》1989年第1期发表《关于汉传密教研究中的几个问题》一文，介绍了这些情况并对当时新出的一些相关著述的浮躁学风提出批评。吕建福本人则著有《中国密教史》一书。在密宗研究方面，李南研究员近年来在《南亚研究》发表了不少颇见学术功力的论文。

要对中国密教进行深入研究，就必须对印度密教追根溯源。薛克翘先生的《印度密教》就是这样一部具有开拓性的专著。他为撰写此书，曾在印度大力搜求图书资料。此书最为鲜明的特点就是从印度文献入手，利用大量新资料对密教与印度教的关系作了多方面的阐述和论证。例如，他利用中世纪金刚乘成就师的诗作分析密教思想和修行方式，利用印度教《火神往世书》阐释密教的修行法及成就法，利用《女神薄伽梵往世书》的材料解读密教女神的地位和作用，利用包含丰富民间文学成分的印度古代诗体故事总集《故事海》中的材料考证密教神明的由来。这部著作拓宽了中国密教研究的领域，为中国的密教研究做出了宝贵贡献。

通过以上分析不难看出，《中印文学比较研究》、《中国印度文化交流史》、《神魔小说与印度密教》和《印度密教》堪称薛克翘先生的4部代表作。它们相互联系又各自独立，均属呕心沥血之作，对中国乃至国际相关领域的学术研究做出了具有独特价值的贡献。

这些著作的共同特点是，资料丰富，推理缜密，逻辑性强，富于创见。

除深厚的古代汉语学养和包括印地语及英语的语言能力外，作者通晓佛教典籍，熟悉大量相关文献。没有数十年的读书和搜求功夫，是很难做到这一点的。精思劬学，方能发千古之覆。在学术领域的持续耕耘中，能有如此丰硕的收获，足以令人欣慰。

纵观薛克翘先生的学术生涯，让我想到学术研究中的一种带有世界性的动向。以文化交流史研究为例，宏观研究固然有自身存在的价值，但专史研究乃至微观研究毕竟标志着学术研究的深化和细化。季羡林先生的《蔗糖史》、英国学者简·佩蒂格鲁的《茶的社会史》（*A Social History of Tea*, 2001）、美国学者罗伯特·卡普兰的《一无所有：零的自然史》（*Nothing That Is: A Natural History of Zero*, 1999）和查尔斯·赛义夫（Charles Seife）的《零：一个危险概念的传记》（*Zero: The Biography of a Dangerous Idea*, 2000）等，都是这方面的范例。

薛克翘先生曾创作《玄奘》（1985）和《五世达赖喇嘛》（2003）两部电影文学剧本。《玄奘》问世后，中国电影界有人表示愿与印度合拍这部电影。为此，翻译家王槐挺与我合力将该剧本译成英文。这部电影剧本展现了作者的文学才华。然而，他的学术著述却形成了一种冲淡洗练的语言风格。这就使他的著作产生了一种娓娓道来而能引人入胜的效应，表现出一种独特的美学追求。

薛克翘先生出生于大连，少年时代在黄海与渤海交界之处度过。1964年报考北京大学中文系，却被调剂到东语系学习印地语。不过，对于天资聪颖的人而言，无论学习任何专业都只会增益自己的能力。1969年大学毕业后，由于当时的大学业已关门，社会科学研究机构基本停业，他被分配到边远地区工作。不过，他没有春风秋月等闲度，而是排除干扰，利用这段时间读了大量杂书。改革开放后，他于1979年考入中国社会科学院研究生院南亚系做研究生。当时，中国社会科学院与北京大学合办的南亚研究所设在北京大学六院。我们都在北京大学学习，分别住在北京大学16楼的楼上楼下，因而日夕过从，不时切磋学问。研究生毕业后，我们成为同一个研究室的同事。在漫长而又如白驹过隙的30余年间，作为同学、同事和至交，我对他的学术道路和成就了然于胸。即使在退休之后，他依然焚膏继晷，笔耕不辍。无论时代如何变化，他都能保持学术定力，心无旁骛，始终坚持自己的学术追求。他惜时如金，从来不愿将时间耗费在无谓的会议和应酬上。他是一位纯粹的学人。微斯人，吾谁与归?

2016年1月，在第24届新德里世界书展期间，中国作为主宾国与印方联合举办了多种活动。印度辨喜国际基金会知名研究员T. C. A. 兰加查里在《苏尔诗海》中文版首发式上发言时用英文吟诵了一首汉代乐府民歌:“上邪！我欲与君相知，长命无绝衰。山无棱，江水为竭，冬雷震震，夏雨雪，天地合，乃敢与君绝！”作为山水相连的邻邦，作为文化渊源关系殊深的两大文明古国，作为处于相似发展阶段的两大新兴经济体，中印两国只有真诚合作与友好相处，才能实现共同繁荣。在这样的时代背景下，研究中国与印度的文化交流，具有不可低估的学术意义。

白乐天在“新排十五卷诗成”之后，心里产生一种豪迈的感觉，因而志得意满，赋诗抒怀。薛克翘先生在去岁年届七旬之时对我说，“我觉得我的学术生命刚刚开始”。此言可谓心雄万夫。在他的多卷本文集行将出版之际，他足以自豪，我也为有这样的同道而骄傲，故乐而为这部文集作序。

中国社会科学院亚太与全球战略研究院研究员 刘建

2016年3月8日于京师园

# 目录

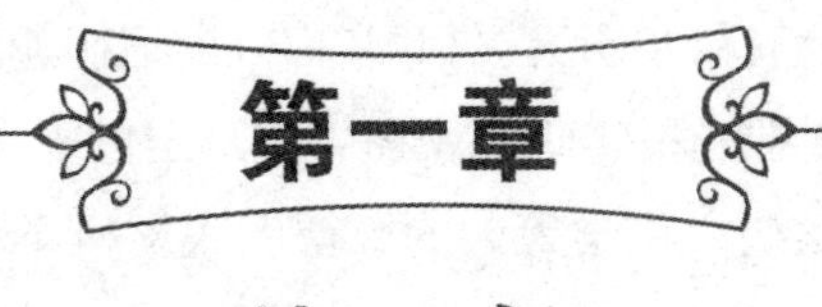

# 第一章 绪言

## 一、撰写本书的意义和宗旨

中国和印度是两个文化大国，都具有五千年以上的文明史。深厚的文化积淀和悠久的历史传统，是两大民族宝贵的精神财富。在人类进入21世纪之际，这两大民族赢得了经济腾飞的良好机缘。以致人们在展望新世纪的时候，不约而同地瞩目亚洲，瞩目这两个人口众多、地大物博的文明古国。有人说21世纪属于中国，有人说21世纪属于印度，预测21世纪究竟属于谁可能还为时过早，但在半个多世纪以前，这两大民族已经从殖民地半殖民地的噩梦中觉醒，从交织着辉煌和哀痛的历史中走来。眼下的情形是，她们正信心十足地致力于本民族的伟大复兴。

在新世纪之初，这两个民族仿佛是竞争的对手，却又是合作的伙伴，大家同时站在了自身发展的岔路口，站到了新的起跑线上。这时，我们不能不检视各自的行囊，看看哪些是前进的累赘，哪些是旅途的资粮。在传统与现代的碰撞面前，我们不仅要瞻前，我们还要顾后，不仅要痛苦地思索，还要谨慎地抉择。我们很容易地发现，在诸多的精神食粮当中，中印两国的友好关系史、中印两大民族的文化交流史是举世无双、无比可贵的。这无疑是合作的天然基础，是共同前进的有利资源。撰写一部中印文化交流史，就是要开发这一资源，以便更好地利用这一资源，增加共识，加强合作。由此可见，这项工作是有现实意义的。

同时，我们还应看到其学术意义。我们知道，中印文化交流史涉及的学科十分广泛，既有人文社会科学的内容，也有自然科学的内容。在西方，印度学作为一个专门的分科已经被研究了至少150年，而在中国，从广义上说，印度学则至少被研究了2 000年。但是，我们骄傲的理由并不充分，因为中国古代的研究并非现代意义上的科学研究。只是在20世纪初期新文化运动以后，中国人才算真正开始了印度学的科学研究。在中国乃至世界，佛学、藏学、蒙古学、敦煌学、吐鲁番学、丝绸之路学等大约算得上人文科学领域的“显学”了，研究者乐此不疲，学术气氛历久不衰。但仔细想想，这些学科哪个能回避印度学，哪个与中印文化交流无关呢？

撰写一部中印文化交流史，就要对中国和印度的文化发展史作深入了解，并在此基础上进行梳理和对比，寻找彼此的联系和内在的规律。这是笔者努力的方向，希望通过这一工作进行一次再学习，也希望自己的工作对研究者和学习者有些许帮助。

但在这里必须说明，本书的内容会与笔者此前已出版的著作，如《中国与南亚文化交流志》、《佛教与中国文化》、《中印文化交流史话》等相关内容重复，尽管笔者尽力修订或补充，但由于时间所限，不能完全重写，又考虑到以前写的某些地方至今还站得住，就或者简化使用，或者利用电脑之便照搬过来。

总之，笔者撰写这部书的目的在于，通过总结历史的经验和教训，更好地开展两大民族的文化交流，促进彼此的了解，进一步巩固我们的传统友谊，以利于今后的共同发展，为我们两大民族在新世纪的腾飞贡献绵薄。同时，撰写中印文化交流史是一项基础性的工作，笔者希望通过自己的努力为有关学科的学术研究增加砖瓦。

## 二、中国中印文化交流史的研究现状

中国人有记载历史的癖好。从《史记》开始，就有了对中印关系、中印交通、中印贸易乃至中印文化交流的记载。这些记载距今已超过了2 000年。《史记》、《汉书》等中国较早期的史书中，最突出的一个特点是专门设置了边疆地区和外国的传记，如《史记》的《西南夷列传》和《大宛列传》等，《汉书》的《西域传》等，专门记载中原帝国与这些地区和国家的外交关系、人员往来、贸易情况和交通情况。这成为后世历代修史的惯例，也为中印文化交流史研究提供了丰富的素材。

中国史书中对中外关系史和交通史的记载显得尤其务实，格外重视，为什么？用现在的话说，就是为了国家利益。而到了两汉之交，由于佛教的东来，中印两国间的交往越来越密切，有关记载越来越多。文献浩瀚，但其中能算得上是研究的却寥寥无几。

清代，西学东渐，我国的有志之士也开始了对印度的关注，并开始了现代意义上的研究，其中包括中印文化关系史的研究。

下面，先简要回顾一下清代到中华人民共和国成立以前的几部著作，然后重点介绍我国改革开放后中印文化关系史研究的概况。

**（一）清至民国时期的简要回顾**

清代学者魏源曾著《海国图志》一书，向国人介绍世界各国的情形。该书刊印于1852年，距今150多年。他在书中引用了大量中国典籍关于中国与印度交往的记载，客观上起到了介绍中印文化交流史的作用。正如林承节先生在评论该书时所指出的："把中国史籍的记载汇集起来，也就同时做了一件很有意义的事：汇集了中印友好关系史的材料，给读者以这方面的系统知识。读者可以看到，中印交往从汉朝起就有文字记载了。从那时起一直到宋朝，僧人往来和共同弘扬佛教是两国人民交往的轴心。史籍对汉以来，特别是唐、元、明时期两国官方使节交往，也有具体、生动的记述。这个沿革考可以说是我国第一部中印关系史的资料汇编。"①虽然是资料汇编，却具有开拓意义。

20世纪20年代，我国已经出现了不少研究中印文化交流的著作。有两位学者的贡献最突出：梁启超和向达。

梁启超发表了《佛教之初步输入》、《佛教教理在中国的发展》、《中国古代翻译事业》、《中国印度之交通》、《翻译文学与佛典》和《印度与中国文化之亲属的关系》等文章，相当全面而深入地考察和论述了印度文化对中国的影响。作为一代学术大师，他的贡献是多方面的，而在中印文化关系史上的贡献，也明显具有划时代的意义。

向达于1929年出版了《印度现代史》一书，有专门的章节论述印度文化对中国的影响。他对中印文化交流考辨、论证得十分精到，超过了前人，也为后人树立了榜样。

30年代，最受学界瞩目的一部书是张星烺的《中西交通史料汇编》，其第八编（第六册）为《古代中国与印度之交通》。这部书不仅所收资料比较齐全，而且将史料按时间顺序分为八章，并在资料中加注予以考辨。

40年代，许崇灏的《中印历代关系史略》出版，虽然是个小册子，却是专

① 林承节：《中印人民友好关系史：1851~1949》，北京大学出版社，1993年版，第9页。

著，内容虽不完善，却也有开拓之功。

方豪的《中西交通史》也完成于这一时期，其中涉及中印关系和文化交流的内容占很大比重。此书资料翔实，论述精审，在大陆和台湾被一版再版，被一些大学列为有关专业的权威参考书，也为学者们广泛征引，可见其学术价值之高。

**（二）中华人民共和国成立以来的研究概况**

1949年以前，我国学者已经撰写了许多中印文化交流方面的论文。对于这些论文，不能一一提出并加以评价。同样，对于中华人民共和国成立后的论文也不能一一指出，而只能提出一些主要的专著和论文集，略加评论。

在50年代中印友好的高潮期，我国学界关于中印文化交流的论文不断。1957年，金克木先生的《中印人民友谊史话》出版，这是中华人民共和国成立后这方面的第一部专著。之所以冠以“史话”二字，是表示其行文通俗易懂，娓娓道来，如数家珍，丝毫不降低其学术价值。

1979年的改革开放给学术界带来了科学研究的春天。此后，有关文章多得难以统计，所以，这里只能按出版的时间顺序重点介绍一些功力深厚、影响较大的书籍。

1. 季羡林的《中印文化关系史论文集》[①]，汇集了先生早年和当时的论文21篇，篇篇都有新见解、新材料。尤其是关于造纸法和丝向印度传播的几篇论文，不仅极见功力，而且填补了以往缺乏中国文化影响印度实证研究的空白。书中《印度文学在中国》一文写于1958年，至今仍是中印文学比较研究者的必读之作。《泰戈尔与中国》一文则不仅是对泰戈尔的恰当评价，也是帮助中国读者解读泰戈尔作品的钥匙。而《吐火罗语的发现与考释及其在中印文化交流中的作用》一文，从古文字考古的角度强调了中印文化交流的深远意义，读后有一种“那人却在灯火阑珊处”的感觉。

2. 金克木的《印度文化论集》[②]，收入论文15篇，附译文4篇。虽然主要是关于印度文化的论述，但先生文中也不时提到中国，有的文章则直接论述中印文化交流的内容，如《吠陀诗句的古代汉译》、《印度的绘画六支和中国的绘画六法》和《谈谈汉译佛教文献》等。先生自称为“无所归属的杂家”，对中外文化，“有的略见皮毛，有的只在门口张望”（《自序》）。其实，对于一般学子来

① 生活·读书·新知三联书店，1982年。

② 中国社会科学出版社，1983年。

说，先生学问的博大精深从字里行间自然可见。他的《泰戈尔的〈什么是艺术〉和〈吉檀迦利〉试解》是迄今为止对泰戈尔诗作最好的导读。他深厚的梵文和哲学根基是后来者难以企及的。

3. 季羡林的《佛教与中印文化交流》①汇集论文14篇。其中，《〈罗摩衍那〉在中国》详细考证了印度史诗《罗摩衍那》在中国汉地、西藏、蒙古、新疆等地及傣族聚居区译介和流传的情形，是一篇比较文学的范文。《中印文化交流简论》长达3万余字，纲领性地介绍了中印文化交流的历史阶段和主要内容。

4. 耿引曾的《汉文南亚史料学》②是一部资料性很强的著作。先生毕业于北京大学历史系，多年从事汉文南亚史料的收集整理和研究工作，对中国古代典籍非常熟悉。书中分四章对各个时期汉文文献中有关史料进行了梳理，并不时画龙点睛地予以分析说明，对研究中印关系史和文化交流史十分有益。

5. 季羡林的《中印文化交流史》③近12万字，是在《中印文化交流简论》基础上扩充而成的。先生在《导言》中说，他已经积累了大量资料，“原本想写一部完整的《中印文化关系史》。但羁于杂事，因循未果，至今心中耿耿”。尽管如此，先生这部文字不多的书已经在若干方面超过了前人，写出了特色。有关问题下文还将谈到。

6. 林承节的《中印人民友好关系史：1851~1949》④是一部友好关系断代史。共分24章，洋洋30万言，内容十分详尽。至今，还从未有人就这一段历史写过这样一部大书。先生查阅过许多近代以来的书籍、报章，还曾在伦敦不列颠图书馆查阅有关资料，又亲身赴印度考察。因此，此书资料之丰富，恐怕在今后很长一段时间无人能够超越。书中许多内容都是第一次被写进史书，如章太炎、孙中山与印度革命者的关系等，读来令人兴味横生。先生此书不仅以资料见长，还以分析精辟、评价恰当取胜，这是因为他以史学家的高度去俯瞰这百年的风云际会，将中印关系放置于大时代中加以考察。

7. 北京大学南亚研究所编的《中国载籍中南亚史料汇编》⑤是一部按照年代顺序、搜罗宏富的专业资料大全，这是一项艰苦的工作，由耿引曾先生主持

① 江西人民出版社，1990年。

② 北京大学出版社，1990年。

③ 新华出版社，1991年。

④ 北京大学出版社，1993年。

⑤ 上海古籍出版社，1994年。

完成。该书从119种古代典籍中辑出有关南亚的资料，是研究中印关系史、文化交流史和印度史等的必备工具书，大大方便了使用者。

8. 王宏纬的《喜马拉雅山情结：中印关系研究》①是一部国际政治问题的研究著作，具有现实意义。此书也是一部政治关系史，因为先生是按照时间的先后撰写的，先追述英国人统治印度期间对中国（包括西藏）所采取的政策，然后从印度独立写起，直写到20世纪末。这里之所以要特地将此书列出，不仅因为书中许多内容都与文化交流有关，还因为这部书具有非同寻常的价值。先生研究南亚问题多年，这部书凝结着他半生的心血。他对中印关系的研究十分透彻，准确把握了重大历史事件的来龙去脉，资料功夫坚实，论断谨慎而恰当，对中印关系的未来也做出了恰如其分的预测，因而对我国政府的对外政策极有参考价值，也是读者了解这段历史的可靠教材。

在此期间，笔者也有内容相关的4本书问世:《佛教与中国文化》（华侨出版社，1995 年，2006年又由昆仑出版社出版增订本）、《中国与南亚文化交流志》（上海人民出版社，1998年）、《中印文化交流史话》（商务印书馆，1998年）和《中印文学比较研究》（昆仑出版社，2003年）。对此四书，笔者自知浅陋，只是追慕前贤，不怕贻笑大方而已。

此外，涉及中印文化交流史的著作很多，其中不乏大家手笔和中青年的力作。如季羡林等的《大唐西域记校注》（中华书局，1985年）、周连宽的《大唐西域记史地研究丛稿》（中华书局，1984年）、同窗王邦维的《唐高僧义净生平及其著作论考》（重庆出版社，1996年）等，都是对中印文化交流史上名人名作的深入研究，而且都有新贡献。

沈福伟的《中西文化交流》（上海人民出版社，1985年）、余太山的《两汉魏晋南北朝西域关系史研究》（中国社会科学出版社，1995年）、耿引曾的《中国人与印度洋》（大象出版社，1997年）、孙修身的《敦煌与中西交通研究》（甘肃教育出版社，2002年）、余太山的《两汉魏晋南北朝正史西域传研究》（中华书局，2003年）、赵蔚文的《印美关系爱恨录》（时事出版社，2003年）等都包含有中印文化交流的诸多内容。

季羡林的《文化交流的轨迹——中华蔗糖史》（经济日报出版社，1997年）、陈明的《印度梵文医典〈医理精华〉研究》（中华书局，2002年）等，都是涉

① 中国藏学出版社，1998年。

及中印科技和医药交流的著作。

常任侠的《丝绸之路与西域文化艺术》（上海文艺出版社，1981年）、吴焯的《佛教东传与中国佛教艺术》（浙江人民出版社，1991年）、郑汝中的《敦煌壁画乐舞研究》（甘肃教育出版社，2002年）、贾应逸和祁小山的《印度到中国新疆的佛教艺术》（甘肃教育出版社，2002年）等，都是着重介绍和论述中印艺术交流的。

郁龙余的《中国印度文学比较》（中国社会科学出版社，2001年）、唐仁虎等的《泰戈尔文学作品研究》（昆仑出版社，2003年）、尹锡南的《世界文明视野中的泰戈尔》（巴蜀书社，2003年）、刘安武的《印度文学和中国文学比较研究》（中国国际广播出版社，2005年）等是涉及中印文学交流的新作。

这些年，丝路学很受国内外学界重视，我国学者也出了一大批相关著作，并与中印文化交流关系紧密。如刘迎胜的《丝路文化：海上卷》（浙江人民出版社，1995年）、邓廷良的《丝路文化：西南卷》（浙江人民出版社，1995年）、张云的《丝路文化：吐蕃卷》（浙江人民出版社，1995年）、陈炎的《海上丝绸之路与中外文化交流》（北京大学出版社，1996年）、黄启臣等的《广东海上丝绸之路史》（广东经济出版社，2003年），等等，不胜枚举。

**（三）中华人民共和国成立以来的研究特点**

中华人民共和国成立以来我学界对中印文化关系史的研究可以归结出以下特点：

第一，从时间段看，这50多年可以大体划分为两个阶段。第一阶段从1949年开始，到20世纪60年代中期。第二阶段从1979年开始至今。第一阶段为期较短，由于1962年中印关系出现波折，加之中国出现了一场史无前例的“文化大革命”而使学术研究停滞不前。第二阶段比第一阶段成果显著，需要好好总结。

第二，从研究者看，从20多岁到90多岁，分布于各个年龄段。前辈学者壮心不已，笔耕不辍，垂范后学；而“文化大革命”后培养出来的中青年学者奋志向学，硕果累累。在改革开放后20多年这个时间段上，人才不算少，年龄结构也基本合理。

第三，从研究内容看，涉及领域十分广泛，从物质文明到精神文明的交流，都在研究之列。热门领域又相对集中，如佛教、文学、艺术、敦煌学、丝绸之路学、中印交通史等。即使是一些相对偏僻的学科，如翻译学、音韵学、因明学等，也有论文或专著。

第四，从研究水准看，这一时期的研究成果远胜于历史上任何一个时期。学者们十分重视资料的收集和积累，论述也很审慎。当然，由于这一时期社会上兴起了一股拜金主义的风气，或为职称升迁，或为功利驱使，也有人写出一些粗制滥造的文章或书籍，不过这仅仅是支流。

第五，从出版情况看，几乎年年都有新作出现，有的学科还以丛书形式出版，形成规模效应。

总之，改革开放后的20多年间，我国中印文化关系史研究的成绩斐然，但也有一些令人担忧的不足。20多年，整整一代人，当年的壮年成为老者，当年的青年也上升为壮年，以上提到的一些成果，多为50岁以上人所写，而年轻人很少，后继乏人的迹象已经显露。研究成果中，因袭前人，人云亦云，原水平重复的现象并不少见。

## 三、中印文化交流的历史分期

以往，学者们在介绍中国与印度文化交流的历史时，一般都以中国的朝代为纲，然后分门别类，罗列材料，阐述观点。这无疑是正确的。例如，方豪的《中西交通史》（其中含有中国与印度的交通）分为4篇：第一篇“史前至秦汉魏晋南北朝”，第二篇“隋唐五代及宋”，第三篇“蒙元及明”，第四篇“明清之际中西文化交流史”；每篇下又分若干章节。由于不是专写中国与印度的文化交流史，所以很难照顾中国与印度文化交流的各个环节及其特点。

金克木先生的《中印人民友谊史话》在分期介绍中印关系的同时还归纳出了各个时期两国交往的主要特点，是弥足珍贵的。按照他的意见，中国与印度友好交往的历史可大致分为以下五个阶段：

第一阶段相当于我国的秦汉时代，这一时期中国与印度友好交往的主要特点是开辟通道，初步接触。

第二阶段相当于我国魏晋南北朝时期，其主要特点是印度佛教大规模东传。

第三阶段相当于我国隋唐五代时期，其主要特点是政府间往来频繁，中印友谊达到一个高峰。

第四阶段相当于我国宋元明时期，其主要特点是海上交通日益增多，商业贸易盛况空前。

第五个阶段是近代，相当于我国1840年第一次鸦片战争之后至1945年抗日战争胜利，其主要特点是两国人民在反帝斗争中相互同情、相互支持。

从友好交往的角度看，这样划分中印关系史的各个时期并总结其主要特点，无疑是恰当而合理的。

季羡林先生的《中印文化交流史》将中印文化交流的历史分为7个阶段：

①滥觞（汉朝以前）

②活跃（后汉三国 25~280年）

③鼎盛（两晋南北朝隋唐 265~907年）

④衰微（宋元 960 ~ 1368年）

⑤复苏（明 1368~1644年）

⑥大转变（明末清初）

⑦涓涓细流（清代、近代、现代）

在谈到文化交流的规律时，他认为："我们首先要区分物质文化的交流和精神文化的交流，这二者的规律是完全不一样的。"相对来说，物质文化交流比较简单，而精神文化交流则十分复杂。精神文化交流"至少要经过五个阶段：撞击——吸收——改造——融合——同化"。"在中印文化交流史上，这五个阶段，尽管难免有的地方有交光互影的情况，大体轮廓是比较清楚的。"于是，他在书中将中印文化交流的活跃期，即后汉三国时代定为中印两种精神文化的撞击和吸收阶段；将鼎盛期两晋南北朝隋唐时代定为两种文化的改造和融合阶段；将衰微期宋元时代定为两种文化的同化阶段。由此可见，他在中印文化交流史的分期和各个时期特点的总结方面做了开创性的工作。

首先，他把中印文化交流的历史划分为7个时期，照顾其特点而不拘泥于时间的长短，独树一帜、自成一家。其次，他把各时期的特点高度凝练地以二至四字加以概括，准确而生动，这也是前人没有做过的。第三，他将文化交流的规律运用于中印文化交流史的分期，并使之与各时期的特点相得益彰，这更是前人没有做过的。这就给我们提供了一个范例，指明了一个方向，即，中国与印度文化交流的历史分期必须与各个时期的特点相一致，而各个时期的特点又必须反映出中国与印度文化交流的规律。

本书综合上述各家的长处，并试图将中国和印度的历史文化发展时期相对应。除"绪言"外，本书分为6章，即6个时期：

1. 先秦至两汉、三国时期

这个时期即为主要从公元前4世纪至公元3世纪中期。大体相对应的印度历史时期是孔雀王朝、贵霜王朝时期。这一时期，印度人知道了中国，称中国为“支那”（秦）；中印间开始有贸易往来；张骞通西域得知印度与川滇间有通道、有贸易，汉武帝派使者与印度联系；中国与南印度在海上贸易的路线形成；印度佛教传入中国。

2. 两晋南北朝时期

这个时期即为公元265~580年。大体相对应的印度历史时期为笈多王朝时期。这一时期，中印海上和路上交通往来均较以前频繁，有许多印度佛僧东来，也有中国佛僧访印，如法显。印度佛教文化已经开始全面影响中国文化。

3. 隋唐五代时期

这个时期即为公元581~960年。大体相对应的印度历史时期为笈多王朝衰亡后，南方帕拉瓦王国兴起、北方戒日王称霸；后戒日王时代，北方三国争霸、南方朱罗王朝兴起。这一时期长达近四百年，中印文化交流也达到了空前的高峰。其中最突出的外交事件有王玄策等访问印度、印度使者频繁来华，最突出的佛教事件有印度“开皇三大士”在华译经、玄奘和义净游学印度、印度“开元三大士”在华译经传教等。印度佛教文化已经在很大程度上中国化，成为中国文化的有机组成部分。

4. 宋元明时期

这个时期即为公元960~1644年。相对应的印度历史时期为，北方三国争霸、波罗王朝兴盛、穆斯林屡次入侵印度、德里苏丹国由建立到灭亡、莫卧儿帝国前期，南方朱罗王朝由盛至衰、葡萄牙人、法国人和英国人先后殖民印度等。这一时期长达680余年，中印海上贸易呈现前所未有的兴旺局面，中国内地的取经运动出现了最后的高潮，继而是西藏僧侣去印度取经和学习的高潮。中印外交和贸易在郑和出使印度时达到高潮，随后便几乎中断。但印度文化对中国的影响已经潜移默化，深入各个领域和层面。

5. 清至民国时期

这个时期即为1644~1949年。相对应的印度历史时期为莫卧儿帝国后半期、英国统治印度时期。这一时期中印政府间的交往很少，但物质贸易不断，英国人主导的鸦片贸易和棉花贸易在一段时间里显得很突出。康有为避难大吉岭，中国抗日战争爆发，尼赫鲁访华和派遣援华医疗队，以及蒋介石夫妇访印成为新亮点。

6. 中华人民共和国成立以后

这个时期即为1949年以后。印度于1947年赢得民族独立，不久中华人民共和国成立，两国很快就建立了外交关系，并于20世纪50年代形成第一个中印文化交流的高潮。80年代后两国关系逐渐好转，文化交流呈现欣欣向荣的稳定局面。

这里须说明，书中最后一章是笔者的新尝试，前人没有写过。这里还须说明，本书所采用的分期并非截然划一，下一章可能回溯上一章的东西，上一章也可能涉及下一章的内容，一切为叙述方便，并不完全拘泥于时间界限。

# 第二章

# 先秦至两汉、三国时期（公元前2世纪以前~公元265）

中国与印度文化交流的起源甚早，但究竟开端于何时，现在谁都说不清楚。对此，学界曾经有过各种推测，但都不能就具体时间得出肯定的结论。

据《史记》的《大宛列传》和《西南夷列传》记载，张骞于汉武帝建元年间（前140~前135）奉命出使西域，于13年后回国。[①]他在大夏国（今伊朗、阿富汗一带）看到了中国蜀地出产的“蜀布”和“邛竹杖”，当地人告诉他，这是从身毒国贩卖来的。“身毒”就是印度，是我国早期对“印度”一词的音译。《史记》的这两条材料是中国与印度文化交流最早最可靠的文字记载。

仅从《史记》的记载中就可以知道，早在张骞通西域之前，中国的西南地区和印度之间就已经有了贸易往来。毫无疑问，这种往来必定是建立在彼此了解和信任的基础之上，经过长时间的接触和交往才能实现。那么，在缺乏直接文字记载的情况下，我们要了解中印文化交流的最初情形，就必须借助间接的文字记载（甚至包括某些神话传说），还要充分利用考古资料（尤其是最近几十年的考古成果）加以推断。

---

① 关于张骞出使西域的时间，有多种说法。有人据《史记·西南夷列传》，以为张骞于元狩元年（前122）返汉，误。据《大宛列传》、《李将军列传》等可知，张骞于元朔六年（前123）因从大将军卫青击匈奴有功得封博望侯。是知张骞返汉不在元狩元年，而在元朔六年之前。上推13年，则张骞首途时间至迟在建元五年（前136）。日人桑原骘藏考证为前139~前126年，可备一说（参见长泽和俊:《丝绸之路史研究》，天津古籍出版社，1990年版，第414页）。

## 第一节　关于中印文化交流开端的推测

学界对中印文化交流的开端有过各种各样的推测，这些推测都是有一定根据的，并非主观臆测。下面就几个主要问题略作介绍，并阐明笔者的观点。

### 一、关于棉花和海贝

从前，人们在研究中印文化交流的最初历史时，已经使用了一些考古资料。中华人民共和国成立以后，我国考古学界取得了辉煌的成果。有些成果对于研究中印文化交流的开端具有重要意义。

棉花，学界比较一致的看法是原产于印度。1980年第二期《福建文博》上发表了高汉玉的文章《崇安武夷山船棺出土的纺织品》，说经过科学鉴定，那里发现的是一块平纹棉布，距今约有3 000年的历史（大体相当于商周之际）。考古学家陈文华指出："这是我国最早的一块棉布。"[①]对此，我国当代著名史学家李学勤先生也曾指出，一般认为棉花原产于印度，在我国发现商周之际棉布的事实告诉我们，中印文化交流的历史可能要比人们想象的早得多[②]。

海贝，我们要说的是云南和四川出土的海贝。

20世纪五六十年代，我国考古工作者在云南晋宁石寨山进行了多次发掘，在那里的战国古墓群中发现有大量海贝。"当时滇国与印度及东南亚国家买卖物品时即用海贝，因为上述地区有着悠久的用贝历史，云南古代的贝币很明显是由印度等地传入的。"[③]这一考古成果已经验证了《史记》中的有关记载。至于云南与印度之间贸易通道的开辟时间，中国学者曾有多种估计："大多数学者倾向于至迟到公元前4世纪末，这条连结中国西南与印度的通道便已开通。"[④]

20世纪80年代，三星堆的考古发掘震撼考古界，使人们看到了一种与中原文化既相联系却又十分独特的古文化体系，同时也看到了这一文化体系与东南亚和南亚的外部联系。其中，与中印文化交流关系最密切的就是一号祭祀坑

---

① 陈文华：《农业考古》，北京：文物出版社，2002年版，第64页。

② 李学勤：在广东花都《中华文化通志》全体撰稿人大会上的发言，1994年2月。

③ 张增祺：《滇文化》，北京：文物出版社，2001年版，第138页。

④ 周智生：《中国云南与印度古代交流史述略》（上），载《南亚研究》2002年第1期。

和二号祭祀坑出土的大量海贝。[①]邓廷良说："广汉三星堆中曾出土大量的齿贝，据生物学家考证，那类齿贝仅产于印、缅温暖的海域。可见，至少在3 000年前的殷周之际，印度与蜀之间已可辗转相通，有间接的贸易交换。"[②]这一推断显然比较审慎。实际上，"三星堆祭祀坑的年代，据地层和出土器物分析，其中一号坑器物的埋藏年代下限不会晚于殷墟二期，上限不会早于殷墟一期，应在殷墟一期之末与殷墟二期之间"。[③]那么，如果这些海贝是从印度沿海来的，则说明中印之间的贸易最迟在商代中期已经开始，距今已有3 400年的历史了。

## 二、关于二十八宿和月兔传说

中国与印度在天文历算方面的交流很可能远在上古时期就已开始，最明显的例子就是二十八宿的名称。中国在先秦时代就有了二十八宿的说法，而印度也很早就有二十八宿的说法。中国学者竺可桢认为，世界上有二十八宿概念的民族不少，除了中国和印度以外，还有埃及和伊朗等，但埃及和伊朗都是在公元以后才出现这一概念的。他认为，埃及和伊朗的二十八宿观念是从印度传过去的。在经过一系列对比和论证后，他得出结论：中国是二十八宿的起源地，而印度的二十八宿则是由中国传去的。同时他还指出，中国古代天文学有所谓"十二岁"，其名称如"摄提格"、"困敦"等，均非汉语，而是外来语，很可能是从印度传到中国来的。[④]

季羡林先生在《中印文化交流史》的开始部分也举出二十八宿的例子，并列出了印度二十八宿的梵文名称、序号及其与中国二十八宿的对应关系。他说："总的数目，二十八对二十八，是完全一样的。其间的渊源关系一目了然。"[⑤]但是，如果想知道究竟是谁影响了谁，就必须知道二十八宿最初来源于哪个民族，发源于哪种文明。他赞成竺可桢的观点，同时还指出，关于这个问题，中外学界讨论了一百多年。有人主张起源于中国，有人主张起源于印度，也有人主张起源于第三地——巴比伦。但是，由于缺乏可靠的依据，起源于巴比伦说很快

① 参见四川省文物管理委员会等:《广汉三星堆遗址一号祭祀坑发掘简报》，载《文物》1987年第10期;《广汉三星堆遗址二号祭祀坑发掘简报》，载《文物》1989年第5期。

② 邓廷良:《丝路文化：西南卷》，杭州：浙江人民出版社，1995年版，第27页。

③ 陈旭:《夏商考古》，北京：文物出版社，2001年版，第239页。

④ 竺可桢:《二十八宿起源的时间和地点》，载《思想与时代》1944年第34期。

⑤ 季羡林:《中印文化交流史》，北京：新华出版社，1991年版，第9页。

就销声匿迹了。到了20世纪30年代，日本学者新城新藏在对中国古代天文学进行深入细致研究的基础上，提出了自己的观点，认为印度的二十八宿是由中国传去的，时间大约在周朝初期（即公元前11~前10世纪）[①]。鉴于此，季羡林先生指出："如果从这一件事情上来推断，那末不论是谁向谁学习，中国印度两国人民的友谊和文化交流到现在总已有三千多年的历史了。"[②]

中国有个古老的神话，说月亮里有个兔子。这个传说究竟有多古老，很难说。战国时的大诗人屈原的《天问》有句话，叫作"顾菟在腹"，意思就是说月亮里有个兔子（还有人说是蟾蜍）。直到现在，这个说法还在民间流传。同样，印度古代也有一个传说，说月亮里有个兔子。印度的这个故事也很古老，大体情节是：远古时，树林里有狐、兔、猿三兽。天帝下凡变成一饥饿老人，向三兽要吃的。结果狐衔来了鲤鱼，猿采来了花果，唯独兔子什么也没拿来。兔子很惭愧，为了表示自己的一片诚心，就跳进火里自焚，要把自己的肉烧给老人吃。这时，老人现身为天帝，伤感赞叹了一番，把兔子送进了月亮。从此，月亮里便有了兔子。印度的这个故事是佛本生故事中的一个，而佛本生故事是佛陀释迦牟尼去世后，由佛徒们根据民间故事编写的，讲释迦牟尼前身五百世不断转世的过程，其成书时间大约在公元前的几个世纪。那么，既然中国人和印度人都说月亮里有个兔子，是"英雄所见略同"，还是一方受了另一方的影响？季羡林先生说："根据这个故事在印度起源之古、传布之广、典籍中记载之多，说它起源于印度，是比较合理的。"[③]

以上两个例子都很说明问题，传达了上古中印文化交流的某些信息。

## 三、关于支那

印度古人把中国称作"脂那"（即"支那"，Cina），[④]至今如此。对于这一名称的由来，学界有种种讨论。

方豪先生《中西交通史》第一篇第四章第二节《支那名称之起源》中谈到了下列情况：①欧洲人称中国，英文作China，法文作 Chine ，意大利文作 Cina，

① 参见季羡林：《中印文化交流史》，北京：新华出版社，1991年版，第10页。

② 季羡林：《中印文化关系史论文集》，北京：生活·读书·新知三联书店，1982年版，第113页。

③ 季羡林：《中印文化交流史》，北京：新华出版社，1991年版，第11页。

④《法苑珠林》卷一一三："梵称此方，或曰脂那，或曰震旦，或曰真丹。"

等等，皆出于拉丁文 Sina；②希腊地理学家托勒密（Claudius Ptolemaeus ）的地理书中有Sinae 及Seres两名；③1655年，卫匡国（Martin Martini）在阿姆斯特丹刊印其《中华新图》，首次提出支那一名为“秦”之译音；④1912年，法国人P.伯希和著文力主支那即秦之译音说，并指出，欧洲人称支那与印度人所称实同出一源；⑤有人不同意支那即秦之译音说，另主他说，但不攻自破，未能持久①。

关于“支那”为“秦”的译音，伯希和的考证是很有说服力的。但他又说：“若说最初交通是秦始皇统一中国的影响，倒还近于事实。所以我仍旧以为印度所识中国之名，就是这个本国人所痛恨，而足使其种族同国名之声威远达西北同南方的秦始皇朝代之名。”②

对此，季羡林先生提出了自己的看法。他在《中印文化交流史》第二部分说：Cina“这个字的汉译很多，其中最流行的为大家所熟知的是‘支那'，一看就知道是音译。汉文原文是什么呢？迄今众说纷纭，莫衷一是。我个人，还有其他一些中外学者，比较同意法国学者伯希和的意见，他认为这个字来自中国的‘秦'字，但是，比秦始皇统一中国时间要早一些，总在公元前三世纪中叶以前。”③

香港饶宗颐先生也认为印度古人所说的支那在秦始皇统一中国之前。他说：“Cina一字所代表的意义，向来被认为是‘秦’的对音。B.Laufer辈却持异议，伯希和和他们辩驳，指出Martini的旧说，以Cina指‘秦’最为可据，又引用佛典后汉录《报恩经》译支那为秦地，及《汉书》颜师古注，秦时有人亡入匈奴者，今其子孙尚号秦人等例，以为佐证。1963年，我在印度Poona的Bhandarkar研究所，见印人Manomohan Ghosh君发表《支那名称稽古》一文，重新讨论这一问题，认为Cina自当指‘秦'无疑。惟始皇帝统一只三十三年，而秦立国甚早，故梵文Cina一字不会迟过625 B.C.。惜彼于中国史事，仅据马伯乐的《古代中国》一书，所知至为贫乏。”④

这一讨论持续的时间很长，直到20世纪七八十年代，我国仍有人不断对

① 方豪：《中西交通史》，长沙：岳麓书社，1987年版，第64~69页。

② 伯希和：《支那名称之起源》，参见冯承钧译：《西域南海史地考证译丛》第一卷第一编，北京：商务印书馆，1995年版，第43页。

③ 季羡林：《中印文化交流史》，北京：新华出版社，1991年版，第13页。

④ 饶宗颐：《蜀布与Cinapatta——论早期中、印、缅之交通》，《梵学集》，上海古籍出版社，1993年版，第233页。

“支那”即“秦”之译音说提出质疑，试图标新立异。或说“支那”为“晋”，或说为“锦”，或说为“绮”，等等。这些说法无一例外都是通过对音加以附会的。先说“晋”，对音也许说得过去，但要说是春秋时代的晋国，则地域上处于诸国的包围环绕之中，别国之名不为印人所知，而独晋国之名远达印度，似不合理；若说是三国之后的晋朝，则时间上与印度古籍的记载相去甚远，故不得成立。次说“锦”，结尾鼻音古代读为［m］，而不是［n］，如今之粤语、朝鲜语读音，故以“锦”对应“支那”，虽一音之差，足证其误。三说“绮”，其结尾连鼻音都没有，何谈对音，故更属捕风捉影。

笔者赞同季、饶二前辈的观点：第一，“支那”为“秦”的译音；第二，印度古人称中国为支那，在秦始皇统一中国之前。

印度古人有可能从两个方向知道秦这一名称，即从中国的西北方和西南方。先说西北方。据《史记·秦本纪》，秦穆公时（前623年），“秦用由余谋伐戎王，益国十二，开地千里，遂霸西戎”。秦的名声有可能从此传向中亚，并由中亚传至印度。战国时，匈奴人、月氏人、乌孙人都曾与秦国相邻过，也都有可能成为秦这一国号的传播媒介。再说西南方。据《史记》之《秦本纪》和《秦始皇本纪》，秦将司马错于公元前316年伐蜀，灭之。又于公元前301年平定蜀侯之乱。嬴政继秦王位时，“秦地已并巴、蜀”。近世的许多考古资料证明，蜀人在春秋战国时期即与外界有若干物质交流关系，那么，他们在蜀地归秦以后，到印度一带活动，并把秦的国号传给古代印度人，就是很自然的了。

印度方面，记载有“支那”的古书不少，最著名的有史诗《罗摩衍那》、《摩诃婆罗多》，以及《摩奴法论》等。这些典籍虽然古老，但时间难以确定。最早记载支那这一名称的典籍是孔雀王朝初期考底利耶（Kautilya）的《政事论》。关于考底利耶其人其书，学界历来有所聚讼，但在没有确凿证据以前，人们仍认为他是《政事论》的作者，其书作于公元前4世纪。如此，则印度古人在我国秦朝以前即以秦称中国，且与中国有丝的贸易。[①]

综合以上情况，关于中印文化交流的历史起源，有“商代说”、“商周之际说”、“周代说”、“战国说”等数种推测。之所以叫作“推测”，是因为现在还没有得到最终的证实，还需要更多的证据。相信，今后的考古发现会解决这一问题。

---

① 有关考证可参见前引伯希和、季羡林、饶宗颐的著作。

## 第二节 汉代中国与印度的交通

汉代中国与印度文化交流的通道主要有3条：西域道、滇缅道和南海道。

### 一、西域道

1．张骞和西域道的开通

根据《史记·大宛传》记载，张骞奉汉武帝之命出使西域，最初的使命是要说服大月氏人与汉朝联合夹击匈奴，探索通往西域的道路只是他这次出使的副产品。一般认为，西域道的开通，在张骞通西域以后。其实，在张骞出使之前，汉朝也必然有通往西域的道路，只是“为匈奴所闭”而已。否则，月氏人怎么会由中国的西北迁徙到西亚，又由西亚而征服大半个印度？《汉书·张骞传》所谓“凿空”，意思是“开通”。①张骞两使西域，所行之路即西域道。其时，匈奴为汉朝西北大患，占据西域要冲，自武帝以降，经昭、宣、元、成等几代皇帝采取征伐、和亲、置郡、屯田等种种手段，基本上控制了西域道，使之成为今天所说的“丝绸之路”。汉代的西域道分南北两道。《史记·大宛列传》中说：“初，贰师起敦煌西，道上国不能食，乃分为数军，从南北道。”《汉书》的《西域传》和《陈汤传》中也提到了南北道。

一般认为，从敦煌向西，出玉门关、阳关到鄯善，由鄯善沿塔里木盆地的北缘经焉耆、龟兹等地越过葱岭的路线为北道，而由鄯善沿塔里木盆地的南缘经于阗、莎车等地越过葱岭的路线为南道。

《三国志·魏书·乌丸鲜卑东夷传》裴松之注引鱼豢《魏略·西戎传》曰：“西域诸国，汉初开其道，时有三十六，后分为五十余。从建武以来，更相吞灭，于今有二十道。从敦煌玉门关入西域，前有二道，今有三道。从玉门关西出，经婼羌转西，越葱岭，经县度，入大月氏，为南道。从玉门关西出，发都护井，回三陇沙北头，经居卢仓，从沙西井转西北，过龙堆，到故楼兰，转西诣龟兹，至葱岭，为中道。从玉门关西北出，经横坑，辟三陇沙及龙堆，出五船北，到车师界戊己校尉所治高昌，转西与中道合龟兹，为新道。”这里所说的“二十道”②应为“二十国”之误，而前面的“三十六”和“五十余”也都指国数。因为《汉书·西域传》说得清楚：“西域以孝武时始通，本三十六国，其后

① 参见苏林、颜师古注：《汉书》，北京：中华书局排印本，第2693页。

② 参见《三国志》，北京：中华书局排印本，第859页。

稍分至五十余。”所以,《魏略·西戎传》这段话的开头部分是依据前人记载写的，后面才是新的记载。它的意义在于指出了西域道在汉代，尤其是东汉时的变迁。

根据当时人的“大西域”观念，自然把玉门关以外的地区也认为是西域的一部分，而实际上，不管是南北二道也好，还是南、中、新三道也好，都在现今的中国境内，对于更远的地方，并没有细致划分。

当时，西域道也不是一向畅通的，特别是东汉时，情况比较糟，出现了时通时绝的局面，而且一绝就是数十年。《后汉书·西域传》记载，王莽时，“西域怨叛，与中国遂绝”，到明帝十七年（公元74年）又通，中间竟相隔65载。和帝之后，又因“西域反畔，乃绝”。

2. 中印交往情况

由于西域道的开通，汉朝派往印度的使节日益增多。《史记·大宛列传》记载，张骞二次出使西域时，曾在乌孙派副使到身毒。“自博望侯骞死后……而汉始筑令居以西，初置酒泉郡以通西北国。因益发使抵安息、奄蔡、黎轩、条枝、身毒国。而天子好宛马，使者相望于道。诸使外国一辈大者数百，少者百余人，人所赍操大放博望侯时。其后益习而衰少焉。汉率一岁中使多者十余，少者五六辈，远者八九岁，近者数岁而反。”这样庞大的使团，这样频繁的出使，汉人对印度的了解自然会日益增多。

到了东汉时期，由于西域道时通时绝，中印交往也呈现时断时续的状况。根据《后汉书·西域传》的记载，从王莽朝到明帝十七年，中间断绝65年之久。“和帝时，数遣使贡献，后西域反畔，乃绝。至桓帝延熹二年、四年，频从日南徼外来献。”从和帝之后，到桓帝时，中间大约又断绝了数十年往来，而且由陆路改为水路。

《后汉书·西域传》中还说：“世传明帝梦见金人，长大，顶有光明，以问群臣。或曰：‘西方有神，名曰佛，其形长丈六尺而黄金色。’帝于是遣使天竺问佛道法，遂于中国图画形像焉。楚王英始信其术，中国因此颇有奉其道者。后桓帝好神，数祀浮图、老子，百姓稍有奉者，后遂转盛。”这段话开头虽然说得不够肯定，用了“世传”二字，而且明帝感梦的说法也不可靠，但对求法事件的经过描述清楚，基本可信。可以说，佛教就在这一时期，通过西域道传入中国，在上层贵族中产生一定影响。《魏略·西戎传》还写道：“汉哀帝元寿元年，博士弟子景卢受大月氏王使伊存口授浮屠经。”这是佛教通过月氏人向汉地传播的重要史料，也是中印间在西域道上进行交往的证明。

其实，汉代中印间在西域道上的交往并非仅仅是使节们带些礼物来回走走，也不仅仅是佛教开始向中国内地传播，中间一定还有大量的商人往返奔波，一定还有大量的商品交互流动。

3. 汉代人对印度的了解和认识

根据史书的记载，汉代人对印度的了解已经相当多了，有些记载十分准确，成为研究印度历史的可靠资料。之所以说其中一些记载准确可靠，是因为它们能够得到多方面的证实，有些情况甚至可以与今天印度的现实相印证。

《汉书·西域传》记载了当时印度一些地区的情况，其中以罽宾为最详："罽宾国，王治循鲜城，去长安万二千二百里。不属都护。户口胜兵多，大国也。东北至都护治所六千八百四十里，东至乌秅国二千二百五十里，东北至难兜国九日行，西北与大月氏、西南与乌弋山离接。"汉代的罽宾国，是指今天的克什米尔一带[①]。这段文字记载了罽宾国的地理情况，应当说是比较准确的。至于文中提到的乌秅国、悬度国，也有一些学者认为是在今巴基斯坦境内[②]。乌弋山离一般认为即亚历山大城（Alexandria）的译音，但此城不在希腊境内，而在当时印度的西北部。《西域地名》中说在今阿富汗境内的赫拉特[③]，其实未必准确。当年亚历山大东征，到达过印度河流域，后来留有军队和移民，在那里建立过城市。而如文中所说，乌弋山离国在罽宾国西南，并非正西（赫拉特几乎在正西），则乌弋山离国当指印度河流域的希腊人移民地区。

书中又说："罽宾地平，温和，有目宿，杂草奇木，檀、櫰、梓、竹、漆。种五谷、蒲陶诸果，粪治园田。地下湿，生稻，冬食生菜。其民巧，雕文刻镂，治宫室，织罽，刺文绣，治食。有金银铜锡，以为器。市列。以金银为钱，文为骑马，幕为人面。出封牛、水牛、象、大狗、沐猴、孔爵、珠玑、珊瑚、虎魄、璧流离。它畜与诸国同。"这段文字记载了罽宾国的地貌、气候和物产等。从当地的物产看，封牛、大象、猴子、孔雀等均系印度特产，至今犹然。关于其货币的描述很有意思。中国那时候的货币只标价值，没有人像，而罽宾国的货币完全不同，显然是受了希腊、波斯方面的影响。这一点，从后世出土的货

① 冯承钧、陆峻岭：《西域地名》，北京：中华书局，1980年版，第46页。

② 马雍：《巴基斯坦北部所见"大魏"使者的岩刻题记》，载《南亚研究》1984年第4期。

③ 冯承钧、陆峻岭：《西域地名》，北京：中华书局，1980年版，第3页。

币上可以得到证实[①]。

又说："自武帝始通罽宾，自以绝远，汉兵不能至，其王乌头劳数剽杀汉使。乌头劳死，子代立，遣使奉献。汉使关都尉文忠送其使。王复欲害忠，忠觉之，乃与容屈王子阴末赴共合谋，攻罽宾，杀其王，立阴末赴为罽宾王，授印绶。后军侯赵德使罽宾，与阴末赴相失，阴末赴锁琅当德，杀副已下七十余人，遣使者上书谢。孝元帝以绝域不录，放其使者于县度，绝而不通。成帝时，复遣使献，谢罪……罽宾实利赏赐贾市，其使数年而壹至云。"这段文字记载了罽宾与汉朝的关系。

东汉时，班超在西域经营达30年之久（公元73~102年），对维持西域道的交通起到积极作用。这一时期，中国人对南亚的了解比西汉时更进一步，其间的文化交流也较以前为频繁。

《后汉书·西域传》有这样几条材料值得注意：第一条是关于天竺国的材料："天竺国一名身毒，在月氏东南数千里。俗与月氏同，而卑湿暑热。其国临大水。乘象而战。其人弱于月氏，修浮图道，不杀伐，遂以成俗。从月氏、高附国以西，南至西海，东至磐起国，皆身毒之地。身毒有别城数百，城置长。别国数十，国置王。虽各小异，而俱以身毒为名，其时皆属月氏。月氏杀其王而置将，令统其人。"这一段相当准确地描述了当时印度的地理位置、气候、宗教、习俗、政治变迁等情况。继而又写道："土出象、犀、玳瑁、金、银、铜、铁、铅、锡，西与大秦通，有大秦珍物。又有细布、好毾㲪、诸香、石蜜、胡椒、姜、黑盐。"这段文字叙述了天竺国的物产，印度古代作为丝绸之路中间站的作用，与中国的交往，以及佛教初传中原的情况。

第二条是关于大月氏的，其文曰："大月氏国居蓝氏城，西接安息，四十九日行，东去长史所居六千五百三十七里，去洛阳万六千三百七十里。户十万，胜兵十余万人。初，月氏为匈奴所灭，遂迁于大夏，分其国为休密、双靡、贵霜、肸顿、都密，凡五部翕侯。后百余岁，贵霜翕侯丘就却攻灭四翕侯，自立为王，国号贵霜。侵安息，取高附地。又灭濮达、罽宾，悉有其国。丘就却年八十余死，子阎膏珍代为王。复灭天竺，置将一人监领之。月氏自此之后，最为富盛，诸国称之皆曰贵霜王。汉本其故号，言大月氏云。"此前《汉书·西域传》中已有关于月氏的记载，而这条材料则更进一步记载了月氏人建立贵霜帝

① 参见R.C.马宗达等：《高级印度史》，北京：商务印书馆，1986年版，第154页；A.L.巴沙姆主编：《印度文化史》，北京：商务印书馆，1997年版，第878页。

国的情况，对于重建这一时期南亚和中亚的历史有极为珍贵的参考价值。由于印度北方和中亚的广大地区正处于丝绸之路的中间站，即东西方文化的交汇点上，因而月氏人凭借得天独厚的地理条件，为促进中西文化交流及中国与印度的文化交流做出了贡献。如古希腊文化的东渐和佛教文化向中亚、中国内地的传播等，便在很大程度上得益于月氏人的帮助。

《三国志·魏书·乌丸鲜卑东夷传》裴松之注引鱼豢《魏略·西戎传》曰："罽宾国、大夏国、高附国、天竺国皆并属大月氏。"描绘出当时贵霜帝国版图的大体范围。"临儿国，浮屠经云其国王生浮屠……此国在天竺城中。"临儿国当指佛陀出生地蓝毗尼（在今尼泊尔境内）。

从以上记载可知，汉代人对印度的了解已经很多，这是在广泛文化交流基础上获得的认识。

4. 开辟西域道的历史意义

在汉代，帝王们开辟西域道主要出于两点考虑：一是从国家的安全战略考虑，二是从"天子"的威严考虑。他们虽然有时也表现出对外部世界的好奇，有与外国通好的意向，但这些都服务于这两点基本考虑。

但是，没有文化交流就没有人类社会的发展，西域通道开辟的最大意义在于，它为东西方文化交流提供了一个陆上通道。这条道路被学者们称为"丝绸之路"，是一条连接亚欧大陆的纽带。从汉代以后，这条道路的作用日益突显，其西端已经扩展到整个欧洲，东端则延伸到朝鲜半岛和日本，而中段已不局限于中亚、西亚和南亚诸地，而是远达非洲。这条道路可以说是人类古代文化交流的大动脉，它曾为许多民族的成长壮大输送过营养，对人类的发展进步做出了巨大贡献。

至于西域道对于中印文化交流的作用，我们从上面援引的古代文献中可以总结出这样几条：第一，它是维系中国与古印度诸国政府间友好往来的主要通道。第二，它还是中印民间贸易和科学技术交流的主要通道。第三，中印之间的精神文化交流也主要依靠这条通道，如佛教的东传及后来中国僧人去印度求法，大多走的都是这条道路，而佛教的传播和交流又是古代中印文化交流的重头戏。因而，也可以说，这条道路为中国和印度两大民族的成长进步做出过巨大贡献。

## 二、滇缅道

1. 滇缅道的开通

据《史记·西南夷列传》："及元狩元年，博望侯张骞使大夏来，言居大夏时见蜀布、邛竹杖，使问所从来，曰'从东南身毒国，可数千里，得蜀贾人市'。或闻邛西可二千里有身毒国。骞因盛言大夏在汉西南，慕中国，患匈奴隔其道，诚通蜀，身毒国道便近，有利无害。于是天子乃令王然于、吕越人等，使间出西夷西，指求身毒国。至滇，滇王尝羌乃留，为求道西十余辈。岁余，皆闭昆明，莫能通身毒国。"同一事件，《大宛列传》所记稍详，并说："闻其西可千余里有乘象国，名曰滇越，而蜀贾奸出物者或至焉"。由此可知，早在张骞通西域之前，滇缅道即已存在，民间的贸易活动早已进行。主要路线是四川—云南—缅甸—印度。对此，本章第一节的有关考证和推测已经说明了问题[①]。汉武帝虽然没有打通此道，但民间的交往可能仍在进行。因为当地人虽阻杀官方使节，却不一定拦截商人，商人可以为他们带来利益。

2. 滇缅道上的中印交往

东汉时，这条道路仍然承担着促进中国与印度文化交流的使命。《后汉书·南蛮西南夷列传》记曰："永宁元年，掸国王雍由调复遣使者诣阙朝贺，献乐及幻人，能变化吐火，自支解，易牛马头。又善跳丸，数乃至千。自言我海西人。海西即大秦也，掸国西南通大秦。"掸国通大秦，印度是其必经之路。《三国志》裴松之注引鱼豢《魏略·西戎传》曰："盘越国一名汉越王，在天竺东南数千里，与益部相近，其人小与中国人等，蜀人贾似至焉。"盘越国即《史记》中提到的乘象国、滇越和《后汉书》中的磐起国，约在今印度阿萨姆邦和孟加拉国一带。饶宗颐、汶江均曾著文加以详考[②]，足以服人。但持不同意见的人也不少[③]。《西戎传》又曰："车离国一名礼惟特，一名沛隶王，在天竺东南三千余里，其地卑湿暑热。其王治沙奇城，有别城数十，人民怯弱，月氏、天竺击服之。其地东西南北数千里，人民男女皆长一丈八尺，乘象、橐驼以战，今月氏役税之。"《后汉书·西域传》的记载与此略同。冯承钧的《西域地名》

---

① 此外尚可参见周智生:《中国云南与印度古代交流史略》，载《南亚研究》2002年第1期。

② 饶宗颐:《蜀布与Cinapatta——论早期中、印、缅之交通》,《梵学集》，上海古籍出版社，1993年版，第223页；汶江:《滇越考》,《中华文史论丛》1980年第2辑。

③ 参见何平:《从云南到阿萨姆》，昆明：云南大学出版社，2001年版，第49页。

认为车离国在今南印度沿海科罗曼德尔一带，即古代之朱罗国（Cola）[1]，但这个比定是值得商榷的。因为，第一，当年贵霜帝国的势力并没有达到印度的南端，月氏人并没有征服朱罗；第二，如果是朱罗，则礼惟特、沛隶王、沙奇城都难以比定；第三，如果是朱罗，那里的人民比起印度北方人来要显得矮小些，而不是那么高大。但不管车离国在印度的什么地方，都有可能是通过滇缅道为中国人所认识。“大秦道既从海北陆通，又循海而南，与交趾七郡外夷比，又有水道通益州、永昌，故永昌出异物。”大秦从水道通益州、永昌，多半也要经印度由滇缅道而来。这与《后汉书》所记“海西幻人”条得以相互印证。另外，《华阳国志》之《南中志》记永昌郡为明帝所置，其地有“身毒之民”。这就更加证实了这条通道的重要作用。

3. 滇缅道的历史意义与特点

总之，滇缅道开辟的时间很早，它是中国与印度文化交流的重要渠道之一，不仅在汉代发挥了重要作用，而且在以后乃至今日，都是一条不可忽视的路线。这条路线上开展的中印交往有自己的特点：第一，主要是民间交往，天高皇帝远，故不大受中央政府的干涉，交往者之间具有平等性，不存在宗主关系，也不存在谁反叛谁的问题；第二，主要是商贸往来，商人和百姓都从中受惠，故受到当地权力部门的保护；第三，交往相对容易，途程短，自然条件相对优越；第四，比西域道安全，没有匈奴的侵扰阻隔，这就使这条路线保持了相对的连续性和持久性。由于有这些特点，所以这条道路对中印文化交流的贡献是不能被其他道路代替的，相反，却在许多方面弥补了另外两条道路的不足。

## 三、南海道

1. 南海道上的中印交往

《汉书·地理志》曰：“自日南障塞、徐闻、合浦船行可五月，有都元国；又船行可四月，有邑卢没国；又船行可二十余日，有谌离国；步行可十余日，有夫甘都卢国。自夫甘都卢国船行可二月余，有黄支国，民俗与珠崖相类。其州广大，户口多，多异物，自武帝以来皆献见。有译长，属黄门，与应募者俱入海市明珠、璧流离、奇石异物，赍黄金杂缯而往。所至国皆禀食为耦，蛮夷贾船，转送致之。亦利交易，剽杀人。又苦逢风波溺死，不者数年来还。大珠

① 冯承钧、陆峻岭：《西域地名》，北京：中华书局，1980年版，第21页。

至围二寸以下。平帝元始中，王莽辅政，欲耀威德，厚遗黄支王，令遣使献生犀牛。自黄支船行可八月，到皮宗；船行可二月，到日南、象林界云。黄支之南，有已程不国，汉之译使自此还矣。”能为多数中外学者所接受的看法是，文中的黄支即今南印度泰米尔纳杜邦马德拉斯（今名金奈，Chennai）附近的康契普拉姆（Kanchipuram）地区，即玄奘《大唐西域记》中的建志补罗（Kancipura）[①]。而已程不国，则有学者以为是斯里兰卡[②]。仅从这段文字看，如果没有多次航海的经验，便不可能得出这样一条清晰的航线和这样一份确切的时间表。这说明，西汉时期中国与南亚的海上通道已经确立，它的起点在日南，终点在黄支或已程不国。汉朝的使者到黄支去，黄支也有使者或商人到汉地来。当时的汉朝译使没有专船，要由外国的商船转送，沿途风险很大，亦有利可图。即使一路顺利，来回的路上也至少要近两年的时间。

东汉时，南海道上中国与印度的文化交流仍然不断。《后汉书·西域传》记天竺国曰：“和帝时，数遣使贡献，后西域反畔，乃绝。至桓帝延熹二年、四年，频从日南徼外来献。”在陆路不通的情况下充分利用水路，足见交往心情的迫切。

2. 南海道的历史意义及特点

20世纪90年代以来，国内学界对南海道的研究越来越重视，有关文章和书籍出版不少。其中不少专著直接关注中印文化交流，如刘迎胜的《丝路文化·海上卷》[③]、陈炎的《海上丝绸之路与中外文化交流》[④]、黄启臣主编的《广东海丝绸之路史》[⑤]等。他们的研究对汉代南海道的历史意义和作用给予了充分肯定。

笔者认为，南海道的开辟具有以下意义和特点：首先，汉代的中国是一个幅员辽阔的庞大帝国，开展对外文化交流只有一条通道是不够的。中国的西部

① 参见藤田丰八:《前汉时代西南海上交通之记录》，何建民译:《中国南海古代交通丛考》，北京：商务印书馆，1936年版；费琅著、冯承钧译:《昆仑及南海古代航行考》，北京：中华书局，1957年版；冯承钧:《中国南洋古代交通史》，北京：商务印书馆，1937年版。

② 苏继庼:《〈汉书·地理志〉已程不国即锡兰说》，载《南洋学报》第5卷第2期；韩振华:《公元二世纪至公元一世纪间中国与印度东南亚的海上交通——〈汉书·地理志〉粤地条末段浅释》，载《厦门大学学报》1957年第2期。

③ 浙江人民出版社，1995年版。

④ 北京大学出版社，1996年版。

⑤ 广东经济出版社，2003年版。

是陆地，与西域诸国相连，可以辗转到达印度。但对于东部地区来说，走西域道不免舍近求远，南海道满足了东部地区与海外交流的需要。其次，西域道时断时续，并不总是畅通无阻，因此商人在进行物质贸易时的风险很大，而南海道则基本上是畅通的，商人贸易的风险相对要小。第三，即使是在道路畅通的情况下，通过西域道与印度进行物质交流，中间也要经过许多国家，需要多次过关和上税，贸易的利润受到影响，而通过南海道就相对经济。第四，汉代开辟的南海道极大地方便了后世中外海上文化交流，也促进了中国航海、造船科学技术的发展。从那时起，在这条航线上，中国对外文化交流在不断发展，直到郑和下西洋，中国古代对外文化交流达到了一个顶峰，中国的航海和造船科技也发展到一个顶峰。

从以上3条通道上所进行的文化交流情况看，在两汉时代，中国与印度的文化交流可分为两个时期：西汉时期，重点在物质文明的交流和交流渠道的探索；东汉时期，在物质文明交流的同时开始了精神文明的交流，而精神文明交流的主要事件是佛教传入中国的中原地区。

## 第三节　两汉三国时期中印文化交流

### 一、物质文化交流

#### （一）印度传入中国的物品

据《史记·大宛传》，在张骞通西域之前，人们就知道中国的大西南方有“乘象国，名曰滇越，而蜀贾奸出物者或至焉”。但书中未记“奸出物”为何物，也不知自滇越带回何物。张骞二使西域，曾派副使去身毒，但未记身毒有何物产，也不知身毒方面有何反应。倒是在正史以外的《西京杂记》中有这样一条材料：“武帝时，身毒国献连环羁。皆以白玉作之。玛瑙石为勒，白光琉璃为鞍。鞍在暗室中常照十余丈，如昼日。自是长安始盛饰鞍马，竞加雕镂，或一马之饰直百金。”可知，当时装饰在连环羁上的有白玉、玛瑙和琉璃。《三辅黄图》卷三记曰：“董偃常卧延清之室。以画石为床，文如锦；紫琉璃为帐；以紫玉为盘，如屈龙，皆用杂宝饰之。侍者于外扇偃，偃曰：‘玉石岂须扇而后凉耶？’又以玉晶为盘，贮冰于膝前。玉晶与冰相洁，侍者谓冰无盘必融湿席，乃拂玉盘坠，冰玉俱碎。玉晶，千涂国所贡也。武帝以此赐偃。”《拾遗记》卷五记同一事稍详，亦曰：“此玉精，千涂国所贡也。”看来，这里的玉精和玉晶是一回事，大约即是水晶。千涂，应是乾陀罗或身毒。

《汉书》中记南亚诸国的“贡献”也不大详细，但却详细记载了印度的物产。如前文引过其《西域传》所记罽宾国物产，其中有些物产无疑会作为商品被贩卖到中国来。又记乌弋山离国曰：“乌弋地暑热莽平，其草木、畜产、五谷、果菜、食饮、宫室、市列、钱货、兵器、金珠之属皆与罽宾同，而有桃拔、师子、犀牛。”如前文所述，一般认为，乌弋山离即亚历山大城的译音。《汉书》描绘其地理位置，在罽宾以西，安息以东，其物产又与罽宾大同，故乌弋山离国似应在今巴基斯坦北部和阿富汗东部一带。公元前2世纪中期，《那先比丘经》中著名的希腊人国王弥兰陀（Milinda）就统治着这里。罽宾和乌弋山离只是印度西北部的一片地区，至于中印度，《汉书》并无记载。其《地理志》提到了南方的黄支国，但未记其物产，只是笼统地说：“其州广大，户口多，多异物，自武帝以来皆献见。”又说：“平帝元始中，王莽辅政，欲耀威德，厚遗黄支王，令遣使献生犀牛。”卷一二《平帝纪》也说：“元始二年春，黄支国献犀牛。”《王莽传》也有相同记载[①]。这一事件似乎很重大，后世时常有人提起。另外，《西京杂记》卷上记曰：“宣帝被收系郡邸狱……系身毒宝镜一枚，大如八铢钱。旧传此镜见妖魅，得佩之者为天神所福，故宣帝从危获济。”这一记载似乎带有神话色彩，但印度的镜子此时传入中国的可能性很大，因为当时印度以玻璃（琉璃、璧流离）为镜，而玻璃已经由印度传到中国。

总之，西汉时期我国与印度诸国间不仅有外交往来，而且已经建立起贸易关系，这一点，可以由南印度发现汉代古钱的事实得到确认[②]。因此，印度输入中国的物产，一定要比文字记载为多。考古发掘还进一步证明，中国与印度的贸易关系实际上比文字记载要早得多[③]。

前文引过《后汉书·西域传》所记天竺国物产，亦颇详，并说：“和帝时，数遣使贡献，后西域反叛，乃绝。至桓帝延熹二年、四年，频从日南徼外来

① 关于黄支国献犀牛，有学者考证认为，有资料表明，汉代黄支国所献犀牛为独角犀牛，而印度不产独角犀牛，今印度尼西亚产独角犀牛，故黄支不在印度，而在今印尼一带。此说为学界重视，貌似有理，但却忽略了一个事实，即印度古代既产双角犀牛，又产独角犀牛，只是后世独角犀牛才逐渐消失。

② 饶宗颐：《饶宗颐史学论著作选》，上海古籍出版社，1993年版，第239页。

③ 童恩正：《略谈秦汉时代成都地区的对外贸易》，《古代西南丝绸之路研究》，成都：四川大学出版社，1990年版。

献。”这里同样没有记载具体的“贡献”是什么。《洛阳伽蓝记》卷三记曰：“白象者，永平二年，乾陀罗国胡王所献。”《后汉书》卷三《章帝纪》曰：章和元年（公元87年），“月氏国遣使献扶拔、师子”。此时月氏人已经征服了南亚西北部地区，所献之物或许即是天竺物产。此外，《西域传》说大秦曰：“与安息、天竺交市于海中，利有十倍……至桓帝延熹九年，大秦王安敦遣使自日南徼外献象牙、犀角、玳瑁，始乃一通焉。其所表贡，并无珍异，疑传者过焉。”有人认为，所谓大秦“使者”，“仅是些民间商业代表，冒用官方名义以利于达到目的；他们贡献的礼物并非产自罗马，而是印度土产。无疑，罗马商人惯常远道东来，在印度销售罗马货物，然后再装载印度物产前去马来亚及更远处。当时的罗马史中没有任何使团遣往中国或者接待中国使团的蛛丝马迹。”[①]这是很有道理的。

《华阳国志·南中志》记永昌于东汉明帝时置郡，其地不仅有“身毒之民”，且物产丰富。其中不少当属印度传来者。

**（二）中国传入印度的物品**

根据《史记》和《汉书》的记载，中国最早传入印度的物品中有蜀布和邛竹杖，还有黄金和杂缯等。应当说，最多最主要的物品应当是丝与丝制品。

20世纪50年代，季羡林先生发表了《中国蚕丝输入印度问题的初步研究》的论文[②]，详细阐述了中国丝传入印度的过程、时间、地点和作用等问题。他指出：“从时间上来说，不是一时输入的；从地点上来说，也不是一地输入的。上下千余年，绵延数千里，这就是输入的总的情况。”继而他从语言学入手，从印度古代典籍找出若干梵文“丝”和与丝有关的字，认为，如果印度古籍《政事论》真是孔雀王朝大臣考底利耶所著的话，“那么至迟在公元前四世纪中国丝必已输入印度”。关于传入的路线，他指出了南海道、西域道、西藏道、缅甸道和安南道五条线路。下面，我们谈谈汉代中国丝与丝制品向印度传播的情况。

汉代，中国内地与西域已进行大宗的丝绸贸易，中国的丝绸已传入中亚乃至欧洲，这已是世界史学界和考古界公认的事实。中国丝绸传入印度，最早的记载见于《汉书·地理志》，即那段关于汉武帝时黄支国来华“献见”的著名记载。其中说到汉朝使者前往黄支等地所携带的是黄金和“杂缯”。“杂缯”的意

① 赫德森：《丝绸贸易》，《中外文化关系史译丛》第3辑，上海译文出版社，1986年版，第294页。

② 参见季羡林：《中印文化关系史论文集》，北京：生活·读书·新知三联书店，1982年版。

思是指各色各样的丝织品。

后汉时期，中国与印度间仍存在丝绸贸易活动。公元80~89年间埃及希腊人写的《爱利脱利亚海周航记》中即提到中国的丝和丝制品以印度为转运站，经大夏销往西方。这和西汉时蜀布与邛竹杖由印度转销大夏的情形是一样的，即通过滇缅道向南亚以及西方出口。与此同时，据《后汉书·班超传》，建初九年（公元84年），班超派使者“多赍锦帛遗月氏王”。其时月氏人已统治着印度西北地区，而班超对西域的经营保持了丝绸之路的畅通，使中国丝绸通过西域道运往印度成为可能。

## 二、佛教的传入

中国与印度的精神文化交流至少有二千年的历史。其中，佛教的交流占有最显著的地位，人们一提起中国与印度的文化交流首先要想到佛教。印度佛教传入中国后，中国人对佛教逐步认识逐步了解，以致最后接受并加以改造和发扬，使之成为中国文化的一个有机组成部分。这是中国与印度精神文化交流的最大成果。所以这里要重点谈谈印度佛教传入中国中原地区的情况，还要特别提到佛教哲学思想体系在中国的影响问题。

印度佛教传入中国以后，中国人一些原有的思想观念、思维方式和行为准则都或多或少地受到了来自印度佛教哲学的影响；中国社会发展各个阶段所出现的各种理论体系、各个思想流派，都与佛教哲学有或深或浅、这样或那样的关系。佛教在中国思想界的地位和作用始终是不可忽视的。可以说，佛教的一些思想观念已经深入人心，已经融化在人们的头脑中。

关于佛教传入中国的时间，历来有若干不同的说法。有的说在周朝，有的说在秦始皇时，有的说在汉武帝时，有的说在西汉哀帝时，有的说在东汉明帝时。但学界多倾向于后两说，而以前三说为不可靠。

据《三国志·魏书·东夷传》裴松之注引《魏略·西戎传》，西汉哀帝元寿元年（公元前2 年）即有“博士弟子景卢受大月氏王使伊存口授《浮屠经》”。还说：“临儿国，浮屠经云其国王生浮屠……此国在天竺域中。”又据《后汉书》卷八八：“世传明帝梦见金人，长大，顶有光明，以问群臣。或曰：‘西方有神，名曰佛，其形长丈六尺而黄金色。’帝于是遣使天竺问佛道法，遂于中国图画形像焉。楚王英始信其术，中国因此颇有奉其道者。”及卷四二：楚王英“少时好游侠，交通宾客，晚节更喜黄老，学为浮屠斋戒祭祀”。等等。可知，说佛教在西汉末年和东汉初年传入中国是比较可靠的。

据《高僧传》卷一《摄摩腾传》和《竺法兰传》，明帝派人去西域寻访佛法，带回了中天竺人摄摩腾和竺法兰。学术界通常以为这仅仅是一个传说，但也难以断然否定。如果可靠，则这是印度僧人来华传教的最早记载。汉明帝于洛阳“城西门外立精舍以处之”，从此中国有了第一座寺院——白马寺。摄摩腾和竺法兰来华后即翻译佛经，译有《四十二章经》、《十地断结经》、《佛本生经》、《法海藏经》、《佛本行经》等五部。如果可靠，则这是佛经译为汉文之始。

据《后汉书》卷三〇，汉桓帝时，“宫中立黄老、浮屠之祠”。又据《高僧传》卷一，安息人安世高、大月氏人支娄迦谶等在东汉时来华译经。他们在翻译佛经的同时，也会接受弟子。

不管怎样，佛教是在这个时期传进来了。这不仅是中国历史上的一件大事，也是中印文化交流史上的一件大事。如果往远处说，它又是亚洲乃至人类文化史上的一件大事。因为我们知道，佛教是世界三大宗教之一，而在三大宗教中又是最早出现，并具有完备的僧团组织、庞杂而严密的思想体系；它传入中国后，给中国政治、经济、文化等各个方面所带来的影响是无法估计的；而且它还通过中国很快就传到了今朝鲜、韩国、日本、越南、蒙古等地，又给这些国家带来了巨大影响；可以说它在很大程度上影响了整个亚洲的历史命运。

总之，西汉末年和东汉时期是佛教在中国的初传时期。从以上材料看，这一时期佛教传入中国中原地区的主要特点如下：第一，中国人已经开始对佛教有所认识，但认识并不全面深刻，以为佛教如同黄老，是一种“道”或者“术”；第二，最初的信奉者可能大多是上层统治阶级的人士，如哀帝、明帝、桓帝、楚王英及博士弟子等；第三，从早期所传译的佛经看，当时是印度的大小乘佛教同时传入中国；第四，佛教最初是以口头形式传播到中国中原地区的，主要有佛传故事和本生故事等，同时也传入了佛的画像；第五，佛教初传过程中，月氏人起到了很重要的作用。

## 三、科技交流

佛教东流，天竺僧来华译经，印度天文历算知识也随之传入中国。

印度来华僧人中，多有精通天文历算者。如《高僧传》卷一《安清传》记安世高：“七曜五行，医方异术，乃至鸟兽之声，无不综达。”

在此期间，中外僧人翻译介绍了不少印度天文历算方面的文献。例如，三国时东吴天竺三藏竺律炎和支谦共译的《摩登伽经》。

《摩登伽经》卷上《摩登伽经说星图品第五》提到的二十八宿名称皆用汉名，曰："星纪岁多，要者其唯二十有八：一名昴宿，二名为毕，三名为觜，四名为参……如是名为二十八宿。"并对各宿星数、形貌、所主之神、祭祀之物等做了解说。最后又说七曜、九曜（又称九执）："日、月、荧惑、岁星、镇星、太白、辰星，是名为七。罗睺、彗星，通则为九。"《摩登伽经》卷下《观灾祥品第六》谈到二十八宿与人生、城邑及各种灾变的关系，虽涉荒诞，却与我国古代有关星相的迷信说法颇为相似。其《明时分别品第七》讲到昼夜长短、时间划分、如何置闰、刻漏之法、长度单位、重量单位等问题，都十分详细。由《摩登伽经》可知，其翻译多用中国现成的天文、度量词汇，给人以汉化之感，说明译者对中国天文、度量十分了解。

中国汉代流传下来的天文学专著唯《史记·天官书》和《淮南子·天文训》二种。其中记有二十八宿及五星（岁星、荧惑、镇星、太白和辰星）。前后《汉书·律历志》因以记之。印度七曜，是在五星的基础上又加日月；九执，则是在七曜的基础上又加罗睺和彗星。七曜和九执的概念传入后，对中国的天文历算发生了影响。具体影响情况见下章。

## 四、文艺交流

佛教于东汉时期已在中国传播，这在文学上也有反映。据《后汉书》卷五九《张衡传》：张衡"永元中，举孝廉不行，连辟公府不就。时天下承平日久，自王侯以下，莫不逾侈。衡乃拟班固《两都》，作《二京赋》，因以讽谏。精思傅会，十年乃成。"永元是汉和帝的年号，为公元89~105年，张衡的《二京赋》当完成于永元后期。据《文选》卷二，张衡的《西京赋》中有这样两句："展季、桑门，谁能不营？"对此，李善注曰："桑门，沙门也。《东观汉记》，制楚王曰：'以助伊蒲塞、桑门之盛馔。'"《东观汉记》是东汉人的著作，可见，东汉时人们把沙门译为桑门。桑门出现于汉赋，宣告了佛教影响中国诗歌之始。此后，魏诗、晋诗和南北朝诗，均受到佛教的影响。如果说汉赋中仅仅出现了个别作品使用了个别佛教词汇的话，那么，两晋南北朝的诗歌中则有较大数量的作品受到佛教的影响，其中还融入了较深刻的佛教义理，这是后话。

诗歌是如此，文学故事自然不会例外。

应劭是东汉后期人，《后汉书》卷四八本传云："撰《风俗通》，以辩物类名号，释时俗嫌疑。文虽不典，后世服其洽闻。”《风俗通》即《风俗通义》。现据王利器先生《风俗通义校注》[①]引数条于此。

卷二《正失》“东方朔”条：“俗言：东方朔太白星精，黄帝时为风后，尧时为务成子，周时为老聃，在越为范蠡，在齐为鸱夷子皮。言其神圣能兴王霸之业，变化无常。”王先生于校注中广引道家诸书，以为参考，其中大多都说老子历代变化名号为帝师事，如《经典释文·叙录》、《通变经》、《老子碑铭》、《濑乡记》、《犹龙传》、《太上老君开天经》、《神仙传》等，唯有《集仙传》中的一段与《风俗通义》的记载如出一辙。

老子也好，东方朔也好，其在不同时代改变名号为帝师的说法并非道家的发明，而是印度轮回转世思想的翻版。在印度教典籍中，如《摩诃婆罗多》、《罗摩衍那》、《薄伽梵往世书》、《毗湿奴往世书》等，均说大神毗湿奴在不同时代下凡，化身为不同的身份拯救世界。佛教也是一样，释迦牟尼累世转生才得以成佛，而佛也有过去、现在、未来等“三世佛”。佛教传入中国后，这无疑影响了中国人的观念，影响了道家。而在东汉以前的中国典籍中，并没有这种说法。当然，应劭并不同意这样的说法，《风俗通义》中有许多地方都表现出他的无神论思想。对此，他则认为是“后之好事者，因取奇言怪语附著之耳”。

《佚文》中有这样一段故事：

> 颍川有富室，兄弟同居，两妇皆怀任，数月，长妇胎伤，因闭匿之；产期至，同到乳舍，弟妇生男、夜因盗取之，争讼三年，州郡不能决。丞相黄霸出坐殿前，令卒抱儿，去两妇各十余步，叱妇曰：“自往取之。”长妇抱持甚急，儿大啼叫；弟妇恐伤害之，因乃放与，而心甚自凄怆，长妇甚喜。霸曰：“此弟妇子也。”责问大妇，乃伏。

王先生指出，《意林》四，《北堂书钞》四四，《太平御览》三六一、六三九，《折狱龟鉴》六，《棠阴比事》上，《天中记》二七，均引录了这段故事，可见其流传之广。这个故事可以说是世界性的。大体相同的故事情节，还记载于佛经、《圣经旧约》和《古兰经》中，世界三大宗教都将它收入宝典，其流传岂能不广？在世界各地，它还有不少变体，如藏族之《金城公主故事》、元代杂剧《灰栏记》，以及《高加索灰栏记》等，学者们多有论述，这里不去细

① 中华书局，1981年版。

说。这里只想强调，这所有故事变体的共同来源是印度。因为它最早出现于《佛本生经》的《大隧道本生》中，又见于《贤愚经》第四十六。

《佚文》中还有这样一个故事：

> 临淮有一人，持一匹缣到市卖之，道遇雨而披戴，后人求共庇荫，因与一头之地；雨霁，当别，因共争斗，各云："我缣。"诣府自言，太守丞相薛宣劾实，两人莫肯首服，宣曰："缣直数百钱耳，何足纷纷，自致县。"呼骑吏中断缣，各与半；使追听之。后人曰："受恩。"前撮之。缣主称怨不已。宣曰："然，固知当尔也。"因结责之，具服，俾悉还本主。

王先生指出，此故事为《意林》,《白六贴》十三,《太平御览》四九六、六三九、八一八,《折狱龟鉴》六,《渊海》六四,《天中记》二七所辑录，亦载于《通典》一六八和《棠阴比事》下。可见这个故事在中国古代也十分有名，流传很广。但这个故事又使我们联想到《佛本生经·大隧道本生》、《贤愚经》和《杂宝藏经·弃老国缘》中的智者故事，也联想到印度莫卧儿王朝以后流传的智者比尔巴尔的故事，以及流传于世界的阿凡提故事等。虽然我们暂时还不能确切认定谁影响了谁，但很难说这中间没有影响关系。尤其是有了上面那则"二妇争子"的故事，更令人怀疑它与印度佛教文学的关系。

据说，三国时期的文学家、诗人曹植与佛教也有一定的关系，但从《三国志·魏书·曹植传》中尚看不出这种关系。他流传下来的作品里有《惟汉行》诗一首，其中有这样两句："神高而听卑，报若响应声。"像是与佛教的因果报应说有关，"报应"一词似由此而来。此外再也看不出他与佛教有什么关系。但慧皎在《高僧传》卷十三末尾的《论》中说："始魏陈思王曹植，深爱声律，属意经音。既通般遮之瑞响，又感鱼山之神制。于是删治《瑞应本起》，以为学者之宗。传声则三千有余，在契则四十有二。"又说："原夫梵呗之起，亦兆自陈思。始著《太子颂》及《睒颂》等，因为之制声。"由此可知，曹植与佛教的关系很密切，其对佛教的主要贡献是在创制梵呗方面。道宣《广弘明集》卷五收有曹植《辩道论》，篇末有后人加上去的一段话："植每读佛经，辄流连嗟玩，以为至道之宗极也。遂制转读七声升降曲折之响，故世之讽颂咸宪章焉。尝游鱼山，闻空中梵天之赞，乃摹而传于后，则备见梁《法苑集》。"如今，梁《法苑集》已无从得见，更早的记载也无从考察，陈寅恪先生在《四声三问》中怀疑这些记载的可靠性，有一定道理。值得注意的是，曹植所作《太子颂》和《睒颂》今已不存。据慧皎的说法，《太子颂》是根据《瑞应本起》而作，从时间上看是可能的，因为据《高僧传》卷一《康僧会传》，支谦译出《瑞应本起经》是在吴黄武元年至建兴中（公元222~253年），曹植约去世于太和六年（公元232年），他在世时支谦的译本可能已经问世并为之所见。如果是这样，《太子颂》则是根据佛传故事写成的歌词，殆无可疑。但问题在于，《睒颂》所依据的是一则本生故事，这则故事现存最早的汉文译本应是康僧会译的《六度集经》卷五的“睒本生”。康僧会到东吴是赤乌十年（248年），其时曹植已故十余年。当然，如果曹植真有《睒颂》，也不排除其另有所本的可能。

现在来谈谈“睒本生”。《六度集经》的故事说，睒的父母年迈而双目失明，睒非常孝顺双亲，带他们生活于山泽之中。一次，睒去汲水，被一行猎国王误射而死，其父母哭呼天神、地神、树神、水神，天帝释为孝行所感，使睒复活。饶宗颐先生指出：“《方广大庄严经》（Lalitavistara）译作‘奢摩（梵为Syama）仙人子本生’，见卷五音乐发悟品。”并说“奢摩故事，必在三国时已曾传播各处”。他胪列出吴以后睒摩本生的若干不同译本及若干不同译名，说该故事原出南传巴利文大藏经第三十八卷，编号540之Sama-jataka。又说：“在各本生故事中，睒摩以孝感动天地，由于汉代人提倡孝道，这一故事更受到重视，康僧会的译文，把孝的概念，特别加以发挥，自汉末传入中土以后即迅速流传。有人作《睒颂》，播之梵吹，是顺理成章的事。”[①]他的意见很有见地，虽然对陈先生的看法未置可否，但他的倾向是清楚的。总之，在无确凿证据否定曹植曾作这两个歌词的情况下，我们只能相信慧皎和道宣的记载。这一记载告诉我们，曹植不仅与佛教关系密切，而且还与佛教文学包括佛传故事和本生故事，关系密切。

陈寅恪先生早年曾著《〈三国志〉曹冲华佗传与佛教故事》一文[②]，不仅对“曹冲称象”的故事作了考证，而且还从语言学的角度考证了华佗一名，又考证了华佗做剖腹手术的事，皆言而有据。季羡林先生在《印度文学在中国》一文[③]中也指出了“曹冲称象”故事的印度来源。所以，这里已不必再多加议论。

曹植也好，曹冲也好，其人其事均与佛教文学有关，虽然二者性质不同，

① 饶宗颐：《梵学集》，上海古籍出版社，1993年版，第320页。

② 陈寅恪：《金明馆丛稿二编》，上海古籍出版社，1980年版。

③ 季羡林：《中印文化关系史论文集》，北京：生活·读书·新知三联书店，1982年版。

但都说明三国时期佛教文学已在中国中原地区广泛流布，多有影响。除了二曹的例子以外，还有一个很好的例子，那就是邯郸淳《笑林》中的故事“治驼背”。

邯郸淳大约是曹植同时代人，《三国志·魏书》卷二一提到“颍川邯郸淳”，裴注又引有《魏略》中邯郸淳的小传。小传中着重记载了他与曹操、曹植父子间的关系：曹操“素闻其名，召与相见，甚敬异之”。当时正好曹植也在寻找邯郸淳，于是曹操就把邯郸淳派到曹植那里。“植初得淳甚喜，延入坐，不先与谈。时天暑热，植因呼常从取水自澡讫，傅粉。遂科头拍袒，胡舞五椎锻，跳丸击剑，诵俳优小说数千言讫，谓淳曰：‘邯郸生何如邪？’于是乃更著衣帻，整仪容，与淳评说混元造化之端，品物区别之意，然后论羲皇以来贤圣名臣烈士优劣之差，次颂古今文章赋诔及当官政事宜所先后，又论用武行兵倚伏之势。乃命厨宰，酒炙交至，坐席默然，无与伉者。及暮，淳归，对其所知叹植之材，谓之‘天人’。”从这段记载可知，这二人有着相似的情趣爱好，而曹植的才华似乎更高；他们当时都对西域传来的“胡舞”很熟悉，对“小说”的修养也很深。这些，都是他们接受佛教文学影响的基础。这样，我们再来看“治驼背”的故事及其印度渊源，就不会感到意外和费解了。“治驼背”的故事取于佛经故事，有关对比可参见拙著《佛教与中国文化》第三章第一节①。

总之，后汉三国时期，印度的佛教文学和佛教艺术对中国的文学艺术已经发生了显著的影响，这是前辈学者们早已注意到的。而从这些例子的比较中，我们也可以知道这种影响的特点，即主要表现为中国文学作品对佛经故事的照搬和粗加工（包括简单的改头换面）。

在后汉晚期，有一个叫笮融的丹阳人，成为中国佛教史上的传奇人物。根据《三国志·吴书·刘繇传》记载：起先，笮融可能是个有一定号召力的地方黑社会头目，有许多追随者。后来，他聚集起数百人来到徐州，投奔了徐州牧陶谦。陶谦果然重用他，让他掌管广陵（扬州）、丹阳两地的水陆运输。他大权在手，便飞扬跋扈，生活放纵，有时甚至擅自杀人，又利用职权之便大肆贪污，广积钱财。然而，就是这样一个人，竟然也皈依了佛教。大约他手下的人也都随他皈依了佛教。他有了钱，便大造佛教的塔寺，并雕造铜佛像。他雕造的铜佛像，“黄金涂身，衣以锦采”；他建造的塔寺，“垂铜盘九重，下为重楼，

① 薛克翘：《佛教与中国文化》，北京：昆仑出版社，2006年版，第39页。

阁道可容三千余人”。塔寺建造好了以后，三千余人一起唱读佛经，场面十分可观。不仅如此，这个笮融还极力地推广佛教，让他管辖范围内和邻近郡县的信佛者都来学经受法，凡是来听经学法的人，他都免除他们的其他徭役。由于有这样的好处，所以前来听经学法的人很多，远近有五千多户人家皈依了佛教。每到浴佛节的时候，场面就更大了。他命人准备了大量的酒饭（佛教在初传入中国时并不戒酒肉），并在长达数十里的路上布满筵席，前来吃饭和围观的百姓近万人。在那个时代，能够举行这样大规模的活动，的确不是一般人所能办到的，其资金的耗费也必然是非常可观的。

从史书中的这段记载里，我们至少可以总结出这样几条：第一，在后汉时期，淮河南北是中国佛教传播的一大中心；当时佛教的发展速度相当快，恐怕要超出人们的想象，这说明佛教从印度传入中国之初还是比较顺利的。第二，笮融大起浮屠祠和雕造佛像，这是正史里记载的、中国最早的塔寺建筑和佛像雕刻，也是印度佛教的建筑艺术和雕刻艺术开始影响中国的最早记录。第三，印度佛教的浴佛节也传到了中国，从此，中国民俗活动中又增加了一个新项目。

# 第三章

# 两晋南北朝时期（265～581）

## 第一节　政府间往来和物质交流

两晋南北朝时期，中国与印度的文化交流已全面展开，双方的人员往来频繁，贸易活动增多，彼此间的了解逐步加深。然而，其最显著的特点是佛教文化的大规模东传。此外，政府间的往来也是这一时期中国与印度文化交流的特点之一。

### 一、两晋时期

中国史书关于两晋时期中印政府间往来和物质文化交流的记载比较少。而实际上，这一时期的中印文化交流比以前要频繁得多。

《晋书·四夷传》未记印度事，唯大秦国条下曰："安息、天竺人与之交市于海中，其利百倍。"这说明，晋时中国与印度有海上贸易，而这种贸易可能是通过第三者进行的。但《符坚传》中却提到，符坚平定北方以后，"凡六十有二王，皆遣使贡其方物"。这"六十有二王"中包括天竺。符坚很重视西域的经营，也控制了富庶的蜀地。应当说，晋时西北和西南到印度的交通都不曾断绝，人员往来很多，当时僧人的往来能够证明这一点。在这种情形下，政府间的交往也一定存在，只是次数不多罢了。

魏晋时期，印度输入中国的物产中，火浣布的名气最大。《三国志·魏书·三少帝纪》："景初三年二月，西域重译献火浣布，诏大将军、太尉临试以示百僚。"这里仅言西域，并未明指某国。而《晋书》卷一一三《符坚传》就明确指出："天竺献火浣布。"关于火浣布，不少书都有记载，除了《后汉书·西域传》中提到大秦国出火浣布外，还有一些杂著，如《异物志》、《博物志》、《列子》、《傅子》、《搜神记》、《神异经》等，都曾提到它；后来《梁书·诸夷传》也曾提到南海一“自然大洲”产火浣布，一直到唐宋类书《艺文类聚》、《太平御览》等。有的说是树皮织成，有的说是鼠毛织成。西到大秦，东至南海，似乎都是它的产地。

《拾遗记》卷九：“太始十年，有浮支国献望舒草。其色红，叶如荷。近望则如卷荷，远望则如舒荷，团团似盖。亦云月出则叶舒，月没则叶卷。植于宫中，因穿池，广百步，名曰望舒荷池。”张星烺先生认为：“浮支即浮图之讹音，犹言佛国也。”[①]

火浣布可能是石棉布，望舒草可能是睡莲。

## 二、南北朝时期

南北朝的有关记载要比前代为多。

刘宋元嘉五年（428），有一份来自印度的国书保存在《宋书·夷蛮传》里，是天竺迦毗黎国国王月爱致宋文帝的。其中有一段赞扬中国南朝的话：“伏闻彼国，据江傍海，山川周固，众妙悉备，庄严清净，犹如化城，宫殿庄严，街巷平坦，人民充满，欢娱安乐。圣王出游，四海随从，圣明仁爱，不害众生，万邦归仰，国富如海。国中众生，奉顺正法，大王仁圣，化之以道。”

这里不仅赞扬了中国，也高度评价了中国的皇帝和人民。也许有人会觉得这国书不一定可靠，但我们宁可相信它是真实的，因为没有足够的理由和证据否定它。我们知道，当时的使者有可能是商人假冒的，但即便如此，至少也说明当时的南印度是有人了解中国的。

国书中接着又说：“臣之所住，名迦毗河，东际于海，其城四边，悉紫绀石，首罗天护，令国安稳。国王相承，未尝断绝，国中人民，率皆修善，诸国来集，共遵道法，诸寺舍子，皆七宝形像，众妙供具，如先王法。”

这里所说的情况是真实的，符合当时南印度的实际。“迦毗黎”并非国名，只是中国史官把它称为国。我国有学者以为“中天竺之一国也”[②]，甚至进一步

① 张星烺：《中西交通史料汇编》第六册，北京：中华书局，1978年版，第29页。
② 同上，第39页。

以为是“迦毗罗卫国”[①]，更误。因为国书中说得清楚，那是一条河流的名称，就是今天的高韦里河（Cauvery），主要流经今泰米尔纳德地区，东注入海。当时那里主要信奉印度教湿婆派，即国书中所说的“首罗天”。

梁武帝天监初（502），又有印度屈多王致梁武帝的国书保存在《梁书·诸夷传》中。有趣的是，这封国书和《宋书》中那封月爱王的国书如出一辙，文字几乎是一样的，原因不得而知。不过，这封国书是中天竺国王屈多的。屈多，应当即是笈多（Gupta），而其时也正是印度的笈多王朝时期。此屈多应是印度笈多王朝后期的一位国王，结合印度历史，有可能是佛陀·笈多（约475~495年在位），因为其在位期间，王朝基本上维持了统一局面，由他派使者来华是可能的，而使者走海路，路上消耗8~10年时间属正常。

尽管这两封国书存在一些疑点，但其言辞恳切，表达了强烈的通好愿望，是中印友好交往的历史见证。

此外，正史中还记载了不少天竺诸国遣使贡献的事例，如：

《宋书·夷蛮传》记天竺迦毗黎国于元嘉五年“奉献金刚指环、摩勒金环诸宝物、赤白鹦鹉各一头”。“太宗泰始二年，又遣使贡献，以其使主竺扶大、竺阿弥并为建威将军。”

《魏书·西域传》记罽宾国物产与《汉书》同，但又增记一些国家。如南天竺国：“有伏丑城，周匝十里，城中出摩尼珠、珊瑚。城东三百里有拔赖城，城中出黄金、白真檀、石蜜、蒲萄。土宜五谷。世宗时，其国王婆罗化遣使献骏马、金、银，自此每使朝贡。”迷密国：“正平元年，遣使献一峰黑橐驼。”

《梁书》卷五十四《诸夷传》记有中天竺国物产，比历代所记项目有所增加。如貂、火齐、金缕织成、金皮罽、细摩白叠、好裘等，并说：“火齐状如云母，色如紫金，有光耀，别之则薄如蝉翼，积之则如纱之重沓也。”“郁金独出罽宾国，华色正黄而细，与芙蓉华里被莲者相似。”天监初（502或503），中天竺王屈多遣长史竺罗达奉表献琉璃唾壶、杂香、古贝等物。

《魏书》各《本纪》中还有若干记载，今据张星烺先生《中西交通史料汇编》第六册和耿引曾先生《汉文南亚史料学》[②]有关部分压缩并补充如下：

正平元年（451）春正月，罽宾。

---

① 张星烺：《中西交通史料汇编》第六册，北京：中华书局，1978年版，第31页。又参见《南亚大辞典》“月爱”条，成都：四川人民出版社，1998年版，第495页。

② 耿引曾：《汉文南亚史料学》，北京大学出版社，1990年版，第25~27页。

兴安二年（453）冬十二月，罽宾等。

太和元年（477）九月，车多罗、西天竺、舍卫。

景明三年（502），罽宾、婆罗奈、乌苌、阿喻陀、不仑（应即勃律）、南天竺。

景明四年（503）四月，南天竺献辟支佛牙。

正始四年（507）六月，社兰达那罗（应即Jalandhara）、舍弥（双靡）、比罗直（应即俾路支）；

九月，南天竺；

十一月，阿舆陀；

十二月，钵仑（应即勃律）、乾达。

永平元年（508）二月，南天竺；

七月，罽宾。

永平二年（509）正月，辛豆（应即信德）；

三月，磨豆罗（应即马图拉，Mathura）。

十月，波罗（疑即勃律）。

永平三年（510）九月，乌苌。

永平四年（511）正月，阿悦陀；

三月，乌苌、乾达；

六月，乾达、伽使密、不流沙（应即弗楼沙）；

八月，伽使密、不流沙；

九月，波罗、莫伽陀、俱萨罗、舍弥；

十月，乌苌、乾达。

延昌三年（514）十一月，南天竺。

熙平二年（517）正月，罽宾；七月，罽宾。

神龟元年（518）四月，舍摩（应即舍弥）；七月，乌苌。

正光二年（521）五月，乌苌。

以上所列，仅为可以确定或初步可断定为古印度的国家。但《魏书》中尚记有若干一时难以考定的国名，其中有些也可能属于古印度。

从这里可以看出，印度来华的使者（可能包括相当一部分商人）很多，称得上“相望于途”了。但是，汉文典籍中对中国各政府派往印度的使者却较少记录，为什么？原因可能有三：第一，这一时期不像汉代，派出的官方使者本来不多；第二，历代皇帝以中央大国帝王自居，将外来的“贡献”大书于史，多少也是一种心理满足，而对外派的使者则往往忽略不计；第三，对一些商人冒充使者的情况，朝廷可能心中有数，给予赏赐而不派使者护送和回访。事实上，中国政府派使者去印度的事还是有的，《魏书》卷一〇二有明确记载：“初，熙平中，肃宗遣王伏子统宋云、沙门法力等使西域，访求佛经。”

## 第二节　佛教人员的往来

### 一、概况

1. 印度僧人来华传教高潮

如果说东汉时中国的佛教信徒基本都是宫廷贵族、达官显贵的话，那么到了三国时，已经有许多平民百姓信了佛教。佛教文化在与中国传统文化的撞击中逐步在中国站稳了脚跟。于是，印度佛教徒来华传教的第一个高潮便在魏晋南北朝时期形成了。

据《高僧传》，这一时期来华的印度僧人主要有：

昙柯迦罗（Dharmakala），中天竺人。出身于富有家庭，受到良好教育，加之自幼聪明好学，长大后学识渊博。25岁开始学习佛法，并出家为僧。魏嘉平（249~254）中来华，在洛阳传播佛教，并翻译佛经。后不知所终。

僧伽跋澄（Samghavarti），罽宾人，前秦建元十七年（381）来华，翻译佛经。

僧伽提婆（Samghadeva），罽宾人，建元（365~384）中入长安，先后在长安、洛阳、庐山等地翻译佛经。

僧伽罗叉（Samgharaksa），罽宾人，晋时在华，曾与僧伽提婆一起在洛阳翻译佛经。

昙摩耶舍（Dharmayasas），罽宾人，晋隆安（397~401）中到广州，义熙（405~418）中到长安，翻译佛经。南朝宋元嘉（424~453）中回西域，不知所终。

弗若多罗（Punyatara），罽宾人，5世纪初来华，曾在长安与鸠摩罗什共同翻译佛经。

卑摩罗叉（Vimalaksa），罽宾人，先到龟兹，后于后秦弘始八年（406）

抵达长安，在龟兹时曾为鸠摩罗什之师，后曾一起翻译佛经。

佛陀耶舍（Buddhayasas），罽宾人，出身婆罗门种姓，少年时改信佛教，曾为鸠摩罗什之师，后辗转入华，曾与鸠摩罗什在长安共同译经。

佛驮什（Buddhajiva），罽宾人，南朝宋景平元年（423）到达扬州，翻译佛经。

昙摩密多（Dharmamitra），罽宾人，幼年出家，博贯群经，特深禅法，在诸地游历，先到龟兹，又到敦煌、凉州，刘宋元嘉元年（424）辗转到蜀，又到荆州、浙江等地，元嘉十年在南京钟山住锡，并建新寺，元嘉十九年卒。其所到之处常植树造林，或建筑寺院，宣教禅法，翻译经书。

求那跋摩（Gunavarma），罽宾人，刹帝利种姓，祖上为罽宾王。年二十出家为僧，后到狮子国、爪哇。大约于元嘉初到广州，元嘉八年达建邺，译经说法，影响很大。

竺叔兰，本天竺人，随父来华，居河南，翻译佛经。

竺佛调，或云天竺人，事佛图澄为师，晋时在华传教，译经。

耆域（Jiva或Jivika），天竺人，自海路至广州，晋惠之末（306）到洛阳，擅长治病。

昙摩掘多（Dharmagupta），天竺人，5世纪初期在长安，曾与昙摩耶舍共同翻译佛经。

法度，天竺人，其父竺婆勒为天竺商人，常在广州经商。法度善梵汉，为昙摩耶舍弟子，共同翻译佛经。

鸠摩罗什（Kumarajiva），生于龟兹，父为天竺人（后文有详介）。

昙无谶（Dharmaraksa），中天竺人，幼年丧父，家贫，聪颖好学。后来到龟兹、姑臧、武威，翻译佛经。曾为寻找经文回国年余，返回后又翻译多种佛经。于公元433年被沮渠蒙逊所杀，终年49岁。

僧伽跋摩（Samghavarma），天竺人，刘宋元嘉十年到洛阳，翻译佛经，宣讲佛法。元嘉十九年乘西域商人船回国。

僧伽达多（Samghadatta），天竺人，深明禅学，刘宋元嘉年间来华，公元441年在广陵结夏，后居建邺。

求那跋陀罗（Gunabhadra），中天竺人，婆罗门种姓，幼学五明，后习大乘学，博通三藏。先到狮子国，后于公元435年乘船由海路到广州。宋太祖遣使迎入京师。曾翻译佛经，公元468年去世，终年75岁。

求那毗地（Gunaviddhi），中天竺人，师事大乘师，而兼通大小乘和外典。南朝齐建元初（479）来到南京传教并翻译佛经。

《续高僧传》里主要有下列僧人：

菩提达摩（Boddhidharma），南天竺人，南朝梁大通元年（527）来华。另据《释氏稽古略》卷三，菩提达摩本为南天竺某国第三王子，后为西天佛教第二十八祖。梁普通元年（520）来华，先到广州，次年到建康，会见梁武帝，不投缘，北上，止嵩山少林寺，面壁坐禅。后收门徒传教，成为中国佛教禅宗初祖。在中国佛教史上占有重要位置。

勒那漫提（Ratnamati），天竺人，约于6世纪前半来华，在洛阳传教。

菩提流支（Boddhiruci），北天竺人，北魏永平（508~512）初来华，住洛阳永宁寺，翻译佛经。到东魏天平元年（534），他在20余年的时间里翻译佛经39部，127卷。

拘那罗陀（Gunarata），天竺人，又名波罗摩陀，意译真谛，而以真谛的名字享誉后世。南朝梁大同十二年（546）到南海，二年后到达南京。后在中国南方各地辗转传教，翻译佛经。陈光大二年（568）去世。23年间，共译出经论64部，278卷，是佛经翻译史上的大家。

那连提黎耶舍（Narendrayasas），北天竺人，21岁受戒，曾游历五印度。于北齐天保年间（550~559）来华，翻译佛经。后经朝代更替，于隋开皇九年（589）去世，享年百岁，为“开皇三大士”之一。翻译经论15部，80余卷。

阇那崛多（Jnanaguptas），北印度犍陀罗国人，西魏时来到东土，至隋开皇二十年去世，为“开皇三大士”之一。其间，他曾到西域收集佛经，往返历七载。还曾招收门徒，其中不乏达官贵胄。他翻译的佛经37部，176卷。

《续高僧传》中提到的由天竺来华的僧人远不止这些，上面提到的仅仅是几位比较重要的僧人。

这些僧人来华，不仅翻译佛经、宣传佛法，而且他们中有许多人都具备多方面的知识，如天文、历算、医药、建筑、绘画、雕塑，等等。他们也把这些知识带进中国，传授开来，对中印文化交流做出了重要贡献。

从僧人们来华的途径看，两晋南北朝时期的西北道和南海道基本上是通畅的。而且僧传中也提到当时广东经常有印度商人经商，如上面提到的法度的父亲就是。

2. 求法运动的兴起

在吸收和接受印度文化的同时，中国人也感受到了印度文化的博大精深，感受到了西天佛国的巨大吸引力。于是，一些中国僧人掀起了一场西行求法的运动。从微观上讲，他们不远万里、不畏艰辛，甚至不怕付出生命的代价，体现了一种追求真理的精神，一种对信仰的虔诚；从宏观上讲，这也是两种文化在撞击—吸收—改造—融合过程中的必然现象，因为只有通过深入的了解、反复的切磋才能达到深层次的沟通，才能达到完美和谐的融合，而撞击和改造的过程必然是痛苦的。因此，从文化交流的意义上讲，西行求法运动的掀起就不仅仅是宗教信徒的个人行为，而是一种民族进取意识的显现；求法者的使命就不仅仅在于取回几部“真经”，而且还在于民族文化的改造和发扬。

两晋南北朝期间去印度取经的僧人，据张星烺先生《中西交通史料汇编》第六册，主要有：朱士行（后文有详介）、法显（后文有详介）、智严、宝云、慧睿、智猛、竺法护（后文有详介）、昙无竭、康法朗、慧览、宋云、法力、惠生，等等。其实，中国去印度求法的僧人远不只这些，而与这些人同去的求法者，有的命丧途中，有的留在西土，他们都是可歌可泣的民族脊梁。

3. 佛教在两晋南北朝时期的发展

南北朝时期的中国处于分裂状态，佛教在这一状态下在中国中原地区扎根，并得到了曲折而显著的发展。

第一，寺庙和僧尼数量激增。

由于佛教此时已经具有相当势力，对中国社会的政治经济产生了影响，所以社会上反佛和崇佛成为一对尖锐的矛盾，封建统治者对佛教态度也各有不同。以北魏为例，太武帝拓跋焘于公元446年毁佛，经像被焚毁，沙门被坑杀；7年后文成帝即位，佛法又兴。废后再兴，反而更烈。据《魏书·释老志》和《洛阳伽蓝记》统计，北魏太和元年（477），平城京内有寺约百所，僧尼2 000 余人；四方有寺6 478所，僧尼77 258人。延昌（512~515）中，天下有寺13 727所，徒侣益众。神龟元年（518），洛阳城内寺庙已达500所。魏末（534），洛阳有寺1 367所；天下有寺三万余所，僧尼200万人[①]。

第二，译经数量的增加。

这一时期印度来华的僧人与以前一样，在华主要从事译经和传教的工作。

① 汤用彤：《汉魏两晋南北朝佛教史》，北京：中华书局，1983年版，第370页。

由于中外僧人的通力合作，这一时期共“译出佛典近700部，1 450卷。这些佛典和东晋时偏于大乘般若学典籍不同，而是广泛地涉及到印度佛教各个流派，特别是当时正在印度兴起的大乘瑜伽行派的著作。”①

第三，中国僧人的佛学撰述增加。

至南北朝时期，中国佛教已发展到成熟阶段。佛教界出现了一批著名的经师、律师和论师，表现出“闻道有先后，术业有专攻”的局面。人们对佛教精义的理解加深，并结合中国国情提出了自己的见解。根据汤用彤先生的归纳，当时中国僧人的著述分“注疏”、“论著”、“译著撰集”、“史地编著”、“目录”和“伪书”等六大类②。

第四，不同流派的形成和论争。

两晋十六国时期，中国佛学界已经出现了若干个不同的学派（如般若学的“六宗七家”）。南北朝时期，各种学派更是纷纷出现，“各立门户，独尊一经一论，彼此争鸣”③，成为这一时期中国佛教的最鲜明特征。除了佛教内部不同学派的争论外，佛教还同道家、儒家进行争论。这说明中国佛教在理论上已经羽翼丰满，在中国的思想界已形成一股足以与儒家和道家一争高下的强劲势力。

第五，中国僧人出家有了正式的戒律，佛教在中国由初期的分散随意开始走向规范化和制度化。这便为僧团的建立奠定了基础。

据《高僧传》卷一《昙柯迦罗传》，中天竺人昙柯迦罗“以魏嘉平中，来至洛阳。于时魏境虽有佛法，而道风讹替，亦有众僧未禀归戒，正以剪落殊俗耳。设复斋忏，事法祠祀。迦罗既至，大行佛法。时有诸僧共请迦罗译出戒律，迦罗以律部曲制，文言繁广，佛教未昌，必不承用。乃译出《僧祇戒心》，止备朝夕。更请梵僧立羯磨法受戒。中夏戒律，始自于此。”昙柯迦罗的贡献在于他使中国开始有了正式的佛教戒律，僧人出家再不像从前那样只是剪落头发以区别于俗人，而是有了可遵循的规则。此后，三国两晋时期还译出了不少戒律，特别是法显巡礼印度以后，中国的戒律更加完备。

总之，这一时期佛教在中国已站稳脚跟，人们对佛教再不像以前那样陌生，佛教作为一股文化势力开始有力地冲击着中国的传统文化。

---

① 方立天:《中国佛教与传统文化》，上海人民出版社，1988年版，第57页。

② 汤用彤:《汉魏两晋南北朝佛教史》，北京：中华书局，1983年版，第395~430页。

③ 方立天:《中国佛教与传统文化》，上海人民出版社，1988年版，第55页。

## 二、鸠摩罗什对中印文化交流的贡献

鸠摩罗什约生于公元344年，卒于413年。其祖父为天竺国宰相。其父鸠摩炎，放弃继承相位的权利而出家，并越过葱岭，来到龟兹国（今中国新疆库车一带），被龟兹王尊为国师。龟兹王有个妹妹，当时20岁，许多王公贵族要娶她，她都不嫁，偏偏看中了鸠摩炎。国王很高兴，硬是迫使鸠摩炎娶了她。她婚后怀孕，生下了鸠摩罗什。古人说鸠摩罗什是天竺人，是指籍贯而言；现在有人说他是中国人，是指出生地而言。不管怎样，他本身就是中印文化交流的体现，也正由于他的特殊身份和先天条件，为他成为中印文化交流史的伟人奠定了基础。

鸠摩罗什聪明过人，7岁时随母出家，读佛经常能过目不忘。9岁时，他跟随母亲西行，翻越葱岭，渡过印度河，来到今天的巴基斯坦境内和克什米尔一带，并在那里跟随著名的佛学大师盘头达多学习。由于他天资聪颖，加上学习刻苦，很受老师的赞赏。久而久之，他的名声大了起来，连国王也知道了。于是，国王把他召进宫里，并召集佛教以外的人士来与他辩论。一开始，那些人只是把他当作无知少年，出言不逊，哪里知道鸠摩罗什当时已经满腹经纶，而且思维敏捷。鸠摩罗什抓住那些人言论中的漏洞，立即予以反驳。他的谈锋犀利，有理有据，使在场的人无不惭愧和叹服。从此，国王对鸠摩罗什也另眼相看，并提高了待遇：每天供应一对腊鹅、好米好面各三斗、乳酥六升；还在他所居住的寺里特地安排了5个僧人和10个沙弥，专门为他服务。这在当时当地已是最高的待遇了。在他12岁那年，他的母亲带他动身返回龟兹。他们在途中逗留了数年，鸠摩罗什也趁机学习了一些佛教以外的印度古代知识。他的名声越来越大，龟兹王亲自把他们母子迎接回国。当鸠摩罗什20岁时，在王宫受戒，正式成为和尚。他在印度时，跟随盘头达多学的是小乘佛教理论，而在回国以后的一段时间里，他学习的是大乘佛教的理论。在他看来，大乘佛教理论比小乘佛教更加精深、更严密。有一天，他的印度老师盘头达多来到龟兹，与鸠摩罗什探讨大乘佛学理论。鸠摩罗什反复地向老师解释和说明大乘佛教的理论，经过了一个多月的说服，他的老师竟然被他说通了，并改信了大乘。最后，盘头达多不无感叹地说："我是你的小乘老师，而你是我的大乘老师。"

公元382年，前秦皇帝苻坚派大将吕光攻打龟兹，临行时，他告诉吕光："我听说那里有个鸠摩罗什，精通佛法，还擅长阴阳，是后学者的宗师，我很是仰慕。这种贤哲之人是国家的大宝，你如果攻克龟兹，要立即用快马将他送回来。”公元384年，吕光攻破龟兹。385年，鸠摩罗什随吕光来到凉州（今甘肃武威）。当时苻坚已死，鸠摩罗什不受吕氏重视，在凉州共居住了16年。401年，后秦皇帝姚兴将鸠摩罗什请到长安，并待以国师之礼。从此，鸠摩罗什在长安译经，并建立起译经场。他所翻译的佛经有三百余卷，包括一些非常重要的经典，如《金刚经》、《法华经》、《大智度论》、《十诵律》等。他还广收门徒，登坛说法，在全国名声大震，徒众达三千人。当时为东晋十六国时期，中国处于大分裂的局面，鸠摩罗什身处北方，而庐山慧远身处南方，形成了南北两大佛学中心。慧远很钦佩鸠摩罗什，甚至写信向他请教有关问题。[①]

鸠摩罗什对中印文化交流的贡献很大，归纳起来主要有这样几点：

第一，他曾亲自到印度去学习佛经，他的行动对西行求法运动的兴起起到了榜样的作用。这就有力地促进了中印文化交流。

第二，他翻译了大量佛经，不仅有翻译的实践，而且有翻译的理论，是中国翻译史上的划时代人物。他不仅把印度佛教理论介绍到中国，同时也促进了中国翻译学的进步。而中国古代翻译学的发达，正是中印文化交流的一大成果。

第三，他和他的弟子们在中国思想史上发挥了深远的影响。魏晋之际，由于士大夫们喜好清谈，中国思想界兴起了所谓的“玄学”。魏晋玄学对儒、道、释三大思想体系进行了一次综合，也可以看作是中国文化对印度文化的一次吸收。鸠摩罗什及其弟子在这中间也起到了积极作用。

## 三、求法运动的先行者

魏晋时期，中国开始有人西行求法。这些人西行求法与汉代皇帝派人到西域求法的性质不同。他们完全是出于信仰，是先信了佛教而后去取经的；他们的行为完全是自发的，没有皇帝的支持，也极少有地方政府的资助，自然要遇到更多更大的困难，甚至要付出生命的代价。

这里只介绍两名西行求法者，朱士行和竺法护。

朱士行，颍川（今河南禹州）人，少年时代就显得很不平凡，长大出家，专门从事佛教经典的研究。当时有一部《道行经》，是汉代来华僧人竺佛朔翻译的，文字比较简略，文意也不完整。朱士行在洛阳时曾给弟子们讲解这部经，

① 以上据《高僧传》卷二《鸠摩罗什传》。

总觉得其中所说的道理不够清楚和完善。他认为，这部经书是大乘佛教的要典，对于属于大乘学派的中国信徒来说非常重要，如果这样一部经书翻译得不理想、不周全，显然是不能容忍的。于是，他便决心西行寻求原本，哪怕牺牲性命也在所不惜。曹魏甘露五年（260），他动身西行，穿过了大戈壁，历经千辛万苦，来到了于阗（今新疆和田一带）。这里由于离印度比较近，当时有许多印度移民居住，而且佛教十分流行。朱士行在这里找到了《道行经》的梵文正本，共有90章。于是他决定先派弟子把这部梵文佛经送回内地，而自己继续留在那里研究佛经。据传说，就在他的弟子要送走《道行经》的时候，却出现了麻烦。当地的佛教徒多信奉小乘佛教，他们认为，这部经不是佛教的正宗典籍，而是婆罗门教的典籍。他们趁机对于阗王说："汉地来的和尚要把这部婆罗门教的书送到汉地，这是以邪书扰乱正典。大王是这里的统治者，如果不加以禁止，将会使汉地佛教徒变得盲目，从而断送汉地的佛法。到那时，大王的罪过可就大了。"于阗王果然听信了他们的话，禁止朱士行把这部经送走。朱士行特别痛心，便要求于阗王作烧经试验，于阗王同意。王宫大殿前点起了火，朱士行面对火堆发出誓愿："如果佛法应当流传于汉地，这部经书就应当不被烧毁；如果命中注定要被烧毁，那也是没有办法的。"说罢，他把经书投入火中。这时，奇迹出现了，火突然灭了，经书完好无损。在场的人无不惊奇万分，都认为朱士行感动了天神。《道行经》终于被送到内地，并由当时已侨居河南的印度人竺叔兰和西域来的僧人无罗叉译为汉文。而朱士行则一直留居于阗，直到80岁去世。[①]

朱士行"烧经"的故事显然是虚构的，他事实上也没有到达印度。但他的行动却是很有意义的。首先，他是第一个亲自去西域取经的中国僧人，具有先驱者的意义。从他开始，一个西天取经的高潮逐渐形成。其次，他所送回的经书对大乘佛教在中国内地的传播起到积极的推动作用，这无疑也是对中印文化交流的贡献。

竺法护，祖先是月氏人，本姓支，世代居住在敦煌郡。8岁出家，跟随"外国沙门"竺高座学习佛经，便改为姓竺。他天性聪慧，又刻苦好学，在遍访名师之后，进步很快。在西晋武帝时期（265~290），长安的佛教虽然已相当繁荣，但佛经还是不够齐全，这就使竺法护下定决心去西域寻求佛经。于是他跟

① 以上据《高僧传》卷四《朱士行传》。

随师父到西域去，游历了西域诸国，学习了36种西域的语言和文字，搜罗了许多佛经。在多年以后，他带着165部佛经梵本回国。他先到敦煌，又到长安，不管在哪里，始终孜孜不倦地翻译佛经。他在长安一带还广收门徒，当时有数千人都奉他为宗师。后来，由于长安一带发生战乱，他又带领门徒向东迁移，以78岁高龄逝世于渑池。①

历史文献中虽然没有明确说竺法护是否到过天竺，但他的启蒙老师“外国沙门”竺高座显然是个天竺人，他所游历的西域诸国也必然包括天竺，他所学的36种语言文字中也必然包含梵文等古印度语文。可以说，他比朱士行还进了一步，不仅到了天竺，而且还懂得天竺语文，能够亲自翻译佛经。因此，他对中国古代的翻译学、语言学，尤其是佛学，有很大贡献，是中印文化交流史上的重要人物。

## 四、法显巡礼五印度

在两晋南北朝时期西天取经的高潮中，最优秀的代表人物要算是法显。

法显，俗姓龚，平阳武阳（一说今山西临汾西南，一说今山西襄垣）人，生于342年，卒于424年。在法显出生以前，他的3个哥哥都在七八岁时夭折。在法显出生以后，父母为了让他健康长寿，在他3岁时就把他剃度为沙弥。数年后他又因病被送进寺庙居住。10岁时，他的父亲去世，叔父让他还俗，他拒绝了。20岁时，他受戒成为正式僧人。

据《佛国记》和《高僧传》卷三《法显传》的记载，法显在少年时代就表现出对真理的顽强追求精神，以及坚强的意志和过人的胆识。有这样一个故事：法显在寺中做沙弥时，曾与数十名沙弥一起在田里收割稻子。这时，一群饥饿的盗贼来抢稻子，小沙弥们都吓跑了，只有法显一人留下。他向那些人说了一番道理，那些人竟然放下稻谷走了。这件事使全寺数百名僧众都深感佩服。

他正式成为僧人以后，经常感到翻译过来的佛经不够完整，尤其是关于戒律的部分更感不足。于是，于公元399年，他联合同学慧景、道整、慧应和慧嵬，一起动身去天竺寻求戒律。他们从长安出发，沿着河西走廊来到张掖。在这里又遇到智严、慧简、僧绍、宝云、僧景等5位同伴，共进敦煌。然后，他们分两批穿越大戈壁，到达鄯善国（今新疆若羌）。在穿越大戈壁时，四顾茫

① 以上据《高僧传》卷一《竺法护传》。

茫，上无飞鸟，下无走兽，全靠看太阳辨别方向，以一堆堆的白骨作路标。两批人在焉耆会齐后，智严等三人返回寻求资助，而法显等七人继续前进，从焉耆走到于阗。这一路也是千辛万苦。然而，在翻越葱岭时，他们又遇到了更大的困难。那里地势险峻，终年积雪，道路难寻，再加上天气变化无常，法显等人经历了九死一生。在辗转来到北印度以后，他们中已有人病故，有的返回中国，只有法显和道整继续向中印度前进。他们一路上观礼佛陀的遗迹，访求佛教典籍，学习印度语言和佛经。他们在巴连弗邑（今东印度比哈尔邦巴特那）住下，法显在这里共学习了三年，而道整则终生留在那里。这样，当初与法显同行的前后有10人，现在只有法显一人独行了。他决心把求得的梵文佛典带回中国，便来到恒河入海口处，打算沿海路返回。他乘船南下，来到狮子国（今斯里兰卡），在那里住了两年。狮子国流行佛教，也流传有中国没有的佛教典籍，法显尽量搜集，收获颇丰。两年后，他搭乘商船回国，不料途中遇到风暴，船破漏水，失去航向，漂流十多日，靠上一小岛。在小岛补漏后，又经90天，到达一个叫作“耶婆提”的地方，就是今天印尼的爪哇岛。法显又从这里搭乘去广州的商船启程，不料又遇到风暴。船上缺少供给，有人甚至想把法显推到海里，但法显义正词严加以反驳，那些人终于没敢动手。最后，船终于抵达陆地，一打听，才知道已经到了山东境内。

回国以后，法显的处境就好得多了。各地方政府给予了很大的方便，使他能够利用有生之年翻译从印度和斯里兰卡等地带回来的经典。[①]

法显西行，从陆路去，由海路回，经历了30余国，历时15年。回国后，他写出回忆录《佛国记》（又名《法显传》）一书，记载了他的行程和所见所闻。这对于研究印度古代的历史是极为重要而珍贵的资料。他还翻译了大量佛经，为佛教在中国的发展做出了贡献。他不畏艰险、克服困难的精神，他不屈不挠、孜孜以求的品格，都是中华民族优秀传统的体现，同时也是对后人的激励。在他之后，东晋和南北朝时期，又有许多僧人成群结队地去印度取经，加上政府间的友好往来和商业活动的频繁，中印文化交流达到了一个空前的高潮。

---

① 以上据《高僧传》卷三《法显传》。

## 第三节　印度佛教与魏晋南北朝宗教哲学

印度佛教传入中国以后，使中国佛教哲学成为一支单独的思想流派。这一流派影响到中国本土的哲学思想，影响了中国人的世界观、人生观和价值观[①]。

在两晋南北朝时期，佛学成为士大夫阶层所喜好的一门学问，在思想界影响很大。这里要谈的是3个问题：佛教与魏晋玄学、佛教与儒家思想，以及佛教与道教的关系问题。

### 一、佛教与魏晋玄学

汤用彤先生认为，玄学首先是从中华固有学术开始的："汉末玄风渐起，其思想蜕变之迹，当求之于二事：一为名学，二为易学。"他认为，"名学偏于人事"，"易学关于天道"[②]。而关于魏晋清谈的发展阶段，汤先生说："依史观之，有正始名士（老学较盛）、元康名士（庄学最盛）、东晋名士（佛学较盛）之别。"[③]魏正始年间（240~249），老学的代表是何晏、王弼；西晋元康年间（291~299），庄学的代表是向秀、郭象；东晋时，则佛学突现出来。其实，魏至西晋时，佛学也与玄学有所关涉，所以，汤先生还说："汉代佛教与道术同气。及至汉末牟子虽未入教门，而酷好浮屠之道，且以之与老子五千言相印证。于是佛学与玄学之合流乃滥觞于兹。"[④]也就是说，佛学与玄学的合流自魏时就已经开始了，只是没有那么突出而已。

到东晋时，名士与名僧走得很近，佛学在中国士大夫阶层产生了深刻影响。孙绰在《道贤论》中将两晋的7位僧人比作魏晋之间的"竹林七贤"：以竺法护比山涛，竺法乘比王戎，帛远比嵇康，竺道潜比刘伶，支遁比向秀，于法兰比阮籍，于道邃比阮咸，认为"他们都是高雅通达，超群绝俗的人物"。[⑤]这样比虽然有些牵强，但在那个崇尚哲学玄谈的时期，也是有一定道理的。这种影响的意义是深远的。所以，这不仅是中国佛教史上的佳话，也是中国思想发展史

① 参见拙著《中国与南亚文化交流志》，上海人民出版社，1998年版，第223~237页。

② 汤用彤：《汤用彤学术论文集》，北京：中华书局，1983年版，第245页。

③ 同上，第204页。

④ 汤用彤：《理学·佛学·玄学》，北京大学出版社，1991年版，第214页。

⑤ 任继愈主编：《中国佛教史》第二卷，北京：中国社会科学出版社，1985年版，第550页。

上的一段佳话。

可以说，魏晋玄学的兴起和发展对佛教来说是一个非常好的机遇。因为这一时期，中国的文人希望从更深层次上探讨一些与宇宙和人生有关的问题，尤其要探讨宇宙的本源问题。而佛教在哲学思辨方面拥有自己的优势。佛教的思想虽然在经过若干世纪之后也显得纷繁复杂，学派众多，但佛学的长处在于，其理论精深细致，逻辑严密，讲究论辩。在讨论天道、进行争论时，名士们需要借鉴佛教的这些长处，以战胜对手。这就使名士与名僧交往密切，名士往往也对名僧的学识和表现深感佩服。于是，在玄谈成为上流社会的一种时尚时，那些有学问的高僧大德们也参与进来，并备受崇敬和推崇。从僧人的角度看，能与名士交往，参与其讨论和清谈，这无疑有了用武之地，有利于佛教在上层社会站住脚，最终有利于佛教的传播与发展。

名士与名僧密切交往的原因和理由还不止于此，一个很重要的问题是，他们所要讨论和清谈的内容、观点具有契合点和一致性。如，《晋书·王衍传》说："何晏、王弼立论，天地万物皆以无为本。"也就是说，何、王他们通过对老子思想的研究，认为宇宙的本源是"无"。这"本无"思想便是佛学与玄学的主要契合点之一。正如汤用彤先生所说："王氏（弼）形上之学在以无为本，人生之学所反本为鹄。西晋释氏所谓本无宗者，义当相似，而不免失之太偏。本无宗人，有释道安、竺道潜、竺法汰。道安弟子慧远，法汰弟子道生之学亦可谓其枝叶。（道生象外之谈，并重反本，与王弼同，兹不赘。但生公之学精深，非其前辈所及。）"[①]汤先生还指出，向、郭的庄学研究使支道林（遁）深受影响[②]。支道林的"即色义"主张来源于佛教般若学，用他自己的话说，是"夫色之性也，不自有色。色不自有，虽色而空"。[③]

当然，当时讨论的内容很多，后人也有许多研究。这里要强调说明的是，印度佛学传入中国中原地区以后，不仅开始融入了中国思想界，也开始对中国思想的发展发挥积极的作用。

## 二、佛教与儒家思想

佛家与儒家的思想从本质上说是格格不入的，一个奉行出世哲学，一个主

① 汤用彤：《汤用彤学术论文集》，北京：中华书局，1983年版，第236页。

② 同上，第239页。

③ 刘义庆：《世说新语·文学第四》注引《支道林集·妙观章》。

张入世。儒家思想主要有两大基本内容，一是政治的，可以说是统治术；一是关于伦理道德的，可以说是社会学，同时也与政治紧密相关。所以，自西汉以来，皇帝往往独尊儒术，用以统治。因此，儒家学说深深扎根于政治制度，深入统治阶级和民众的心灵，其地位不可动摇。佛教的传播和发展从来都仰仗王权和贵族阶级，佛教中人深知这一点，故不直接与儒家抗衡，而是采取迂回的做法，先将儒家学说捧起来，利用儒家学说为自己服务。遇到与儒家学说相抵牾处也尽量避开，决不伤害儒家。在这种情况下，佛教人士通过对儒家学说的了解，用佛教的观点来解释儒家的理论，试图表现出佛教的特点，并表明佛教与儒家思想并不矛盾。

儒家对于佛教，则先是将其视为道术，与道教并列齐观。在佛教壮大后，则对其指责也越来越多。指责的主要内容，自然是关于政治、礼仪、忠孝等方面的问题。

对于世人的指责和误解，东晋名士孙绰就曾作《喻道论》[①]，为佛教的一些理论和行为进行辩驳和解说。例如，佛和佛教到底是怎么回事，它与儒家和道家相比有什么异同；和尚出家是怎么回事，为什么说那不违背孝道，等等。他甚至提出了“周孔即佛，佛即周孔”这样的命题。很明显，孙绰一方面将佛教与儒家排列于同等重要的位置，另一方面，在解释人们所提出的问题时强调了佛教在治心上的优势。这说明，东晋时的佛教已经有能力与儒教一争高下了。

东晋还有一位名士叫作郗超，曾作《奉法要》[②]一文。文中阐述了敬奉佛法的一些要领，如“五戒”、“十善”，等等，引经据典，劝人向善。其中着重谈的是佛家的伦理道德问题，如因果报应等。他还强调指出斋戒悼亡是一种功德，呼吁“忠孝之士，务加勉励”，认为这样做不仅对祖先是功德，即使对活着的亲友乃至一切众生都是有益的，因为这样做可以感发善心，免除罪苦。他把儒家的伦理结合在自己的佛教理论中谈论，显得更有说服力。

一些佛教人士出于传教的目的，在自己的著作中引用儒家的观点，这在当时是很普遍的情况，所以有人以为此时的佛教起到了调和三教的作用。对此，著名学者余嘉锡先生曾经予以驳斥，说：“其兼研老子，特以无为之化，与佛相近，其称引经传，则援儒入墨，资为外获而已，未尝调和三教也。”[③]从佛教徒

① 僧祐：《弘明集》卷三。
② 同上，卷十三。
③ 余嘉锡：《余嘉锡论学杂著》，北京：中华书局，1977年版，第112页。

的本意来说，其看重儒家学说、引用儒家观点，肯定不是为了调和三教，但在客观上多少也起到一些调和三教的作用。

到南北朝时期，佛教与儒教的矛盾日益尖锐，各种辩论不断。而且，由于佛教内部出现腐败，有的甚至干预政治，参与谋反，使统治阶级感到了问题的严重性。于是，儒士上书要求沙汰僧尼以限制佛教，甚至取消佛教的事件也越来越多。

有几场辩论值得注意。

刘宋时代的僧人慧琳曾经写过一篇《白黑论》[①]。作为佛教信徒，他的这篇文章有讥讽贬低佛教之嫌，所以受到一些佛教徒的批判。这看起来似乎是佛教内部的争论，但实际上与儒家有很密切的关系。在《白黑论》中，作者假设了一位白学先生和一位黑学道士，以问答的形式发表了作者自己的观点，其中有这样的话："周、孔疑而不辨，释迦辨而不实。"此类话语在佛教徒看来是不可容忍的，但宋文帝看了却非常赞赏："元嘉中，遂参权要，朝廷大事，皆与议焉。"[②]

《白黑论》既然闹到皇帝那里，可见在当时影响不小。颜延之和宗炳都曾著文[③]批判，认为这违背了佛教的教义、宗旨，大有群起而攻之之势。其实，慧琳也并非完全违背佛教的教义，在很大程度上是肯定了佛教的，其目的也许是想纠正一些佛教内部的偏执。在佛教内部出现不同观点，引起一些争论其实也是正常的，不应该把不同意见完全认定为离经叛道。慧琳之所以引起佛门人士的不满，很重要的原因是对儒家学说的充分肯定。在当时，佛门人士一般都主张二教殊途同归，可是唯有这个慧琳独出心裁，竟然对佛教教理提出批评，显然不能被佛教界所接受。所以说，这争论的焦点还是儒佛长短的问题。

还有一场辩论也很重要，也能够反映出儒佛关系。这就是关于神灭与不灭的辩论。这个争论原本就有，到南齐时范缜写出《神灭论》，对儒佛两家都有极大震动，对佛教界的震动尤其大。正如汤用彤先生所说："中国佛教向执神明相续以至成佛。若证神明之不相续，则佛教根本倾覆。"[④]我们知道，佛教对灵魂有一整套的理论，对人生有一整套的解释，还讲就前生、今世和来生，讲究灵

① 又作《均善论》，见《宋书》卷九十七《天竺传》。

② 《宋书》卷九十七《天竺传》。

③ 僧祐：《弘明集》卷二、卷三、卷四。

④ 汤用彤：《汉魏两晋南北朝佛教史》，北京：中华书局，1983年版，第338页。

魂的轮回，追求的目标是涅槃。而无神论本应是儒家的理论，孔子就从来不谈论鬼神，也不讲究来生。所以，佛家的一套转生轮回观，在儒家看来纯属子虚乌有。范缜的《神灭论》恰恰是以儒家无神论的思想来批驳佛教的根本思想，就不能不引起佛教界的强烈反响。到梁武帝时，则干脆由皇帝出面组织人力批判范缜的《神灭论》，参加批判的竟达64人之多，这是中国思想史上对无神论的一次大围剿。

由以上事例可以看出，佛教与儒家的关系也是很复杂的，佛教前期被视为与道家相类似的道术，与儒教似乎没有任何关系，后来佛教利用儒家观点为自己辩解，直到要求与儒家平起平坐，说明佛教在中国有一个从无到有、从弱到强的过程。

### 三、佛教与道教

在魏晋南北朝时期，佛教与道教的关系十分微妙而有趣。

中国的道教是本土产物。道教的起源可以追溯到上古的巫术，道教的思想也可以追溯到老子、庄子，但作为一个宗教，其实际形成比较晚，在东汉。楼宇烈先生把这一时期的道教——五斗米道和太平道称为“原始道教”[①]。卿希泰先生则称为“早期道教”[②]。二者意思是一样的。五斗米道（天师道）创立于东汉顺帝时（126~144），将老子作为始祖，将《老子》作为根本经典。太平道创立于后汉灵帝年间（167~189），也信奉黄老之术，虽以《太平经》为根本经典，但也遵奉《老子》。

在东汉时期，佛教与道教的关系，正如学者们指出的：“佛教的传入与兴盛对道教的诞生有刺激和推动作用。”“佛道二教在我国的兴起处于同一历史时期，两者互相依存又互相排斥，其结果是双方共同得益，共同发展。”[③]当道教处于初期状态时，佛教已是一个成熟的宗教了。但由于佛教传入中国不久，需要得到中国社会的认同，处境比较艰难。而当时的人们认为佛教也不过是一种“术”，常常以它“比附黄老”，与道教同等看待。

---

① 楼宇烈:《原始道教——五斗米道和太平道》,《道教与传统文化》，北京：中华书局，1992年版，第66页。

② 卿希泰:《中国道教的产生、发展和演变》,《道教与传统文化》，北京：中华书局，1992年版，第59页。

③ 任继愈主编:《中国道教史》，上海人民出版社，1990年版，第18页。

到魏晋时期，佛教和道教都得到了很大发展。这个过程中，佛教从道教那里得到不少好处，如在佛经翻译中利用道教的现成术语等。而道教也利用佛教现成的东西来装备自己，有时甚至不惜抄袭佛经。

佛道两教之所以能够共生共荣，很重要的一个原因是它们有共同点。从教义上看，佛教和道教都主张离欲脱俗，去追求现实生活以外的东西。从哲学上看，佛教与《道德经》也有契合点。

所以，当时的佛教信徒也研究道教的著作，如《老子》、《庄子》等。这样的例子不少，《高僧传》中就有记载。如《高僧传》卷四《竺法潜传》："潜优游讲席三十余载，或畅方等，或释《老》、《庄》。投身北面者，莫不内外兼洽。"同卷《支遁传》："遁尝在白马寺与刘系之等谈《庄子·逍遥篇》，云：'各适性以为逍遥。'遁曰：'不然，夫桀、跖以残害为性，若适性为得者，彼亦逍遥矣。'于是退而注《逍遥篇》。群儒旧学，莫不叹服。"卷五《竺法汰传》："汰弟子昙一、昙二，并博练经义，又善《老》、《易》，风流趣好，与慧远齐名。"卷五《道立传》："少出家，事安公为师，善《放光经》。又以《庄》、《老》三玄，微应佛理，颇亦属意焉。"卷六《慧远传》："少为诸生，博综六经，尤善《庄》、《老》。""年二十四，便就讲说。尝有客听讲，难实相义，往复移时，弥增疑昧。远乃引《庄子》义为连类，于是惑者晓然。"此外，《高僧传》所记南朝高僧亦多兼通《老》、《庄》者，兹不一一列举。

从这些记载可以看出，当时的名僧的确对《周易》、《老子》、《庄子》等深有研究。原因很清楚，这些高僧自幼受的是这个传统文化的熏陶，容易接触到这些典籍，但要把它们读透读精，以至灵活运用，则有更深层次的原因。一是这些典籍与佛教有相通之处；二是它们能够帮助他们接触上流社会，加入思想界的讨论；三是它们对于理解佛教教义很有帮助。

但佛教和道教毕竟是两个宗教，两教之间的差异也是显而易见的。一个产生于本土，一个来自于外国；一个追求长生不老，一个放弃今生追求来世，等等。所以，为了本教当前地位和未来前途，它们之间又必然发生矛盾、摩擦乃至斗争，尤其在双方都羽翼丰满之后，这种斗争必然会很激烈。

佛道斗争的一个很重要的表现是关于《老子化胡经》的那段公案。这几乎是中国佛教史上必写的一笔，在中国道教史上也影响深远。这个官司一直打了一千多年，从两晋打到唐，又打到元代，才算是告一段落。同时，它也给今天的人们留下了研究的空间。

据汤用彤先生考证，《化胡经》的出现有这样3个环节：第一、老子化胡的说法最早见于东汉，《后汉书・襄楷传》中说襄楷于延熹九年（166）所上之疏中提到“或言老子入夷狄为浮屠”。第二、老子化胡的故事到魏时已经成熟。因为鱼豢《魏略・西戎传》也提到“老子西出关，过西域，之天竺，教胡”。第三、后来的《三囊洞珠》卷九有《老子化西胡品》，云老子与尹喜至西国，作《化胡经》六十四万言，与胡王，后还中国，作《太平经》。《化胡经》相传为西晋道士王浮所造，“当系摭拾旧闻而成”。[①]最初，佛教方面对此还没有表示反感。

正如任继愈先生所说：“老子化胡本属无稽之谈。佛道两教争高下，道教没有倾全力从理论上争是非，而是采用农村乡里间争辈分的方法，编造事实，抬高老子，佛教初传入中国，为了便于立足，希望与中国名人拉上关系。佛教徒中不乏饱学之士，他们并不是看不出老子化胡说的荒谬，但他们忍让着，任凭《化胡经》广为流布，并不进行反驳。佛教显然是利用道教为自己开路，可以认为双方互相利用，毕竟佛教利用道教的成分更多。”[②]

这种情况一直持续到东晋时期。仍如汤用彤先生说：“东晋佛道门户之见不深，无大抵触。实尤因当时名士好玄学，重清谈，认佛法玄妙之极，而名僧风度又常领袖群伦也。”[③]

南北朝时期，由于佛教发展迅速，已经引起了道教的不满，双方的矛盾日益突出。再加上佛教发展以后，有时干预政治，参与谋反，或扰乱宫廷，腐败现象亦越来越多，所以南北朝皇帝下诏沙汰僧尼甚至灭佛的事件屡有发生。这些事件有时与佛道斗争有直接关系。

关于当时南北方佛道斗争的特点，汤用彤先生说：“南朝佛道之争，纯用笔舌，以义理较长短。北朝则于其开始即用威力，作宗教之斗争。”[④]汤先生说的是北魏太武帝拓跋焘灭佛的事件。这个事件的发生与佛道斗争有直接关系，拓跋焘本人英武而有大志，加上受天师寇谦之、崔浩等人蛊惑，开始信仰道教，并于太延四年（438年）下令年五十以下的不许为僧。公元440年，拓跋焘改年号为“太平真君”。然后，自太平真君五年始，一场灭佛行动席卷北魏。这次

---

① 汤用彤：《汉魏两晋南北朝佛教史》，北京：中华书局，1983年版，第43页。

② 任继愈：《中国道教史》，上海人民出版社，1990年版，“序”第7页。

③ 同①，第132页。

④ 同①，第357页。

行动是很严酷的，领袖人物被杀，佛寺被毁，经像一律被焚，沙门则被勒令还俗，违令者杀。这一行动开启了中国历史上帝王以行政法令禁止和迫害佛教的先河。

其后，北朝的佛道之争一直很激烈。有过多次辩论，但基本上都是佛教获胜，道教屡遭打击，处境不佳。北周武帝时，中国佛教史上的第二次法难终于到来。不过，这次佛道二教的斗争结果并不是佛教一家吃亏，而是两败俱伤。“建德法难为期虽短，而政令至为严酷。北方寺像，扫地悉尽。僧徒流离颠沛，困难莫可名状。或以身殉法，或隐迹尘俗，或遁匿山林，或入通道观。”[①]

其实，当时南方的佛道斗争也一直存在，只是不像北朝那么激烈而已。据《高僧传》卷八《道盛传》，齐武帝时，丹阳尹沈文季信奉道教，排斥佛教，试图削减和限制僧尼数量，由于道盛向皇帝力争而未果。但沈文季仍不死心，又利用自己的权势在道盛住锡的天保寺设辩论会，请来道士陆修静与道盛辩论。道盛学问很好，兼通《周易》，多有著述，辩论起来口若悬河，陆修静竟然说不出个所以然来，结果仍然是道盛取胜。

总之，佛道两教在南北朝时期既相对立，又相互补充吸收，呈现出一种互动的结果，两教在斗争中不断成熟起来。尤其是佛教，在这个过程中加速了中国化的进程。

在这一节，我们要说明的是，在两晋南北朝时期的中印文化交流过程中，印度传入的佛教思想对中国发生了深刻的影响。印度输入中国的不仅是一门宗教，而且是一种文化。尤其是佛教的哲学，已经从这个时期开始渗透到中国人的观念当中。而佛教作为宗教，已经开始与儒教和道教并列。并且，三教既各自独立，又相互影响，相互融合，成为中国传统文化的主流。

## 第四节　印度佛教与两晋南北朝文学

### 一、两晋南北朝时期的志怪书

中国上古人有记载历史的习惯，却不大爱讲故事。印度古人恰恰相反，没有记载历史的习惯，却非常擅长讲故事。在这个问题上，中印两大民族所表现出的差异说明了各自世界观和价值观的差异。中国古人主要是注重实际功利，

① 汤用彤：《汉魏两晋南北朝佛教史》，北京：中华书局，1983年版，第393页。

对已经发生的事情十分重视，认为那对现在和今后都有借鉴和警示价值，因此要如实记载到文件里。印度古人比较善于幻想，看重的是来世，因此对已经发生过的事情不那么重视，随便添枝加叶予以口传。

由于中国古人的价值观，中国小说出现得比较晚。到了魏晋南北朝时期，情况才发生了变化，有大量小说出现。不过，正如鲁迅先生所说，这一时期的小说作者还不是有意识地在进行文学创作。他们只是把自己道听途说的故事记录下来，用以警示人们行善积德，信仰佛教。所以，鲁迅先生把这些小说叫作"释氏辅教之书"。袁行霈和侯忠义先生编的《中国文言小说书目》中，根据历代著录，统计出两魏南北朝时期的小说已达70种[①]。而宁稼雨先生的《中国文言小说总目提要》则将这一时期的文言小说分为"志怪类"、"传记类"、"杂俎类"、"志人类"和"谐谑类"五种，仅其"志怪类"中属于这一时期的就已超过70种，这还不包括假托汉代人写的小说及所谓"传记类"等小说的数目，如果包括进去，则多达百种以上[②]。由于年代久远，史籍散失严重，以上的统计肯定是不完全的。根据鲁迅先生的意见，这一时期的小说大体上可以分为两大类，一类叫作志怪小说，一类叫作志人小说。志怪小说记录的是一些神鬼灵怪、天堂地狱、因果报应等内容的故事，这就是所谓的"释氏辅教之书"。志人小说记录的则是历史人物，尤其是名人的逸闻趣事。应当说，印度佛教对这两者都有深刻的影响，而以前者为甚。

中国志怪小说的出现，与印度佛教的传入关系很大。

第一，印度佛教在观念上影响到中国小说的写作。首先，中国古代以孔子为代表的儒家不迷信鬼神，也不谈鬼神，因而不写那些鬼神故事。但佛教相反，不仅大谈鬼神故事，而且善于编造鬼神故事。这显然是信仰不同造成的。其次，由于佛教主张灵魂的永恒存在和轮回，因而佛教构建了一整套的人生理念和道德规范。这些都经常以文学作品的形式表现出来[③]。再次，佛教有自己的一套时间观和空间观，而这些对于中国人来说是很新鲜奇特的[④]。

第二，佛教的一些人物、场所、术语等，进入中国的文学作品。人物包括

① 袁行霈、侯忠义:《中国文言小说书目》，北京大学出版社，1981年版，第14~29页。

② 宁稼雨:《中国文言小说总目提要》，济南：齐鲁书社，1996年版。

③ 具体论述和佐证请参见拙著:《佛教与中国文化》，北京：昆仑出版社，2006年版，第35、36页。

④ 同上，第33、34页。

佛、菩萨、沙门、居士、外国道人、天竺道人、罗刹，等等。地点则有天竺、西域、寺院，等等。至于术语，也有很多，不必一一列举。

第三，印度的故事情节直接影响了中国小说的内容。佛教的典籍中有许多文学性很强的作品，在佛典的经、律、论三藏中，比比皆是①。因此人们把这一部分作品称为“印度佛教文学作品”。后汉以来，印度佛教典籍的大量翻译，把印度的许多文学故事都传入中国。如此，在中国两晋南北朝的小说中便出现了两种情况：一是照搬佛经里的故事，二是模仿和套用佛经里的故事②。

第四，在两晋南北朝的小说中，动物成为故事的主角或次主角的现象明显增多，这也与印度佛教的传入及其影响密切相关。我们知道，在古代印度，人们相信万物有灵，因此才有轮回转世之说。佛教继承了此说，也认为万物有灵，认为动物可以转生为人，人也可以转生为动物。所以，在《佛本生经》中，佛祖释迦牟尼的前生可以是这种或那种动物，而人们并不认为这是对佛祖的不敬。于是，在佛经故事中，动物普遍具有和人一样的思维、道德观念和行动能力。各种不同的动物之间可以相互对话，各种不同的动物又可以和人对话。佛教的这些观念和佛经中的这些故事对两晋南北朝的小说发生了巨大影响，以致这一时期出现了大量的以志怪为内容的小说。人和动物之间不可逾越的鸿沟被填平了，动物和动物之间的鸿沟也被填平了。这种例子多得不胜枚举。

## 二、佛教与魏晋南北朝诗歌

中国和印度都有悠久的诗歌创作传统，佛教传入中国以后，中国的诗歌也受到佛教的影响。

三国时期，中国文学史上出现了一个所谓“建安时代”（196~219）。这一时期的突出文学成就是以三曹（曹操、曹丕、曹植）为首的一批文人所创作的诗歌。人们有时称这批诗为魏诗。

魏诗中，我们经常能发现一些有关探讨人生的作品，而这些作品又常常与老庄或神仙相联系。这说明，当时佛教传入中原不久，文人们仍以儒家为正统，以老庄为道术，诗歌中尚未反映出佛教思想。诗中每谈人生，要么是荣华富贵，要么是长命百岁。凡是涉及荣华富贵的，都与扬名有关；凡是想长命百岁的，多与仙道有关。即使是一些隐逸诗，也多攀比老庄、神仙，而决不扯上佛教。

---

① 参见拙著：《中印文学比较研究》，北京：昆仑出版社，2003年版，第2~5页。

② 参见拙著：《佛教与中国文化》，北京：昆仑出版社，2006年版，第38~41页。

但是，佛教毕竟已传入中原，就不可一点影响也留不下，因此，便有了浮屠入魏诗的例子。有这样一首诗：

少壮面目泽，
长大色丑粗。
丑粗人所恶，
拔白自洗苏。
平生发完全，
变化似浮屠。
醉酒巾帻落，
秃顶如赤壶。

这首诗的作者是应璩，魏明帝时曾做过散骑常侍，后曾为大将军曹爽的长史。此诗是他所作《百一诗》中的一首。其中提到浮屠。浮屠是佛陀的另一译法，当时也称佛教为浮屠教，后来有时也称塔为浮屠或浮图。在这首诗里，浮屠是指僧人。

到了晋代，佛教的发展使其影响日益扩大，与佛教相关的诗也就多了起来。那情景自然要比魏时红火得多。

《广弘明集》卷三十收有张君祖杂诗若干。考张君祖其人，当是晋穆帝时的东海太守张翼。张翼善书法，又常与僧人来往。

晋代还有一个叫王齐之的，是晋朝王姓大家族的一员，写过《念佛三昧诗》四首，亦载于《广弘明集》卷三十。类似的诗在晋代还有一些。

自晋代以来，每每有僧人作诗。晋代僧人的诗已有不少被保存下来。这些僧人中，既有中国人也有外国人，他们的诗都被收入了中国的诗歌宝库，成为中国文化的一个部分。晋代的僧诗，以支遁的诗为突出。其诗作流传下来的有18首，如《四月八日赞佛》、《咏八日诗》三首、《五月长斋诗》、《八关斋诗》三首、《咏怀》五首、《述怀》二首、《咏大德》、《咏禅思道人》、《咏利城山居》等。这一类的僧诗与晋代隐逸诗人的诗已经大有相通之处了。尤其是一些山水诗，佛家弟子自己独特的体会贯注于自然景色之中，从而为开辟后世山水诗人空寂、飘逸的诗风做出了重要贡献。

南北朝时期，也有一批僧诗被保留下来。如梁释智藏有《奉和武帝三教诗》等。

梁武帝萧衍是信佛的，这在历史上是闻名的。但同时他又是个会作诗的皇帝，曾经写过《会三教》等诗。《广弘明集》卷三十有北周沙门释亡名《五苦》诗，分别为《生苦》、《老苦》、《病苦》、《死苦》和《爱离苦》，以形象的艺术语言诠释佛祖如来的基本教义。

这一情况表明，南北朝的僧诗已经开始完全汇入中国传统诗歌的洪流。

佛教在晋代已风行，当时的文人名士经常与僧人往来。晋末的庐山莲社，是一个包括僧儒道俗的一百多人的隐士大集团，而且以名僧慧远为首。《陶渊明集》中提到晋朝中期“八达”中，僧人亦被列入。孙绰在《道贤论》中则以7位僧人比拟“竹林七贤”。文人名士与名僧交游，必然要受到佛教的影响，而这种影响也势必在诗中或多或少地反映出来。到了南北朝时期，这种情况仍在继续。下面选出南朝4位大诗人——谢、鲍、江、沈，分别说明。

谢灵运对佛教非常熟悉，且非常推崇。他与佛教名僧交游，受影响颇深。谢灵运一生虽然不满半百，但留下了不少著作。他的诗赋中都有受佛教影响的痕迹。在他的《石壁立招提精舍》中，他对人生的空幻、时间的流逝发出慨叹。尽管他对佛教多有了解，但他并没有成为一个真正的佛教徒，所以才有后来被杀的事。只有到了最后关头，将被处以极刑时，他才有所觉悟，在《临终诗》里真正表示要“送心正觉”，并把希望寄托于来生，颇有忏悔之意。

鲍照不像谢灵运那样与佛教关系密切，但也与僧人常有往来，所以在他的诗中，也可以看到佛教思想的影响。他的诗绝大多数都充满了宛转悱恻的悲凉气氛，许多诗中都用了“苦”和“空”。尤其是他对生老病死和离愁别恨的描述，更让人想到佛教的教义。他的《拟行路难》18首中有不少句子都与佛教有关。他的《从拜陵登京岘》是一首为边疆将士鸣不平的边塞诗，但诗中充满了对人生易老的慨叹。而他的《松柏篇》是病重时所作，全篇96句，句句悲凉，更是一首病与死的苦歌。

江淹的诗留下来的不少，其中有两首可以选出来，作为受佛教影响的明显例证。第一首是《吴中礼石佛》，是写他礼拜石佛像的，表现了他对佛教的推崇和了解。另有《构象台》一首，是其《杂三言五首》中的第一首，充满了对佛教的赞赏，其后各首则均洋溢着仙道之气，与此不同。值得注意的是，他以楚辞的风格来写佛家的事，将古今中外熔于一炉。

沈约与谢灵运一样，与佛教关系十分密切，并有许多撰述，因此，《广弘明集》中收有他的文章20余篇。如《佛知不异众生知义》、《六道相续作佛义》、

《因缘义》、《论形神》、《神不灭论》、《难范缜神灭论》、《述僧中食论》、《述僧设会论》、《究竟慈悲论》、《齐皇太子解讲疏》、《舍身愿疏》、《南齐皇太子礼佛愿疏》，等等。从这些文章的题目可以看出，沈约对佛家理论的研究是很深的，对佛教理论的阐扬也是相当有贡献的。在这方面，他比谢灵运更胜一筹。尤其在同无神论的论争当中，他一马当先，向范缜的《神灭论》发难，极大地维护了佛教的利益。沈约的诗不少，明显与佛教相关的并不太多，如《八关斋》、《和王将军讲解》、《游钟山诗应西阳王教》五首等，可作为例证。①

## 第五节　印度佛教与两晋南北朝艺术

### 一、建筑

印度佛教传入中国以后，印度佛教的建筑艺术对中国古代的建筑产生了影响，使中国建筑艺术出现了一个独特而重要的分支——佛教建筑艺术。

这一时期，印度来华的僧人中有不少人懂得建筑艺术，他们在我国的寺院建筑中发挥了一定的作用。晋代来华的天竺僧人佛图澄就是一例。据《高僧传》卷九《佛图澄传》记载："澄自说生处去邺九万余里，弃家入道一百九年……所历州郡，兴立佛寺八百九十三所，弘法之盛，莫与先矣。"《续高僧传》卷十《僧妙传》也提到"邺古城中白马寺，此是石赵时浮图澄所造"。到隋代，还有天竺工匠参加营造寺院的事，如《续高僧传》卷一四《道判传》记曰："开皇七年，敕遣度支侍郎李世师将天竺医工就造精舍，常拟供奉。"这样，那个时期的中国寺院就不可避免地要受到印度古代佛教建筑的影响。

另一方面，在这一时期，中国去西天取经的僧人们很注意印度的建筑形式和风格，不仅留意观察，有文字的记载，而且还画有图样。其例一，《法显传》记达嚫国伽叶佛（Kasyapa）僧伽蓝时写道："穿大石山作之，凡有五重：最下重作象形，有五百间石室；第二层作师子形，有四百间；第三层作马形，有三百间；第四层作牛形，有二百间；第五层作鸽形，有百间。最上有泉水，循石室前绕房而流，周围回曲，如是乃至下重，顺房流，从户而出。诸层室中处处穿石，作窗牖通明。室中朗然，都无幽暗。其室四角头穿石作梯蹬上处。"其

① 关于这一时期的诗歌举例可参见拙著《佛教与中国文化》第四章第一部分，北京：昆仑出版社，2006年版。

例二，《洛阳伽蓝记》卷五记惠生、宋云至乾陀罗国见“雀离浮图”，所记其形制、规模甚详。“宋云以奴婢二人奉雀离浮图，永充洒扫。惠生遂减割行资，妙简良匠，以铜摹写雀离浮图仪一躯及释迦四塔变。”这些去西天的僧人们回国后，自然会将所见所闻印度佛教建筑的风格、模式介绍给中国的建筑师，中国的建筑师也会尽力在其所设计的寺院中努力创造一种西天佛教的气氛。这是不言而喻的。

中国的佛教建筑以寺、塔和石窟等为主，因此这里要着重介绍这3种类型的建筑形式。

1. 寺

相传，中国中原地区最早建立的寺院是洛阳白马寺。据慧皎《高僧传》卷一《摄摩腾传》和《竺法兰传》，东汉明帝永平中（公元67年前后），明帝为天竺僧人摄摩腾和竺法兰建白马寺。

据史料记载，自从白马寺建立以后，白马寺即成为我国早期寺院的模式，“凡宫塔制度，犹以天竺旧状而重构之”[①]，而其主体建筑，如宫、塔之类，是以“天竺旧状”为模式，即按照印度的建筑形式和风格重新构筑。

此后，大约在公元2世纪末，笮融在徐州建起了一座大型佛寺，“垂铜盘九重，下为重楼阁道，可容三千许人”[②]。据估计，“上累金盘，下为重楼”可能即是后世塔的前身，而那重楼堂阁则可能是佛堂、僧房等礼佛、学经、起居的场所。

据《洛阳伽蓝记·序》载，晋时洛阳的寺庙仅有42所。但到了北魏时，已增加到1300余所。又据《魏书·释老志》，北魏境内的佛寺竟达3万余所。这是北方的情况，还不包括江南和河西走廊以西的广大地区。而南方佛教流行的程度比北方有过之而无不及，所以江南一带的佛寺也为数甚众。

据《高僧传》卷一《康僧会传》，东吴孙权为康僧会建寺，“以始有佛寺，故号‘建初寺’，因名其地为‘佛陀里’”。此事大约发生在公元3世纪中期[③]。我们从《高僧传》中还可以看到，江南当时已经有许多著名的寺院，一些高僧大德的名字与这些寺院紧密联系，他们在这些寺院里修行、传法。有的寺院甚至

① 《魏书·释老志》。

② 《三国志》卷四十九《刘繇传》。又，《后汉书·陶谦传》所记大体相同。

③ 《高僧传》卷一《康僧会传》说康僧会于赤乌十年（247）达建邺（今南京），后为孙权召见。

成为文士们经常会集的场所，成为玄谈的中心。

从后汉到南北朝时期，中国的寺院建筑是什么样子，它们在多大程度上受到印度寺院建筑的影响，由于缺乏实物例证，现在已经无法说清楚了。因为中国中原地区的早期佛寺是在“舍宅为寺”、“舍庙为寺”的基础上吸收印度佛教建筑风格建成的，所以其基本建筑风格一定以中国传统建筑模式为主。《洛阳伽蓝记》卷一记载了洛阳最大寺院永宁寺的布局情况，大体是前方有寺门，门内的主体建筑是塔，塔的后面是佛殿。据刘敦桢主编的《中国古代建筑史》第四章第四节：“据记载早期中国佛寺的平面布局大致和印度的相同，以塔藏舍利（佛的遗骨），是教徒崇拜的对象，所以塔位于寺的中央，成为寺的主体。以后建佛殿供奉佛像，供信徒膜拜，于是塔与殿并重，而塔仍在佛殿之前。永宁寺正是这个时期佛寺布局的典型。”并指出：“这种平面方形，四面开门，中央建主体建筑的布局方法，是从印度的佛寺得到启示，同时结合汉以来的礼制建筑而发展起来的。”①

佛教在传入中原地区以前即传播到了今天我国的西部地区——新疆一带。并且，在魏晋南北朝时期，那里的佛教十分流行，建立了许多佛寺。因此，这一带成为佛教向中原地区传播的中间站，印度来华僧人和内地西行求法僧人大多要经过这一地区。根据文献记载和多年来的考古发掘，古代的于阗、鄯善、疏勒、龟兹、焉耆、高昌、哈密等地区，都有不少属于这一时期的佛教寺院遗址。而且，当时那里的佛寺都具备相当大的规模，数量也相当多。

2. 塔

中国早期的塔是与寺在一起的，而且是寺的主体部分。据《三国志》卷四十九，三国时期笮融在徐州所建的“浮图祠”，上垂铜盘九重，下为重楼，可能即是中国塔的前身，若是，则其主体部分显然是塔。

《魏书·释老志》说：“自洛中构白马寺，盛饰佛图，画迹甚妙，为四方式。凡宫塔制度，犹依天竺旧状而重构之，从一级至三、五、七、九。世人相承，谓之‘浮图’，或云‘佛图’。”这里所说的浮图或佛图，是依天竺式样建成的，有一级至三、五、七、九级各种，显然也是居于寺院的主要位置。

《洛阳伽蓝记》卷一记永宁寺曰：“中有九层浮图一所，架木为之，举高九十丈。有刹复高十丈，合去地一千尺。去京师百里，已遥见之。……刹上有

① 刘敦桢：《中国古代建筑史》，北京：中国建筑工业出版社，1984年版，第87页。

宝瓶，容二十五石。宝瓶下有承露金盘三十重，周匝皆垂金铎，复有铁锁四道，引刹向浮图。四角锁上亦有金铎，铎大小如一石瓮子。浮图有九级，角角皆悬金铎，合上下有一百二十铎。浮图有四面，面有三户六窗，户皆朱漆。扉上有五行金钉，其十二门二十四扇，合有五千四百枚。”这里不仅说浮图居永宁寺之中，位置显要，而且详细描绘出了该浮图的建筑样式和规模。这就使我们对当时中国的塔有了一个初步印象。

中国的塔是从印度的塔演化来的。印度的塔称窣堵波（stupa），最初是藏佛舍利的纪念性建筑，后来也用以埋藏佛弟子或高僧的舍利。如《魏书·释老志》说:“佛既谢世，香木焚尸。灵骨分碎，大小如粒，击之不坏，焚亦不焦，或有光明神验，胡言谓之‘舍利’。弟子收奉，置之宝瓶，竭香花，致敬慕，建宫宇，谓为‘塔’。塔亦胡言，犹宗庙也，故世称塔庙。于后百年，有阿育王，以神力分佛舍利，役诸鬼神，造八万四千塔，布于世界，皆同日而就。”阿育王一日一夜造八万四千塔显然是神话传说，但它说明印度在佛陀去世以后出现了许多舍利塔。如《法显传》记载，法显在印度就看到了许多塔，除了释迦牟尼塔外，他还提到那竭国“有罗汉、辟支佛塔乃千数”，他还见到过中印度的舍利弗塔、目连塔、阿难塔等。

印度的塔在早期多是“覆钵”或“覆盆”式的，如著名的印度桑奇大塔，约建于公元前2世纪，就是一个圆形的半球。再如印度瓦拉纳西鹿野苑的古塔，也被认为是覆钵式的。印度古代也很早就有了多层的高塔，如《洛阳伽蓝记》卷五讲迦腻色迦王造的“雀离浮图”时引《道荣传》云:“其高三丈。……凡十三级。”其中“高三丈”可能有误，《魏书》卷一〇二曰“高七十丈”。《水经注》卷二曰:“又按道人竺法维所说，佛钵在大月氏国，起浮图高三十丈，七层，钵处第二层。”

但是在中国，早期的塔虽然模拟印度古塔的形式，其功用却不一定是为了埋藏佛或高僧舍利。例如，三国时笮融建的塔，作为佛寺的主体，恐怕并不因先有舍利而后建塔。同样，孙权为康僧会建建初寺，也不一定先有舍利，只是将它作为寺院的主体建筑而已。

这一时期，新疆已建有许多佛寺，有寺即有塔。例如，今和田洛浦县西北的热瓦克塔就建立甚早，那里曾出土五铢钱百余枚。“热瓦克塔受印度佛教及其建筑的影响较深。热瓦克的塔体与阿富汗巴尔赫附近的托皮鲁斯提姆塔相似，是迦腻色迦塔的继承和发展。可以说，这是和田地区现存最完整、时代最早的佛教建筑。”“也许始建于公元2~3世纪。”①

两晋时期，随着佛寺的大量建立，佛塔也大量出现。河南登封嵩岳寺塔是我国现存最古老的砖塔，嵩岳寺初创于北魏永平二年（509），11年后又行扩建，遂建此塔。

3. 石窟寺

在印度，在佛陀时代就已有了石窟的开凿，佛陀和弟子们在王舍城传法期间就曾在石窟中坐禅。晋代法显到印度以后，看到了一些石窟寺。《法显传》中讲到王舍城时说：“入谷，搏山东南上十五里，到耆阇崛山。未至头三里，有石窟南向，佛本于此坐禅。西北三十步，复有一石窟，阿难于中坐禅……又诸罗汉各各有石窟坐禅处，动有数百。”“搏南山西行三百步，有一石室，名宾波罗窟，佛食后常于此坐禅。又西行五六里，山北阴中有一石室，名车帝。佛泥洹后，五百罗汉结集经处。……搏山亦有诸罗汉坐禅石窟甚多。出旧城北，东下三里，有调达石窟。”讲到在伽耶城时说：“到一石窟。菩萨入中，西向结跏趺坐，心念：‘若我成道，当有神验’。石壁上即有佛影现，长三尺许，今犹明亮。”讲到在鸡足山时说：“大迦叶今在此山中，劈山下入，入处不容人，下入极远有旁孔，迦叶全身在此中住。”从法显的记载可知，佛陀时代的石窟已经很多。当时的石窟主要是供坐禅用的，比较简陋。其中较大的石窟可用于僧人们的集会。也有供居住用的石窟，但还没有后来的佛殿窟。

印度最著名的石窟寺是阿旃陀石窟。阿旃陀石窟位于印度马哈拉施特拉邦奥朗加巴德市附近的深山之中。这是一个巨大的石窟群，在一个U字形的山坳里，在坚硬的玄武岩峭壁上，由东向西参差排列着29座石窟。其雕刻和壁画都驰名世界，是一座名副其实的艺术宝库。阿旃陀石窟中最早的开凿年代大约在公元前2世纪，最晚的到公元7世纪。从最早的一些石窟看，当时已经分为两种形式。一种是支提窟，梵文作caitya，又译为塔庙窟；一种是毗诃罗窟，梵文作vihara，又译为僧房窟。这说明，佛陀时代以后的印度佛教徒仍保持着到山中开凿石窟寺进行修炼的习惯，其僧房窟即主要是供僧人坐禅和起居用的；又由于此时佛陀已经过世，僧人们要礼拜佛陀，供养其舍利，于是又有了塔庙窟。晚些时候开凿的僧房窟也有雕出佛龛和佛像以供礼拜的。

印度佛教开凿石窟的做法很快随着佛教的传播向外扩展。最早传到我国的

---

① 贾应逸、祁小山：《印度到中国新疆的佛教艺术》，兰州：甘肃教育出版社，2002年版，第192页。

新疆地区，约在3世纪就开始了。从我国石窟寺的分布看，大体与丝绸之路相一致，由西向东渐次开凿。其中比较著名的，除新疆有十多处，甘肃有十来处，陕西有三四处（开凿较晚）外，山西、河南、河北、四川等地也有分布。不过，开凿石窟寺的全盛时期为隋唐时期，但南北朝时期也是一个高潮期。

中国石窟寺大约可按用途分为4种类型：僧房窟、佛殿窟、塔庙窟和大像窟。僧房窟是供僧人居住和修行的地方，一般都不大，里面有的有雕饰，有的没雕饰。佛殿窟通常较大，一般都雕有佛像，是供僧人礼佛的地方。塔庙窟是佛殿窟的一种，即在佛殿窟内雕中心塔，故又称为中心塔柱窟。塔内收藏舍利，塔柱多为方形，四面雕有佛像，供僧人绕塔礼佛。大像窟是雕有巨大佛像的石窟，也是供僧人礼佛的场所。

我国新疆的石窟寺中以拜城附近的克孜尔石窟群最为驰名。克孜尔石窟群现存石窟共236座，其开凿年代大约在公元3~8世纪。敦煌石窟的最早开凿时间要比克孜尔石窟晚一些，大约在4世纪中叶。此后，经历代开凿和修缮，直到清代。敦煌石窟群现有石窟492座，同时还存有大量的壁画和彩塑等，是一座名副其实的艺术宝库，在世界影响很大。位于甘肃刘家峡市西南35千米处的炳灵寺石窟群现存石窟183座，其中第169号窟的建窟题记记载其开凿年代为西秦建弘元年（420）。此窟的特点是在一个天然溶洞的基础上雕凿龛室。甘肃天水市东南的麦积山石窟的开凿时间至迟不会晚于5世纪20年代。其石窟建筑的特色主要表现在西魏和北周时期开凿的“阁崖式”石窟上。山西大同云冈石窟开凿的时间主要是北魏时期。5世纪中期，由昙曜主持开凿的五个大窟最为突出。其主要特点是：窟的平面呈椭圆形，没有后室，以巨大的佛像为主体，两侧的空间显得很狭小。此后于465~494年开凿的石窟则分前后二室，平面一般呈方形，大型的造像已减少，大体分为佛殿窟和僧房窟两种类型。河南洛阳市南的龙门石窟群最早开凿于北魏孝文帝太和十七年（493），此后的400年间，开凿工作一直未停。现存窟龛达2 100个以上。古阳洞开凿的时间最早，洞内造像多，题记多，小龛数量多。

看了印度阿旃陀等石窟以后，就会发现，中国石窟寺虽然有自己的特色，但它们的源头的确在印度。无论是从形制上看还是从内容上看，阿旃陀等石窟都深刻地影响了中国石窟寺的开凿。当然，应当说，开凿中国石窟寺的主持人和工匠们基本都没有亲眼观摩过阿旃陀石窟，但他们中有人了解早期印度佛教石窟的营造法式。阿旃陀石窟作为最初的典范，一直为后来石窟寺开凿者所遵循。

## 二、雕塑

在中国悠久的雕塑艺术史上，佛教雕塑艺术在一个相当长的时期占有重要地位。在后汉的晚期，当中国石雕艺术开始大发展的时候，佛教在中原地区已产生了影响。也就是说，佛教进入中原后不久，就给中国的雕塑艺术带来了新内容和新形式，促进了中国传统雕塑艺术的发展。

1．石雕

中国石雕艺术的历史可以追溯到原始社会。在上古墓葬中经常可以看到一些玉石雕刻的饰品，比较小巧，有些还十分精细。现存早期大型的石雕艺术品以陕西霍去病墓前的石雕为代表，显得简单而古拙。从后汉开始，由于佛教传入，佛教雕刻艺术直接影响中国的石雕艺术，雕造出大量石像和石柱（包括经幢）。

（1）石像

大约在公元以前，印度的佛教并无偶像崇拜，也不雕造佛祖释迦牟尼的形象。所以，尽管印度石雕艺术的历史十分悠久，早在公元前3世纪的阿育王时期，印度的石柱雕琢技艺已发展到相当高的水平，但当时还没有佛的雕像，只有佛法的象征物——法轮和狮子。后来，在大约公元前2世纪的桑奇大塔石刻围栏上和早期阿旃陀石窟里，也没有佛像雕刻。大约到了公元前1世纪，由于受了西方希腊雕刻艺术的影响，印度才开始出现石雕佛像，而且不久就展开了一场大规模的运动，在印度的西北地区，即今之巴基斯坦北半部，出现了所谓“犍陀罗艺术”。犍陀罗艺术是印度传统建筑、雕刻艺术与古希腊艺术相结合的产物，其建筑物有塔等，雕刻品则主要是佛像、菩萨像及各种与佛有关的浮雕等。犍陀罗艺术中的佛像有突出的特点，即身材匀称，面部像希腊人，甚至有的佛头像与希腊的太阳神阿波罗头像很相似。几乎与犍陀罗艺术同时，印度马土腊风格的艺术也出现于印度的北部。马土腊式的雕刻也以佛像为代表，佛穿的袈裟袒露右肩，纹理细密，紧贴于身，显得很薄，像水纹一样，富有透明感。犍陀罗和马土腊艺术风格影响了印度后来的雕刻，也通过丝绸之路影响了中国的雕刻和绘画。

佛教最初传入中国中原的时期，正是印度一侧大兴佛像雕刻之时。所以，佛像很快就随佛教传入中国中原地区。根据现代考古资料，后汉桓、灵帝及其以后的墓葬中，如内蒙古和林格尔汉墓、山东沂南汉画像石墓、四川乐山城郊麻濠墓、四川彭山东汉墓等都有佛教图像。据《三国志》卷四九记：笮融大起浮屠祠时，曾“以铜为人，黄金涂身，衣以锦采”。说明那时中国已经有了铜的佛雕像。又据《高僧传》卷一《康僧会传》，康僧会于“吴赤乌十年初达建邺，营立茅茨，设像行道”。说明当时传播佛教一定要有佛像。

据文献记载，两晋南北朝时期，印度的佛像佛雕通过两种途径直接传入我国中原地区：一是由来华的印度僧人带来，或者由西天取经的中国僧人带回。二是由外国使节作为“贡品”带来。这就使中国的雕像家不仅有第二手的画像可供参考，而且还有印度直接带来的实物可供观摩。

正因为如此，中国这一时期的石雕佛像明显存在受印度佛像影响的痕迹。例如，山西大同云冈石窟开凿于北魏时期，其第二十窟中的大佛像具有典型的代表意义。温玉成先生在谈到大同云冈的“昙曜五窟”（即第16~20号窟）后，说：“总之，昙曜五窟造像艺术表明：尽管它的‘粉本’是来自犍陀罗，又受到‘凉州模式’的影响，但它毕竟是北魏艺术家的再创造。”[①]再如，河南洛阳龙门石窟古阳洞中的人物雕像也是与印度雕刻艺术相关联的。其表现佛传故事的浮雕则早在公元前2世纪的印度佛教雕刻中就已出现，此后在犍陀罗艺术和马土腊艺术中都反复表现。龙门西山宾阳洞的情况也是如此，虽然已经可以看出中国雕刻的一些特点，如佛的眉眼带有中国人的容貌特征等，但在许多细节上还离不开印度的影响。佛传故事也好，本生故事也好，以及那些神王、装饰花纹等，都是印度雕刻艺术影响下的产物。

（2）石柱

印度雕刻石柱的历史比中国早。公元前3世纪，印度的伟大帝王阿育王在征服了印度次大陆大部分地区之后，在若干年时间里，在全国许多地方树立了石柱，这些石柱被称为“阿育王石柱”。从文献记载和现存的遗物看，阿育王石柱的树立都与佛教有关，是一种纪念性的标志物，所以它们可以被认为是印度佛教艺术最早期的代表，其工艺技巧历来为美术史学家所赞赏。稍后，阿旃陀石窟群的早期石窟里，也有石柱。这些石柱与一根根独立的阿育王石柱不同，它们是整个石窟建筑的一部分，而不是单独的艺术品。尽管如此，在一些稍晚的石窟里，还是可以看到一些石柱与阿育王石柱的传承关系。例如，在建于公元前1世纪的桑奇大塔南门石雕围栏南门两侧的石柱上，有两组蹲踞的狮子，

① 温玉成：《中国石窟与文化艺术》，上海人民美术出版社，1993年版，第141页。

与阿育王石柱有相似之处。又如，在孟买东南约160千米的卡尔利石窟，其开凿时间约在公元1世纪末到2世纪初，其前面的巨大石柱“高约38英尺，多面的粗大柱身冠以钟形顶板和以组合的狮子为主题的柱头。原先它支撑着50多英尺高处的一个金属轮子和玫瑰花饰。由于其庄重的设计，这一柱头甚至令人联想起萨尔纳特出土的更早的阿育王狮子柱头”。[①]从此后的笈多王朝的一些石柱雕刻看，这种传承关系仍然在延续。

印度佛教的雕刻传统也影响到中国的石柱雕刻。从考古发掘看，中国雕刻石柱的历史可上溯到东汉时期。20世纪60年代，北京西郊出土了一座东汉秦君墓华表，柱身是直上直下的凹槽条纹，这显然是受到希腊罗马石柱雕刻的影响。而长条纹上端有U字形莲瓣纹饰，这使我们联想到印度巴尔胡特大塔石柱上方的纹饰，两者十分相似。雕刻这座华表柱身的纹饰表明它受到西方雕刻艺术的影响，其中有印度雕刻艺术的因素。到了南北朝时期，中国石窟寺整体模仿印度的石窟寺，其中的石柱柱础部分经常被雕刻为倒垂的莲花瓣，这种纹样是佛教艺术中经常使用的。而有些石窟寺中的石柱则带有烦琐的花纹，也体现了印度古代佛教雕刻艺术的特点。

南朝帝王陵墓多用石刻华表，如南京郊区南齐萧景墓华表，与东汉墓表有一脉相承的关系，但雕刻的纹饰更为复杂多样，并有受佛教雕刻影响更明显的痕迹，其最突出的地方是表柱顶部为一个倒扣的莲花座，莲花座的顶部蹲有一兽，这和印度古代阿育王石柱有相似之处。河北定兴县还有一个著名的古石柱，叫“义慈惠石柱”。该柱建于北齐天统五年（569），是座纪念性华表。表柱下半截八角，柱础为莲瓣纹饰，柱上一平板，板上为一小石亭，亭中间刻有佛像。可见，这座石柱也深受佛教雕刻的影响。

东汉以后，直至清代，石制的华表越来越多，有的竖立于陵墓前，有的竖立于桥头，有的竖立于宫门内外，有的竖立于庙门口。现在人们熟知的天安门前华表，雕饰十分华丽，但仍能看出基座上的莲瓣、上端的莲台等部分属佛教艺术影响的遗迹。[②]

---

① ［美］罗伊·C. 克雷文著，王镛等译:《印度艺术简史》，北京：中国人民大学出版社，2004年版，第42页。

② 参见拙文《印度雕刻艺术对中国华表的影响》，载《南亚研究》1982年第2期。

### 2. 塑像

由于自然条件的关系，中国泥塑的历史十分悠久。相传唐尧制陶于黄河之滨，号唐陶氏。后来，人们也用泥土制造陶俑用以陪葬，成为所谓“始作俑者”。陕西秦始皇墓出土的陶俑是世界雕塑史上的一大奇观，达到了很高的艺术境界，让世人叹为观止。汉代的墓葬中也经常发现陶俑。

到两晋南北朝时期，在中国的佛教寺庙和一些石窟寺里大量使用泥土、石灰和苎麻等材料塑造佛像。当时寺庙中的塑像已经难以找到实物，但在一些西部的石窟寺里还有遗存。最典型的例子是敦煌莫高窟北魏时期所塑造的佛教人物像。莫高窟北魏时期的佛、菩萨塑像共存留有318躯。从这些塑像身上能够看到印度雕刻艺术的影响，尤其是塑像身上穿的衣服，如水纹一样富于透明感，使人毫不怀疑它们与印度古代犍陀罗和马土腊佛像雕刻艺术的关系。

敦煌泥塑的许多雕塑家都没有留下名字，但有的雕塑家却因为塑造佛像而名垂千古。例如，晋代著名画家兼雕塑家戴逵（字安道），《晋书》有传，唐代张彦远《历代名画记》卷五有评介。戴逵，安徽宿州人，约生于326年，卒于396年。他自少年时代就已成名，是个多才多艺的艺术家。他博学多闻，能做文章，通乐理，善琴艺，画画得非常好，善于雕塑。他终生隐居，画过《竹林七贤图》、《高士图》，还画过不少佛像。他少年时就曾在瓦官寺作画，很受时人推重。他还曾雕刻无量寿佛（Amitayus）木像，高丈六。他在瓦官寺所雕塑的五尊佛像、菩萨像被时人叫绝。

## 三、绘画

### 1. 印度传来画像

中国与印度的绘画交流是从佛教传入中国开始的。佛教最初传入中原时就传入了佛的图像，就有中原画工来画佛像。《后汉书》卷八十八《西域传》记载:“世传明帝梦见金人，长大，顶有光明……帝于是遣使天竺问佛道法，遂于中国图画形像焉。”《高僧传》卷一《竺法兰传》则进一步记载，明帝派使者去天竺，其使者之一蔡愔:“又于西域得画释迦倚像，是优田王旃檀像师第四作也。既至洛阳，明帝即令画工图写。置清凉台中，及显节陵上。旧像今不复存焉。”说明当时汉宫中即供有佛像，佛像一是直接得自西域，二是由中国画工模仿而来。

两晋南北朝时期，中国去印度取经的人多了，一般在取经的同时也带回佛像，也有在印度直接临摹佛像的。如《法显传》中记，法显在多摩梨帝国居住两年，“写经及画像”，后来他把这些经像都带回国内。

2. 印度画家和印度技法

两晋南北朝时期，有印度来华的画家。例如，南朝姚最的《续画品》就曾记载，梁时有几位外国比丘善画，他们是释迦佛陀、吉底俱和摩罗菩提：“既华戎殊体，无以定其品。光宅威公雅耽好其法，下笔之如，颇为京洛所知闻。”从名字看，这几位外国比丘当是南亚人，他们的画法在中国已有了影响。唐代张彦远《历代名画记》卷三也提到这三位的名字，卷七还说僧迦佛陀是天竺人。这方面的文字记载不多，并不说明当时来华的印度画家不多。

（1）“凸凹法”

关于印度传来的绘画技法，潘絜兹先生曾指出：“莫高窟壁画，乃是中国艺术家在自己民族绘画传统的基础之上，吸取外来艺术，创造出来的作品。这外来的东西，除了佛经内容以外，表现在技法上为‘凹凸法’和‘铁线描’。我们在大部已经变色了的北魏壁画上，看到以浓重的灰黑色的弧线分层描出的颜面、躯体、手足部分，立体感很强，这就是从印度传来的‘凹凸画法’，也叫‘晕染法’或‘天竺画法’……这是过去中国绘画所未见的。又在北魏以后的壁画上，我们看到朱及黑色的描线，都是粗细一律、屈如铁丝的。这和汉画中描线自由奔放，变化很大，是两个不同的体系。这种描法在印度和西域地方，想是因为工具的关系”①。温玉成先生也指出：“北周突出之点是西域式佛画的再度输入。菩萨造型，面相丰圆，头大腿短。面部晕染特殊，出现了白鼻、白眼、白连眉、白齿、白下巴的五白形象。……这种‘五白’晕染法应是来自龟兹壁画”②。

所谓的凸凹画法，在当时内地的寺院中也出现过。例如，《建康实录》卷十七记载，梁大同三年（537）建一乘寺，画家张僧繇在寺门作画：“寺门遍画凸凹花，代称张僧繇手迹。其花乃天竺遗法，朱及青绿所成，远望眼晕如凸凹，就视即平，世咸异之，乃名凸凹寺。”从这段文字看，张僧繇已经将这种“天竺遗法”表现得十分纯熟，但却不知他是从哪里学来的。结合敦煌壁画的晕染法，说明当时中国南北方都受到这种技法的影响。

（2）“曹衣出水”

在敦煌壁画中，我们也可以见到一些身体裸露较多的人物造型，如飞天、

① 潘絜兹：《敦煌莫高窟艺术》，上海人民出版社，1981年版，第87页。

② 温玉成：《中国石窟与文化艺术》，上海人民美术出版社，1993年版，第235页。

伎乐天等。如前文所说，这和印度的古代风俗有关，也与印度古代的造型艺术中所表现的人物形象有关。另外，敦煌壁画中许多人物的身段，特别是那些舞蹈者的姿势，在很大程度上表现出古印度的“三道弯式”审美原则。正如常任侠先生指出的：敦煌壁画的“初期作品，有些与西域各地所发现的早期佛教艺术相似，追溯源流，则犍陀罗时代艺术与笈多时代艺术都曾扇被一些影响。如第二五七窟北魏释迦坐象，即系犍陀罗姿势。早期北魏的壁画，其粗放的笔触与强烈的色调，又与阿旃陀早期的壁画有其相同之点。”①当时的中国佛画除了人物形态姿势与印度古代绘画有关外，还有衣服的画法也与印度绘画技法有关，最有名的是“曹衣出水”的说法。

唐张彦远在《历代名画记》卷五提到曹仲达等四人，说他们在戴逵之后创立了各自的佛像画楷模和流派，“璎珞天衣，创意各异”。宋张若虚又在《图画见闻志》中说曹仲达画的佛像“其体稠叠，而衣服紧窄”，后世称之为“曹衣出水”。

吴焯先生认为，由于没有曹仲达的画作存留，因而可以从佛像雕塑和石窟壁画中寻求“曹衣出水”的样式。而这个样式的形成有一个较长的过程。这个过程的源头在印度。他说：“相当一段时间内，寺院、石窟内的佛像是模仿印度和中亚的样式。其中印度和中亚佛教艺术最流行的两个样式是犍陀罗式（包括马土腊）和笈多式，特别是笈多式，它的佛像以衣薄透体，衣纹细密，重叠下垂著称，其外表效果正是如水湿过一般。”“‘曹衣出水’在壁画的实例可举克孜尔千佛洞175窟甬道内壁的供养比丘像。这幅作品人物身体结构明显，衣纹随着身体的动态勾出，细密而贴体，重叠的线条富于装饰性，有些还似以硬物刻划而出。这种画法在克孜尔石窟中很普遍，持续的时间也较长，其手法并影响了敦煌，‘曹衣出水’既是一个在较长时间内形成的模式，亦必在接受影响的实例之中，这也是没有疑问的。”②

3. 中国的佛画

（1）画家

魏晋南北朝时期，佛教在中原迅速传播，对当时绘画产生了巨大影响，这种影响突出表现于人物画方面。正如张光福在《中国美术史》中所说：“人物画

① 常任侠：《常任侠艺术考古论文选集》，北京：文物出版社，1984年版，第76页。

② 吴焯：《佛教东传与中国佛教艺术》，杭州：浙江人民出版社，1991年版，第226、227页。

的兴盛，是这一时期绘画中的重要特点。首先就题材来说，由于佛教的东传而改变了中国人物画的内容，佛教人物画到南北朝时代大大的盛行起来。除广大民间画工被奴役、被雇用给僧侣、地主绘制佛教壁画外，统治阶级知识分子专业画家，亦莫不画佛，从曹不兴开始，卫协、顾恺之、陆探微、张僧繇、展子虔等，几乎可以说，只要是画家，无不善长佛教人物画。”[①]

魏晋南北朝时期，中国的一大批著名画家，大多都画过与佛教有关的作品[②]。除了前面提到的那些画家以外，文献中还记载有许多。如裴孝源的《贞观公私画史》中就列出初唐贞观年间存留于世的古代名家画作，大多都是魏晋南北朝时人的作品，而其中就有许多佛画。同时，《贞观公私画史》还列出两晋到隋的一些著名寺院和在这些寺院作画的画家的名字。并说：“寺四十七所，并是名工真迹。”其中，除了顾恺之、张僧繇外，还有一批“名工”，如顾骏之、史道硕、沈标、董伯仁、杨子华、解倩、江僧宝、陆整、丁光、张善果、焦宝颢、刘杀鬼、郑法士、张儒童、孙尚子、郑德文、田僧亮、杨契丹、陈善见、刘乌、袁子昂、苍长寿、张孝师等。即便如此，这个名单仍然很不完全。

（2）壁画

这里简单谈谈石窟寺的壁画。我们前面说过，中国是模仿印度才开凿石窟寺的，所以，从内容到形式都有一脉相承的关系。在石窟中画壁画也是从印度学来的做法。

两晋南北朝时期中国石窟寺的壁画，以克孜尔千佛洞的古龟兹壁画和敦煌莫高窟的壁画为代表。关于克孜尔石窟的壁画中常出现的“涅槃图”，如温玉成先生所说：“克孜尔的‘涅槃图’常常和弥勒菩萨组合在一起……可知龟兹的‘涅槃图’与弥勒信仰的结合，既有佛典的依据，又有民间崇拜的基础。”[③]关于龟兹石窟中的一些全裸和半裸的人物画，温玉成先生认为：“推崇裸体美，是希腊文化的一个因素。希腊人认为，裸体可以把人的有机体的美感充分表现出来。而完美的心灵只能寄寓在强健的体魄中。印度地处热带，人们平时都是半裸的。反映在古代印度雕刻或绘画中的神（如树神、夜叉等等）也是半裸的。接受了印、希文化影响的龟兹，采用了许多裸体或半裸体的形象是有这类艺术的渊源

---

① 张光福：《中国美术史》，北京：知识出版社，1982年版，第130页。

② 对画家的具体介绍可参见拙著：《佛教与中国文化》，北京：昆仑出版社，2006年版，第179~182页。

③ 温玉成：《中国石窟与文化艺术》，上海人民美术出版社，1993年版，第78页。

的。”总之：“玉门关以西的‘西域画风’，虽然承受了印度、波斯、希腊乃至汉族文化的余绪，但它毕竟是西域人民的特有的艺术。从画面上我们可以清晰地看出当时艺术匠师们已纯熟地把握住了人体的结构，但他们又不是纯自然主义地去描绘。他们用富有旋律的装饰线条，准确而生动地刻画出人体的美。”[①]至于敦煌，由于其地处丝绸之路的要冲，在古代内地和“西域”的交接点上，东西方文化在这里汇聚和融合，都留下自己的痕迹。这样，这些壁画也必然要反映出这种文化上的融合。前面已经说过，印度的“凸凹法”等也在这里有所反映和表现。而各类佛画在内容上，不用说，最初都是取法印度佛教的。

## 四、乐舞

同其他艺术领域一样，中国与印度的音乐、舞蹈交流也开始得很早。据记载，这种交流从汉代就已经开始了。中国的音乐发展到东汉时代，基本上保持了上古的传统，但也受到了西域的某些影响，其中包括印度的因素。笔者曾经撰文考证过，在古代战争中最先使用乐队的是印度人，其乐队中使用的乐器既有打击乐又有管弦乐，是真正的军乐。而同时期（公元3世纪以前）的其他古老民族，如希腊人、罗马人、埃及人、波斯人、中国人等，都没有在作战时使用过完整的乐队。所以说，世界各地的军乐，都比印度的军乐晚起，而且在一定程度上受了印度军乐的影响[②]。

印度音乐向中国的传播，主要始于佛教的东流。最初佛教所传播的印度音乐则主要是所谓“梵呗”。后汉来华的天竺僧人来华传道可能唱过“梵呗”。三国时流传的梵呗至少有“鱼山梵呗”、“泥洹梵呗”、“连句梵呗”等数种。自曹植、支谦、康僧会而后，两晋时期的僧人也多有传授和制造梵呗的。南北朝时期，则不仅更新制作梵呗，还有唱诵佛传故事的“法乐”及“梵舞”。梁武帝更是将旧的宫廷音乐推翻，亲自填词，将佛教乐舞纳入宫廷音乐。而据《洛阳伽蓝记》记载，北魏寺院中的乐舞活动已很具规模。而这些与印度佛教乐舞艺术的影响是分不开的。尤其是景兴寺和景明寺的佛像大游行，明显受有印度的影响，也与法显在斯里兰卡看到的游行极为相似。两晋南北朝时期的“西域”诸国如于阗、疏勒、焉耆、龟兹、高昌，以及现属甘肃的敦煌、凉州等地的佛教

① 温玉成：《中国石窟与文化艺术》，上海人民美术出版，1993年版，第88、90页。

② 参见拙文《从两大史诗看印度古代音乐》，载《南亚研究》1985年第2期；拙著《佛教与中国文化》，北京：昆仑出版社，2006年版，第199页。

信仰甚为流行，而其乐舞也相当发达并有特色[1]。

北周武帝时（561~578），有龟兹人苏祇婆将龟兹音乐的七调传入北周。当时的龟兹受印度文化影响颇深，这从龟兹乐的七调名称即可知道。据《隋书·音乐志》，这七调名称为婆陀力、鸡识、沙识、沙侯加滥、沙腊、般赡、俟利建，都是梵语的译音。这一点，中外学者都曾进行过考证，其起源于印度的结论是一致的[2]。龟兹音乐为什么会以梵语为七调的名称呢？原因很简单，那里的音乐基本上从印度传来的，因为那里的居民很多都是印度的移民。据《大唐西域记》卷一记龟兹国曰："文字取则印度，粗有改变。管弦伎乐，特善诸国。……经教律义，取则印度，其习读者，即本文矣。"这里，"文字取则印度"说明当地人的语言与印度的梵语相似，只是略有改变而已，所以那里的佛徒可以直接读梵文经卷。若不是古代有一批印度居民迁移至此，则绝不可能存在这种语言现象。

这里需要说明的是，从前人们根据《隋书·音乐志》的这条记载，以为中国古代音乐没有七声音阶，但现在的考古发掘表明，中国上古时候就有了七声音阶，这已被考古实物（笛子）所证明。但是，《隋书·音乐志》的记载说明，上古的七声音阶似乎并没有流传到两晋南北朝时期，至少宫廷里不知道七声音阶，所以印度传来的七声音阶才引起了人们的关注。

## 第六节　印度佛教与两晋南北朝的科技

### 一、天文历算

印度古代的天文学和数学十分发达，因此，一些由印度来华或在印度学习后来华的高僧往往都具备天文历算知识。据《高僧传》记载，安世高、昙柯迦罗、鸠摩罗什、求那跋陀罗等均在此列。他们势必要把印度有关天文历算知识传授给中国的弟子，使之推广传播。

1. 有关文献

据《隋书·经籍志三》著录，隋以前由印度传来的天文历算书籍有：

---

① 具体论述参见拙著《佛教与中国文化》，北京：昆仑出版社，2006年版，第198~201页。

② 常任侠：《丝绸之路与西域文化艺术》，上海文艺出版社，1981年版，第81页。

《婆罗门天文经》二十一卷

《婆罗门竭伽仙人天文说》三十卷

《婆罗门天文》一卷

《摩登伽经说星图》一卷

《婆罗门算法》三卷

《婆罗门阴阳算历》一卷

《婆罗门算经》三卷

从这些书名可以看出，这些书大多都不是佛教的著作，只有《摩登伽经说星图》可能是佛教经典《摩登伽经》的一个部分或其所附之星图。但遗憾的是，这些有价值的书籍今天已经看不到了，因而也无法考察清楚其在中国产生的影响。

而在此期间，中外僧人也做了大量翻译介绍工作，有不少被翻译过来的佛教典籍包含了丰富的印度天文历算知识。例如，《长阿含经》(包括《楼炭经》)、《大集经》等佛教典籍中关于天文方面的内容，此时已经译出。

上一章已经提到《摩登伽经》中有关印度古代天文历算方面的知识，稍晚，西晋三藏竺法护又译《舍头谏太子二十八宿经》(又名《虎耳经》)。此经内容与《摩登伽经》相似，不分卷品，应是据另一传本所译。经中讲到二十八宿时，用的是另外一套名称，其所述时间划分、计量单位等，与《摩登伽经》亦有出入。以上二经，比较系统、详细地介绍了印度古代天文历算方面的知识。据梁《众经目录》，唐《众经目录》、《大唐内典录》、《开元释教录》、《大周刊定众经目录》等，魏晋时期所译《摩登伽经》有5个异本，除上述二种外，还有后汉安息沙门安世高译《摩邓女经》一卷、前人译《舍头谏经》一卷、东晋失译《摩邓女解形中六事经》一卷。

2. 对华影响

上一章已谈到，七曜和九执是印度传来的两个天文学新概念，它们对中国的天文历算产生了影响。

关于七曜，有下列记载值得注意。《高僧传》卷一《安清传》云，安世高“以汉桓之初，始到中夏”。释道安《经录》云：“安世高以汉桓帝建和二年至灵帝建宁中二十余年，译出三十余部经。”但也有安世高于晋代来华说。若依前说，则安世高译《摩邓女经》在公元2世纪。其经中虽未提七曜、九执，但其本传中却说他“七曜五行……无不综达”，《出三藏记》卷上第十三亦说他“七曜五行之象……悉穷其变”。由此，七曜的概念可能在后汉即产生影响。《古文苑》卷一三后汉李尤《漏刻铭》中之“仰厘七曜，俯顺坤德”或即其例。

据唐智昇《开元释教录》卷二，竺律炎以东吴黄龙二年译出《摩登伽经》等四部。即是说，至迟在公元230年，七曜的概念已传入中国。其后，高齐天竺三藏那连提黎耶舍译《大方等大集经》卷五六《月藏分第十二·星宿摄受品第十八》亦提到七曜。在此期间，七曜已用于中国天文历算。

据《后汉书·律历中》:“常山长史刘洪上作《七曜术》。甲辰诏属太史部郎中刘固、舍人冯恂等课效，复作《八元术》，固等作《月食术》，并已相参。固术与《七曜术》同。”注引《袁山松书》曰:“刘洪字元卓，泰山蒙阴人也……善算，当世无偶，作《七曜术》。”《晋书·天文上》有“七曜由乎天衢，则天下和平”、“角二星为天关……黄道经其中，七曜之所行也”等语，《天文中》又专列《七曜》一目以说吉凶。

《魏书》卷九一记：殷绍通晓《九章》、七曜，魏太武帝时为算生博士。《北史》卷八二记：刘焯曾参议律历、《九章算术》、《周髀》、七曜、历书十余部。《梁书》卷五记：庾曼倩曾疏注《算经》及《七曜历术》。《南史》卷七一记：顾越精通《九章》、七曜。值得注意的是，这后几种史书中的“七曜”实际上是天文学的代名词，而非其本意。

据《隋书·经籍志三》，南北朝至隋题名七曜的历算书达22种:《七曜本起》三卷、《七曜小甲子元历》一卷、《七曜历术》一卷、《七曜要术》一卷、《七曜历法》一卷、《推七曜历》一卷、《陈永定七曜历》四卷、《陈天嘉七曜历》七卷、《陈天康二年七曜历》一卷、《陈光大元年七曜历》二卷、《陈光大二年七曜历》一卷、《陈太建年七曜历》十三卷、《陈至德年七曜历》二卷、《陈祯明年七曜历》二卷、《开皇七曜年历》一卷、《仁寿二年七曜历》一卷、《七曜历经》四卷、《七曜历数算经》一卷、《七曜历疏》一卷（李业兴撰）、《七曜历疏》五卷（张胄玄撰）、《七曜义疏》一卷、《七曜术算》二卷。从中可以看出，陈、隋时代基本上是使用《七曜历》。

这里值得一提的是南北朝后期的数学家甄鸾。甄鸾，字叔遵，公元6世纪人。他崇信佛教，曾著《笑道论》三卷以为佛教张目，事在《法苑珠林》卷一〇〇。上述这二十二种书中，《七曜本起》、《七曜术算》皆其所撰。

九执即九曜，僧一行《大日经疏》卷四曰:“执有九种，即有日、月、水、火、木、金、土七曜，与罗睺、计都合为九执。罗睺是交会蚀神，计都正翻为旗，旗星即彗星也。除此二执外，其余七曜，相次直日，其性类有善恶，如梵历中说。”罗睺，梵语为Rahu，印度古代神话中吞食日月之恶魔，印度天文学中以为隐星。计都，梵语为Ketu，本意为旗，古印度称彗星为旗星。正如《续一切经音义》卷六所说：“罗睺计都常隐不见，遇日月行次即蚀，亦名达坠二曜也。”九执之说虽然早就传入中国，但在唐代以前似并未对我国天文历算产生明显影响。

## 二、医药

### 1．来华医僧

这一时期经印度来华的僧人中有许多人都学习过《五明》。在印度，“五明”的意思是五种知识，包括：声明，即语言音韵方面的知识；工巧明，即工艺算历等方面的知识；医方明，即医学方面的知识；因明，即逻辑论辩方面的知识；内明，即人生、灵魂与宇宙等方面的知识。这些都是婆罗门教的基础教育内容，佛教也不排斥。因此，经印度来华的僧人懂得一些医学知识是常事。他们把印度的医学知识传入中国，并有不少为人治病的例子。这里不可能一一列出，只能举出一些有代表性的例证。

据《高僧传》卷一《安清传》，安世高综达“医方异术”，他虽然是安息国王子，但他皈依佛门，精通诸经，对印度的医术也必然了解。卷二《佛陀耶舍传》有耶舍用药水加咒为弟子洗足令其能疾行的故事，如拂去其神秘色彩，则是行医用药的例子。卷三《求那跋摩传》，求那跋摩善医，曾在阇婆（爪哇）国两度为其国王医治脚伤，于刘宋初年来华。《求那跋陀罗传》，求那跋陀罗本婆罗门种，幼学五明诸论，博通“医方咒术”。元嘉十二年（435）至广州。卷四《于法开传》，于法开，不知何许人，多半是西域于阗国人或其后裔，虽不属印度来华医僧，但他受印度医学影响：“祖述耆婆，妙通医法。尝乞食投主人家，值妇人在草危急，众治不验，举家遑扰……主人正宰羊，欲为淫祀，开令取少肉为羹，进竟，因气针之，须臾羊膜裹儿而出。升平五年孝宗有疾，开视脉，知不起，不肯复入。”他会针灸、切脉，可见他已把印度医法与中国医法结合起来了[①]。卷九《佛图澄传》，佛图澄（Buddhacinga）乃神医，石虎子石斌暴病

① 汉译佛经中有时提到针灸，如《长阿含经》卷十三、十四等，但那是译者为便于中国人理解而采用了汉语中的现成说法，并非印度远古即有针灸的医法。可参见汤用彤：《针灸·印度古医书》，《汤用彤学术论文集》，北京：中华书局，1983年版，第319页。

而亡，“澄乃取杨枝咒之，须臾能起，有顷平复”。《耆域传》，衡阳太守滕永文得病，“经年不差，两脚挛屈不能起行”，域“取净水一杯，杨柳一枝，便以杨柳拂水，举手向永文而咒，如此者三。因以两手搦永文两膝令起，即起行步如故”。又有一病者将死，域将之救活。佛图澄和耆域的故事不免被神化，但他们深明医术，又曾治病救人恐怕是真的。

2. 输华医书

印度古代的医学理论在佛书中保存了不少，因此，随着佛经的翻译，印度的一些医学理论也传入了中国。在这一时期，除了翻译了有关佛经而外，还译有印度传统医学的专门书籍。

《高僧传》卷二《昙无谶传》，记沮渠安阳从天竺法师佛驮斯那学《禅秘要治病经》，后又将此经译为汉文。另外，三国吴竺律炎共支谦译的《佛医经》、西晋法炬共法立译的《法句喻经》、苻秦昙摩难提（Dharmanandi）译的《增一阿含经》、鸠摩罗什译的《大智度论》、姚秦佛陀耶舍共竺佛念译的《四分律》、弗若多共罗什译的《十诵律》、东晋法显佛驮跋陀译的《摩诃僧祇律》、刘宋佛陀什共竺道生译的《五分律》、北凉昙无谶译的《金光明经》，等等，都或多或少地含有印度医药学知识。其中，《佛医经》较详细地谈论了病理，认为人体是由“四大”，即地、水、风、火四种元素和合而成；四大不调，人即生病；季节变化、饮食男女、心理状况、生活习惯等，都会影响人体四大要素的消长，从而使人体内在的机制保持平衡或失去平衡；平衡即健康，失衡即患病。这些理论与中国古代的一些医学理论有相似之处，容易被中国人接受。《十诵律》卷二六《医药法》用一整卷谈饮食卫生、用药治病和佛陀传教时的有关例证。其中提到“四种含消药”，即“酥、油、蜜、石蜜”。还提到“四种药”，即“时药、时分药、七日药、尽形药”，并做了详细的说明。如解释“尽形药”（《五分律》译作“终身药”）时，说有“五种根药”（舍利、姜、附子、波提毗沙、菖蒲根），“五种果药”（呵梨勒、卑醯勒、阿摩勒、胡椒、荜钵罗），“五种盐”（黑盐、紫盐、赤盐、卤土盐、白盐），“五种树胶药”（兴渠、萨阇罗荼帝、夜帝、夜波罗帝、夜槃那），以及“五种汤”（根汤、茎汤、叶汤、花汤、果汤）。这些也都与中国传统的医药学有相通之处。

据《隋书》卷三四《经籍三》，这一时期从印度传来有关医药、养生（包括以巫术驱邪）方面的书籍有《龙树菩萨药方》四卷、《西域诸仙所说药方》二十三卷、《香山仙人药方》十卷、《西域婆罗仙人方》三卷、《西域名医所集要方》四卷、《婆罗门诸仙药方》二十卷、《婆罗门药方》五卷、《耆婆所述仙人命论方》二卷、《乾陀利治鬼方》十卷、《新录乾陀利治鬼方》四卷、《龙树菩萨和香法》二卷、《龙树菩萨养性方》一卷。这些书籍没有流传下来，但其中一些药方却在别的书中保存下来了，具体情况容后文详叙。

3. 对华影响

晋代葛洪曾编有《肘后救卒方》三卷，86篇。到南梁时，陶弘景对此书重加整理，将86篇改编为79篇，又增补了22篇，成为101篇，并改其名为《补阙肘后百一方》。陶弘景生于刘宋元嘉二十九年（452），卒于梁大同二年（536），他少时喜读葛洪《神仙传》，19岁为官，41岁辞官隐居，其后又受五戒而皈依佛门。由于他受了佛教的影响，因而他所编的这部医学名著也反映出佛经中介绍的印度古医学理论。如他在此书的自序中说："佛经云：人用四大成身，一大辄有一百一病。"陶弘景引用的这句话出自《佛说医经》和《智度论》。据《法苑珠林》卷九五《病苦篇》引《佛说医经》："人身本有四病（大），一地、二水、三火、四风。风增气起，火增热起，水增寒起，土增力盛本。从是四病（大）起四百四病。"又引《智度论》："四百四病者，四大为身，常相侵害，一一大中，百一病起。"意思是说，四大不调会引起404种病，一大不调即引起101种病。陶弘景显然是接受了这一理论，故而将其书刻意编为101篇，并改名为《百一方》。

南梁有书目《七录》，其中著录有《摩诃出胡国方》和《杂戎狄方》，可能与印度医药有关，尤其是前者。如是，则其时已有古印度药方在华流传，或已为国人所用。

## 三、工艺技术

在南北朝以前，我国人尚不懂烧制玻璃（琉璃）的技术，因此当时的人把玻璃当宝物看待。但南北朝时，烧制琉璃的技术自西域传入华夏，琉璃的价值便随之大降。据《魏书》卷一〇二《西域传》记载："世祖时，其国人商贩京师，自云能铸石为五色琉璃，于是采矿山中，于京师铸之。既成，光泽乃美于西方来者。乃诏为行殿，容百余人，光色映彻，观者见之，莫不惊骇，以为神明所作。自此中国琉璃遂贱，人不复珍之。"北魏世祖拓跋焘在位时间为公元424~452年，烧制琉璃的技术即在此期间传入。"其国"指大月氏国，当时包括西北印度的一些地区。因此，这一技术有可能自印度传来。

中国人很早就注意到了印度民族的建筑技能。据《汉书》卷九十六《西域传上》记罽宾国说："其民巧，雕文刻镂，治宫室。"印度人也很早就知道中国人民的建筑技能。《宋书》卷九十七《夷蛮列传》记：元嘉五年（428），天竺迦毗黎国王月爱遣使奉表，表中说中国"宫殿庄严，街巷平坦"。

魏晋南北朝以来印度来华僧人多有建塔寺者。其中以刘宋时罽宾国人昙摩蜜多为典型。据《高僧传》卷二记：蜜多"度流沙，进到敦煌，于闲旷之地，建立精舍。植柰千株，开园百亩，房阁池沼，极为严净。顷之，复适凉州，仍于公府旧寺，更葺堂宇，学徒济济，禅业甚盛。""宋元嘉元年辗转至蜀，俄而出峡，止荆州，于长沙寺造立禅阁……元嘉十年还都，止钟山定林下寺……于是乘高相地，揆卜山势，以元嘉十二年斩石刊木，营建上寺。士庶钦风，献奉稠叠，禅房殿宇，郁尔层构。"这类由印度僧人主持建造的寺院，在设计上自然要受到印度建筑风格的影响，技术上恐怕也有一定关联。

## 四、语言学

一般来说，语言学包括的门类比较多，诸如语音学、语义学、词汇学、词典学、语法学、修辞学、文字学，等等。这里重点谈3个问题，即①佛典中的语言学知识；②古人对印度语言文字的认识；③音韵学。

### （一）佛典中的语言学知识

通过佛典介绍到中国来的印度语音学知识很多，下面仅举几例。

西晋竺法护曾于永嘉二年（308）译出《普曜经》八卷。隋代阇那崛多于开皇七年至十二年（587~592）译出《佛本行集经》六十卷。唐代地婆诃罗于垂拱元年（685）译出《方广大庄严经》十二卷，实即《普曜经》之重译。这三部经都是讲佛传故事的。其中在讲到释迦牟尼为太子时，其父净饭王（Suddhodana）为他延师授学，他向老师提出了"六十四书"的名称。所谓"六十四书"，即64种文字的书体。现在看来，这64种书体中的多数已无可考稽。其中历来受中国人重视的有三种，即"梵书"（又译作"梵天所说之书"和"梵寐书"）、"佉留书"（又译为"佉卢虱吒书"、"佉卢虱底书"等）和"支那书"。在中国古文献中，"梵书"的概念模糊，有时指梵文，有时指梵文的书体，有时含义更广，指佛经或一切梵学著作。这里是指梵文的一种书体，即"婆罗谜"（Brahmi）字体。"佉留书"又叫"驴唇书"（Kharosthi），《月藏经》卷七说是驴唇仙人所造，而驴唇仙人"身体端正，唯唇似驴"，这是一种牵强附会的说法；玄应《一切经音义》卷十七说是“北方边处人书也”，指出了其使用范围在印度北部边境一带，但这一说法也不准确；其实，驴唇书是因其书体似驴唇而得名，其使用范围也超出了印度。“支那书”即汉文书体，说明古代印度人已经注意到中国文字的独特体式。

《方广大庄严经》卷四提到印度人的学术知识有“鸡吒论、尼建图论、布罗那论、伊致诃娑论、韦陀论、尼卢致论、式叉论、尸伽论、毗尸伽论、阿他论、王论、阿毗梨论、诸鸟兽论、声明论、因明论”等。其中，“式叉论”（梵文Siksa，或译为“式差”）即语言学；“尼卢致论”（梵文Nirukta）即语源学；“尼建图论”（梵文Nighantu），据玄应《一切经音义》卷二十三：“尼揵荼书，此即异名书也，如一物有多名等”，可知其为同义词方面的学问；“声明论”（梵文Sabdavidya），为五明之一，据玄奘《大唐西域记》卷二：“声明，释古训字，诠目流别”，则是语法学。可见，印度古代的语言学有很细致的分科。

刘宋佛陀什、竺道生译《五分律》卷二十六曰：“有婆罗门兄弟二人，诵《阐陀鞞陀书》，后于正法出家。闻比丘诵经不正，讥呵言：‘诸大德久出家，而不知男女语、一语多语、现在过去未来语、长短音、轻重音，乃作如此诵读佛经。’比丘闻羞耻。”这里，“阐陀鞞陀”（Chandas-Veda）指音韵学方面的知识；“男女语”指梵语语法中的阴性和阳性，“一语多语”指单数和复数，“现在过去未来语”指三种时态，“长短音”指梵语中的长元音和短元音，“轻重音”则指清辅音和浊辅音，或辅音的送气与不送气。

这是早期佛经中关于梵语语法的一点记载，记载虽然简单，却充分体现了它不同于汉语的若干特征，已足以引起中国人的重视。

北凉昙无谶译《大涅槃经》卷五曰：“譬如长者，唯有一子，心常忆念，怜悯无已。将诣师所，欲令受学，惧不速成，寻便将还。以爱念故，昼夜殷勤，教其半字，而不教诲《毗伽罗论》。何以故？以其幼稚，力未堪故。”卷八又曰：“有十四音，名为字义……是十四音，名曰字本，初短恶者，不破坏故……鲁流卢楼，吸气舌根随鼻之声，长短超声随音解义，皆因舌齿而有差别。如是字义，能令众生口业清净……是故半字于诸经书、记论、文章而为根本。”这里，“半字”是指字母而言。“十四音”是指梵语中的14个元音。“鲁流卢楼”是梵语中四个很特殊的元音，它们实际上是含有元音和辅音的复合音；文中说它们能令众生口业清净，是因为它们在僧人日常念诵的《悉谈章》中作为帮声。“毗伽罗论”的意思是语法学，梵文为Vyakarana，现代印地语中亦是。

以上所举的例子，只是汉译佛经中有关印度语言的若干记载中的几个。但已足以说明，随着佛教的东传，印度有关语言学的知识也传入我国，同时也说明，印度人已对中国的汉语汉字有了一定的认识。

**（二）古人对印度语言文字的认识**

从西汉开始，中国人对印度的语言文字可能已有所认识，但早期的文献没有明确的记载，只是《汉书·地理志》中说与黄支等国交往时有“译长”，但《史记·大宛传》中却说是“重九译”。重九当然是夸大之辞，极言其语言与汉语间的差别而已。到后汉时，中国人去印度和印度人来华渐渐多了，语言的障碍也会大大减少，再也不需重九译了，特别是佛教的传入，更是迫切需要消除语言的障碍。

据《高僧传》卷一《竺法兰传》，竺法兰到洛阳，与摄摩腾住在一起，“少时便善汉言”。同卷《安清传》：“天竺国自称书为天书，语为天语。音训诡謇，与汉殊异，先后传译，多致谬滥。”《支楼迦谶传》：“时有天竺沙门竺佛朔，以汉灵之时，赍《道行经》来适洛阳，即转梵为汉……又以光和二年于洛阳出《般舟三昧》，谶为传言，河南洛阳孟福、张莲笔受。”等等。这些材料说明了两方面的情况：一方面，后汉之世，印度来华僧人居士多数都像竺法兰一样，很快就能掌握汉语，能翻译佛经为汉文；另一方面，中国人虽觉得天竺语文与汉语相差太远，但也有人在学习，并参与译经工作。

两晋时，佛教在中国得到很大发展，出现了不少兼通梵汉的僧人。这些人中，有的是天竺人，有的是汉人，还有中亚和西亚人。例如，《高僧传》卷一《僧伽提婆传》说，罽宾人僧伽提婆来华数年后，便能“手执梵文，口宣晋语”；汉人法显游学南亚诸国，是汉人中兼通梵汉的代表；鸠摩罗什出生于龟兹，后成为一代译经宗师，更是兼通梵汉。无疑，这一时期中国与印度在语言学方面的交流有所加深。

关于印度古代的“六十四书”，中国人有自己的认识和理解。陶弘景《真诰·运象篇》曾说：“今请陈为书之本始也，造文之既肇矣，乃是五色初萌，文章画定之时。秀人民之交，别阴阳之分，则有三元八会群芳飞天之书，又有八龙云篆明光之章也。其后，逮二皇之世，演八会之文为龙凤文章，拘省云篆之迹以为顺形。梵书分破二道，壤真从《易》，配别本支，乃为六十四种之书也。遂播之于三十六天，十方上下也。各各取其篇类，异而用之。”陶弘景初为道教徒，认为梵书是“支”而非源，又把六十四书同六十四卦联系起来作为证明，这都是正常的。但这也说明了佛经中六十四书的说法很早就影响了道教。张彦远《书法要录》卷二引梁庾元威《论书》曰:“余经为正阳侯,书十牒屏风,作百体。”并说百体中有胡书、天竺书等,说明印度书体早已对中国的书法发生了影响。唐段成式《酉阳杂俎》前集卷十一又重复了关于百体和六十四书的记载。

关于文字的起源,梁僧祐《出三藏记》中说:“昔造书之主凡有三人:长名曰梵,其书右行;次曰佉楼,其书左行;少者苍颉,其书下行。梵及佉楼居于天竺,黄史、苍颉在于中夏。梵、佉取法于净天,苍颉因华于鸟迹,文画诚异,传理则同矣。仰寻先觉所说有六十四书,鹿轮转眼,笔制区分,龙鬼八部,字体殊式。唯梵及佉楼为世胜文,故天竺诸国谓之天书。西方写经虽同祖梵文,然三十六国往往有异。”这和陶弘景的说法不同,他认为中国传说中的造字之祖苍颉排行老三,这是他的佛教立场所决定的。但他指出了梵书(即婆罗谜字体,与陶弘景所说的梵书是两个概念)和佉楼书的书写特点,并指出此二者为早期之印度主要文字。实际上,这两种书体在公元前后的几个世纪是印度最主要的两种流行书体:前者常见于阿育王铭文,后者常见于犍陀罗故地和我国新疆和田一带的出土文书(这也是中国与印度语言文字交流的铁证)。

《隋书·经籍志·叙》曰:“自后汉佛法行于中国,又得西域胡书,能以十四字贯一切音,文省而义广,谓之婆罗门书。”又著录有“《婆罗门书》一卷”。可知,隋代以前,已经有专门介绍“十四字”的《婆罗门书》行于世。早在晋代,鸠摩罗什所著《通韵》就已指出:“本为五十二字,实生得一百八十二文。就里十四之声。……十四音者,七字声短,七字声长。”显然,“五十二字”是指梵文字母而言,“十四音”是指梵文的十四个元音而言。在指出梵文特点的同时,等于告诉人们,梵汉文字间的最主要差别是在拼音和注音上。所以郑樵《通志》卷三五《论华梵》曰:“梵人别音,在音不在字;华人别字,在字不在音。故梵书甚简,只是数个屈曲耳,差别不多,亦不成文理,而有无穷之音焉。……华书制字极密,点画极多,梵书比之实相辽邈,故梵有无穷之音,而华有无穷之字。梵则音有妙义,而字无文彩;华则字有变通,而音无锱铢。梵人长于音,所得从文入,故曰:此方真教体,清净在音闻;我昔三摩提,尽从闻中入。有‘目根功德少耳根功德多’之说。华人长于文,所得从见入,故天下以识字人为贤智,以不识字人为愚庸。”这就是中国古代文字学(小学)首先发达、音韵学后来发达而语法学直到近世才兴起的主要原因。

## （三）音韵学

印度古代文法学没有促成中国汉语语法学体系的建立，但却促成了中国音韵学的产生和发展。在这一点上，历代许多学者虽然有所争议，但多数学者的观点是基本一致的。

宋沈括《梦溪笔谈》卷十四说：“音韵之学，自沈约为四声，及天竺梵学入中国，其术渐密。”郑樵《通志》卷三十五《论华梵下》云：“华人苦不别音，如切韵之学，自汉以前人皆不识，实自西域流入中土，所以韵图之类，释子多能言之，而儒者皆不识起例，以其源流出于彼耳。”卷六四《蕃书》又曰：“切韵之学起自西域，旧所传‘十四字贯一切音，文省而言博，谓之婆罗门书。’然犹未也。其后又得三十六字母，而音韵之道始备。……释氏谓此学为小语，学者诚不可忽也。”清潘耒《类音》卷一《反切音论》曰：“反切以二字而出一字之音，古未有也。自梵典入中国，翻译之学兴，而此秘始启。”可见，自宋至清，学者们都认为中国音韵学与天竺梵学传入有密切关系。

现代音韵学者也有类似观点。如，罗常培先生说：“惟象教东来，始自后汉，释子移译梵夹，兼理‘声明’，影响所及，遂启反切之法。”[①]近年，黄典诚总结俞正燮、顾炎武、钱大昕等诸家关于反切之始的说法，指出：“以上各家的说法，都认为反切是周秦时代本有的东西。对于这，我们称之为自发的反切。因为当时虽然实际上也用了反切语，到底还不成为体系，还不是有意识地将其使用到注音方面来。”接着，他又列举若干证据，得出结论说：“由此看来，‘反语之原，实在汉辙之东，中兴之朔。’这时候，正是印度声明之学随佛教东来的时候，那么应用反语于汉字的注音，分明是中印文化交流的结果。”[②]

一般认为，反切法的流行于南北朝时期，正如王力先生所说：“反切是古代的拼音方法，比起直音法来是很大的进步。可以说，反切方法的发明，是汉语音韵学的开始。”[③]如前所说，反切方法的最初使用，一般认为是在东汉时期，与佛经的翻译有关。但这只是推断，没有足够的论据。根据现存资料，反切之学兴盛于南北朝时期，而在此之前的晋代则已有“双声”、“叠韵”之说。

鸠摩罗什《通韵》发现于敦煌，现藏伦敦（S1344），其中写道：“罗文上下，一不生音。逆、顺、傍、横，无一字而不著，中边左右，耶正交加。大秦

---

① 罗常培：《汉语音韵学导论》，北京：中华书局，1956年版，第28页。

② 刘典诚：《〈切韵〉综合研究》，厦门大学出版社，1994年版，第31、32页。

③ 王力：《汉语音韵》，北京：中华书局，1980年版，第27页。

小秦，胡梵汉而超间。双声牒韵，巧妙多端。牒韵无一字而不重，双则无一声而不韵。”并指出：“竖则双声，横则牒韵。”[①]其中，“罗文”是一张梵文声母和韵母的纵横排列拼音表。由《涅槃经·悉昙章罗文》可知，以同一声母拼各韵母，可得双声音节，这就是“竖则双声”的意思；以不同声母拼同一韵母，可得叠韵音节，这就是“横则牒韵”的意思。由《悉昙章罗文》还可知，“罗文”是《悉谈章》中的内容。如前所述，《悉谈章》是印度声明学的最初级课本，也是最基本的知识，讲的是字母和拼音方面的内容。它的传入与中国的“双声叠韵”说密切相关。除鸠摩罗什《通韵》提到《悉谈章》外，《出三藏记》卷三《新集安公失译经录》也提到有《悉昙慕》二卷，并注云：“先在《在安公注经录》，或是晚集所得。”安公即晋代道安，其所记《悉昙慕》与罗什记《悉谈章》的时间大体相当。这说明，印度悉淡学至迟在东晋时已有汉译本行世。

《悉谈章》中的双声叠韵与汉语中的双声叠韵是不同的。《悉谈章》中的双声叠韵拼出的两个或多个音节，有时可能是一个单词，而汉语中的双声叠韵拼出的往往是一个双字词。尽管不同，但这种拼音方法毕竟启发了中国人。于是在南北朝时期人们对汉语声韵有了很深的认识。其表现为：第一，人们对双声叠韵已很熟悉。如《南史》卷二十《谢庄传》所记，王玄谟问谢庄何为双声叠韵，谢庄能够立即举例回答。又如《北齐书》卷三十三《徐之才传》：“之才聪辩强识，有兼人之敏，尤好剧谈体语，公私言聚，多相嘲戏。”《封氏闻见记》说：“周颙好为体语，因此切字皆有纽”。“体语”即是“体文”，即《悉谈章》中的声母，“为体语”即作双声词的游戏。《洛阳伽蓝记》卷五：“时陇西李元谦乐双声语，常经文远宅前过，见其门阀华美，乃曰：‘是谁第宅过佳？’婢春风出曰：‘郭冠军家。’元谦曰：‘凡婢双声。’春风曰：‘狞奴慢骂。’元谦服妣之能，于是京邑翕然传之。”类似的例子还见于《南史》卷三十六《羊戎传》、《北齐书》卷三十七《魏收传》。知其为一时之盛。第二，出现了音韵学著作。据《高僧传》卷七《慧睿传》，谢灵运曾向慧睿咨询：“经中诸字并众音异旨。于是乃著《十四音训叙》，条例梵汉，昭然可了。”可惜《十四音训叙》原文已佚，仅在日本僧人安然《悉昙藏》中尚保存若干条。唐《封氏闻见记》曰：“永明中，沈约文词精拔，盛解音律，遂撰《四声谱》。”日僧空海《文镜秘府论·论文病》曰：“颙、约已降……声谱之论郁起，病犯之名争兴，家制格式，人谈疾

① 饶宗颐：《梵学集》，上海古籍出版社，1993年版，第129、135页。

累。”饶宗颐先生说：“当日一般认为四声之论创自周颙，而制谱以言声病，则肇自沈约，咸无异论。沈氏谱久亡，幸《文镜秘府论》之《调四声谱》尚存其梗概。其说要点如下：（1）以四声分配四方：东平、南上、西去、北入。（2）凡四字一纽。或六字总归一入（一作纽）。（3）四声纽字，配以双声叠韵。（4）凡四声竖读为纽，横读为韵。……沈氏以入声为纽，以绾领其余三声谓之纽字，其法即强调反音之法……重点在于反音，即由拼音法来辨别四声。”[①]沈约已将双声叠韵用之于诗律，有所谓“四声八病”之说。比他年少一些的刘彦和更是如此，他在《文心雕龙·声律篇》中写道：“凡声有飞沉，响有双迭。双声隔字而每舛，迭韵杂句而必睽。”据统计，在隋代陆法言《切韵》出现以前，见于《七略》、《南史》和《隋书》的韵书有18种，近200卷[②]。而这一统计还是很不完全的，如《封氏闻见记》所说的三国魏人李登的《声类》、晋人吕静的《韵集》等就未包括在内。可惜的是，这些著作均已亡佚，我们无法从中考见梵学对反切的影响。

## 五、翻译学

中国古代的翻译和现代一样，可分为两种：口译和笔译。在中国与印度的文化交流中，必然需要翻译。最先出现的自然是口译，如西汉时与黄支国交往就有属于黄门的翻译官“译长”随往。尽管口译出现最早，交往中也大量运用，目前却很难找到早期口译方面的资料，更没有理论性的东西流传下来。笔译开始得晚一些，但有关资料很丰富，特别是由于佛教的传播和佛经的翻译，中国的翻译学在很早就成熟起来，既有理论上的总结，又有操作上的规范。这里主要谈佛经的翻译。

马祖毅先生曾将东汉至宋末的佛经翻译分为4个阶段：“第一阶段，从东汉桓帝末年到西晋，是草创时期；第二阶段，从东晋到隋，是发展时期；第三阶段，唐代，是全盛时期；第四阶段，北宋，是基本结束时期。”[③]这里需要说明的是：为相对集中起见，前两章没有谈到翻译学问题，所以这里要从东汉说起，即谈论马先生所说的第一和第二阶段。

尽管中外学者在我国最早译出的佛经问题上有种种不同见解，但东汉时确

① 饶宗颐：《梵学集》，上海古籍出版社，1993年版，第94页。
② 刘典诚：《〈切韵〉综合研究》，厦门大学出版社，1994年版，第33页。
③ 马祖毅：《中国翻译简史》，北京：中国对外翻译出版公司，1984年版，第17页。

已有佛经的翻译，这是谁都不否定的。据吕澂先生的意见，中国最早的翻译家应当从安世高和支娄迦谶算起[①]。据《高僧传》卷一《安清传》，安世高是安息国人。他译出的佛经虽不一定本自梵文，但“其先后所出经论，凡三十九部。义理明析，文字允正，辩而不华，质而不野”，为后世的翻译风格奠定了良好的基础。据《支谶传》，支谶是月氏人：“传译梵文，出《般若道行》、《般舟》、《首楞严》等三经，又有《阿阇世王》、《宝积》等十余部经，岁久无录。安公校定古今，精寻文体。云：‘似谶所出，凡此诸经，皆审得本旨，了不加饰，可谓善宣法要弘道之士也。’”可见他的翻译很忠实于原意，也属于“质”的一类。《支谶传》还记有汉末另外一些译经家：竺佛朔、安玄、严佛调、支曜、康巨、康孟祥、竺大力等，基本上都属于“质”的一派。看来东汉时期译经风格的主要倾向是质朴。同时，上述译经家中，有的是天竺人，有的是西域别国人，有的则是汉人，他们从事翻译时经常是合作的，已有“口宣”、“传言”和“笔受”3个环节。所谓“口宣”，当指朗读梵文（或其他西域文字）原文。所谓“传言”，当指口头翻译。而所谓“笔受”，则是将口头翻译落实成文字。根据有关资料，可知当时翻译的大体情况：有时是3个环节同时具备，如译《般舟三昧》时，竺佛朔口宣，支谶传言，孟福、张莲笔受；有时是两个环节，如译《法镜经》时，安玄口译梵文，严佛调笔受。这种合作机制的形成，无疑是为了翻译的准确而采取的必要措施，越是精审越是要合作。

三国到西晋的译经家主要有昙柯迦罗、维祇难（Vighna）、竺律炎、支谦、康僧会、白延、康僧铠（Samghavarman）、昙谛、竺法护、聂承远、聂道真、竺叔兰、法立，等等。其中又以支谦和竺法护最为重要。支谦译经36部48卷。“支谦的翻译注释，都贯彻了他自己特有的思想和风格。东晋支敏度赞扬他说：‘越才学深澈，内外备通，以季世尚文，时好简略，故其出经，颇从文丽。然其属辞析理，文而不越，约而义显，真可谓深入者也。’在中国佛经翻译史上，始终存在‘质朴’和‘文丽’两派。……支谦的译文力图适应汉人的口味，译文的忠实性不能不受一定的影响。……其实，从三国到西晋，支谦所开创的译风，占据着重要的地位，它使佛教普及化，无疑起着相当大的作用。”[②]西晋竺法护翻译的佛经很多，据《出三藏记集》卷二著录，达154部309卷之多。而唐智

① 吕澂：《中国佛学源流略讲》，北京：中华书局，1979年版，第27页。

② 任继愈主编：《中国佛教史》第一卷，北京：中国社会科学出版社，1981年版，第478、171、172页。

升《开元释教录》卷二考定为175部354卷，当时尚存91部，84部已缺。《高僧传》卷一本传说他“终身写译，劳不告倦。”在《出三藏记集》卷七《合放光光赞略解序》中，道安说他译的《光赞般若经》“言准天竺，事不加饰；悉则悉矣，而辞质胜文也。”总的说，竺法护“译文的质量达到了一个新的高度。在他稍后的道安评论说：‘若审得此公手目，纲领必正。凡所译经，虽不辩妙婉显，而宏达欣畅；特善无生，依慧不文，朴则近本。’说明竺法护的译文，虽仍有‘辞质胜文’之憾，但‘出事周密’，忠实可信，比起支谦、康僧会等的‘文胜于质’是个很大的长处；而对于安世高、支娄迦谶等的‘质胜于文’说，则又畅达多了。”[①]吕澂说：“竺法护的译本，道安曾评之为‘详尽’，说明是在很大程度上传达了原本真意。”[②]这一时期的佛经翻译仍然采取汉末既已形成的合作机制。

东晋十六国时期的译经家主要有道安、帛远、帛尸梨蜜多罗（Srimitra）、僧伽跋澄、佛陀罗刹（Buddharaksa）、昙摩难提、僧伽提婆、僧伽罗叉、竺佛念、昙摩耶舍、竺法度、鸠摩罗什、弗若多罗、昙摩流支、卑摩罗叉、佛陀耶舍、佛驮跋陀罗、昙无谶、法显，等等。其中，最主要的是道安和鸠摩罗什。道安的贡献是多方面的。在翻译学方面，他具有组织和参与译经的经验，同时又对前人的佛经翻译做了理论上的评价和总结，提出了著名的“五失本，三不易”的理论。在《出三藏记集》卷八《摩诃钵罗若波罗蜜经抄序》中，他说：“译梵为秦有五失本也：一者，胡语尽倒而使从秦，一失本也；二者，胡经尚质，秦人好文，传可众心，非文不合，斯二失本也；三者，胡经委悉，至于咏叹，叮咛反复，或三或四，不嫌其烦，而今裁斥，三失本也；四者，胡有义说，正似乱辞，寻说向语，文无以异，或千、五百，刈而不存，四失本也；五者，事已全成，将更傍及，反腾前辞，已乃后说，而悉除此，五失本也。”也就是说，翻译中要把佛经原文中的五种情况改变为符合汉语习惯的表达方式和风格：一是改倒装句，使之符合汉语习惯；二是把质朴的原文加以修饰；三是删除原文中为说明某一事物而作反复、细碎、烦琐描写的文字；四是对原文中篇末的重复词语略而不译；五是删除佛经原文中后文对前文的重复部分。“三不易”是指三种不容易翻译的情况：“然《般若经》，三达之心，复面所演，圣必因时，时俗有易，而删雅古以适今时，一不易也；愚智天隔，圣人叵阶，乃欲以千岁

① 任继愈主编：《中国佛教史》第二卷，北京：中国社会科学出版社，1985年版，第49页。

② 吕澂：《中国佛学源流略讲》，北京：中华书局，1979年版，第39页。

之上微言，传使合百王之下末俗，二不易也；阿难出经，去佛未久，尊者大迦叶令五百六通迭察迭书，今离千年而以近意量裁，彼阿罗汉乃竞竞若此，此生死人而平平若此，岂将不知法者勇乎？斯三不易也。”总之，“五失本，三不易”的理论是强调对全部佛经的翻译都要采取认真谨慎的态度，同时，其中已经具备后世所说的衡量译文质量标准的“信、达、雅”问题。他的这一理论影响深远，时常为后世译经家提起，并尊为成训。

鸠摩罗什在中国翻译史上有着划时代的意义：第一，他所译的佛经数量大，据《出三藏记集》卷二，他于11年间共译出佛经35部294卷，《开元释教录》卷四则说他共译出74部384卷。第二，他充分注意到前人译经的成败得失，译文处理十分谨慎，把直译与意译结合起来，“因此所译经论的质量，不论在语言的精美上，还是在内容的确切上，都是前此所未有的”。[①]第三，在译法上力求创新，不像以前的译经家那样用玄学名词代替佛经中的概念，而是“付出不少心血去创立佛教专用名词，这就使译文更加忠实于原作”。[②]第四，他开创了在译文前署译者名字的先河，以示负责。第五，“从鸠摩罗什开始，佛教译经正式被作为封建国家的宗教文化事业，由国家提供资金，组织人力。后秦王姚兴命当时著名学僧协助鸠摩罗什译经，提供逍遥园、长安大寺作为主要译经场所”。[③]这为后世官办译经场的建立奠定了基础。第六，鸠摩罗什所译佛经对后世影响极大，这不仅因为他在译经过程中培养了一批有影响的门徒，以及上述五条原因，还因为他所译的佛经学派广泛，有一些成为开宗之作，而且还因为他所译经典绝大部分得以流传和保存。正如梁启超所说：“译界有名之元勋，后有元奘，前则鸠摩罗什。奘师卷帙虽富于什，而什公范围则广于奘。其在法华部，则今行《法华》正本，实出其手；其在方等部，则《阿弥陀》、《维摩诘》、《思益梵天》、《持世》、《首楞严》诸经出焉，《宝积》诸品，亦为定本；其在华严部，则《十住经》之重译也；其在般若部，则《小品》、《放光》，皆所再理；其在律藏，则大乘之《梵网》，小乘之《十诵》，皆所自出。然其功尤伟者，则在译论。论，前此未或译也，译自什公始（同时佛念、提婆等译小乘论）。《智》（《大智度》）、《地》（《瑜伽师地》）两论，卷皆盈百，号论中王。《地》借奘传，

① 马祖毅：《中国翻译简史》，北京：中国对外翻译出版公司，1984年版，第34页。

② 同上，第35页。

③ 任继愈主编：《中国佛教史》第二卷，北京：中国社会科学出版社，1985年版，第292页。

《智》凭什显。校其宏绩，后先同符。至其译《中百》、《十二门》，因以开‘三论宗’，译《成实》因以开‘成实宗’，译《十住》因以开‘十地宗’，此尤其章明较著者矣。……什所译经，什九现存。襄译诸贤，皆成硕学。大乘确立，什功最高。”①

南北朝到隋，中国的佛经翻译事业仍在蓬勃发展。这一时期的主要译经家有求那跋摩、谢灵运、智严、宝云、浮陀跋摩、僧伽跋摩、昙摩蜜多、智猛、僧伽达多、求那跋陀罗、求那毗地、僧伽婆罗、拘那罗陀（Gunarata或Paramartha）、普提流支、达磨流支、耶舍崛多、阇那崛多、那连提黎耶舍、彦琮，等等。这一时期的佛经翻译有两点值得注意，一是理论问题，即彦琮的翻译理论；二是实践问题，即当时官办译经场的建制与译经程序。这两个问题都很重要，因为它们是唐代译经高潮的前奏，直接影响唐代的译经。

## 第七节　民俗交流

由于印度佛教的传播，两晋南北朝期间，中国的民俗也蒙受了影响。

下面，我们围绕梁代宗懔《荆楚岁时记》中的3条记载，谈谈魏晋南北朝的民俗与印度的关系。这3条记载是：

“四月八日，诸寺各设斋，以五色香汤浴佛，共作龙华会，以为弥勒下生之征也。”

“七月十五日，僧尼道俗悉营盆，供诸佛。”

“十二月八日，为腊日。谚曰：腊鼓鸣，春草生。村人并击细腰鼓，戴胡头，及作金刚力士以逐疫。”

不难看出，这3条记载都与佛教有关。

第一条记载说明，四月初八浴佛已经成为中国的一个民间节日，成为一项重要的民俗活动。浴佛的做法来源于印度。传说佛祖释迦牟尼出生的时候，曾有九龙吐水为他沐浴。所以后来每到佛祖诞日，佛教徒便要浴佛纪念。而关于佛祖诞日在哪一天，佛经的记载并不一致。有二月初八、四月初八和腊月初八3种，所以传到中国的也有3种。但中国多采取四月初八为佛祖诞日的说法。浴佛的做法在中国开始得很早，据《后汉书》卷七十三《陶谦传》记载：“每浴

① 梁启超：《饮冰室佛学论集》，扬州：广陵古籍刻印社，1990年版，第194页。

佛，辄多设饭，布席于路，其有就食及观者且万余人。”说明在佛教传入中国后不久，中国的佛教徒便开始了浴佛活动。到了晋代，在举办浴佛活动的同时还加进了“行像”的内容。所谓“行像”，就是用车拉着佛像游行。据《邺中记》记载，东晋后赵石虎就曾让能工巧匠制造了一辆檀木车，载着金佛像游行，而且还制作有九龙吐水为佛像沐浴，十分豪华奢侈。北魏时，浴佛节也有行像活动。《魏书·释老志》云，北魏拓跋焘即位后，“于四月八日，舆诸佛像，行于广衢，帝亲御门楼，临观散花，以致敬礼”。《洛阳伽蓝记》卷三《景明寺》条也记载：“四月七日，京师诸像皆来此寺。尚书祠曹录像凡有一千余躯，至八日节，以次入宣阳门，向阊阖宫前，受皇帝散华。于时，金花映日，宝盖浮云，幡幢若林，香烟似雾。梵乐法音，聒动天地。百戏腾骧，所在骈比。名僧德众，负锡为群；信徒法侣，持花成薮。车骑填咽，繁衍相倾。时有西域胡沙门见此，唱言佛国。”这两条说的都是北魏时佛诞节行像的情形。而据《高僧传》卷十《邵硕传》记载，刘宋时成都也在四月初八这天举行行像活动。“行像”的活动也是从印度学来的。《法显传》中讲到印度行像时说：“年年常以建卯月八日行像。作四轮车，缚竹作五层，有承栌、揠戟，高二疋余许，其状如塔。以白叠缠上，然后彩画，作诸天形像。以金银琉璃庄校其上，悬缯幡盖。四边作龛，皆有坐佛，菩萨立侍。可有二十车，车车庄严各异。当此日，境内道俗皆集，作倡伎乐，华香供养。婆罗门子来请佛，佛次第入城，入城内再宿。通夜然灯，伎乐供养。国国皆尔。”

另外，这条记载说四月初八作龙华会，是弥勒下生的日子。弥勒佛被认为是未来佛。其事迹见于《弥勒下生经》等佛教文献。作龙华会也是因为传说弥勒成道于龙华树下，并在龙华林举行三次法会，广度众生。

总之，这条记载告诉我们这样几个信息。第一，印度传来的佛教在民间得到普及，信者日众，已逐渐成为中国民间的信仰。第二，佛教的这个节日已变成了中国一个重要的民俗节日，人们在这个节日里获得了精神寄托，也是一种娱。第三，它表现了外来佛教文化与中国传统文化的融合。正如萧放先生所说：“浴佛用‘五色香汤’，表明中国信众不仅将自古相传的香汤沐浴习俗引进了佛门，而且也将阴阳五行观念深入到佛事活动当中。在立夏时节行此习俗活动，它要表达的观念是养生与护生。”[①]

① 萧放：《〈荆楚岁时记〉研究》，北京师范大学出版社，2000年版，第182页。

第二条记载，七月十五日，也是中国传统节日。道教徒称这天是“中元节”，佛教徒称这天是“盂兰盆节”，同时，佛教僧侣坐夏以后，在这一天解制，故又称为“自恣日”。民间大约是受了佛教的影响，又称这天为“鬼节”。盂兰盆节起源于佛教，依据的是《盂兰盆经》。据说，佛大弟子目连生于富有之家，其父死后，目连出外经商，行前嘱其母在家行善。其母对佛僧态度恶劣，种下恶果，不久即死去。目连后来从佛学道，得神通力。出于孝心，目连想把父母度入佛门。但他以天眼通观得母亲堕入饿鬼道，在地狱受苦。目连悲伤，以钵盛饭送给母亲吃，但饭未入口即化为火炭。目连只好回来告诉佛，佛说：“你母亲的罪根深结，不是你一人之力所能解救的。需要众僧的威神之力才能使她解脱。”佛要目连在七月十五日这天准备盆器，装上“尽世甘味”，并准备床具、香烛等，供养十方大德，通过众僧的一致努力，便可使七世父母和五种亲属一并解脱。《盂兰盆经》宣扬的是布施和孝道，一方面强调布施斋僧的功德和不布施斋僧的罪恶，另一方面又强调孝行的力量。关于盂兰盆，据其梵文的原意为“救倒悬”，并非是一种叫作盂兰的盆子。在印度的古代神话传说中，人们的祖先死后有时倒悬在一处受苦，这从《摩诃婆罗多》、《僵尸鬼二十五则》等印度古籍中可以得到例证。因此，“救倒悬”无疑是正确的。但该经传到中国来以后，许多人都把盂兰盆理解为一种盆器，如南朝梁代编的《经律异相》卷十四第十一条为“目连为母造盆”。可见这种理解很早就出现了。据《佛祖统记》卷三十七记载，梁武帝大同四年（538）始设盂兰盆斋，这个时间与宗懔所记大体相符。

第三条记载，民间在腊月初八这天“戴胡头”，或者扮作金刚力士驱赶病疫，这也与佛教有关。金刚力士为佛教的护法神，能够保护佛和佛法，自然被认为是具有无比威力的神明，可以保护生民健康。就这样，金刚力士也走进了中国民间诸神的殿堂。

除了以上3条记载，两晋南北朝时期还有许多关于民俗的资料与佛教有关。我们这里不必一一列举。总之，这一时期的佛教已经渗透到中国民俗的方方面面，从民间信仰到岁时节日，从人生礼仪到民间游艺，都能够找到相关的例证。

# 第四章

# 隋唐五代时期（581～960）

在经过长期分裂之后，中国自隋朝开始又一次走向统一。两晋南北朝时期的分裂实际上是民族大融合的前奏，而隋唐时代的统一则使中华民族文化得以升华。在这次民族文化的升华过程中，中国与印度的文化交流也达到了空前未有的高峰。

唐代，经过太宗李世民的“贞观之治”，中华国力已十分强大。唐代奉行的是对外开放政策，西域的通道基本上畅通无阻。西域胡人来华经商、定居，甚至可以在朝廷做官。而唐朝的使者也不断被派往西域。由于佛教的关系，唐朝与五印度诸国间的交流也日益增多，不仅佛教僧侣来往频繁，政府间的交往也达到了一个崭新的阶段。唐蕃古道的开辟，使中国与印度的文化交流更为开阔。这一时期中印文化交流的主要表现为求法运动的高涨和政府间接触的频繁，交流的深度和广度上均超过以往，两种文化的融合已充分体现出来。

## 第一节　求法运动的高涨与唐代佛教的繁荣

继法显之后，西行求法者不绝于途，至唐代而达巅峰时期。据义净的《大唐西域求法高僧传》记载，从太宗贞观十五年（641）到武周天授二年（691），仅四十余年的时间里，就有四十余位唐朝僧人去印度取经。而义净的统计肯定是不完全的。在641年之前和691年之后，隋唐五代去西天求法的僧人尚多，如著名者玄奘、慧日、含光、悟空、智宣等，都不在此数之内。

求法运动在唐代高涨的原因是多方面的：首先，唐代初期的政治开明，使经济得到很大的发展，出现了自汉代以来的又一个盛世。在经济生活相对丰富的情况下，人们对精神生活的要求也相对提高。求法运动就是这种要求的集中体现。其次，从文化交流的大背景看，中国文化正在吸收异域文化，以发展和壮大自身。而印度佛教文化是最便于吸收和融合的异域文化，它在中国的传播已有数百年的历史，为人们所熟悉。第三，从中国佛教自身发展的情况看，唐代的佛教基本完成了中国化的阶段，流派众多，争论蜂起，使许多僧人认为有必要追根寻源，“认祖归宗”，以完成最后的整合。第四，唐代政治稳定，边境相对安宁，尤其是陆地和海上丝绸之路相对通畅，虽仍然充满危难艰辛，但足以交通。第五，唐代商业的发展为外国和本国商人提供了绝好的外贸商机，在这种情况下，商人也可为僧侣们西行提供更多便利。

## 一、玄奘与《大唐西域记》

玄奘是中印文化交流史上的第一伟人，他的事迹，值得大书特书。

### （一）凤起陈河村

玄奘，俗姓陈，名祎，河南偃师缑氏镇陈河村人。陈祎祖上多代为官。他的父亲陈慧酷好读书，很有儒者风度，做过江陵县令，但因隋朝的政治腐败，托病不就官。公元600年[①]，陈祎出生。陈家有四子，陈祎最小。陈祎自幼聪敏，8岁那年，父亲给他讲解《孝经》，当他听到“曾子避席”的故事时，立即起身整理衣冠，恭立一旁。父亲奇怪，问他为什么这样做。他说：“曾子听老师的教诲要避席而立，我现在听慈父的教诲，怎能坦然地坐着？”父亲非常高兴，由此知道陈祎将来必成大器。

陈祎两耳不闻窗外事，一心只读圣贤书。二哥陈素出家，住在洛阳净土寺，法号长捷。长捷在洛阳一带已有名气，常带陈祎到寺庙去，给他讲解经文。

不久，皇上下诏，允许在洛阳一带剃度27名僧人。当时报名者数百，都学业优良。陈祎只有13岁，不在被录取之列。主考官大理寺卿郑善果独具慧眼，决定破格录取，并对同僚们说：“论一个人的学业，日后学成不难，若论风骨，实在是人才难得。要是剃度了这孩子，日后一定会成为佛门的大人物，只怕是我们这些人见不到他凌空翱翔、播撒甘露的那一天了。”

陈祎出家，法号玄奘。后来的事实证明，郑善果的预言是正确的。

---

① 关于玄奘的生卒、行事年份，文献记载不一，历来争论不断。此处皆依杨廷福：《玄奘年谱》，北京：中华书局，1988年版。

### （二）佛门千里驹

玄奘出家之初，随二兄长捷法师居住于洛阳净土寺。当时，净土寺有一位景法师讲解《涅槃经》，还有一位严法师讲解《摄大乘论》，玄奘听名师讲解，废寝忘食地学习。两部经典，他听讲一遍便能记住绝大部分，稍一阅读就全部记住，并能升坛讲解。

数年后，隋朝末年，天下战乱，民不聊生，佛法受到摧残，僧众四处离散。玄奘建议二兄长捷去长安，长捷同意，二人一起来到长安。但长安的情况并不理想。兄弟二人又一路南下，边走边学，来到成都。在这里，玄奘得名师指引，学业突飞猛进，在众僧中已是佼佼者，名声在四川、两湖等地传播开来。

武德三年（620），玄奘21岁，于成都空慧寺受具足戒。在成都的四五年间，玄奘不仅熟悉了佛教大小乘理论，也掌握了中国佛教南北各派的要旨。然而，玄奘仍不满足。公元623年，玄奘不顾长捷的劝阻，毅然离开成都，私自与商人结伴，泛舟三峡，来到荆州，居住于天皇寺。当时，汉阳王坐镇荆州，听说玄奘在天皇寺说法，便亲自前去拜访，请玄奘说法。开讲之日，汉阳王率领群僚和僧俗人众会聚一堂。玄奘边讲经文边解答疑难，以致听众中有人深有感悟，悲不自胜。汉阳王对玄奘也极为赞赏，要施舍以大量财物，玄奘一一谢绝。

离开荆州，玄奘继续沿江东下，经苏州、扬州，又北上相州、赵州等地，遍访名宿大德，不断请教疑难，学习经典。最后，玄奘来到长安，住进大觉寺，从道岳法师学习《俱舍论》。

在长安，有法常、僧辩两位大师，不仅对大小乘佛学深有研究，而且精通三教，声震神州。玄奘也向他们请教。两位大师对玄奘的学识大加称赞，说他是“佛门的千里驹”，即前程远大，日后必然会光大佛门。

但是，当时的佛学界仍然有许多分歧，争论不休，为了搞清这些问题，玄奘决心效法东晋法显去西天取经。在他看来，只有去佛教的发源地，才能从根本上弄清和解决问题。恰在此时，从印度来了一位明友（波颇）大师，住在兴善寺。他告诉玄奘，要进一步弄清佛学问题，一定要学习《瑜伽师地论》，印度现今的佛学巨匠是他的老师戒贤法师，就在那烂陀寺当住持。这更加坚定了玄奘去印度取经的决心。于是，玄奘联合了一些僧人，一起向皇帝上表，争取朝廷的支持。但是，因为天下并未安定，尤其是西部边陲，常有西突厥进犯，皇帝下诏不许西行。伙伴们纷纷知难而退，唯有玄奘仍然不改初衷。他一边学习梵语，一边等待时机。

**（三）潜行出长安**

贞观元年（627）秋，关中、河南等地遭受霜灾，玄奘趁机混在难民队伍中出了长安，经秦州、兰州，来到凉州。

凉州地处河西走廊的要冲，是唐时西部的重要都会，过往的内地和西域商人很多，即使在战乱时期也没有断绝往来。玄奘在凉州停留了一个多月，应邀开讲《涅槃经》、《般若经》等。

凉州都督李大亮严格遵守朝廷禁令，不许僧人私自出蕃。他勒令玄奘立即返回长安。幸好凉州有一位高僧，派了两名弟子秘密送玄奘到瓜州。从此，玄奘昼伏夜行，不敢公开暴露身份。他来到瓜州，又幸亏瓜州刺史独孤达是一名佛教信徒，殷勤接待了玄奘，但他只知道接待的是一名高僧，不知其法号和来历。玄奘私下找人询问西行的路径，得知玉门关是西行的必由之路；关外又有五座烽火台，各相距百里，都有士兵严加把守；烽火台之外，就是八百里戈壁，属于伊吾国。

一个月后，凉州都督府的文书到了，让各州县严格把关，捉拿玄奘。接到文书的官吏李昌也是名佛教徒，他没有将文书上呈，而是拿着文书来见玄奘，让玄奘早日离开瓜州。

玄奘又买了一匹马。这时，有一名胡人青年叫石槃陀前来要求受戒，玄奘见他体格健壮，心地虔诚，便为他授了五戒，并把西行取经的事告诉了他。石槃陀果然豪爽地答应做向导。玄奘大喜，立即为石槃陀购置马匹和衣物，相约第二日日落时分在野草丛中会合，一起出发。可第二天傍晚，石槃陀却带来一位胡人老翁，老翁骑来一匹瘦红马。老翁说："既然法师非去不可，就请骑上我这匹马。别看它又老又瘦，可它识途认路，曾随我去伊吾十五次了。"玄奘便和老翁交换了马匹，与石槃陀连夜出发了。

**（四）生死走戈壁**

当夜三更，玄奘和石槃陀来到葫芦河，已可远远望见玉门关。他们绕过玉门关，到上游找到一窄处渡河。此时，玄奘觉得，出了玉门关就是一大胜利，可以下马解鞍，睡一觉了。没想到的是，躺下不久，石槃陀忽然拔刀而起，向玄奘走来。玄奘怕他怀有异心，便翻身坐起念经。石槃陀犹豫片刻，又转身回去躺下睡了。次日，石槃陀不愿前行，玄奘并不勉强，同意他回去。

玄奘一个人独闯八百里大沙漠，陪伴他的只有那匹瘦红马。失去了向导，玄奘只能根据白骨和马粪辨别路线。走了80多里，便看见第一座烽火台了。玄奘连忙下马，躲到沙沟里。等到天黑，玄奘去烽火台下饮马取水，忽有一支冷箭射来，不一会儿，又是一支，险些射中玄奘的膝盖。烽火台上的人下来，带玄奘去见校尉王祥。次日晨，王祥为玄奘准备好饮水和干粮，亲自送出十多里，指明路径，才拜别而去。玄奘按王祥的指点，直接奔第四烽火台。烽官王伯陇是王祥的同宗，对玄奘照顾有加。

玄奘继续前行，走进了茫茫戈壁。上无飞鸟，下无走兽，也无水草。玄奘走了一百多里，解下水囊想喝水，一不小心水囊掉到沙地上，一囊水霎时间渗入黄沙。玄奘四顾茫然，口干舌燥，只能继续前行。一股强大的精神力量，使玄奘在滴水未沾的情况下走了五天四夜。第五夜，人马俱乏，玄奘在荒沙上昏睡过去。夜半，一阵冷风将他吹醒，他又爬起来继续走。走了十余里，老马突然不听使唤，径自朝岔路跑去。跑出数里，前方突然出现了一片绿洲，还有一池清水。玄奘和老马吃饱喝足，休息一日。又走了两天，他才走出沙漠，进入伊吾国境。在伊吾，玄奘受到国王的供养。

**（五）高昌兄弟情**

高昌国（吐鲁番一带）王麹文泰听说玄奘在伊吾，立即派特使去迎请。玄奘来到高昌，受到高昌王特别隆重的接待。

高昌王非常器重玄奘，想出了很多办法要挽留玄奘。玄奘都不动心。没办法，高昌王又想强行扣下玄奘。玄奘则以绝食表示自己的决心。高昌王见玄奘三天不进饮食，非常着急，亲自为玄奘捧送食物，并保证放他西行，但提出了三个条件：第一，要与玄奘结为兄弟；第二，要在高昌住一个月，登坛为臣民说法；第三，回国后要到高昌国住上三年，接受供养。玄奘答应了。玄奘和高昌王先在道场礼佛，然后到高昌王母亲张太妃跟前结拜为兄弟。玄奘这才开始进食。

经过一天的休息调养，第三天，玄奘登坛讲解《仁王经》。一个月过去了，高昌王为玄奘特地剃度了4名沙弥作为侍奉随从，置备好西行和返回二十年所需的行装、盘缠。除了御寒所需的衣物外，还有黄金百两、银钱三万、绫与绢等五百疋、马三十匹和手力二十五人。高昌王又为玄奘写了24封国书，照会高昌以西二十四国君主，每一封国书都附有一疋大绫作为晋见之礼。对如此周到体贴的关怀，玄奘十分感动，特地写了一封谢状给高昌王，表达自己的感激之情和取经回国的决心。

有了高昌王的帮助，玄奘此后一段行程比较顺利。他带领人马通过焉耆、龟兹等地时，也遇到过几次强盗，但送些财物也就通过了。玄奘一行在龟兹国的时间较长，约两个月，须等待雪山间道路上的冰雪融化才能启程。玄奘和从人不得不冒着严寒在崎岖的山路间行走，休息时则悬釜而炊，席雪而卧。走了整整7天，才走出雪山。然而这时，随从中已有十来人冻馁而死，马匹死得更多。

走出雪山，玄奘一行来到今吉尔吉斯斯坦境内。在素叶城，遇到西突厥首领叶护可汗打猎，玄奘便将高昌王的书信呈上。可汗大喜，安排玄奘等人到都城内休息。西突厥为当时西域强国，叶护可汗即其国王。可汗盛情款待玄奘，为他安排了懂汉语的翻译，准备了各种文字的国书。可汗又送玄奘红绫袈裟一袭，绢五十疋，与群臣送出十余里才回去。

玄奘等人走过了今乌兹别克斯坦、塔吉克斯坦、阿富汗等地，终于进入五印度境内。

**（六）游学北印度**

在今阿富汗一带，玄奘已经可以见到僧人、佛寺、佛像等圣迹了。而进入印度以后，佛教的影响明显增加。玄奘首先在今巴基斯坦北部地区观礼佛迹。如在那揭罗曷国，玄奘看到了相传是阿育王所建的大塔，礼拜了佛顶骨城的佛骨舍利。在犍陀罗国，玄奘瞻仰了菩提树和迦腻色迦王的大塔，以及周围的佛像，参观了佛寺废墟和佛教先哲们的遗迹。在怛叉始罗国，情况也大抵如此。

玄奘到达克什米尔的时候，当地国王派人到边境迎接，国王自己则率领群臣在住处迎候。在得知玄奘的来意后，国王特地安排了20名佛经抄写员，还安排了5名仆人专门为玄奘等人服务，一切生活物品都由国王供给。当地有一位年近七十的老法师，一天三段时间为玄奘讲解经文：上午讲《俱舍论》，下午讲《顺正理论》，晚上讲《因明》和《声明》。玄奘的谦虚好学、博闻强记得到老法师很高的评价。玄奘在克什米尔住学近两年，又带着从人继续东行。此时是公元629年，玄奘已经30岁了。

他们经过好几个王国，一天，当他们走进一片树林时，突然遇上了一伙强盗，约50来人。强盗抢劫了他们的衣物和盘缠，又把他们赶进一个枯水塘，准备集体杀戮。一个小沙弥发现水塘一侧有一个通道可以逃跑，就告诉了玄奘。他们二人趁强盗不备，偷偷跑出，一口气跑了好远才看见一个婆罗门在田里耕地。婆罗门得知他们遇盗的消息，立即吹起号角，召集全村人把强盗赶跑，救了所有人的性命。

在这一带有一位号称活了700岁的婆罗门，很有学问，玄奘拜会了他，并向他学习有关典籍和知识。

玄奘一路东行，到佛教遗迹一定要前往观礼，遇到高僧大德一定要住下学习。他不仅学习佛教大小乘经典，还学习婆罗门教经典，知识日见丰富。在此期间，玄奘的外语也有飞跃性进步，不仅能够读懂原文经书，听懂讲解，还能够为当地人讲经说法。

公元630年，玄奘走了三千余里，从今巴基斯坦和印度的旁遮普地区来到恒河、亚穆纳河流域。他经行7个国家，在两处各停留4个月求师问学。次年秋，他来到北印度强国曲女城，住学3个月后，渡过恒河来到印度历史名城阿逾陀，巡礼大乘佛教瑜伽行派大师无著和世亲的遗迹。在乘船沿恒河东下时，突然遇上一伙强盗。他们不仅索取钱财，还要选一名长相好的人充当牺牲，献祭杜尔伽女神。他们见玄奘端正貌美，就要拉去作牺牲品。玄奘镇定自若，而船上的人都求饶命，也有人愿意代替玄奘去死，强盗不许。强盗们在林间布置好坛场，拉过玄奘要杀。同伴们号哭起来，玄奘却神色不变，对强盗说："以我的身体充当祭品，我没有什么可惜的。只是我远道而来，要到灵鹫山礼拜圣迹，请经学法，心愿未了。杀了我对你们来说也怕并不吉利。请给我片刻时间，让我安心去死。"于是，玄奘端坐，专注心念，向慈氏菩萨祈祷。此时忽然黑风四起，折树扬沙，河流涌浪，船舶飘摇。强盗见玄奘从容无惧，本已狐疑，又见此异兆，更加恐惧，忙问玄奘的同伴："这位沙门从哪里来？"同伴们说："来自支那国。你们要杀他，罪孽无比深重。没看见吗，天神已经发怒，还不赶紧忏悔？"强盗们立即跪地谢罪，请求皈依。玄奘对他们开导一番，向他们授以五戒。强盗们表示要改邪归正，归还了财物，丢弃了兵器，顶礼告别。

此后，玄奘又在恒河两侧巡礼了若干处著名的佛教圣地，如舍卫城、给孤独园、释迦牟尼的故国迦毗罗卫、佛的诞生地蓝毗尼园、佛的涅槃地拘尸那伽、佛初转法轮处鹿野苑、吠舍离、华氏城、佛成道处金刚座和菩提树等。凡是在这些地方，玄奘都要停留七天或八九天，对各处及周边圣迹一一礼拜。

当玄奘在金刚座时，那烂陀寺方面已经得知玄奘到来的消息，特地派出四名大德前往迎接。还有二百多名僧人和千余名施主在寺庄外迎接。玄奘在众人的簇拥下步入他向往已久的那烂陀寺。这一年是公元631年，玄奘32岁。

### （七）那烂陀住学

那烂陀是当时世界上最大的学术中心，更是印度佛教的最高学府、学者云集，藏书丰富。在这里学习的，不仅有佛教徒，也有印度教徒，不仅有印度人，还有许多亚洲其他国家的人。这里所教授的学问也科目繁多，每天开的讲座达百余场。据玄奘记载，这所大学经过6代国王不断扩建，到玄奘来时，其建筑规模已十分庞大，有八大院落，还有好几座庙宇。那里的常住人口总有数千人，加上短期的游学者，平日里的人口保持在万人左右。大学受到国王的特别重视，专门拨出百余座城邑的税收供养他们。老师和学生没有衣食之忧，钻研学习气氛非常浓厚，也没有人违犯法纪。

玄奘在20名僧人的指引和陪同下，以隆重的礼节拜见了那烂陀寺住持长老戒贤法师。戒贤法师年事已高，百岁有余，人们都非常尊敬地称他为“正法藏”。玄奘顶礼拜见，说出自己想学习《瑜伽师地论》。戒贤答应为玄奘授课。

玄奘在那烂陀受到优厚的待遇，每天都有一定数量的水果、槟榔、豆蔻和“供大人米”。“供大人米”像乌豆大小，做饭鲜香，只出产于当地，仅供国王和少数大德食用，因此得名。另外，玄奘被安排住在上房，出入可以乘坐大象，一切普通僧人的劳作都被免除。在那烂陀，享受这种待遇的只有10人。

玄奘在那烂陀安顿下来后，又到王舍城去礼拜圣迹。王舍城是释迦牟尼在世时摩揭陀国的都城。离王舍城不远处，有一处竹林，是当年释迦牟尼居住过的地方，以“竹林精舍”闻名。还有一片起伏的山峦，那里有著名的“七叶窟”，是释迦牟尼去世后，大弟子摩诃迦叶带领众罗汉结集佛经的地方。不远还有一片山峦，那就是著名的灵鹫山，俗称灵山或鹫峰。释迦牟尼当年曾在这里居住并说法达十余年之久。

玄奘瞻仰完圣迹，返回那烂陀寺。戒贤法师为玄奘开讲《瑜伽师地论》，同听者数千人。《瑜伽师地论》一百卷，戒贤讲了15个月。玄奘在那烂陀住学5年，反复研习此经3遍。

玄奘在那烂陀学习得异常刻苦。5年中，除了《瑜伽师地论》以外，他还听了《顺正理论》一遍，《显扬论》、《对法论》各一遍，《因明》、《声明》、《集量》等论各二遍，《中论》、《百论》各3遍。此外，玄奘在那烂陀还学习了婆罗门教典籍，尤其是系统地学习了梵语语法学和音韵学，这为他回国翻译佛经打下了坚实的基础。

### （八）游学南印度

公元636年春，玄奘告别戒贤法师，开始周游五印度。他这次周游的重点在南印度，因为来印度时，他已重点周游了印度北方。

他从那烂陀往东走，来到恒河南岸今印度比哈尔邦蒙吉尔附近，住学一年，从两位大德学习《毗婆沙论》、《顺正理论》。翌年春，玄奘又沿恒河岸东行，穿过大森林，进入今孟加拉地区。在孟加拉周游之后，他来到海滨港口耽摩栗底，本打算从这里乘船到斯里兰卡去，但因风高浪急，海路凶险，就折而南下，来到今奥里萨邦境内，又西北行进入中印度的南乔萨罗国。在那里，有一位善解因明的婆罗门，玄奘又向他请教《集量论》达一月有余。南下至今安得拉邦地区，玄奘访到两位高僧，便住下数月，向他们学习佛教经典。之后，玄奘和两位高僧结伴南游，来到今泰米尔纳德邦一带。他曾想渡海去斯里兰卡，但正好有三百多名斯里兰卡僧人渡海过来，说国王去世，天下大乱。于是玄奘决定不去斯里兰卡。

玄奘向西行走，经过今卡纳塔克地区，向北到达今马哈拉施特拉邦。在马哈拉施特拉中部地区，玄奘看到了一个石窟群，并在《大唐西域记》中予以记载。这个宏伟壮丽的石窟群，就是今天驰名世界的佛教艺术宝库阿旃陀石窟。

玄奘继续北上，进入西北印度。经过今古吉拉特地区，又向西到达今巴基斯坦的信德地区，遍访佛迹之后，开始沿印度河向东北方行进，经今巴基斯坦木尔坦地区，到旁遮普一带。

### （九）那烂陀说法

公元639年，玄奘40岁。他匆匆横穿北印度，回到那烂陀寺，向戒贤法师汇报。但当他听说那烂陀以西不太远的地方有一位大德精通《声明》和《因明》时，又连忙赶去，学习了两个月。然后他又到一处叫杖林山的地方向胜军论师学习了若干部经论。次年正月，玄奘重返那烂陀。戒贤法师命他升坛开讲《摄大乘论》和《唯识决择论》。此时，那烂陀大德之一师子光在讲《中论》和《百论》时攻击《瑜伽师地论》。玄奘多次找师子光辩论，师子光理屈词穷。于是，原先听师子光讲课的人都跑到玄奘这边来了。玄奘为进一步阐明观点，写出了《会宗论》三千颂，受到戒贤和诸位大德的称赞。师子光又羞又恼，搬到大菩提寺去住。

此前，南印度乌荼国（今奥里萨邦北部）有位婆罗门出身的小乘大师，写出《破大乘论》七百颂，小乘人士把它呈送给戒日王。戒日王修书给戒贤法师，要求那烂陀寺派出4名大德前往乌荼国戒日王行辕，与小乘僧论辩。戒贤选出海慧、智光、师子光和玄奘前往。海慧等三人都表示忧虑，唯独玄奘挺身而出，说："我在各地游学，对小乘三藏很熟悉，看不出其高明。我虽才疏学浅，却一定能担当此任，请各位大德放心。即便辩论失败，我是支那国的僧人，无关那烂陀的声望。"正准备出发时，戒日王又来信，说暂时不必去，日后等他的消息。

这时，有一名顺世外道（印度古代一唯物主义派别）的婆罗门找到那烂陀来要求辩论。他写了40条观点悬挂于寺门，并发出狂言："有能破我一条者，我愿斩首相谢。"连日来无人出应，又是玄奘出面，撕毁其条文，用脚践踏。玄奘请戒贤等法师及诸大德作证，开始与婆罗门辩论。经过几个回合的辩论，婆罗门终于无言以对，承认失败。玄奘说："我们佛教人士不杀害生灵，你就在我寺当仆役，听我教人士的差遣好了。"婆罗门欢喜从命。

玄奘准备与小乘僧人辩论，找到了《破大乘论》七百颂，又将他降伏的婆罗门找来，要求他讲解。婆罗门讲解一遍，玄奘已经得其要领，寻找到漏洞，并很快写出《破恶见论》一千六百颂加以批驳。他把《破恶见论》呈送给戒贤法师和诸大德。他又找来那位婆罗门，恢复了他的自由。婆罗门欢喜告别，到东印度迦摩缕波国（今阿萨姆地区）去了。

**（十）曲女城法会**

玄奘在那烂陀讲经说法已经半年多，戒日王召集辩论的事仍没有下文，玄奘觉得自己该返回故国了。于是，他开始整理平时收集的佛经和佛像。诸位大德听说玄奘要回国，都来劝说。玄奘表示要回国光大佛法。戒贤表示赞同。

再说那个顺世论婆罗门，到迦摩缕波后，向鸠摩罗王称颂了玄奘，鸠摩罗王便很向往，特地派来使者邀请玄奘。戒贤以戒日王事先有约和玄奘要回国为由，谢绝邀请。但鸠摩罗王不肯罢休，二次派遣使者邀请，戒贤还是不同意。这下惹恼了鸠摩罗王，他第三次派来使者，说再不来，将率象军踏平那烂陀。戒贤无奈，便将事情原委告诉玄奘。玄奘随使者匆匆前往迦摩缕波国。

鸠摩罗王见到玄奘，大喜，请进王宫，加倍供养。玄奘在那里讲经说法一月有余。戒日王南征归来，听说玄奘去了迦摩缕波，便派使者告诉鸠摩罗王："立即把支那法师送到我这里来！"鸠摩罗王说："我头可得，支那法师不能马上就来。"戒日王大怒，又派使者说："那就把头拿来！"鸠摩罗王自知不如戒日王强大，后悔自己说话莽撞，当即集合象军二万人、船三万只，陪同玄奘逆恒河而上。

鸠摩罗王在恒河北岸行宫安置下玄奘后，先带着大臣到南岸戒日王行宫，禀告玄奘法师到来的消息。戒日王大喜，不计前嫌，表示要亲自前往拜见。入夜，戒日王便带着他的仪仗队来见玄奘。见面时，戒日王行大礼向玄奘表示敬意。玄奘向他介绍中国的情况，使戒日王对中国留下美好印象，不久戒日王便派使节与唐朝通好。

第二天，玄奘在鸠摩罗王陪同下来到戒日王行宫，受到热烈欢迎。戒日王决定在国都曲女城为玄奘举行法会，邀请五印度沙门、婆罗门和外道都来参加。

初冬，玄奘与戒日王、鸠摩罗王一起逆河而上，腊月才到曲女城。大会会场已布置停当，五印度有18位国王来到，又有各国大小乘僧人三千余人、婆罗门教和耆那教二千余人、那烂陀一千余僧来到。加上侍从、车马、大象及各种仪仗，真如风起云涌一般，绵延数十里。

会场上建立起两座大草殿，分别可容纳千余人。戒日王行宫在会场西五里，已铸造了一座金质佛像，装饰了一头大象，将金像安置其上。这一日，大象载佛像前行，戒日王打扮成帝释天的模样手持白拂在右，鸠摩罗王打扮成梵王的形象手持华盖在左。又有二大象上有人负责散花。玄奘和戒日王的国师们各乘大象紧随其后。又以三百头大象供各国国王、大臣和高僧大德们骑乘。队伍自行宫徐徐进入会场，先请下佛像，然后依次礼佛。只有十八国君王、大臣二百余人、各国高僧一千余人、婆罗门和外道代表五百余人可以进入会场，其余人都只能在场外观看。经过隆重的仪式后，戒日王让玄奘坐上论主的位置。然后他命人宣读玄奘《制恶见论》的观点，也把《制恶见论》悬挂于会场门外，供所有人观看。当日，没有人上来辩论。

5天过去了，几名小乘信徒不敢上去辩论，却又不甘心，企图谋害玄奘。此事被戒日王得知，便下严令警告，遂使阴谋破产。第18天，会议就要结束，仍无人辩论。于是，玄奘发言，称扬大乘，赞颂佛祖。最后，戒日王宣布玄奘获胜，会场一片欢呼，大乘人尊称玄奘为“大乘天”，小乘人则尊他为“解脱天”。玄奘乘大象绕场一周，向人们致意。

大会散去，玄奘并没有被荣誉冲昏头脑，仍然要返回祖国。戒日王再次挽留说，30年来，他在恒河与亚穆纳河交汇处每5年举行一次无遮大会，历时75天，向出家人和贫穷者施舍。已经举办了5次，今年正在举办第6次，请玄奘务必与他一起参加。玄奘答应。两天后，在十八国君王陪同下，戒日王带玄奘来到施舍场地。只见那里人山人海，约有50万人汇聚在恒河、亚穆纳河两岸。河间场地上已经搭起了草棚大殿。第一天，草殿内安放佛像，布施上等宝物和衣食。第二天，安放太阳神像，布施头一天一半的财物。第三天，安放自在天像，布施如第二天。然后依次布施僧人、婆罗门、诸外道和穷苦孤独者。75天下来，戒日王将5年来的积蓄全部施舍出去，以此积累功德。

又过十来天，玄奘要告辞归国。戒日王和鸠摩罗王等人为他准备了回国的钱粮物资。戒日王还为玄奘准备了通过各国的国书，派专人护送。走出3天，戒日王和鸠摩罗王还带领数百轻骑追赶上玄奘再次告别。

玄奘带着印度人民的深情厚谊，率领大队人马，大体按着来时的路线返回。由于情况比以前熟悉，一路虽然辛苦，也多次遇到强盗拦劫，但总比来时顺利。只是在渡过印度河时被水冲走了一些经卷，过大雪山时走了14天，损失了不少人马，只剩下7名僧人和脚夫等20多人、大象一头、驴10头和马4匹。

回国的途中，他仍然走走停停，一边礼拜圣迹，一边学习，一边说法。有的地方是以前来过的，这次他又去瞻仰。遇到老朋友，他也要前去拜访，共同切磋和叙旧。这样一走就是两年。

**（十一）载誉回长安**

公元644年，玄奘来到于阗。于阗王事先知道玄奘要来，早早派人迎接，作了安置准备。此时，玄奘得知高昌王麴文泰已死的消息，心境自然不佳，决定不去高昌而直接回长安。但是，他先修一表，托人带去长安，看朝廷反应如何。

在于阗待命七八个月，其间，玄奘讲解了《瑜伽师地论》、《对法论》、《俱舍论》和《摄大乘论论》，听众每天都有千余人。

唐太宗得知玄奘载誉归国，立即命人到于阗慰问迎接，还特地嘱咐要把懂得梵文经义的僧人一并带来。他还给于阗王一封信，让他照料玄奘回长安的各项事宜，还命敦煌官员去流沙迎接，鄯善官员去且末迎接。

贞观十九年（645）正月二十四，已经46岁的玄奘携佛经657部、各种佛像若干躯、佛舍利一百五十粒，载誉回抵长安。长安城及郊区的官员都出来迎接，从者如云。玄奘先被安置在朱雀街都亭驿住下。翌日，从朱雀街到弘福寺的数十里间，围观者挤满了道路两旁，各大寺院张灯结彩，如同庆祝盛大节日一般，情景十分热闹壮观。

二月，玄奘赶往洛阳，谒见唐太宗。这次会面为时短暂，属于礼节性会见。

第二天，唐太宗又于仪鸾殿再次接见了玄奘。这一次，二人坐下来长谈。皇帝询问了西域的情况，玄奘记忆犹新，对答如流。皇帝建议他写一部关于西域各国情况的书，玄奘答应。同时，唐太宗还建议玄奘还俗襄理政务，玄奘婉言谢绝，并表达了自己翻译佛经的愿望。唐太宗就让他在弘福寺译经，一切所需，由宰辅房玄龄负责安排。

**（十二）大唐西域记**

次年，根据皇帝的旨意，玄奘口述、弟子辩机记录整理的《大唐西域记》十二卷撰成，上呈皇帝。

在《大唐西域记》中，玄奘以惊人的记忆力详细记叙了西域138个“国家”和地区的历史、地理、宗教、民俗、语言、文字等情况，为研究古代中亚和南亚的历史、社会和文化提供了极为丰富与宝贵的资料。例如，在印度、尼泊尔、巴基斯坦近现代的佛教考古活动中，不论是在蓝毗尼、迦毗罗卫、鹿野苑、灵鹫山，还是在阿旃陀、那烂陀、塔克西拉等地，玄奘的记载往往为发掘指明方向，提供证据。反过来，许多考古资料又都证明了玄奘记载的真实性。今天，人们在参观这些佛教圣地的时候，几乎到处都能感觉到玄奘的存在。

所以，无论是印度的还是西方的历史学家，对玄奘的《大唐西域记》都给予极高的评价，认为这部书对于重建印度乃至中亚的历史极为重要。

**（十三）不朽的伟人**

玄奘在朝廷的支持下办起了规模空前的译经场，成为中国翻译史上的一大盛举。玄奘倾其后半生精力，译出佛经74部，1335卷，不仅丰富了中国佛学经典的宝库，还为中国的翻译学做出了巨大的贡献。关于其翻译学的贡献，下文还将谈到。

玄奘还广收门徒，开创了法相宗（慈恩宗），成为一代宗师。法相宗在唐代初期影响很大。正如梁启超先生所说：“法相一宗，虽渊源印土，然大成之者实自奘师。”[①]又如汤用彤先生所说：“唐法相宗大师玄奘是中国人，其弟子分二派：一派首领是窥基，于阗人；另一派首领是圆测，新罗人。”[②]法相宗后来在中国虽然没有流传下来，但其影响深远，流传到了朝鲜、韩国和日本。至今，在韩国，大韩佛教法相宗的信徒在十万人以上[③]。在日本，法相宗也传承至今。1964

① 梁启超：《佛学研究十八篇》，上海古籍出版社，2001年版，第226页。

② 汤用彤：《汤用彤学术论文集》，北京：中华书局，1983年版，第8页。

③ 黄心川主编：《当代亚太地区宗教》，北京：宗教文化出版社，2003年版，第121页。

年，据日本《宗教法人法》登记为宗教法人的日本佛教团体165个，其中有4个是法相宗一系的团体[①]。

公元664年阴历二月初五夜半，一生刻苦勤奋的玄奘大师因病圆寂于铜川玉华寺。消息传来，长安城文武百官和僧俗百姓无不哀伤悲痛。唐高宗大恸，连声说道："朕失国宝矣！朕失国宝矣！"为之罢朝数日。

临葬之日，京邑及各州百万余人相送，三万余人夜宿墓地。

玄奘是中国与印度文化交流史上的第一伟人。季羡林先生对他的功绩作了全面评价，并归纳为六句话："他是唐代著名的高僧，佛教唯心主义理论家，不畏艰险的旅行者，卓越的翻译大师，舍生求法的典型，中印友好的化身。"[②]的确，玄奘对中印文化交流的贡献，怎么评价都不过分。

至今，在印度，玄奘的名字家喻户晓。在印度小学的历史课本里，有专门一节介绍玄奘访问印度的事迹。在比哈尔邦那烂陀遗址北面约3千米处，有一座由中国政府和印度政府合作修建的玄奘纪念堂。

玄奘不仅属于中国，也应属于印度，属于全世界，是当之无愧的世界文化名人。

## 二、义净与他的著作

在玄奘之后，还有许多中国僧人到印度去取经学习，其中最著名的是在玄奘西行取经44年后动身到印度去的义净。

义净，俗姓张，山东齐州人，生于公元635年，卒于713年[③]。他7岁出家，18岁便怀有去西天取经的志向，21岁受具足戒。公元671年冬月，义净从广州乘波斯商人的货船出发去印度，这时他已经37岁。不到20天，义净随船到达今天的苏门答腊岛，即古代的室利佛逝国。那里当时佛教流行，义净便留居半年，学习梵语。然后他又乘船北行，经裸人国（疑即今之安达曼群岛），西北行，至耽摩立底国，即今之印度西孟加拉邦胡格利河入海口西侧的塔姆卢克（Tamluk），时在公元673年初春。在这里，他遇见先他而至的中国僧人大乘灯。义净在这里居住了一年，仍旧学习梵语。然后，他与大乘灯一起西北行，

① 杨曾文:《日本佛教史》，杭州：浙江人民出版社，1995年版，第616页。

② 季羡林:《大唐西域记校注·前言》，北京：中华书局，1985年版，第1页。

③ 关于义净的故里与生年，历来有不同说法，此从王邦维之说。参见王邦维:《唐高僧义净生平及其著作论考》，重庆出版社，1996年版，第2页。

去——朝拜佛祖释迦牟尼的圣地。公元675年，他来到那烂陀寺，驻学达10年之久。在这10年时间里，义净一边学习一边搜集佛经，还着手翻译佛经。公元685年，义净准备回国，再次来到耽摩立底，乘船南下。在室利佛逝等地又辗转航行和居住了三年后，他于公元688年回到广州。但他在广州只逗留了3个来月便返回室利佛逝，这一住就是六年多，直到693年再次回到广州，才算正式回国，此时义净已经59岁。回国后，义净大约提前向朝廷写了表文，然后才向东都洛阳进发，所以，当他于695年夏天到达洛阳时，女皇武则天亲自出城迎接，其盛况可想而知。到洛阳不久，义净就开始了翻译佛经的工作。他曾在洛阳和长安两地翻译了大量的佛经，还撰写出5部著作①。

义净撰写的著作中有两部书最为重要，即《大唐西域求法高僧传》和《南海寄归内法传》。对于这两部书，笔者同窗友人王邦维有相当权威的研究。关于前者，他评价说："它是一部僧传，但是却为研究唐代初年的中印关系、中印之间的交通、中国与印度的佛教历史，以及南海方面的情况提供了重要的资料。"他还说："从上个世纪末到这个世纪六十年代，国外就先后出版了它的一个法文全译本、一个英文节译本、两个日文译本。直到最近（1986年8月），又出版了一种新的英文全译本。"关于《南海寄归内法传》，他写道："它是义净在游历印度和南海二十余年后，根据自己的所见所闻……对当时印度、南海、中国佛教的状况的实际记录。……既不同于游记型的《法显传》，也不同于玄奘向皇帝正式呈交的地理志型的《大唐西域记》，而好像是义净他自己在求法时写下的笔记整理出来的一份专题考察报告。因此，它为我们今天了解公元七世纪时印度佛教僧伽内部的宗教生活状况提供了几乎是最多最详细的信息。"②由于义净在印度那烂陀寺学习的时间很长，他对那烂陀寺的记载十分细致翔实，不仅有关于那里僧人学习起居的记载，还有对那烂陀寺建筑规模的描述，这些都为后来的考古工作提供了可靠的资料。

总之，义净的确是唐代继玄奘之后又一位为中印文化交流做出巨大贡献的伟大人物。他的贡献主要表现为佛经的翻译和他的两部主要著作。关于他对中国古代翻译学的贡献，我们后面将谈到。

唐代求法运动的高涨，促进了中国与印度的文化交流，并使中国文化与印

---

① 关于义净译作和著作的统计与记载，可参见王邦维：《唐高僧义净生平及其著作论考》，重庆出版社，1996年版，第21~27页。

② 同上，第29页。

度文化的融合加快了速度。佛教禅宗的出现，标志着印度佛教的中国化过程已经完成。在经过长期痛苦的文化整合以后，佛教文化已经成为中国文化的一个有机部分而深入人心，从而在人生观念、思维方式、道德标准、价值取向、生活习俗等各个方面发挥着无形的作用。

这一时期五印度各地来华的僧人，有达摩笈多、波罗颇迦罗蜜多罗、那提三藏、若那跋陀罗、佛陀多罗、佛陀波利、尊法、无极高、地婆诃罗、慧智、阿你真那、菩提流志、极量、善无畏、金刚智、不空、利涉、智慧、牟尼室利、莲华、释天竺、般若、钵怛罗。其中，善无畏、金刚智和不空影响较大。他们在开元年间（713~741）来唐，很受皇帝和重臣的优渥，翻译了大批佛教密宗经典，对密宗在中国的传播起了很大的推动作用。

### 三、唐代佛教的繁荣

中国经历了三百多年的分裂之后，终于在公元581年重新获得统一。中国佛教也开始走上一个全面繁荣的新阶段。其繁荣的标志主要表现为：

第一，各大宗派纷纷确立。

中国佛教史上的三论宗、天台宗、法相宗、华严宗、律宗、禅宗、净土宗、真言宗、三阶教等都在隋唐时代盛极一时。这些宗派，大多数是与印度佛教一脉相承发展起来的，是中国与印度文化交流的产物；即使历来被认为是中国土生土长的教派（如禅宗），也离不开印度佛教的影响和启迪，所以仍是中国与印度文化交流的结果。

第二，求法和译经运动的高涨。

如前所述，尽管佛教已经在中国确立了自己的地位，但由于有许多问题在长期的争论中仍然悬而未决，这就促使中国僧人要去佛教的发源地追根溯源。唐代初期的玄奘、义净等是西行求法的代表。他们的行为和著述加强了中国与印度的文化交流，同时对中国佛教的发展产生了深远的影响。他们还翻译了一大批佛经，丰富了中国的佛教典籍。这一时期印度来华的僧人也为数甚多，在佛经的翻译方面做出了很大贡献。唐代共译出佛经2 159卷，数量和质量都较前人胜过一筹。

第三，中国成为世界佛学中心。

唐代政治的开明和经济的繁荣促进了佛教事业的发展。与此同时，印度方面的佛教却在急剧衰落。这样，中国就理所当然地上升为世界佛学的中心。一方面，日本、新罗等地的僧人到中国来学习佛法，请中国高僧去传播佛教；另一方面，印度等西域国家的僧人也到中国来寻求出路。一时间，长安、洛阳一带各国僧人云集，成为佛教文化交流的枢纽。

第四，藏传佛教经历了前弘期。

中国西藏与南亚紧密毗邻，文化交流自古有之，宗教交流就是其中重要的一项。

藏传佛教俗称喇嘛教，是佛教由南亚向西藏传播并与当地土著信仰相结合而形成的一支佛教流派。所以说，它也是中国与印度文化交流的产物。

公元7世纪，松赞干布统一了青藏高原的大部分地区，建立了以拉萨为中心的吐蕃王朝。他先后娶尼泊尔的尺尊公主和唐朝的文成公主为妻，分别为她们建造了寺庙，供奉佛像。于是，佛教最初便由尼泊尔和内地两个方向传入吐蕃。但这仅仅是吐蕃人了解佛教的开始，而长期以来在信仰上占统治地位的是当地的本教。松赞干布于650年去世，此后，佛教多次受到本教的排斥和打击。到公元755年，赤松德赞幼年即位，佛教仍然受到排挤。他长大以后，才开始着手扶持佛教。他先派人到尼泊尔请来正在那里讲学的印度佛学大师寂护（Santaraksita），后又派人请来印度密宗大师莲花生（Padmasambhava），并开始筹建寺院。不久，由莲花生勘察、寂护设计的桑耶寺建成，赤松德赞又派人到印度请来12位根本说一切有部僧人，协助寂护正式为西藏人出家受戒。为培养翻译人才，赤松德赞又派两批共7 人赴印度留学，并先后从印度请来无垢友（Vimalamitra）、法称（Dharmakirti）等人在藏区培养人才。其时，藏人出家的约300人，一批佛经也被译为藏文。为解决佛教与本教日益尖锐的矛盾，赤松德赞特地举行了一次辩论会，结果是以寂护、莲花生和无垢友等人为首的佛教一方获得胜利。于是赤松德赞宣布废除本教，吐蕃上下一律信奉佛教。佛教的显学和密学得到同时发展，对吐蕃的人民生活产生了很大影响。但是，本教势力并未就此消灭，而是时时在伺机反扑。公元836年，本教贵族将赞普赤祖德赞杀死，开始大举灭佛。由此藏传佛教一蹶不振，一直持续到10世纪末期。从松赞干布时起，到836年止，史称藏传佛教的“前弘期”。

## 四、“开元三大士”与唐代的密教

黄心川先生指出：“汉地密教传播的历史大致可分为三个时期：（甲）杂密经咒传播时期；（乙）纯密或有组织的经典传播时期；（丙）印度坦多罗密教或晚

期密教输入时期。”[①]他还指出：“在唐中叶，密教进入了黄金时期。开元三大士（善无畏、金刚智、不空）来华后，直接翻译、弘传以《大日经》和《金刚顶经》为中心的印度金刚乘体系的密教。这些密教称之为纯密，纯密一方面由于适应了唐帝国中兴君主玄宗等人复兴王室权力的需要；另一方面迎合了当时儒释道三教正在融合的趋势，因而得到了急剧的发展。并且形成了一个以修持密法为主的中国佛教新宗派。印度——中国密教的僧侣们不但宣传《仁王经》的正法护国思想，而且在修行实践上力图攀附、融合中国传统的阴阳五行以及道教的成仙、咒术、房中术等。”[②]这两段话不仅指出了唐代中国密教所处的发展阶段，指出了唐代密教得到发展的原因，也指出了唐代密教的代表人物——开元三大士。下面简要介绍一下三人的生平。

善无畏，据《宋高僧传》卷二，其卒年在开元二十三年，即公元735年，其时，他“享龄九十九，僧腊八十”。由此推算，其生年当在公元637年。他本是中印度乌荼国（今印度奥里萨邦北部地区）国王，后让国出家，游南印度。又北上至那烂陀寺，拜达摩掬多为师，学密法。开元四年（716），善无畏携带梵夹到达长安，被唐玄宗尊为教主、国师，先住兴福寺，又住西明寺。五年，“奉诏于菩提院翻译”。开元十二年随驾到洛阳，不久即译出《大毗庐遮那成佛神变加持经》七卷。僧一行参加了此经的翻译，担任“笔受”。据说，此经系善无畏根据《大毗庐遮那经》（即《大日经》）翻译的，原文“具足梵文有十万颂，畏所出者，撮其要耳”。此后又翻译了《苏婆呼童子经》三卷、《苏悉地揭罗经》三卷等。除译经外，他还收有一些弟子。

他翻译的佛经不多，大约只有6部18卷[③]。但《大日经》的翻译却有着特殊的意义：“我国传统把《大日经》和《金刚顶经》出现以前的密教思想和实践称为‘杂密’，以后称为‘纯密’。密教作为一个有组织的思想系统开始出现于《大日经》，一般认为该经产生于7世纪上叶的西南印度。”[④]也就是说，《大日经》在印度出现约100年后被翻译成了汉语，而它的翻译标志着中国的密教开始进入了“纯密”阶段。

金刚智，南印度人。据《宋高僧传》卷一，他于开元二十年去世，“寿

① 黄心川：《东方佛教论》，北京：中国社会科学出版社，2002年版，第41页。

② 同上，第46页。

③ 据吕澂：《新编汉文大藏经目录》，济南：齐鲁书社，1981年版，第95~99页。

④ 同①，第40页。

七十一，腊五十一”。若据此推算，其生年当在662年。但也有文献说他“春秋七十三，夏腊五十化灭”。[①]他出身于婆罗门种姓，16岁出家，先后到那烂陀寺、西印度等地学习十余年，然后到狮子国、室利佛逝、裸人国等地周游。听说中国崇信佛法，便乘船到广州，此时已是开元七年。后来被迎进京，先后居住于慈恩、荐福等寺，“所住之刹，必建大曼荼罗灌顶道场，度与四众”。所以他的弟子很多，著名者有大智、大慧、不空、一行等。他翻译的佛经也不算多，大约是9部13卷，还有一部《千臂千钵曼殊室利经》10卷，传说也是他译的[②]。

不空，全名不空金刚，北印度人，婆罗门种姓。据《宋高僧传》卷一，其卒年为大历九年（774），“享年七十，僧腊五十”。则其生年当为705年。他幼年失去父母，跟随叔父来到中国。15岁拜金刚智为师，学习梵文和密法，并参与译经。开元二十年，其师圆寂，他奉命准备去印度和狮子国游学、取经。开元二十九年，他带着弟子含光等从南海郡乘船出发，先至狮子国，次游五印度。后于天宝五载（746）还京。天宝八载，皇帝准其回国，但行至南海郡又被召回。十三载到甘肃武威，十五载还京，住大兴善寺。他经常在住地建坛传法，剃度弟子，也为皇家建内道场。据他给皇上的表文称，自天宝至大历六年，他共翻译佛经77部，120余卷。此后虽有译作，但主要是宣扬密法。后人统计其所译佛经为110部，143卷[③]。

不空翻译的密教典籍比前二人多得多，影响也大得多。他历玄宗、肃宗、代宗三朝，受到三帝的殊遇，多次受赏赐和封爵。在其病笃的最后日子里，尚“加开府仪同三司，封肃国公，食邑三千户，固辞不俞”。圆寂时，代宗罢朝三日，大赐钱物为办丧事和建塔。他的主要弟子有含光、慧超、慧果、慧朗、元皎、玄超等，时称“六哲”。其中，慧朗继承了他的位置，为该派掌门。

开元三大士都是印度人，他们对中印文化交流的贡献主要是在翻译佛经和传播佛教密宗的同时传播了印度文化，使中国人进一步了解了印度。中国佛教密宗的出现，也应该首先归功于他们。关于密宗在唐代的建立和发展，可参见吕建福先生《中国密教史》第四章[④]。僧传中对他们的记载多是些神异的故事和

① 《权载之文集》卷二十八，转引自范祥雍注:《宋高僧传》(上)，北京：中华书局，1987年版，第14页。

② 据吕澂:《新编汉文大藏经目录》，济南：齐鲁书社，1981年版，第93~123页。

③ 黄心川:《东方佛教论》，北京：中国社会科学出版社，2002年版，第47页。

④ 吕建福:《中国密教史》，北京：中国社会科学出版社，1995年版，第201页。

传说，不足凭信。但这些故事却丰富了中国的文学创作，在唐代中叶以后的传奇和笔记小说中时常出现这些密宗僧人的故事，如《酉阳杂俎》、《宣室志》等；中国后世的神魔小说，如《西游记》、《封神演义》等，也深受密宗的影响[①]。

## 第二节　政府间频繁接触与物质交流

### 一、王玄策出使印度

隋代，隋炀帝曾派遣侍御史韦节、司隶从事杜行满出使西域诸国。他们到达印度，得到佛经和玛瑙杯等物[②]。

唐代，中国与印度的官方接触很多，两《唐书》、《通典》、《册府元龟》等文献中均有记录。印度方面派遣了许多使者来华，大唐帝国也派出很多使者到印度去。例如，《旧唐书·西戎传》有如下记载："贞观十五年，尸罗逸多[③]自称摩伽佗[④]王，遣使朝贡，太宗降玺书慰问，尸罗逸多大惊……乃膜拜而受诏书，因遣使朝贡。太宗以其地远，礼之甚厚，复遣卫尉丞李义表报使。""贞观十年[⑤]，沙门玄奘至其国，将梵本经论六百余部而归。先是遣右率府长史王玄策使天竺，其四天竺国王咸遣使朝贡。""有伽没路国[⑥]，其俗开东门以向日。王玄策至，其王发使贡以奇珍异物及地图，因请老子像及《道德经》。"有关的记载还有很多，这里先着重谈谈王玄策出使印度的事。

王玄策出使印度，前后共3次（也有的学者认为是4次）。据学者们考证，他第一次去印度是在贞观十七年（643），贞观二十年回国。当时他是作为李义表的副使前往印度的。在印度期间，他曾见到戒日王，并参观过佛教圣地。就是在这一次，他们还去了伽没路国（今印度东北阿萨姆一带），所以有其国王派遣使者到大唐请老子像和《道德经》的事。贞观二十一年，王玄策作为正使二次出使印度，副使是蒋师仁。当他们到达印度时，戒日王已死，大臣阿罗那顺作乱，并发兵攻击王玄策。王玄策得到吐蕃和尼泊尔的支持，带兵打败阿罗

① 可参见拙著：《中印文学比较研究》第二、四篇，北京：昆仑出版社，2003年版。
② 事见《隋书·西域传》。
③ 即戒日王。
④ 今北印度。
⑤ 似为"十九年"之误。
⑥ 即《大唐西域记》卷十的迦摩缕波国，今印度东北阿萨姆一带。

那顺，并把他捉回长安。返回的时间是贞观二十二年。第三次是在唐高宗显庆二年（657），王玄策奉旨到印度去送袈裟。并于显庆五年在大菩提寺参加特地为他举行的大法会。王玄策是个佛教信徒，但同时又是政府的使节。他对印度、尼泊尔等地的情况有特殊的观察，回国后写下了《中天竺国行记》（又有《王玄策西国行传》等多种名称）一书，据说有十卷，还有附图三卷。可惜的是这部具有历史价值的书很快就失传了，我们在惋惜之余，只能在其他文献中（如《法苑珠林》等）看到一些零星的段落。从这些片段可知，王玄策的记载是相当全面的，涉及宗教、地理、政法、艺术、民俗等许多方面。这部书虽然失传了，但王玄策作为友好使者对中印文化交流所做的贡献是不可磨灭的。

王玄策出使印度是中印关系史上一件了不起的大事。它具有多重意义：首先，它代表了唐朝与印度间政府级的友好交往。第二，它促进了中印佛教文化的交流。第三，它促进了中印间物质文明的交流。第四，它证明了唐朝通往印度还有另外一条通道，即通过唐蕃古道经尼泊尔进入印度。这条道路应当早已存在，季羡林先生曾经指出，唐代义净《大唐西域求法高僧传》卷上记载有唐代初期僧人通过此路往返于中印之间，并得到文成公主的大力赞助。他说："在唐初这条道路是比较畅通的。但是，可能还不限于初唐。古代西方地理学家托雷美（Ptolemy，公元八七年——一六五年）在他的《地理书》，一，一七记载着：'他们说，不仅有一条路从这地方（中国）通过石塔（在帕米尔）到大夏，而且还有一条通到印度华氏城（希腊文Palimbothra，梵文Pataliputra，今Patna）。"[①]但此前的中国古籍中并无这条路的记载[②]。

总之，唐代以强盛的国势奠定了与印度次大陆诸国展开密切交往的基础，特别是开元天宝年间，呈现出"万国来朝"的局面。由于安西四镇的设置和经营，使中国与印度间联系畅通，文化交流顺利进行。

## 二、五印度各国"来朝"与物质交流

隋代为期短暂，但也有所谓"每岁正月，万国来朝"和"诸夷大献方物"

① 季羡林：《中印文化关系史论文集》，北京：生活·读书·新知三联书店，1982年版，第87页。

② 关于王玄策出使印度的道路问题，中外前辈学者多有研究。此处可参见林梅村的最新成果：《汉唐西域与中国文明》，北京：文物出版社，1998年版，第421~425页。

的记载[①]。据《隋书·西域传》:“炀帝时，遣侍御史韦节、司隶从事杜行满使于西蕃诸国。至罽宾，得玛瑙杯；王舍城，得佛经；史国，得十舞女、师子皮、火鼠毛而还。”

唐代，印度诸国派遣使节或“贡献方物”的事件很多，按时间顺序可以列出一个长长的表，但此表仍然是不完全的：

武德二年（619），罽宾国遣使贡宝带、金锁、水晶盏、颇黎状若酸枣。（《新唐书·西域传》）

贞观十一年（637）六月，罽宾遣使献舍利、名马。（《册府元龟》卷九七〇）

贞观十四年五月，罽宾遣使献方物。（《册府元龟》卷九七〇）

贞观十五年，“尸罗逸多自称摩伽佗王，遣使朝贡”。[②]（《旧唐书·西戎传》）

贞观十六年，罽宾国“献褥特鼠，喙尖而尾赤，能食蛇，有被蛇螫者，鼠辄嗅而尿之，其疮立愈”。（《旧唐书·西戎传》）

贞观十六年，乌苌国遣使献龙脑香。（《全唐文》卷九九九）

贞观二十年前后，天竺摩揭陀王尸罗逸多献火珠及郁金香、菩提树。（《旧唐书·西戎传》）

贞观二十一年，泥婆罗国遣使献波棱、酢菜、浑提葱。（《新唐书·西域传》）

贞观二十一年，“摩伽国献菩提树，一名波罗，叶似白杨。……伽毗国献郁金香，叶似麦门冬，九月花开，状如芙蓉，其色紫碧，香闻数十步，华而不实，欲种取其根。罽宾国献俱物头花，其花丹白相间，而香远闻。伽失毕国献泥楼钵罗花，叶类荷叶，圆缺，其花色碧而蕊黄，香芳数十步。健达国献佛士叶，一茎五叶，花赤，中心正黄而蕊紫色。泥婆罗国献波稜菜，类红蓝花，实似蒺藜，或熟之，能益食味；又酢菜，状如菜，阔而长，味如美鲜；苦菜，状如苣，其叶阔，味虽少苦，久食益人；胡芹，状如芹，而味香；浑提葱，其状如葱而白；辛嗅药，其状如兰，凌冬而青，收干作末，味如桂椒，其根能愈气疾。”（《唐会要》卷一〇〇《杂录》）与《旧唐书·西戎传》相参观，此条中的“波罗”应为“毕波罗”，《大唐西域记》作“卑钵罗”；“摩伽国”即摩揭陀国；伽毗国，证之《酉阳杂俎》卷十六“天铁熊”条，似应为伽毗叶国，即《大唐西域记》卷一之迦毕试国，在今阿富汗境内；伽失毕似应在北天竺，疑为伽毕失

---

① 见《隋书·音乐志》。

② 尸罗逸多（Siladitya），即戒日王；摩伽佗（Magadha），即摩揭陀。

（即迦毕试）之误，其泥楼钵罗花，即古印度著名的青莲，梵文为Nilotpala；健达国应即犍陀罗国，在今巴基斯坦境内；泥婆罗国，即今之尼泊尔。

贞观二十二年正月，乌长国遣使朝贡；五月，罽宾国遣使朝贡。（《册府元龟》卷九七〇）

永徽二年（651）十二月，罽宾国遣使献褥池鼠。（《册府元龟》卷九七〇）此“褥池鼠”应即上文之“褥特鼠”（特或为持之误），即獴，梵文为Nakula，俗语为Naula。

永徽三年十月，罽宾国遣使朝贡。（《册府元龟》卷九七〇）

永徽四年十一月，罽宾国遣使朝贡。（《册府元龟》卷九七〇）

永徽五年四月，罽宾国遣使朝贡。（《册府元龟》卷九七〇）

显庆三年（658）八月，南天竺三国遣使朝贡。（《册府元龟》卷九七〇）

龙朔二年（662）五月，摩腊国遣使献方物。（《册府元龟》卷九七〇）

咸亨元年（671）三月，罽宾国遣使献方物。（《册府元龟》卷九七〇）

咸亨二年五月，罽宾国遣使朝贡。（《册府元龟》卷九七〇）

咸亨三年三月，南天竺献方物。（《册府元龟》卷九七〇）

垂拱元年（685）十二月，勃律国献方物。（《册府元龟》卷九七〇）

天授二年（691），五天竺王并来朝贡。（《旧唐书·西戎传》）

长寿元年（692）九月，罽宾国遣使朝贡。（《册府元龟》卷九七〇）

万岁通天二年（697）十月，勃律国遣使朝贡。（《册府元龟》卷九七〇）

景龙四年（707），南天竺遣使来朝。（《旧唐书·西戎传》）

景云元年（710），南天竺复遣使贡方物。（《旧唐书·西戎传》）

先天二年（713）六月，南天竺遣使朝贡。（《册府元龟》卷九七一）

开元初，迦湿弥罗国遣使者朝。（《新唐书·西域传下》）

开元二年（714），西天竺遣使贡方物。（《旧唐书·西戎传》）

开元四年闰十二月，勃律国遣大首领来朝。（《册府元龟》卷九七一）

开元五年三月，勃律国遣使献方物；五月，中天竺国遣使来朝并献方物。（《册府元龟》卷九七一）

开元七年，罽宾国遣使来朝；（《旧唐书·西戎传》）六月，南天竺国遣使朝贡。（《册府元龟》卷九七一）

开元八年正月，中天竺国来朝。二月，罽宾国遣使来朝，进天文经、药方、番药。五月，南天竺国遣使献豹及五色鹦鹉、问日鸟。九月，罽宾国献善马。

十一月，南天竺王遣使来朝。（《册府元龟》卷九七一）

开元八年九月，南天竺复遣使来朝。（《旧唐书·西戎传》）

开元十三年七月，中天竺国遣使来朝。（《册府元龟》卷九七一）

开元十八年十一月，中天竺国遣使朝贡。（《册府元龟》卷九七一）

开元十九年十月，中天竺国王遣其大德僧来朝。（《旧唐书·西戎传》）

开元二十一年闰三月，勃律国王没谨忙遣使大首领察卓那斯磨没胜来朝；（《册府元龟》卷九七一）闰三月辛卯，箇失密王木多笔遣大德僧物理多年来献表。（《册府元龟》卷九七五）

开元二十三年四月，勃律国大首领拔含伽来朝。（《册府元龟》卷九七五）

开元二十五年四月，东天竺国三藏大德僧达摩战来献胡药、梵本、诸方等。（《册府元龟》卷九七一）

开元二十七年，罽宾国老王上表，请以子嗣位，许之，仍降使册命。（《旧唐书·西戎传》）

开元二十九年三月，中天竺王子李承恩来朝。（《旧唐书·西戎传》）

天宝四年（745），册罽宾国王子勃匐准为袭罽宾及乌苌国王，仍授左骁卫将军；（《旧唐书·西戎传》）七月，小勃律遣大德僧三藏伽罗密多来朝。（《册府元龟》卷九七五）

天宝五年闰十月，突骑施、石国、史国、米国、罽宾国各遣使来朝，献绣舞筵、毾（登加毛）、红盐、黑盐、白戎盐、余甘子、质汗、千金藤、琉璃、金银等物。（《册府元龟》卷九七一）

天宝七年正月，勃律归仁国王遣使献金花；六月，罽宾国遣使朝贡；（《册府元龟》卷九七一）八月，勃律国王苏失利芝及三藏大德僧伽罗密多并来朝。（《册府元龟》卷九七五）

天宝十一年九月，归仁国遣使朝贡。（《册府元龟》卷九七五）

乾元元年（758），罽宾国遣使朝贡。（《旧唐书·西戎传》）

中唐以后，史籍中关于印度诸国来华“朝贡”的记载越来越少，但这并不说明印度物产自此便绝少传入中国。事实上，唐代的海上贸易已十分发达，由印度运来的物产远比“朝贡”为多。盛唐时各沿海大港已设有市舶司，主管海上贸易，其时，印度的商船已装载大量“宝货”来华。李肇《唐国史补》卷下记：“南海舶，外国船也，每岁至安南、广州。师子国舶最大，梯而上下数丈，皆积宝货。”日人元开《唐大和上东征传》记广州：“江中有婆罗门、波斯、昆仑等舶，不知其数；并载香药、珍宝，积载如山。”中唐以后，沿海各口岸的市舶司并未取消，印度的对华贸易仍在进行。据《中国印度见闻录》卷一，印度在唐末亦有物产输华，犀牛便是其一，而华人喜用犀牛角的腰带①。

这一时期，中国输往印度的物质产品也是多种多样的，但最主要的是丝绸制品。为了说明这一问题，还要从汉代说起。

汉代，中国内地与西域已进行大宗的丝绸贸易，中国的丝绸已传入中亚乃至欧洲，这已是世界史学界和考古界公认的事实。中国丝绸传入印度，最早的记载见于《汉书·地理志》，即那段关于汉武帝时黄支国来华“献见”的著名记载。其中说到汉朝使者前往黄支等地所携带的是黄金和“杂缯”。

后汉时期，中国与印度间仍存在丝绸贸易活动。公元80~89年埃及希腊人写的《爱利脱利亚海周航记》中即提到中国的丝和丝制品以印度为转运站，经大夏销往西方。这和西汉时蜀布与邛竹杖由印度转销大夏的情形是一样的，即通过滇缅道向南亚及西方出口。与此同时，据《后汉书·班超传》，建初九年（公元84年），班超派使者“多赍锦帛遗月氏王”。其时月氏人已统治着印度西北地区，而班超对西域的经略保持了丝绸之路的畅通，使中国丝绸通过西域道运往印度成为可能。

魏晋南北朝时期，史料中对中国丝绸输入印度的记载较少。据《魏书》卷一〇二：“太延中……又遣散骑侍郎董琬、高明等多赍锦帛，出鄯善，招抚九国，厚赐之。”当时所使国中虽无五印度诸国，但北魏使者确曾出使南亚，其所携带的礼物中必有丝绸之类。五印度诸国使者前来“贡献”，北魏皇帝“赏赐”的物品中亦必有丝绸之类。而且，在此期间，南海道交通不断，商贸中必有丝绸之类外销。关于这一点，恐怕谁都不会怀疑。

唐代，文献中的有关记载多了起来。《旧唐书》卷一九八记，贞观十一年（637），罽宾献名马，“太宗嘉其诚款，赐以缯彩”。《册府元龟》卷九七一记，开元七年（719），玄宗赐诃毗施国使者“锦彩五百匹”。卷九七四又记，开元八年，玄宗以锦袍赐南天竺使者。卷九七五再记，箇失密王木多笔遣大德僧物理多年来献表，玄宗诏命赐绢五百匹。

唐代，僧人去西天取经往往也带丝绸，这是中国丝绸输入印度的另一途径。如《大慈恩寺三藏法师传》卷二记，玄奘在那揭罗喝国“施金钱五十，银钱

① 穆根来、汶江、黄倬汉译：《中国印度见闻录》，北京：中华书局，1983年版，第13、15页。

一千，绮幡四口，锦两端，法服二具”。在布色羯罗伐底城，他把高昌王送给他的金银绸缎之类尽数分留给各大寺院。又如义净《大唐西域求法高僧传》卷上和卷下亦有和尚带丝绢去印度的记载。

另外，季羡林先生还从《梵语千字文》、《梵唐消息》、《梵语杂名》和《翻译名义大集》等书中找出许多语言上的例证，证明当时已有若干种丝制品传到了印度[①]。

这里应该提到一部书，美国学者薛爱华（原名为爱德华·赫策尔·谢弗）的《撒马尔罕的金桃——唐朝的舶来品研究》。此书是近十来年西方汉学家研究中外关系史的“一部名著”[②]，已经有中译本出版。此书主要研究的是唐代传入中国的物品，分门别类，非常详细。从第三章到十九章，分别为家畜、野兽、飞禽、毛皮和羽毛、植物、木材、食物、香料、药物、纺织品、颜料、工业用矿石、宝石、金属制品、世俗器物、宗教器物和书籍，共17大门类，然后对具体物品做了细致讨论。从所列的物品中，我们不难发现，其中有相当一部分来自印度。

## 第三节　科学技术交流

### 一、天文历算

唐代，由印度介绍入华的天文历算知识更多，且对中国天文历算的发展产生了重要影响。

1. 印度书籍的传入

《旧唐书》卷一九八记天竺国云：“有文字，善天文算历之术。”记泥婆罗国云：“颇解推测盈虚，兼通历术。”《通典》卷一九三、《新唐书》卷二二一上所记大同。说明当时国人已知印度、尼泊尔等国天文历算的发达。

《旧唐书》卷一九八又记，开元七年（719），罽宾国遣使献天文经一夹。《册府元龟》卷九七一记此事在开元八年，又记开元二十五年四月，东天竺大德达摩战来献《占星记》梵本。这是印度有关天文学书籍传入中国的又一记载。

① 季羡林：《中国蚕丝输入印度问题的初步研究》，载《中印文化关系史论文集》，北京：生活·读书·新知三联书店，1982年版。

② ［美］谢弗著、吴玉贵译：《唐代的外来文明》，北京：中国社会科学出版社，1995年版，陈高华“汉译本序”第1页。

当时，中国的取经僧和印度来华僧所携带的梵本中，就有不少有关天文历算的书籍，这从他们译出的经中可知。如玄奘所译《俱舍论》，义净所译《佛说大孔雀咒王经》，不空所译《佛母大孔雀明王经》、《宿曜经》，金刚智所译《北斗七星念诵仪轨》，法成所译《诸星母陀罗尼经》，等等。其中，《宿曜经》最有天文学价值。此经分上下二卷，共八品。详细介绍了古印度关于二十七宿、七曜、十二宫、星占等方面的知识，是研究中印古代天文历算的重要材料。

《通志》卷六十八《艺文略》第六《天文类》列有“竺国天文”书六部五十六卷，除《隋志》著录者外，尚有《西门俱摩罗秘术占》一卷、《僧不空译宿曜》二卷和《一行大定露胆诀》一卷。《历数·杂星历》门还列有《都利聿斯经》二卷，并注曰：“本梵书五卷。唐贞元初有都利术士李弥乾将至京师。推十一星行历知人命贵贱。”《新唐书》卷五九亦著录此书，曰：“贞元中，都利术士李弥乾传自西天竺，有璩公者译其文。”

以上所提到的书籍有的失传了，有的在佛经中保存下来了，即使是流传下来的，在今天也不被人们重视了，但在当时是有影响的。这种影响随着时间的推移已经融合到中国天文学发展史当中，只是不易觉察罢了。

2. 玄奘、义净等人的记载

玄奘在《大唐西域记》卷二《印度总述》中记有古印度的长度单位，曰：“夫数量之称，谓逾缮那。逾缮那者，自古圣王一日军程也。旧传一逾缮那四十里矣。印度国俗乃三十里，圣教所载唯十六里。穷微之数，分一逾缮那为八拘卢舍。拘卢舍者，谓大牛鸣声所极闻，称拘卢舍。分一拘卢舍为五百弓，分一弓为四肘，分一肘为二十四指，分一指为七宿麦，乃至虱、虮、隙尘、牛毛、羊毛、兔毫、铜水，次第七分，以至细尘；细尘七分为极细尘。极细尘者，不可复析，析即归空，故曰极微也。”这与《摩登伽经》所记之长度单位稍有出入。文献中对古代印度长度单位记载每有分歧，玄奘之说大抵与《俱舍论》相一致。又记印度时间单位曰：“若乃阴阳历运，日月次舍，称谓虽殊，时候无异，随其星建，以标月名。”然后从刹那说起，直到一日夜。又从一日夜说起，乃至一年的六季十二个月，并列出印度十二个月的梵语译名。可谓不厌其烦。

义净《南海寄归内法传》卷三《旋右观时》记有印度那烂陀寺、大菩提寺和俱尸那寺以漏法计时的细节：“西国大寺皆有漏水，并是积代君王之所奉施，并给漏子，为众警时。下以铜盆盛水，上乃铜碗浮内。其碗薄妙，可受二升。孔在下穿，水便上涌，细若针许，量时准宜。碗水既尽，沉即打鼓。始从平旦，一碗沉，打鼓一下；两碗沉，两下；三碗，三下；四碗，四下。然后吹螺两声，更别打一下，名为一时也，即日东隅矣。更过四碗同前，打四更。复鸣螺，别打两下，名两时，即正午矣……过午两时，法亦同尔。夜有四时，与昼相似……此是那烂陀寺漏法。”此外，书中还有日影测量法、季节划分法，等等。义净的这些记载，都可以与中国当时的计时法相比对，可作为中国科学史研究的参考资料。

《酉阳杂俎》前集卷三《贝编》所记之事都与佛教有关。“贝编”之意显然与贝叶经有关。《贝编》记有二十八宿之属、姓、形、祭等，与《摩登伽经》不同，与唐时所译《宿曜经》虽相近似，但亦不相同，可见其别有来源。而其来源亦不外乎印度，或闻诸中国高僧，或闻诸印度高僧。段氏又记：“一千六百刹那为一伽那，倍六十名横呼律多，倍三十名为一日夜。”这里说的是印度计时法，可与玄奘的有关记载相参阅。由段成式的记载可知，印度传来的天文历算知识在唐代是有流传的，段成式有心，所以记录了下来。

3. 印度历法在唐代的影响

《旧唐书》卷三十二《历一》记：“高宗时，太史奏旧历加时浸差，宜有改定。乃诏李淳风造《麟德历》……天后时，瞿昙罗造《光宅历》……开元中，僧一行精诸家历法，言《麟德历》行用既久，晷纬渐差。宰相张说言之，玄宗召见，令造新历……近代精数者，皆以淳风、一行之法，历千古而无差，后人更之，要立异耳，无逾其精密也。”瞿昙罗的《光宅历》和一行所造新历（《大衍历》）皆受印度古代天文历算的影响，详见后文。

《旧唐书》卷三十三《历二》记有印度人迦叶孝威推算月食的方法，同卷《历三》正文夹注中又记有天竺僧俱摩罗推算日食的方法，都十分详细。印度古代观测日食、月食之法被记载于中国正史，足见其在当时影响之大。

《新唐书》卷二十六《历二》记：“高宗时，《戊寅历》益疏，淳风作《甲子元历》以献。诏太史起麟德二年颁用，谓之《麟德历》……当时以为密，与太史令瞿昙罗所上《经纬历》参行。”卷二十七《历三》又记：“开元九年，《麟德历》署日蚀比不效，诏僧一行作新历……十五年，草成而一行卒，诏特进张说与历官陈玄景等次为《历术》七篇、《略例》一篇、《历议》十篇……明年，说表上之，起十七年颁于有司。时善算瞿昙譔者，怨不得预改历事，二十一年，与玄景奏：‘《大衍》写《九执历》，其术未尽。’太子右司御率南宫说亦非之。诏侍御史李麟、太史令桓执圭较灵台候簿，《大衍》十得七、八，《麟德》才

三、四，《九执》一、二焉。”《历三》记：“《天竺历》以《九执》之情，皆有所好恶。遇其所好之星，则趣之行疾，舍之行迟。”卷二十八《历四》记：“《九执历》者，出于西域。开元六年，诏太史监瞿昙悉达译之。断取近距，以开元二年二月朔为历首。度法六十。月有二十九日，余七百三分日之三百七十三。历首有朔虚分百二十六。周天三百六十度，无余分。日去没分九百分度之十三。二月为时，六时为岁。三十度为相，十二相而周天。望前曰白博叉；望后曰黑博叉。其算皆以字书，不用筹策。其术繁碎，或幸而中，不可以为法。名数诡异，初莫之辨也。陈玄景等持以惑当时，谓一行写其术未尽，妄矣。”这几条材料说明：自高宗、武后时至玄宗开元年间，始终有个来自印度的瞿昙氏家族成员在从事天文历算方面的工作；来自印度的历法，如《九执历》等，对唐代的天文历法产生过影响。

《七曜历》在唐代仍然流行。《通志》卷六八《艺文略》著录《七曜历》凡三十部，其中有唐曹士蒍撰《七曜符天历》一卷和《七曜符天人元历》一卷。《新五代史》卷五八曰：“唐建中时，术者曹士蒍始变古法，以显庆五年为上元，雨水为岁首，号《符天历》。然世谓之小历，只行于民间。”《玉海》卷十有“《符天历》”条，引晁公武《郡斋读书志》：“《合元万分历》一卷，唐曹氏撰。历元起显庆五年庚申，盖民间小历也，本天竺历为法。”据《日本续纪》，天平十八年（746）日本僧人带回国的书籍中有《七曜禳灾诀》一卷、《七曜二十八宿历》一卷和《七曜历日》一卷。而《七曜历日》的手抄本又曾发现于敦煌，现藏巴黎图书馆。

一行是唐代著名科学家，同时又是一名高僧。据《宋高僧传》卷五《一行传》，他早年拜普寂禅师为师，出家为僧。后曾拜不空金刚学密法，又与善无畏译密典。“睿宗、玄宗并请如内集贤院，寻诏住兴唐寺。所翻之经，遂著《疏》七卷，又《摄调伏藏》六十卷、《释氏系录》一卷、《开元大衍历》五十二卷。其历编入《唐书·律历志》，以为不刊之典。又造游仪，黄赤二道以铁成规，于院制作。”其所撰《宿曜仪轨》一卷、《七曜星辰别行法》一卷、《北斗七星护摩法》一卷已被收入密藏。据《大正新修大藏经》卷二一，《梵天火罗九曜》一卷，亦属一行著述。这些被收入密藏的著作主要介绍印度密教真言及星占术，但也有一定天文知识，说明一行深受印度七曜术的影响。

4. 瞿昙家族的贡献

唐人杨景风在《宿曜经》第三品末注曰：“今有迦叶氏、瞿昙氏、拘摩罗等三家天竺历，并掌在太史阁。然今之用，多用瞿昙氏历，与大术相参供奉耳。”这里所说的迦叶氏，即《旧唐书》卷三十三提到的迦叶孝威；拘摩罗，即《旧唐书》同卷提到的僧人俱摩罗，他们都是来自印度的天文学家。瞿昙氏则指一个家族，前文提到的瞿昙罗即属于这一家族。

1977年5月，在陕西长安县（今西安市长安区）发现了瞿昙譔的墓及墓志铭。墓志铭记载：“发源启祚，本自中天，降祉联华，著于上国，故世为京兆人。”也就是说，这个家族大约在唐代初年即由中天竺迁居中国，世代居住于长安。其家族五代人的谱系是：瞿昙逸、逸子罗、罗子悉达、悉达第四子譔、譔第五子晏。除瞿昙逸“高道不仕”外，其余四代人均在唐朝宫廷做天文官员，先后担任过太史令、太史监、司天监等职务。①

瞿昙，梵文为Gautama，据《一切经音义》卷二十一：“瞿昙氏具云瞿答摩。言瞿者，此云地也；答摩，最胜也。谓除天以外，在地人类，此族最胜，故云地最胜也。”瞿昙又译作乔答摩，是印度古代的著名姓氏，佛祖释迦牟尼就姓乔答摩。唐代这个瞿昙家族的人都精通梵语和印度天文历算，他们在宫廷供职，就使印度的天文历算在唐朝产生了更直接更有力的影响。

瞿昙家族的五代人中，以瞿昙罗为最早于唐廷任职者。他早在高宗麟德二年（665）时已是司天台太史令，到武周神功二年（698）研制出《光宅历》时，已至少在司天台服务了34年。据瞿昙譔墓志铭记载，他是“皇朝太中大夫、司津监，赠太子仆”。

瞿昙悉达大约出生于高宗时代，卒于玄宗开元年间。他是瞿昙家族中最负盛名的一位，也是最受朝廷优遇的一位。据瞿昙譔墓志铭，他的官爵相当显赫，是“皇朝太中大夫、太史监，江宁县开国男，食邑五百户、赠汾州刺史”。

瞿昙譔，瞿昙悉达的第四子，也供职于司天台，曾为司天少监、司天监。据《新唐书》卷二十七，开元九年（721）诏一行作新历，十五年一行去世，十六年宰相张说上表请用新历，十七年新历颁于有司，二十一年瞿昙譔因不得参与修改新历而上奏章，非议《大衍历》。由此可见，至迟于727年，瞿昙譔已在司天台工作。又据《唐会要》卷四四，他至少在宝应元年（762）还在司天台任职。

瞿昙谦，《旧唐书》卷四十七《经籍下》和《新唐书》卷五十九《艺文三》

---

① 晁华山：《唐代之天文学家瞿昙譔墓的发现》，载《文物》1978年第10期；陈久金：《瞿昙悉达和他的天文工作》，载《自然科学史研究》1985年10月号。

都著录有瞿昙谦所作"《大唐甲子元辰历》一卷"，可知瞿昙谦也是一位天文学家，但他是否在司天台任职则不得而知。日本学者桑原骘藏先生以为，瞿昙谦可能是瞿昙譔之误[①]，恐非。他很可能是瞿昙譔的兄弟之一。

瞿昙晏，瞿昙譔的第五子。据《通志·氏族略·诸方复姓》："瞿昙譔子瞿昙晏任冬官正。"可知，他也是司天台的官员。

这里，我们还应重点介绍一下瞿昙悉达所集撰的《开元占经》和他所译的《九执历》。《新唐书》卷五十九《艺文三》著录："《大唐开元占经》一百一十卷，瞿昙悉达集。"由于唐代律法不允许此类书籍在民间流传，所以这部书在当时就很不容易得到，后来又失传数百年，直至明万历四十四年（1616）才由安徽歙县人程明善在为一个佛像重塑金身时，在佛像的腹中发现。现今的传本为一百二十卷。从卷一《天占》至卷一一〇《星图》，为天象占；卷一一一《八谷占》至卷一二〇《龙鱼蛇虫占》，为物异占。从目录就可以知道，这部书的内容有不少迷信的东西。但是，其中关于中国古代天文学理论不同流派的介绍，以及中国古人对天体的观察和对宇宙的认识等记载，都是具有科学史价值的。因此说，这部书的重要特点之一是科学和迷信并存。同时，这部书收集和保存了大量古代星占学文献。据《四库全书简目》，《隋书·经籍志》中著录纬书81篇，而《开元占经》中保存了十有七八。其中有些书已经失传，而这里还保存着部分内容。这是这部书的重要特点之二。尤其可贵的是，此书的一〇四卷介绍了天竺算法，并全文收入了瞿昙悉达于开元六年（718）奉旨翻译的天竺《九执历》。瞿昙悉达源自印度血统，又生于大唐长于大唐，既熟悉中国的天文知识又了解印度天文历算，他在书中把二者结合起来，使该书具有第三个特点，即中印合璧，是中印文化交流在天文历算领域的生动体现。

关于《开元占经》中介绍的天竺算法，将在下文讨论。这里先说《九执历》。

今人陈久金先生对《九执历》做了校注和研究，他说："《九执历》是研究印度天文学的重要历史文献，对中国天文学也曾发生过一定影响。"他认为，"《九执历》是依据印度历法编译的，已加进中国天文学的某些内容，因此，没有希望在印度找到它的原版。唐朝政府翻译《九执历》的主要目的，是想利用印度算法，与汉历相参照预报日月蚀。据朱文鑫和王应伟的研究，《大衍历》所

① ［日］桑原骘藏：《隋唐时代西域人华化考》，载武汉大学《文哲季刊》1936年第5卷第3号。

创‘九服蚀差’的方法，确实是受到《九执历》启发的，《大衍历·日蚀议》中就有一些与《九执历》相近的概念和文字。《九执历》推算交蚀的方法较为科学，确有可取之处，《新唐书·历志》批评它‘其术繁碎’、‘名数诡异’、‘不可以为法’，是不大公正的。”他还说，清人顾观光于1836年作《九执历解》，对《九执历》做了系统和深入的研究。其研究中曾得《时宪历》和《回回历》的启发，此三历属同一系统。近年日本著名科学家薮内清先生亦对《九执历》做过深入研究，补足了顾观光的不足部分。薮内清认为，《九执历》与印度的《历法甘露》关系很密切，很多数据几乎完全相同。因此，《九执历》是代表了印度《太阳历数全书》和《历法甘露》之间过渡阶段的重要著作。[①]

5. 笔算、函数等

《新唐书》卷二十八《历四》说：“《九执历》者，出于西域……其算皆以字书，不用筹策。”也就是说，在当时，中国的算术是用筹策，而不用笔算。古印度人用笔算，随着《九执历》被编译为汉语，印度的笔算也为中国人所了解。《九执历》一开头就介绍了印度的“算字法样”，即数字写法，可惜这些数字并未在现存的本子里保存下来。书中在列出从一到九的九个数字符号以后，说：“右天竺算法，用上件九个字乘除，其字皆一举札而成。凡数至十，进入前位。每空位处，恒安一点。有间咸记，无由辄错。运算便眼，述须先及。”可知，当时印度人是以一个点来表示零的，这样，就有了从零到九的十个数字符号。

我们平时称之为“阿拉伯数码”的数字符号，即0、1、2、3、4、5、6、7、8、9，其实是古代印度人首先发明的。随着它们在全世界的流传，才逐渐变成了今天这个样子。印度人发明的“0”尤其具有数学史意义。如果像人们所说，计算机的使用使今天的世界进入了“信息时代”或“数码时代”，而计算机又是以0和1作为计算元素的，那么，我们再来看印度人的数字符号发明，就可以知道他们对人类进步的贡献是多么伟大，影响是多么深远。然而可惜的是，唐代，印度数码和笔算法虽然已经传入中国，也引起了国人的注意，但并未得到很好的利用和普及。

《九执历》中有“推月间量命·段法”一节，据日本学者薮内清先生的意见，这是见于中国古籍的三角函数表的最早记载[②]。其原文曰：“凡一段管三度

① 参见耿引曾等：《中国载籍中南亚史料汇编》，上海古籍出版社，1994年版，第218页。

② ［日］薮内清：《隋唐历法之研究》，东京，1944年版，第154页。

四十五分，每八段管一相，总有二十四段，用管三相。”然后列出从第一段到第二十四段的数据。陈久金先生注说：“月间量命，为求月距纬之用的数据，以月距交一象限分为二十四段，取各段之正弦线，通为弧度列成表。”李俨先生在《中国古代数学史料》中说：“当时印度历算家，曾以一象限为九十度，每度为六十分，并将一象限分为三相，每相为三十度，内分八段。如此每段为三度四十五分或二百二十五分，而每象限有二十四段。”“假定第一段三度四十五分，对角线（勾）之值为225（内带弦或半径的分母，以后各段都带此分母），因此形成各角度的正弦数值……其中各值与现在三角函数表实际数值比较虽有出入，尚不超过0.000 2。”[①]这就告诉我们，印度的三角函数表在唐代就已经传入我国。

## 二、医药

这一时期中国与印度在化学医药交流方面的资料较多，下面分四部分介绍。

1. 史书记载

《旧唐书》卷三《太宗本纪》、卷八十四《郝处俊传》、卷一九八，《唐会要》卷五十二、卷一百，《酉阳杂俎》卷七，均记有贞观二十二年（648 ）有天竺方士到中国为太宗制“延年之药”事：“太宗试服，遂致暴疾。”这在当时是很大的事件。那个天竺方士可能确有医术，但所谓“延年之药”（又称“长年药”）显然是骗人的东西。

《旧唐书》卷一九八记，开元七年（719），罽宾国遣使来朝，进“秘要方并蕃药等物”。开元十八年，“北天竺国三藏沙门僧密多献质汗等药”。《册府元龟》卷九七一记，开元二十五年（《贞元录》卷十四记在开元二十一年），“东天竺大德达摩战献胡药”。

《新唐书》卷四十九著录有《菩提达磨胎息诀》一卷，盖养生类书。又有郑虔《胡本草》七卷，其中必然要涉及印度传入的草药。

《宋史》卷二〇七著录有《耆婆脉经》三卷、《耆婆六十四问》一卷、《龙树眼论》一卷、《耆婆要用方》一卷、波驮波利译《吞字贴肿方》一卷、《婆罗门僧服仙茅方》一卷和《耆婆五藏论》一卷。这些书目均不见于《隋书·经籍志》，可知是唐以后传入中国的。《通志》卷六九则把《隋志》和《宋志》著录的有关书目都收了进去，而且还增加了《摩诃出胡国方》十卷。可知，这些书

---

① 李俨：《中国古代数学史料》，北京：中国科学图书仪器公司，1954年版，第176页。

在宋代还有相当的影响。在这些书中，有两个人物很突出，那就是耆婆和龙树。

耆婆，梵语作Jiva或Jivaka，原意是“生命”，又译为耆域、时缚迦。佛经中关于他的传说很多，后汉安世高译过《柰女耆域因缘经》和《柰女耆婆经》，经中说耆婆是柰女与萍沙王（即频比沙罗，Bimbisara）之子。但《经律异相》卷三十二引《四分律》说他是萍沙王之子无畏王子与妓女所生。《十诵律》卷二七说他曾为佛陀治病。据以上诸经，耆婆大体上是佛陀时代的人。此外，各经还有一些其他传说，尽管时间上有差别，但都一致称他为“医王”和“药王”。这也许说明，古代印度的确有一个叫耆婆的著名医生，由于太有名，以致其后的名医也往往被叫作耆婆。因为我们看到过这样的例子，如上一章提到的，《高僧传》卷九也记有一个叫耆域的西域僧人，是“晋惠之末”（306）到洛阳的，也是以医术见长。

龙树，梵文Nagarjuna，印度古代和现在都有一些叫龙树的人。大乘佛教早期大师龙树是著名者之一，后世称为龙树菩萨，为马鸣菩萨弟子，佛经中有关他的传说很多。一般认为，他生活于公元二三世纪，南天竺人，有《中论》、《十二门论》、《大智度论》等若干重要著作传世。至于那些冠以龙树名义的药书，则不是他的著作。印度古代医学家龙树大约生活于笈多王朝，但古人常常将这两个龙树弄混。例如，《文献通考》卷二二二在《龙树眼论》下考曰：“晁氏曰：佛经，龙树大士者能治眼疾。假其说，集七十二种目病之方。”

不过，《龙树眼论》在唐代十分有名。白居易有首《眼病》诗，其后半写道：“案上谩铺《龙树论》，盒中虚捻决明丸。人间方药应无益，争得金篦试刮看。”唐代还有擅长治眼病的印度僧人。如刘禹锡的《赠眼医婆罗门僧》诗中就曾写道：“师有金篦术，如何为发蒙。”此处的“金篦术”即印度眼医之金篦决障术，即以金针拔除白内障的技术。此术后来在印度失传，直至20世纪80年代才由中国医生复活并回传印度（详见第七章第二节）。

2. 僧书记载

这里的“僧书”指僧人撰、译的著作。唐代，僧人涉及医药方面的著译不少，如唐义净著《南海寄归内法传》，义净译《根本说一切有部毗奈耶药事》、《根本说一切有部百一羯磨》，道世编集《法苑珠林》（有关部分），等等。下面着重介绍《南海寄归内法传》的记载，因为它直接记述了印度医药理论和保健知识。

《南海寄归内法传》配合佛教的戒律撰写了40个问题，分为4卷，每卷谈约10个问题。其中涉及印度卫生保健、用药治病的问题不少。下面逐一叙述。

第八个题目是《朝嚼齿木》，介绍了印度人的口腔保健法：嚼齿木和漱口，并论述其好处。中国古人刷牙，大抵与印度的齿木有关。

第二十个题目是《洗浴随时》，以古印度《医方明》的观点解释沐浴与饮食的关系。

第二十二题是《卧息方法》，讲述了古印度的坐具、卧具及其与健康的关系。

第二十三题《经行少病》，讲的是步行运动的好处。

第二十七《先体病源》集中谈论了印度医药学知识。先说饮食与健康的关系，强调根据身体健康情况进食，而健康情况则要"观四大之强弱"。又介绍古代印度医学理论。继而将中外草药进行对比。最后说到病源："凡四大之身有病生者，咸从多食而起，或由劳累而发"，强调"体病本"、"解调将"、"止流塞源"、"伐树除本"，一句话，"四大调畅，百病不生"。这都是有一定道理的。

第二十八《进药方法》首先讲印度医理："夫四大违和，生灵共有，八节交竞，发动无恒，凡是病生，即须将息。故世尊亲说《医方经》曰……初则地大增，令身沉重。二则水大积，涕唾乖常。三则火大盛，颈胸壮热。四则风大动，气息击冲。"然后根据病情提出"断食"、"饮汤"、"近火"、"涂膏"等将息方法。还特别介绍了"三等丸"的制作和服用方法。最后，根据印度《医明》，强调了生病时"绝食"的重要，及"绝食"的时间、地区、条件、禁忌等。

第二十九《除其弊药》对庸医假药进行了抨击，告诫人们不可乱用药，至于那些有用而易得的药，则要常备身边。

总之，《南海寄归内法传》中关于医药的部分有这样几点值得注意：第一，义净作为僧人，宗法印度戒律、祖述西天《医明》，都是可以理解的，但他并没有一味地照搬印度医药成法，而是时时不忘神州医药成就，往往将二者加以比较，融会贯通，中西结合，旨在实用。第二，义净能根据中国与印度地理、气候、物产、习俗等差异提出自己的见解，既不违背佛理、《医明》的大旨，又使中国僧俗易于理解，切实可行，行之有效。第三，义净是一位医药学的有心人，是一位实践家。他在取经当中能问医问药，详细观察，这为他进行中印医比较打下基础；他能长期坚持防病养生的实践，并将自己的体会融之于书，增加了书的说服力。第四，《进药方法》一章有这样一段话："神州药石根茎之类，数乃四百有余，多并色味精奇，香气芬郁，可以蠲疾，可以王神。针灸之医，诊脉之术，赡部洲中，无以加也……异物奇珍，咸萃于彼，故体人像物，号曰神州。五天之内，谁不加尚？四海之中，孰不钦奉？”可见，当时中国的医药学已经十分发达，优于邻国。而义净则是怀着巨大的爱国情怀和自豪感巡礼西天、南海各地的，在此期间他很可能曾向当地僧俗介绍过中国医药知识。

3.《千金方》和《外台秘要》

这里要重点介绍的是唐代两部医书，它们都与中印医药交流有关。

《备急千金要方》和《千金翼方》有时又被合称为《千金方》。其作者是隋唐时代的著名医药学家孙思邈。《备急千金要方》是他于永徽三年（652）在广泛搜集历代各家方书和民间验方的基础上编辑成的，《千金翼方》则是他于30年后根据自己的行医经验撰写成的。这两部书都是我国现存的最早的医学类书，在中国医学史上享有崇高的地位，他本人也被后世尊为“药王”。据《旧唐书》本传，孙思邈“七岁就学，日讲千余言。弱冠，善谈老庄及百家之说，兼好释典”。即是说，他很早就受有佛教典籍的影响。这种影响在他的著作中表现了出来。在《备急千金要方》卷第一《序例》中，他写道：“经说：‘地水火风，和合成人。凡人火气不调，举身蒸热；风气不调，全身强直，诸毛孔闭塞；水气不调，身体浮肿，气满喘粗；土气不调，四肢不举，言无音声。火去则身冷，风止则气绝，水竭则无血，土散则身裂……凡四气合德，四神安和。一气不调，百一病生；四神动作，四百四病，同时俱发。’又云：‘一百一病，不治自愈；一百一病，须治而愈；一百一病，虽治难愈；一百一病，真死不治。’”这说明他的医学思想中包含着印度医学理论的成分。

在1936年的《中国医学杂志》上，范行准先生发表了《胡方考》一文，经过考证，他认为，《千金翼方》中有不少方子都是来自印度的方剂。有些药方，孙思邈已经做了明确的说明。例如有一个《服昌蒲方》，孙思邈写道，此方是“天竺摩揭陀国王舍城邑陀寺三藏法师跋摩米帝以大业八年与突厥使主，至武德六年七月二十三日为洛州大德护法师、净土寺主矩师笔译出”。在《苦参消石酒方》所附《浸酒法》中，孙思邈又说：“黄青白消石等是百药之王，能杀诸虫，可以长生，出自乌场国[①]，采无时。此方出《耆婆医方论·治疾风品法》中。”可见，上述各方有的是采自印度医书，有的是采用了印度方面传来的药物。

《外台秘要》的作者是略晚于孙思邈的另一位唐代医药学家王焘。据《新唐

① 即前文曾多次提到的乌长或乌苌。

书》本传，王焘出身于仕宦之家，曾为官，性至孝，“数从高医游，遂穷其术，因以所学作书，号《外台秘要》”。《外台秘要》成书于天宝十一年（752），全书共40卷，分1 104门，载有6 000余方，是汇集前人69家医方书而撰成的医学巨著。其中介绍了不少印度方面的医药学知识。

《外台秘要》卷二十一《眼疾二十四门》记载：“谢道人曰：夫眼者，六神之主也。身者，四大所成也。地水火风，阴阳气候，以成人身八尺之体。骨肉肌肤，块然而处，是地大也；血泪膏涕津润之处，是水大也；生气温暖，是火大也；举动行来，屈伸俯仰，喘息视瞑，是风大也。四种假合，以成人身。”王焘说此谢道人俗姓谢，号陇上道人，住齐州，从西国胡僧学眼科医术。从谢道人的言论看，他是受了印度医学理论的影响，因此，他所从学的“西国胡僧”很可能是印度人。同卷同门又有谢道人撰《天竺经论眼序》一首，说：“盖闻乾坤之道，唯人为贵，在身所重，唯眼为宝。以其所系，妙绝通神，语其六根，眼最称上。是以疗眼之方，无轻易尔。”这也足以证明印度古代的医学理论在当时的影响。此外，据范行准先生的《胡方考》，书中有关印度的方剂尚有卷三引《深师方》的《酪酥煎丸》，卷九引《千金方》的《疗肺病咳嗽脓血及唾涕血不止方》，卷十引《千金方》的《疗土气方》、引《救急方》的《疗上气咳肺气胸痛方》，卷十九引《张文仲方》的《牛膝三物散》、引《肘后方》的《疗脚气方》，卷二十一引《肘后方》的《疗眼赤无新久皆差神验方》、引《近效方》的《眼赤痛眼漠漠方》和《敕赐源乾曜疗赤眼方》、引《崔氏方》的《眼赤并胎赤方》、引《必效方》的《眼风赤久胎赤方》、引《救急方》的《久患风赤眼方》、引《必效方》的《疗眼暴赤方》、引《延年方》的《令目明方》、引《近效方》的《眼中一切诸疾方》两种，卷三十引《近效方》的《婆罗门僧疗大风疾并压丹石热毒热风手脚不随方》、《疗一切热疮肿硝石膏方》，卷三十一引《近效方》的《莲子草膏》、引《广济方》的《蒜煎方》和《地黄煎》，卷三十八的《耆婆汤》，等等。这些药方中，有的出在唐代以前，有的则流行于唐代，有的甚至是唐朝宫廷中使用的。

此外，还有一些香药方、熏衣香药方，则多是供上层社会所使用。

4.《医理精华》

《医理精华》是印度古代的梵文医书，主要讲述印度古代医药学理论，并精选汇集了治疗各种疾病的良方。其作者拉维笈多大约出生于7世纪中叶。该书在9世纪被翻译为藏文，10世纪被翻译为于阗文，13世纪前被翻译为回鹘文，在我国西藏和新疆地区流传并产生了深远的影响。但是，对于该书的研究，西方学者开始得很早，我国却长期无人问津。近年来，我国年轻的梵文学者陈明对此书进行了深入细致的研究，并将它译为汉文①。通过他的研究，我们进一步了解了印度古代医药学理论和实践对我国传统医学的影响。

## 三、技术

### 1. 制糖

中国用甘蔗制糖的历史很悠久。据季羡林先生考证，“中国蔗糖的制造始于三国魏晋南北朝到唐代之间的某一个时代”②。由于印度的地理条件和气候因素，那里自古生产甘蔗。那里的人们很早就会用甘蔗轧糖。印度古代制糖法最早是通过佛经介绍到中国来的。从晋代以来所翻译的一些佛经中，如《摩诃僧祇律》、《五分律》、《四分律》等可知，两晋南北朝时期，印度压甘蔗汁制糖的信息已经传到了中国。尽管其方法并不详细，但已具有一定的可操作性。至于中国人是否学习了这一方法，则无例证。

到了唐代，义净译的《根本萨婆多部律摄》卷八提到做“沙糖团”的方法；义净在其所译《根本说一切有部百一羯磨》卷九夹注中还进一步指出：“然而西国造沙糖时，皆安米屑。如造石蜜，安乳及油。”

据《新唐书》卷二二一《西域传》记载：“贞观二十一年……太宗遣使取熬糖法，即诏扬州上诸蔗，榨沉如其剂，色味愈西域甚远。”而道宣《续高僧传》卷四《玄奘传》中则说得更详细：“使既西返，又敕王玄策等二十余人，随往……并就菩提寺召石蜜匠。乃遣匠二人、僧八人，具到东夏。寻敕往越州，就甘蔗造之，皆有成就。”从这两条记载可知，唐代初期，太宗皇帝对制糖业十分重视。他显然知道当时印度的制糖法比较先进，所以才下令派人到印度去取熬糖法。而王玄策不负使命，果然从印度请来了工匠。由于学习了印度的熬糖法，并进一步提高，所以当时中国制造的糖要胜过印度的糖。

敦煌卷子P3303号上，在短短的几百字中，却详细地记有印度甘蔗的种类、造“沙糖”法、造石蜜法、甘蔗栽培法等内容。季羡林先生对这一卷子做了全面的诠释之后，说：“我们眼前的这张只有几百字的残卷告诉我们的却是另外一

---

① 陈明：《印度梵文医典〈医理精华〉研究》，北京：中华书局，2002年版。

② 季羡林：《文化交流的轨迹——中华蔗糖史》，北京：经济日报出版社，1997年版，第67页。

条道路，一条老百姓的道路。造糖看起来不能算是一件了不起的大事，但是它也关系到国计民生，在中印文化关系史上在科技交流方面自有其重大意义。”[①]后来，中国的糖越造越好，又开始向印度回传，所以，在今天印度的一些语言里，还把白糖叫作“支尼”，意思是“中国的”。

2. 造纸

中国是最早制造纸的国家，纸的制造最晚可以追溯到汉代。在这方面，季羡林先生根据古代典籍和考古资料，曾写过四篇文章：《中国纸和造纸法输入印度的时间和地点问题》、《关于中国纸和造纸法输入印度的补遗》、《中国纸和造纸法最初是否是由海路传到印度去的？》和《对〈丝〉、〈纸〉两篇文章的补正》[②]。下面根据季先生的这些文章，对中国纸和造纸法传入印度问题做简要介绍。

公元2世纪中叶，中国新疆和田一带已经使用纸了，那里离印度很近，因此印度人很可能在那时已经知道有纸这种书写材料了。到了公元7世纪，唐代义净去印度取经，看到印度使用纸，他在《南海寄归内法传》中记载了这件事。所以，印度至迟到7世纪已经开始用纸。但是，知道用纸是一回事，会造纸则是另一回事。据季先生考证，公元751年，在中亚撒马尔罕发生了一场战役，史称“怛逻斯之役”。这场战役中中国人被打败了，一些中国工匠成了战俘。这些工匠中有可能有造纸工匠。根据一些外国旅行家的记载，是那场战役中的中国俘虏把造纸技术传给了当地人，后来造纸法又从那里传到了阿拉伯，传遍世界，自然也传到了印度。但也不排除印度在此之前已经学会造纸法的可能。季先生认为，中国造纸法传入印度的途径是通过陆路。

黄盛璋先生在《关于中国纸和造纸法传入印巴次大陆的时间和路线问题》一文[③]中对于中国造纸法向印度传播的问题提出了自己的见解，他认为，中国纸和造纸法是在公元650年之后首先传入中国西藏，然后又于650至670年间由西藏传至尼泊尔，然后遍及南亚次大陆。他的意见是有一定道理的，可备一

① 关于中国与印度之间的糖文化交流，季羡林先生写有三篇论文：《CINI问题》、《一张有关印度制糖法传入中国的敦煌残卷》和《古代印度沙糖的制造和使用》，均收在北京师范学院出版社1991年版《季羡林学术论著自选集》，可以参考。1997年，先生又出版了《文化交流的轨迹——中华蔗糖史》（经济日报出版社）一书，以大量的资料，更加全面系统地论述了中印制糖技术的交流。

② 均收在季羡林：《中印文化关系史论文集》，北京：生活·读书·新知三联书店，1982年版。

③ 载《历史研究》1980年第1期。

家之言。

3. 植桑养蚕

第二章里，我们在谈到中国丝及丝制品向印度传播时曾引用过季羡林先生的论文《中国蚕丝输入印度问题的初步研究》。这里，我们还要依据此文的线索探讨中国植桑养蚕技术向印度传播的问题。

在古代的西域，最早植桑、养蚕和缫丝的地方是和阗。据《大唐西域记》卷十二“瞿萨旦那国”条：“昔者此国未知桑蚕，闻东国有之，命使以求。时东国君秘而不赐，严敕关防，无令蚕种出也。瞿萨旦那王乃卑辞下礼，求婚东国。国君有怀远之志，遂允其请。瞿萨旦那王命使迎妇，而诫曰：尔致辞东国君女，我国素无丝绵桑蚕之种，可以持来，自为裳服。女闻其言，密求其种，以桑蚕之子置帽絮中。既至关防，主者遍索，唯王女帽不敢以验。遂入瞿萨旦那国，止麻射伽蓝故地。方备礼仪，奉迎入宫。以桑蚕种留于此地。阳春告始，乃植其桑。蚕月既临，复事采养。初至也，尚以杂叶饲之。自时厥后，桑树连荫。王妃乃刻石为制，不令伤杀；蚕蛾飞尽，乃得治茧。敢有犯违，神明不佑。遂为先蚕，建此伽蓝。数株枯桑，云是本种之树也。故今此国，有蚕不杀，窃有取丝者，来年辄不宜蚕。”季先生在文中指出：“西藏也有这个传说，内容差不多……这是不是只是一个传说呢？恐怕不是，这可能是个历史事实，因为正史里也有记载。”接着，他引了《新唐书》卷二二一《西域传》中“于阗”条的有关记载，并说：“事实上和阗是古代西域唯一的养蚕出丝的地方，这传统一直维持下来，到现在还没有中断。”[①]他还以考古资料为佐证，说A.斯坦因在和阗的丹丹乌里克“发见一块画版，中央画着一个盛装贵妇，头戴高冕，女郎跽于两旁。画版一端有一只篮子，里面装满了果实似的东西。左边的侍女用左手指着贵妇人的冕。这画什么意思呢？这贵妇人无疑就是我们上面谈到的把蚕种藏在帽子里偷传到和阗去的中国公主”。“斯坦因还在和阗北面一座古庙的废址里发见了一幅壁画，画着一个四臂蚕神，就是中国古书上所谓‘先蚕’。”[②]我们知道，古代和阗曾居住过许多印度移民，当地受印度古代文化影响很深，这是由其地理位置决定的。如果植桑、养蚕和缫丝的技术能在唐代以前就由内地传到和阗，那么经由和阗再传到印度就不会是很迟的事情了。另外，波斯和中国西

① 季羡林：《中印文化关系史论文集》，北京：生活·读书·新知三联书店，1982年版，第60页。

② 同上，1982年版，第66页。

藏、云南等地都是很早就能养蚕缫丝的地方，这些地区与古印度都相邻近，都有交通上的便利，因此，中国的植桑养蚕法也可能通过这些地区传到印度，只是难以确定具体时间而已。

4. 建筑技术

《大唐西域求法高僧传》卷上，义净详细记叙了印度那烂陀寺的建筑规模、布局、材料、技术等，是极为难得的文字资料。他写道："然其寺形，畟方如城，四面直檐，长廊遍匝，皆是砖室。重叠三层，层高丈余，横梁板阗，本无椽瓦，用砖平覆。寺皆正直，随意旋往。其房后壁即为外面也，叠砖峻峭，高三四丈。上作人头，高共人等。其僧房也，面有九焉。一一房中，可方丈许，后面通窗户向檐矣。其门既高，唯安一扇……于一角头作阁道还往。寺上四角，各为砖堂，多闻大德而住于此。寺门西向，飞阁凌虚，雕刻奇形，妙尽工饰。其门乃与房相连，元不别作，但前出两步，齐安四柱。其门虽非过大，实乃装架弥坚……寺内之地方三十步许，皆以砖砌。小者或十步，或五步耳。凡所覆屋脊上檐前房内之地，并用砖屑如桃枣大，和以杂粘泥，以杵平筑，用疆石灰，杂以麻筋并油及麻滓烂皮之属，浸渍多日，泥于砖地之上，覆以青草，经三数日，看其欲干，重以滑石揩拭，拂赤土汁或丹朱之类，后以油涂，鲜澄若镜。其堂殿阶陛，悉皆如此。一作已后，纵人践踏，动经一二十载，曾不圮坼。"义净的记载可能会对后世中国的寺院建筑发生影响。同时，他还说那烂陀寺附近有一"支那寺"。宋代范石湖的《吴船录》卷上记宋僧继业西天取经行程时说，继业到达摩揭陀国时"馆于汉寺。寺多租入，八村隶焉。僧徒往来如归。"汉寺"西北五十里，有支那西寺，古汉寺也"。不知这个古汉寺是否即义净所说的支那寺，也不知新汉寺是否为中国的建筑。

## 第四节 精神文明交流

### 一、随佛教传入的印度古代哲学

前文说过，印度早期来华僧人多精通印度上古学术，其中有不少人对吠陀哲学很了解。因此他们很可能把上古的吠陀哲学带进中国，并对中国人的思想产生影响。

在佛陀时代，即公元前6世纪前后，印度出现了6位有影响的思想家，即佛典中所说的"六师"（又称"六师外道"）。随着佛典的翻译，他们的部分思想也被介绍到中国来了。由于他们是释迦牟尼的对立面，所以佛典中经常提到他们，对他们的思想予以片面的介绍，并且痛加贬低和批判。他们的故事也经常出现于中国古代的绘画和文学作品。除了早期的"六师"哲学以外，印度古代的一些重要哲学派别也大多随佛教传入我国，并有一定影响。下面根据黄心川先生的《印度哲学史》[①]对有关派别在中国的情况作简要介绍。需要说明的是，这些派别的思想随佛教传入中国的时间不仅仅限于隋唐时代，而是贯穿我国佛经翻译的整个过程。这里把它们集中起来介绍。

1. 顺世论

印度的顺世论哲学大约产生于佛陀时代，属于沙门思潮，其代表人物是"六师"之一阿耆多·翅舍钦婆罗（Ajita Kesakambala）。在公元3世纪以前，印度已经有了顺世派的两种经典和几种注释。这是印度古代的一个唯物主义哲学派别，认为世界是由物质构成的；意识是从物质产生的；感觉经验是认识的唯一来源；没有永恒的灵魂；没有超自然的实体和神；因果报应的规律是不能证明的；宗教圣典、祭司和宗教仪式等是骗人的；禁欲主义是违背生活目标的。

中国的汉译佛经和藏译佛经都保存有一些关于顺世论的重要历史资料。自三国至明的一千年间，在中国翻译或撰注的62部汉译佛经及其他史籍中都有关于顺世论的记载。最早较系统介绍该派思想的是吴支谦译的《梵网六十二见经》和东晋时译的《寂志果经》。据《大慈恩寺三藏法师传》卷四，玄奘在印度时曾经与顺世论者辩论。唐代还有顺世派人物到中国活动，如《旧唐书·天竺传》记载唐高宗时有印度卢迦溢多（Lokayata）来华制造"长年药"，同书《郝处俊传》、《册府元龟》卷四十六等亦有记载。另外，隋唐时代，一些中国僧人，如吉藏、智周、定宾、澄观等的著作也对顺世论进行了批判，说明它在中国的思想界还是有影响的。

2. 生活派

生活派也属于古印度的沙门思潮，相传其创始人为"六师"之一末伽梨·拘舍罗（Makkhal Gosala）。汉译佛经中常意译为"邪命外道"、"无命术"等，又音译为"阿耆毗伽"、"阿夷维"、"阿耆维"等。该派起源于北印度，在南方也得到发展，它是适应了印度最初专制国家的兴起而诞生的，中世纪以后与耆那教和印度教的一些民间信仰相结合，逐渐消失。玄奘在《大唐西域记》

① 黄心川:《印度哲学史》，北京：商务印书馆，1989年版。

中有多处记载了生活派的情况，称他们为“露形外道”或“露形之徒”。我国的汉译佛经和藏文佛经中保存有很多生活派的历史资料。

3. 耆那教

耆那教与佛教大体上是同时产生的。据传“六师”之一的尼乾陀·若提子（Nigantta Nataputta）是耆那教的实际创始人，后世的耆那教徒尊称他为“大雄”（Mahavira）。耆那教在印度一直流行了两千余年，在佛教消亡以后，耆那教仍然存在。耆那教拥有大量的历史文献和众多的信徒。

耆那教的理论和活动在我国的汉译佛经和藏译佛经中都有许多记载。汉译佛经如《长阿含》、《中阿含》、《杂阿含》、《增一阿含》及《大毗婆沙论》、《发智论》、《瑜伽师地论》、《显扬圣教论》等，都有记载。《大唐西域记》中也有不少记载。汉译佛经中称耆那教为“尼乾外道”、“无系外道”、“裸形外道”、“无惭外道”和“宿作因论者”等。

4. 数论派

数论派哲学是印度古典“六派哲学”之一，大约形成于印度孔雀王朝衰落到笈多王朝兴起的时代。汉译佛经中又译为“僧佉”、“迦毗罗论”、“雨众外道”等。数论派最早最重要的经典是《数论颂》，相传是自在黑（Isvarakrsna）作于三四世纪。《数论颂》的最早注释本是汉译佛经中保存、陈真谛译的《金七十论》。此本在印度已经失传，后来又逆译为梵文。此外在汉译佛经中，涉及数论派资料的有《大毗婆沙论》、《佛所行赞》、《佛本行集经》、《大庄严经》、《大智度论》、《百论》、《提婆菩萨破楞伽经中外道小乘四宗论》、《瑜伽师地论》、《佛性论》、《入大乘论》、《成唯识论》、《大般涅槃经》、《方便心论》、《成实论》、《显扬圣教论》等等，凡30余种。藏译月称（Candrakirti）的《入中观论》卷六亦有重要记载。

5. 瑜伽派

瑜伽派是印度正统的“六派哲学”之一。该派与数论派结合在一起，被称为姐妹哲学。瑜伽是一种修行方式和实践。但由于其修行目的与宇宙观和认识论有关，故又把它列为哲学派别。关于瑜伽的一些原始理论和实践可以追溯到上古时期，佛典中提到的几个佛陀时代的瑜伽师被认为是该派的先驱。中印两国都保存有大量该派的史料。

瑜伽与佛教从一开始就有着密切的关系。佛教的禅定思想和修法深受其影响。所以，瑜伽是随佛教一起传入我国的。瑜伽的修行理论为大乘佛教所吸收，在《瑜伽师地论》等典籍中有明确反映，在密教中亦有所反映。因此，汉藏两地的佛教都受有瑜伽派的影响。瑜伽的修行实践还在健身和养生方面与中国的气功等相结合，为医学家和道家所吸取，发挥过重要作用。

6. 胜论派

胜论派也是印度古代“六派哲学”之一。其创始人是迦那陀（Kanada），一般认为他是公元前2世纪人。该派的最早经典是《胜论经》，相传是迦那陀所作。胜论派还有一部重要经典《胜宗十句义论》保存在汉译佛经中，是玄奘于贞观二十二年译出。汉译佛经中，涉及胜论思想的有《成实论》、《百论疏》、《成唯识论述记》、《俱舍论光记》等；有关佛教与胜论派论争的有《成实论》、《百论疏》、《广百论释论》、《俱舍论光记》等；涉及胜论派其他资料的有《大庄严论经》、《大般涅槃经》、《百论疏》、《阿毗达磨顺正理论》、《阿毗达磨藏显宗论》、《俱舍论光记》等。

胜论派在我国思想界的斗争中曾产生过影响。隋吉藏在建立三论宗的体系时，曾通过对《百论》和《中论》的注疏对胜论派的一些观点逐一加以批驳。唐代无神论者吕才在阐述自己的唯物论和无神论时曾把胜论派的原子说与《易传》中的“气”都看作是物质的范畴，并以此为世界的根源。

1994年，商务印书馆出版了汤用彤先生的《汉文佛经中的印度哲学史料》遗稿。书中搜罗甚丰，为研究印度古代哲学在我国的译介和影响提供了极为方便的条件。

## 二、中国道教在印度

在中国与印度的长期交往中，中国的宗教哲学势必在印度产生某些影响，但到目前为止，这还只是一种推论，我们没有足够的资料予以充分的证实，尤其缺乏印度方面的资料。下面谈两个问题。

### （一）老子与印度

为说明老子与印度的关系，这里需要从汉代说起，以唐代为重点，并直至现代，因为以后将不再谈这个问题。

1. 缘起

老子是中国古代伟大的思想家。他为人类留下的宝贵遗产是他的著作《老子》五千文。因为他属于全人类，所以他与印度发生关系本是情理中事。老子与印度的关系首先是因为他被奉为道教的始祖，然后则因为佛教的传入。《后汉书》卷八十八记曰："楚王英始信其术，中国因此颇有奉其道者。后桓帝好神，数祀浮图、老子，百姓稍有奉者，后遂转盛。"卷四十二又曰："英少时好游侠，交通宾客，晚节更喜黄老，学为浮屠斋戒祭祀。"可见，在佛教传入之初，中国人就把佛教和道术同等看待了，老子与佛教就紧密地结下因缘。但与此同时，又有了"老子入夷狄为浮屠"的说法[①]。

2. 老子化胡事

大约到了晋代，佛教在中国的发展引起了一些人的不满，道教徒更是一马当先反对佛教，于是出现了《老子化胡经》，说老子西出函谷关是到了印度，佛教是老子创立的。相传这《化胡经》是晋代道士王浮所作。根据汤用彤先生的意见，老子化胡说在汉代还是可以为佛教徒接受的，因为当时佛教初传，"其说大有助于最初佛教之流行"。"至若后世佛教徒对于老子化胡之说深恶痛绝，在历史上往往煽动极烈之宗教情绪，引起重大之纷扰。如北周之毁佛法，元代之焚道经，则其尤显著者也。"[②]南北朝时，佛教与道教之间的斗争十分激烈，除汤先生说的北周毁佛事件外，还有一些令人惊心动魄的事例。唐道宣《续高僧传》卷三十《昙无最传》记，元魏正光元年（520），明帝请佛道两家上殿辩论，昙无最和道士姜斌对论。明帝首先提出佛与老子是否同时的问题，姜斌答："老子西入化胡成佛。佛以为侍者。文出《老子开天经》。据此，明是同时。"昙无最乘机追问老子的生年和西入的时间，利用时间的不合批驳了姜斌的说法。明帝又令臣下核查《开天经》的作者，臣下170人读后奏云："老子止著五千文，余无言说。臣等所议，姜斌罪当惑众。"于是明帝要处姜斌以极刑，为西国三藏菩提留支苦谏乃止。

两晋南北朝时，中国去印度取经的僧人很多，他们虽然是佛教徒，但不少人对中国文化十分了解。因此，他们在求法之余，把中国儒家和道家的思想介绍给印度人是完全可能的。《洛阳伽蓝记》卷五记有宋云和惠生去天竺取经事，神龟二年（518）十二月，宋云、惠生进入乌场国，受到国王接见，国王问中国是否出圣人。"宋云具说周、孔、庄、老之德，次序蓬莱山上银阙金堂，神仙圣人并在其上；说管辂善卜，华佗治病，左慈方术，如此之事，分别说之。"这一小段记载非常宝贵，它说明这样几个问题：第一，大凡去西域的官方使者、

① 《后汉书·襄楷传》。

② 汤用彤：《王维诚〈老子化胡说考证〉审查书》，《汤用彤学术论文集》，北京：中华书局，1983年版，第80页。

僧侣、商人，与外国人交往，难免会遇到宋云、惠生的情形，即使出于好奇，人家也会问问中国的风土文物，这是人之常情。所以，宋云介绍的情况别人也会介绍，只是没有记载而已。第二，宋云介绍的内容很多，但其中突出了道教和方术。第三，至少在这时，当中国还在为老子化胡事辩论得死去活来时，老子的名声已经传到了印度。老子与印度有了实质性的关系。

唐代，佛道两教都发展到鼎盛时期，但仍在为老子化胡事争斗不休，一些道观里画有老子化胡的“变相”，一些佛寺里也有与之针锋相对的图画。两家的官司经常打到皇帝跟前，有时甚至皇帝发布了命令也不行。《宋高僧传》卷十七《法明传》记载：法明于“中宗朝入长安，游诸高达，适遇诏僧道定夺《化胡成佛经》真伪”。法明参加辩论，质问得道流无言以对。于是中宗于神龙元年（705）九月十四日下敕“废此伪经”，并说“其《化胡经》及记录有化胡事，并宜删削。若有蓄者，准敕科罪”。

3. 译《老子》为梵文事

唐代，中印交通更为频繁，高僧玄奘西行求法在前，李义表、王玄策等出使西域紧随其后。道宣《集古今佛道论衡》卷丙记载，唐贞观二十一年（647），李义表归国，向唐太宗汇报出使情况，提到他向东天竺迦摩缕波国童子王（Kumara，又称鸠摩罗王）介绍《老子》事，太宗下敕：“令玄奘法师与诸道士对共译出，于时道士蔡晃、成英二人，李宗之望，自余锋颖三十余人，并集五通观，日别参议，详覆《道德》，奘乃句句披析，穷其义类，得其旨理，方为译之。”唐太宗让玄奘翻译《道德经》的原因大约有这样几条：第一，印度方面已知道老子其人其书，既欲进一步了解，又欲以此修好唐室。《新唐书·天竺传》亦曰：“迦没路国献异物，并上地图，请老子像。”迦没路国即《大唐西域记》中的迦摩缕波国，在今印度东北部阿萨姆一带。玄奘曾至其国，并与童子王有着很深的交情。童子王提出这样的请求是出于某种需要。第二，唐皇以老子为先祖，老子以《道德经》永垂后世，唐太宗的做法既有光宗耀祖的用意，又有光大中华文化的雄心。第三，玄奘游学印度17年，精通梵汉，完全有能力担当此任，翻译《道德经》已成为可能。

不过，玄奘是否将《老子》译成梵文，还有争论。《佛祖统纪》卷三十九记曰：“上令翻《道德经》为梵文，以遗西竺。师曰‘佛、老二教，其致大殊，安用佛言用通老义？且老子立意肤浅，五竺观之，适足见薄。’遂止。”这意思是根本就没有翻译。但从《集古今佛道论衡》和《续高僧传》卷四《玄奘传》的记载来看，肯定是已经翻译了。道宣与玄奘可以算作同时代人，而且关系密切，是不会误记的。《玄奘传》中确有“遂不译之”的字眼，但不译的是五千文以外“序引”之类的文字，而不是《道德经》的正文。至于正文，是已经“翻了”。玄奘与太宗关系亲密，凭他对太宗的了解，也决不会说出“老子立意肤浅”的话。他倒是对那些“序引”多有褒贬，认为“其言鄙陋，将恐西闻异国有愧乡邦”，“则恐彼以为笑林”。在这一点上，是《佛祖统纪》误记了。

玄奘翻译了《老子》之后，《老子》是否传到了印度，如果传去，印度方面的反应如何，这些都不得而知。但据推测，既然已经翻出，没有不送往印度的道理，何况此后王玄策还去过印度。

4.《老子》在印度

20世纪80年代，印度北方一些城市的书摊出售印地文和乌尔都文《道德经》，而且印地文的《道德经》还不止一种版本。其中，北方邦瓦拉纳西全面服务协会出版、1984年4月第三次印刷的译本，既非译自汉文，亦非译自英文，而是译自马拉提文。马拉提文译者在其1959年写的该书序言中说，他是在20年前得到《道德经》的英文译本并将它译为马拉提文的，由于他不懂汉文，又无机会向中国的道教学者请教，生怕译文有误，故将译稿放置身边达20年之久，作了进一步的研究和思考后才斗胆付梓。可知印度人至少在20世纪30年代末即已见到英文本的《道德经》。印度其他语种的本子虽未见到，但仅据已知的4种文本来看，《道德经》在印度的流传已相当广泛，而且已至少流传了近70年。

从古代到现代，老子与印度始终有着特殊的因缘。像中国古人把佛教与黄老并列，认为“浮屠所载与中国《老子经》相出入”[①]一样，印度的古人和今人对《道德经》也有一种似曾相识的亲切感，所以迦没路国的童子王会向唐室求取《道德经》，而今天的印地文《道德经》会被意译作《道奥义书》[②]。

**（二）道教与印度密教**

道教与印度密教的问题在19世纪末、20世纪初即已引起学界的重视。据印度学者苏尼提·库马尔·查特吉（Suniti Kumara Chatterjee）说[③]：1874

①《三国志·魏书》裴松之注引《魏略》。

② 参见拙文《老子与印度》，载《南亚研究》1990年第2期。

③ 苏尼提·库马尔·查特吉：《古代中印关系：印度从中国得到了什么》，加尔各答，1961年英文版，第105页。

年以前，一套婆罗门教密宗的孟加拉文抄本被公布于世，并以孟加拉文字母印行出版；其中有梵喜峰（Brahmananda Giri）所著的《多罗母秘义》（*Tara-rahasya*），还有不知名作者的《楼陀罗合璧怛多罗》（*Rudra-yamala Tantra*）和《摩诃支那功修法》（*Maha-cinacara- krama*）；这些书中所说的“左道”（Vamacara或Viracara）都以多罗母（又称度母，Tara）女神为崇拜对象，并说这一派的功法来自中国，是由圣人殊胜（Vasistha）亲自到中国修炼后带回来的；另一部印度教密宗典籍《弥罗怛多罗》（*Meru-tantra* ）中也提到“左道”仪轨中的男女交合修法是属于中国宗教的；1913年公之于世的一个《度母怛多罗》（*Tara-tantra* ）版本是编纂者从两部书《楼陀罗合璧怛多罗》和《梵天合璧怛多罗》（*Brahma-yamala Tantra*）摘引的，其中讲到殊胜从中国获得“左道”修法的故事；1900年，印度学者M. 哈拉普拉萨德·夏斯特里（M. Haraprasad Shastri）在孟加拉政府指示下出版的《梵文写本报告》的前言中指出：女神度母和左道修法与中国有关；1905年，法国学者S.列维（Sylvain Levi）在谈到尼泊尔佛教和印度教所崇拜的神明时，赞成度母和左道修法（包括“五M功”）来自中国；列维等学者通过印度的肖像资料证明在中国受到特别崇拜的大乘神明，如文殊（Manjusri）、普贤（Samantabhadra）已为印度所知；在加尔各答1931年3月号的《印度历史学刊》上，印度学者师觉月（P. C. Bagchi ）发表论文《密教的外来成分》，以新的证据指出了佛教和印度教密宗受到了中国的影响；1932年，牛津大学出版了B.巴塔查里亚（B. Bhacharya）的《佛教密宗导论》一书，书中介绍了度母和殊胜的传说，并讨论了“左道”来自中国的问题。

这里有几个问题需要说明：第一，“左道”的梵文是Vamacara，又作Vama-marga，vama是左的意思，marga是道路的意思，和中国所说的“旁门左道”的“左道”正相合，也许这个词正是来自中国。第二，“五M功”是“左道”的修炼方法，其M是5个梵文词的第一个字母：酒（madya）、鱼（matsya）、肉（mamsa）、手印（mudra）和性交（maithuna）。也就是说，这五功基本上是与印度传统的各宗教的戒律针锋相对的。说它们与中国影响有关也有道理。第三，“摩诃支那功”又叫“支那功”，即“中国功”，显然是指从中国传去的一派修炼体系。

印度密宗受到中国的影响，不仅有道教的影响，还有中国佛教向印度的回传问题。唐代，中国僧人大批到印度去，印度也有大批僧人到中国来。这一来一去正说明了中国佛教的兴旺发达。而在印度方面，这一时期却是佛教的衰落期，也是密教的兴旺期。一方面，中国的大批僧人到印度去，在那里长期居住求学和周游圣地，这势必在印度的佛教徒及印度教徒中留下影响，使他们确信中国是一个崇拜佛教的国家。由于印度佛教的衰落，僧人们自然会到中国来寻求发展，也必然要产生一种说法：佛法在印度消亡后，佛要派人到中国去振兴佛法。我们在佛经中找到了这样的说法，唐代菩提流志译的《佛说文殊师利法宝藏陀罗尼经》写道："尔时世尊复告金刚密迹主菩萨言：我灭度后，于此赡部洲东北方，有国名大振那，其国中有山，号曰五顶。文殊师利游行居住，为诸众生于中说法。"振那即是支那的别译，五顶山即是五台山。不空译《大乘瑜伽金刚性海曼殊室利千臂千钵大教王经》的"叙"中提到五台山和清凉山，暗示了文殊菩萨与五台山的关系。这两部经都是密教典籍，说明文殊在五台山传法是佛教密宗的传说。《宋高僧传》卷二《佛陀波利传》：佛陀波利为北印度人。"忘身徇道，遍观灵迹，闻文殊师利在清凉山，远涉流沙，躬来礼谒。"到五台山后，文殊化为一老人启示他，并指示他翻《佛顶尊胜陀罗尼经》。《智慧传》：智慧为北天竺迦毕试国人。"常闻支那大国，文殊在中，锡指东方，誓传佛教。"这二人都是北印度人，都是慕名而来。前者是高宗仪凤元年（676）到五台山，后者是德宗建中初年（780）在广州登陆。这些材料说明，印度方面，尤其是北方，已经盛传文殊在五台山传法，而这一传说又与密宗关系密切。

尼泊尔方面也有其佛教来自中国五台山的传说。据尼泊尔典籍《苏瓦扬普史》："加德满都地区原来是一个巨大的那伽巴沙湖泊，湖内有龙王居住。后来文殊师利由摩诃支那来到此地，开辟了湖南边的山岭，将这一湖水泄干，在此建立苏瓦扬普寺。因此，称此地为尼泊尔。"[①]尼泊尔佛教在中世纪以后即发展为显密二宗，其密宗曾传入中国西藏，西藏的密宗也又回过头来影响了尼泊尔的密宗。

关于道教对印度密宗的影响，确切的资料不多。前面已经提到宋云对道教的宣传，又提到玄奘翻译《道德经》的事，都可能对印度密宗产生影响，尤其是后者。《道德经》传播的地区在印度东北部，那里是密宗的重要基地。另外唐代义净的《大唐西域求法高僧传》卷上《明远传》提到明远"议庄周"，卷下《僧哲传》说僧哲"庄、刘（向）二籍，亟尽枢关"。说明去印度求法的僧人中

① 转引自萧雨：《五台山与尼泊尔佛教》，载《南亚研究》1989年第4期。

有不少人对道教的典籍是相当了解的，他们很可能把道教的一些思想传到印度去，以至于影响到印度的密教。

《大正新修大藏经》卷二十一有《龙树五明论》上下卷。此论虽以密教的内容为主，但中间夹杂着许多道家的语汇和观念，如“神仙”、“急急如律令”、“符”等，还有服用黄芩和扣齿等道家的养生法。其中还提到“十二辰门神”，并绘图标出各个方位：乾为天门、坤为人门、巽为地门、艮为鬼门、子为会门、丑为兵门，直至戌、亥。还写道：“吕后年二十五无夫主，得此符力，昔支皇后年三十未嫁，亦得此符力，为天下之母。”由这些例子不难看出，道家的一些理论和修行实践已深深地浸入到此论中。但问题是，此论虽收在藏经中，却不知何时何地为何人所作。只是《大正藏》在此论下有一小注：“平安时代写石山寺藏本”。日本的平安时代在9~12 世纪，约当我国唐代后期到南宋时代。其作者可能是中国人，他既精于密典又了解道教，龙树仅是其假托之名。这说明那时的中国佛教密宗中已经有人把道教的东西引入密教。

在印度方面，除了前面提到的一些密教典籍中记载了中国的影响而外，“据南印度泰米尔文典籍记载，南印度密宗的18位成就者中就有两位来自中国。一位的泰米尔文名字叫博迦尔，另一位叫普里巴尼，据说这两个人都著有许多关于禁咒、医术和炼丹术的书籍，南印度许多密宗的成就者都出自其门下。他们还随从博迦尔学习过医术和炼丹，并且还带领着一批弟子去中国深造过。”①关于这两名中国人的情况不见于中国方面的记载，如果他们是佛教徒，又带弟子到中国来过，一般是会在僧传中留下痕迹的，僧传中没有记载，说明他们可能不是佛徒。又据其著作情况，大体可以认为他们是道教徒。如果这一推断不错，泰米尔文的有关资料就可以作为中国道教对印度密宗影响的证据。

## 三、因明学

印度的因明学传入中国后，对中国的逻辑学产生了影响，大大丰富了中国的逻辑思想。

因明是印度传统学术《五明》之一，有着十分古老的历史。后来，到中世纪前期，印度出现了所谓“六派哲学”，其中有一个正理派，就是专门研究因明的学术派别。佛教徒在同婆罗门教徒的论辩中发展了自己的因明学体系；而来

---

① 汶江：《试论道教对印度的影响》，《古代西南丝绸之路研究》，成都：四川大学出版社，1990年版。

华的西域佛教徒则把印度的因明学传入中国，这一传播大体上分为两支，即汉传因明和藏传因明。

1. 汉传因明

印度早期来华的僧人中有不少都精通《五明》，因明学很有可能在佛教传入中国的初期即为中国人所知，但当时还没有专门的著作翻译过来，所以还谈不上有什么影响。大乘佛教兴起以后，印度因明学，特别是佛教因明学，在印度已获得长足的发展。而到了南北朝时期，在中国才出现了第一个传播周期。其标志是，北魏延兴二年（472），西域三藏吉迦夜（Kekaya）共沙门昙曜译出《方便心论》一卷，东魏兴和三年（541），毗目智仙共瞿昙流支（Gautamaruci）译出《回诤论》一卷，南朝陈天竺三藏真谛译出《如实论》一卷。这次传播虽有书在，但并未引起多大的反响。

因明学的第二次传播从唐代初年开始，玄奘是这次传播的最主要人物。玄奘在印度游学期间即非常重视因明，而且学有成就，曾在曲女城以“真唯识量”辩论获胜，名震五印度。回国时，他带回了一批因明学经卷。太宗贞观二十一年（647）八月，玄奘译出印度新因明学大师陈那弟子商羯罗主（Sankarasvamin ）的《因明入正理论》一卷。这部书字数虽少，但很重要，是进一步学习陈那《因明正理门论》的入门书。贞观二十三年年底，玄奘又译出陈那的《因明正理门论》一卷。此书是陈那的前期著作，是其因明学的八种论著之一。因此书重要，后来义净也曾翻译过其中的一部分。

玄奘所传的印度因明学在当时的中国佛学界很有影响。他的门人对此尤为重视，相继为其所译二书注疏。关于《因明入正理论》，有大庄严寺文轨作的《疏》四卷，慈恩寺窥基作的《疏》八卷，均为当时所流行。窥基的门人慧沼则写过《续疏》一卷、《义断》一卷和《义纂要》一卷。窥基的再传弟子智周曾撰《前记》三卷和《后记》三卷。此外还有他人的一些注疏。关于《因明正理门论》的注疏，有神泰的《术记》一卷、太贤的《古迹记》一卷、大乘光的《记》二卷、圆测的《疏》二卷、文轨的《疏》三卷、净眼的《疏》三卷、胜庄的《述记》二卷、憬兴的《义钞》一卷、道证的《疏》二卷和《钞》二卷、玄范的《疏》二卷、定宾的《疏》六卷、文备的《疏》三卷和《注释》一卷、崇法的《注》四卷等。当时日本、新罗等外国留学僧从奘师和基师学者亦大有人在。可见印度因明学的第二次传入还是颇有影响的。唐代著名的无神论者吕才曾于公元655年作《因明注解破义图》三卷，对神泰等三家义疏进行了批判。这说明印度因明在当时的中国思想界也引起了反响。但是，晚唐以后，中国的因明学渐渐衰微，宋代僧人不重视因明，明代有智旭《因明入论直解》和明昱《因明入论直疏》，此后便不再见有此类著作。到了近代中国因明学才再度勃兴，此是后话。

2. 藏传因明

从有关的记载看，印度因明学在西藏的传播比在汉地的传播更持久更广泛，因而影响也更大。

现根据王森先生的《因明在西藏》和杨化群先生的《关于藏传因明的几个问题》[①]将印度因明学在西藏传播的情况简要叙述如下。为叙述的方便，这里重点介绍唐代的情况，兼及后世。

在公元八九世纪（属藏传佛教的前弘期），有译师吉祥积、智军、空护和法光等译出印度因明学著作若干，今存者15种：法称著《因一滴论》、《观相属论颂》、《观相属论释》、《成他相续论》，律天著《因一滴论广注》、《观相属论疏》、《成他相续论疏》、《观所缘缘论疏》、《正理一滴论广注》，法上（Dharmottara）著《正理滴论广注》，胜友（Visesamitra）著《正理滴论略义》，莲花戒（Kamalasila）著《正理滴论前品摄》，善护著《成一切智论》、《成外境论颂》，陈那著《因轮论》。当时僧人中学习因明的较多。

在藏传佛教的后弘期，因明学的著作翻译更多，不仅由印度传入，而且也有从汉地传入的。约在10、11世纪，有一位汉僧名祥炬，与藏族学者端训合作，将玄奘译的《因明入正理论》译为藏文。约在11世纪中后期，阿底峡的弟子玛善慧译出法称的《量释颂》、《论议正理论》和释迦慧的《量释论释疏》。1076年，翱洛丹喜饶参加丙辰法会后赴克什米尔留学，在那里共住17年，已译出因明学典籍七八种。1092年返藏，得阿里王支持，于业巴寺译出《量释论庄严疏》。此后主持桑朴寺，使该寺成为因明学教学中心达数百年之久。至今该寺犹以因明学教学著称。他还译有法称的《正理一滴论》、《量决定论》，法上的《量决定论广注》、大本和小本《观量论》、《遮诠论》和《成刹那灭论》，校改旧译法上的《正理一滴论广注》，译出智作护的《量释庄严注》、玛雅里的《量释庄严注疏》、商羯罗难陀（Sankrananda）的《成遮诠论》和《成相属论》，校改玛善慧译法称的《量释颂》。鉴于他在因明学上的贡献，藏族史家称他所传的

① 均见《因明新探》，兰州：甘肃人民出版社，1989年版。

因明学为新因明，而将玛善慧所传因明称为旧因明。大约与翱译师同时，译师狮子幢译出陈那的《集量论》颂和自释，译师信慧等也译出《集量论》。

藏族僧人在译出印度因明学的一些主要著作以后，还写有自己的因明学著作。洛丹喜饶的再传弟子普提称曾著《量决定论广注》、《略注》等多种。普提称的弟子法狮子（1109~1169）任桑朴寺勘布18年，著有《量决定论广注》、《量论摄义》等重要著作，后者影响尤为深远。以上为噶丹派因明学情况。

13世纪，印度那烂陀寺最后一位座主释迦吉祥贤于1204年入藏，萨迦派第四祖萨班（庆喜幢）从他学习因明。他二人一起修订了翱译师校订过的《量释颂》，使该书更为藏人所重视。萨班著有《正理藏论》，其弟子乌由巴正理师子作有《量释论正理藏》和《正理宝藏论大疏》，为萨迦派因明学奠定了基础。

14世纪，著名学者布顿（1290~1364）著《量决定论注释明显句义论》、《量决定论名义》和《量决定论传承》。此后，宗喀巴大师（1357~1419）擅长因明，但有关著述不多。其弟子贾曹杰（1364~1432）著有《集量论释》，至今仍为藏人研习《集量论》的依据。他还著有《量释论摄义》、《相违相属释》、《量论道要指津》、《正理藏释善说心要》、《现量品随闻录》、《量论随闻录》（后二者为宗喀巴讲述因明学的记录），并为《量释论颂》、《量决定论》、《正理一滴论》、《观相属论》等书作注。宗喀巴另一弟子克主杰（1385~1438）曾著《七部量论庄严祛惑论》、《量释论详解正理海》、《现量品疏》、《量论道要指津》等。第一世达赖喇嘛僧成（1391~1474）为宗喀巴晚年弟子，曾随贾曹杰学习因明，著有《量释论释》和《量释论正理庄严》。宗喀巴大师及其门人所建甘丹寺、哲蚌寺、色拉寺、扎什仑布寺等黄教寺院成为15世纪以后的因明学研习中心。自此以后直至17世纪中叶，黄教领袖掌握藏区政教大权，因明学著作不断。

藏传佛教的后弘期，因明学已成为显学的必修科目。至今，古印度的因明学著作在藏文文献中有60多种译本，藏人（包括蒙人）自己的论著则多达近二百种，因明学在西藏得到蓬勃发展。

## 四、语言学

印度古代人对语言学知识十分重视。他们的文字是拼音文字，所以他们很早就注重语音的研究，在公元前就出现了语法书，也出现了相当科学的字母表。与印度不同，由于文字的特点不同，中国古人对于文字学很有研究，但对语法、语音不大重视。所以，中国的语法学产生得比较晚。

印度佛教文化的传入，在语言学方面对中国有所促进，特别是在音韵学、语法学、字典学方面，对中国的影响较大。在汉译佛经中，在一些去印度取经的僧人著作中，都有印度的语言学知识。

1. 文字

玄奘《大唐西域记》卷二记印度文字曰："详其文字，梵天所制，原始垂则，四十七言。遇物合成，随事观用，流演枝派，其源浸广。因地随人，微有改变，语其大较，未异本源。而中印度特为详正，辞调和雅，与天同音，气韵清亮，为人轨则。邻境异国，习谬成训，竞趋浇俗，莫守淳风。"这里说印度文字是梵天所造，盖为婆罗门教的说法，此外尚有佛陀所造、瞿频陀（Govinda）所造等多种说法[①]；关于梵文的字母数目，玄奘说为"四十七言"，此外还有四十六、四十九、五十、五十一、五十二诸说，均为国人所重视[②]。

据第五世达赖喇嘛《西藏王臣记》第四章：松赞干布"为了适应浅慧众生的观感起见，而想到要掌握王朝的政治，和施行正大的法令，非有具备一切功德之本的文字不可。于是他派遣曾经获得文殊的加持，犹如清凉的龙脑露滴注入心中，把所有愚钝的烦恼，都早已消除的御前大臣，即图弥阿鲁的儿子名叫桑补扎，连同仆从人等，给了他们沙金一升及金钵等物，命令他们去到印度访求学术界的权威导师，学习文字。他们启程后一路平安到了印度，就在婆罗门勒敬的座前，学习了364种文字；并在班抵达拉日巴生格（智狮子）座前，学习了《声明记论波尔尼经》……最后他们在婆罗门师前上了聊表感谢师恩的颂词后，也就回到了西藏。大臣图弥同松赞王二人也就在玛汝宫内，不与外界接触。这样在闭关专学的三年当中，图弥将所学的文字和声明诸学，都讲授给藏王松赞。松赞虽是已经学得精通透彻，但是他感觉这中间找不出与西藏常用的语言和字种来。于是他把这样的感觉对图弥说后，图弥便至诚地祈祷文殊。由于那诚求加持的大悲甘霖润湿了他那如壤土的心灵，才发出苗芽般的藏文字体形象。"然后从梵文的16个母音中取出4个母音，从梵文的34个子音中经取舍增补定出30个藏文子音字母，又仿照梵文"伦遮"体创造出藏文的楷书，仿照

① 季羡林等：《大唐西域记校注》，北京：中华书局，1985年版，第182页。

② 饶宗颐：《梵学集》，上海古籍出版社，1993年版，第153页。

梵文的“哇都”体创造出藏文的草书[①]。两《唐书》的《吐蕃传》均说吐蕃“无文字，结绳刻木为约”，可能当时文字尚未普及。《续通志》卷九十六则说：“天竺字母五十字。唐贞观初，吐蕃相阿努身至中印度国，依其本音译以唐古特字，以为西域传布经咒之用。……阿努又采天竺字母，合之西番语音，自制西番字母三十字。”这一记载与《西藏王臣记》略有出入，但大体可相印证。

2. 文法

印度古代的《声明》讲的是文法学方面的知识。《大唐西域记》卷二记健驮逻国曰：“乌铎迦汉荼城西北行二十余里，至娑罗睹逻邑，是制《声明论》波你尼仙本生处也。遂古之初，文字繁广，时经劫坏，世界空虚，长寿诸天，降灵导俗。由是之故，文籍生焉。自时厥后，其源泛滥。梵王、天帝，作则随时，异道诸仙，各制文字，人相祖述，竞习所传，学者虚功，难用详究。人寿百岁之时，有波你尼仙，生知博物，悯时浇薄，欲削浮伪，删定繁猥……于是研精覃思，捃摭群言，作为字书，备有千颂，颂三十二言矣。究极今古，总括文言，封以进上。王甚珍异，下令国中，普使传习，有诵通利，赏千斤钱。所以师资传授，盛行当世。”单看此文容易误解，以为波你尼所著《声明论》乃是文字学书。《大慈恩寺三藏法师传》卷三说玄奘法师在那烂陀寺学习《声明》二遍，又说：“印度梵书名为记论，其源无始，莫知作者。每于劫初，梵王先说传受天人，以是梵王所说，故曰梵书。其言极广，有百万颂，即旧译云《毗伽罗论》者是也。然其音不正，若正应云《毗耶羯剌喃》，此翻名为《声明记论》。昔成劫之初，梵王先说具百万颂。后至住劫之初，帝释又略为十万颂。其后北印度健驮罗国婆罗门睹罗邑波腻尼仙又略为八千颂，即今印度现行者是。近有南印度婆罗门为南印度王复略为二千五百颂，边鄙诸国多盛流行，印度博学之人所不遵习。此并西域音字之本。”然后较详细地介绍了梵语语法中的性、数、格等变化，并举有实例，说：“略举一二如此，余例可知，难为具述。法师皆洞达其词，与彼人言清典逾妙。如是钻研诸部及学梵书，凡经五岁。”这一记载不仅说明了唐代初期中国僧人对梵文文法了解和掌握的情况，而且也为印度语法学保存了十分珍贵的历史资料。从这一记载可知，印度古代的语法学兴起很早，在经过了多人之手以后，有一位叫作波你尼（Panini）的婆罗门将它整理成书，书名叫作《毗伽罗论》；所谓《声明论》，在玄奘师徒看来，即是《毗伽罗论》，

① 第五世达赖喇嘛著，郭和卿译：《西藏王臣记》，北京：民族出版社，1983年版，第21、22页。

玄奘当年所学的正是此论；由于玄奘钻研了梵语语法理论，所以他的梵语讲得十分典雅优美，合乎规范。

义净《南海寄归内法传》卷四《西方学法》曰："夫《声明》者，梵云《摄拖苾驮》。摄拖是声，苾驮是明[①]，即《五明论》之一明也。五天俗书，总名《毗何羯喇拏》[②]。大数有五，同神州之五经也。一则创学《悉谈章》，亦名《悉地罗窣堵》。斯乃小学标章之称，但以成就吉祥为目，本有四十九字，共相乘转，成一十八章，总有一万余字，合三百余颂。凡言一颂，乃有四句，一句八字，总成三十二言。更有小颂大颂，不可具述。六岁童子学之，六月方了。……二谓《苏怛罗》，即是一切《声明》之根本经也，译为《略诠意明》，略诠要义。有一千颂，是古博学鸿儒波尼你所造也。……八岁童子，八月诵了。三谓《驮睹章》，有一千颂，专明字元，功如上经矣。四谓《三弃罗章》，是荒梗之义，义比田夫创开畴亩，应云《三荒章》。一名《頞瑟吒驮睹》，二名《文荼》，三名《邬拏地》。……此《三荒章》，十岁童子三年勤学，方解其义。五谓《苾栗底苏怛罗》，即是前《苏怛罗》释也。乃上古作释，其类实多，于中妙者，有十八千颂。演其经本，详谈众义。尽寰中之规矩，极人天之轨则。十五童子，五岁方解。"继而，义净又列出《朱你》、《伐致呵利论》、《薄迦论》和《荜拏》四部书，并说："若人学至此，方曰善解《声明》，与九经百家相似。"从义净的记载看，有些地方与玄奘的记载是一致的，但也有一些出入，尤其是他所记内容更为丰富，提到了印度古代更多的语法书名，有的书现已失传，无从稽考。他也认为《声明》即是《毗伽罗论》，但他又进一步指出其中包括5种书。5种中，《悉谈章》可能是最初级的课本，可供6岁儿童学习半年；考其内容，可能是梵文的字母和由字母拼出的音节、单词之类，属于语音课程。其余各种则步步高深，有词法、句法、修辞、逻辑等内容。由此可见，这是一个十分完备的语法学体系。

汉译佛经中常常提到《声明》，印度来华僧人和中国僧人也有学习过甚至精通《声明》的，但是，中国人始终没有因为梵文文法学的传入而建立起汉语文法学。即便在西藏，通达五明的僧人似乎比汉地要多得多，但第一部藏文文法书还是由印度人写成的[③]。印度人重视文法有点像中国人重视历史，中国人忽视

① 梵文Sabda Veda，分别为"声"和"明"的意思。

② 梵文Vyakarana，"语法"的意思，玄奘译为"毗伽罗"。

③ 王森：《西藏佛教发展史略》，北京：中国社会科学出版社，1987年版，第28页。

文法有点像印度人忽视历史，出现这种鲜明对比的原因首先是因为两国的语言文字差异很大，进一步的原因恐怕在两大民族人生观和价值观的深层。

3. 守温和尚的字母表

在这一节里，我们也将以唐五代为主，兼及后世。

张联荣先生曾著《梵学的传布与汉语音韵学》一文①，指出："'字母'这个名称，大概最早出现于晋宋间的佛经翻译中，现存唐代沙门智广所撰《悉昙字记》中就有关于'字母'的记载。该书在记录梵文'体文'的下面直接书有'字母'的名称，在第十七章中也有'其于字母不合者，分入后章'的说法。"他引用了智广的自序："倾尝诵陀罗尼，求访音旨，多所差舛。会南天竺沙门般若菩提赍陀罗尼梵夹自南海而谒五台，寓于山房，因从受焉。"然后说："这段自序可以说明字母的出现与梵文传播的关系。"他罗列出敦煌卷子中唐人所写《归三十字母例》和《守温韵学残卷》的材料，前者所列的三十字母为：端、透、定、泥、审、穿、禅、日、心、邪、照、精、清、从、喻、见、蹊、群、疑、晓、匣、影、知、彻、澄、来、不、芳、并、明。后者所列字母也是30个，与上述全同，并将三十字母分为"唇、舌、牙、齿、喉"五类，舌音又分"舌头音"和"舌上音"，齿音又分"齿头音"和"正齿音"，喉音又分轻浊二种。继而指出："以上两种材料表明，晋宋以后，由于梵文的影响，音韵学的发展日趋精密。到唐代，对汉语音节中声母发音部位和发音方法的认识已经相当明确了，所以才会有守温三十字母的出现。"又说："对于唐人字母与梵文字母的渊源关系，前人已有研究，如近人刘复曾将唐人字母与梵文字母加以比较，指出'守温的方法，是从梵文中得来的'。罗常培在他的《敦煌写本守温韵学残卷跋》一文中对此有详细的分析。"

尽管我们对守温和尚的生平事迹并不清楚，只知道他是五代时人，但字母的出现的确影响很大，它给人们提供了一个简化和规范声母的思路。

守温的三十字母到宋代又被增加了6个，即是后来颇具影响的"三十六字母"。这些"字母"都是用来表示汉字声母的，它们的出现具有下列意义。

首先，仍如张联荣所说："在汉语音韵学的发展中，字母的出现是一大进步，它为后来等韵图的制作开辟了道路。过去的人一般将音韵学分为三个部门：古音学、今音学和等韵学。等韵学就是制成若干图表，着重分析汉语语音的声、

① 见《南亚东南亚资料》，1982年第4期。

韵、调结构，阐述其发音原理和方法。……依据‘悉昙’的知识，运用梵文字母拼音的原理分析汉字字音，解释反切的注音方法，按韵母的读音将其分为不同的等第，把读音相近的韵母区分为四等，这就是‘等韵’。在《守温韵学残卷》里就有‘四等轻重例’一段，分四等韵字，如‘高、交、娇、浇’。”

关于等韵，沈括在《梦溪笔谈》卷十五中写道：“今切韵之法，先类其字，各归其母。唇音、舌音各八，牙音、喉音各四，齿音十，半齿半舌音二，凡三十六，分为五音。天下之声，总于是矣。……所谓切韵者，上字为切，下字为韵。切须归本母，韵须归本等。切归本母，谓之音和，如‘德红’为‘东’之类。德与东同一母也。字有重、中重、轻、中轻、本等声，尽泛入别等。谓之类隔。虽隔等须以其类，谓唇与唇类，齿与齿类。如‘武延’为‘绵’，‘符兵’为‘平’之类是也。韵归本等，如‘冬’与‘东’字母皆属‘端’字中第一等声，故都宗切，‘宗’字第一等韵也，以其归‘精’字，故‘精’徵音第一等声。‘东’字乃‘端’字中第三等声，故德红切。‘红’字第三等韵也，以其归‘匣’字，故‘匣’羽音第三等声。”详细分析了汉字语音的声、韵、调结构。总之，如罗常培先生所说：“所谓‘等韵’就是模仿梵文‘悉昙章’的体例，以声为经，以韵为纬，把《切韵》的音系总摄成若干转图；换言之，就是悉昙化的切韵音缀表。”①

其次，字母的出现，对其以前的反切起到简化的作用。以前的反切十分纷乱复杂，所用声纽繁多而令人难以掌握。有了三十六字母，反切的声母就可以大大减少，使之简明而系统，易于记忆掌握。所以后世即有人以三十六母规范反切上字，如金朝韩道昭的《五音集韵》便采取此法。但由于守温创三十字母时并不是在总结前人反切字基础上进行的，而是在借鉴梵文三十四声母基础上完成的，再加上汉语南音和北音的差别很大，以及语音的不断变迁等，所以它未能完全概括汉语声母并最终取而代之。但它的确影响很大，给人们提供了一个简化和规范声母的思路，所以出现了所谓的“字母诗”，如明代《韵略易通》中著名的《早梅诗》便是。其诗曰：“东风破早梅，向暖一枝开，冰雪无人见，春从天上来。”《早梅诗》仅有20字，固然便于记忆，但没有把发音相同的字母列在一起，仍有欠科学。其后的《五方元音》以名词作字母名称，并注意了发音部位的归类，曰：“梆匏木风，斗土鸟雷，竹虫石日，剪鹊丝云，金桥火蛙。”

① 罗常培：《中国音韵学的外来影响》，载《东方杂志》第32卷第14号。

这就与现代汉语拼音的声母b、p、m、f、d、t、n、t等十分接近了。由此可见，从三十字母到现代汉语拼音声母表，这是一个不可分割的发展过程，三十字母的先驱地位是不可动摇的，而梵文的影响也可以说是极其深远的。

4. 有关辞书

中国古代编纂辞书的历史很悠久。相传周朝宣王时的太史籀编过字书《史籀》十五篇，秦汉时又有李斯的《苍颉》、赵高的《爰历》、胡母敬的《博学》、扬雄的《训纂》、贾鲂的《滂喜》，等等，可惜都已失传。现存最早的辞书有训诂书《尔雅》，以及扬雄的《方言》和许慎的《说文解字》等。佛教传入中国后，由于翻译和解读佛经的需要，便出现了与佛教有关的辞书。这些辞书的出现无疑是中国与南亚语言文字交流的结果。早期（如南北朝）所编的这类辞书已经失传，现收入大藏经中的《翻梵语》十卷据说是南朝梁宝唱所撰，但还有疑问。现存的这类辞书主要是唐宋时代编纂的。下面重点介绍几种在中国语言学史上影响较大的佛教辞书。

（1）玄应《一切经音义》

为区别于后来慧琳的《一切经音义》，故此书又称《玄应音义》，而称慧琳的书为《慧琳音义》。《玄应音义》二十五卷，撰者玄应。道宣《续高僧传》卷三十一《智果传》说："京师沙门玄应者，亦以字学之富，皂素所推，通造《经音》，甚有科据矣。"他是贞观末大慈恩寺译经僧，其书前有道宣序曰："以贞观末历，敕召参传，综经正纬，资为实录。因译寻阅，捃拾藏经，为之音义。注释训解，援引群籍，证据卓明，焕然可领，结成三帙。"

关于《玄应音义》的特点、长处、价值和不足等，刘叶秋先生曾予较全面的评价："玄应从《华严经》以至《顺正理论》共四百五十四部大小乘经律论选取词语，加以注释。所选除梵文音译或义译的佛教专门词语之难懂者外，亦取一般的文字音义和较冷僻的字词，因此它兼有佛学词典和普通词典的作用。""《玄应音义》的编次体例，和《经典释文》相似，但音义的注解比《经典释文》详细，正确可取的很多。所引的书，除佛经梵音外，像郑玄的《尚书注》、《论语注》，贾逵、服虔的《春秋传注》，李巡、孙炎的《尔雅注》、三家《诗》和《苍颉》、《三苍》、《通俗文》、《声类》、《字林》、《字苑》等等，全是失传的古书，由于玄应的征引，而保存了一部分佚文，为后人研究训诂，考证典籍，提供了宝贵的材料。如清任大椿撰《字林考逸》，孙星衍辑《苍颉篇》，即主要根据玄应这部《一切经音义》而成书。""玄应此书，虽为佛教徒学习释典而编撰，所录一般文字训诂，却几乎占着全书的一半；而且由于多年来，佛教的词语，如色相、色空、三昧、三界、众生……等等不能备举的许多词语，已经和我们的语言，融合为一，常常用于口头或形诸文字，若干有关佛教的传说故事，也在文学作品中，被当成典故来用；所以翻开这部音义，并不会感到有什么浓厚的宗教色彩。”①

（2）慧琳《一切经音义》

慧琳《一切经音义》又称《大藏音义》或《慧琳音义》。据《宋高僧传》卷五：“释慧琳、姓裴氏，疏勒国人也。始事不空三藏，为室洒，内持密藏，外究儒流，印度声明，支那诂训靡不精奥。”景审在《慧琳音义》的序言中也说：“内精密教，入于总持之门；外究墨流，研乎文字之粹。印度声明之妙，支那音韵之精，既瓶受于先师，亦泉泻于后学。”

《慧琳音义》共一百卷。据刘叶秋先生说：“玄应的《一切经音义》、慧苑的《华严经音义》，都编入了《开元释教录》。慧琳的音义，主要是为了补充这两部书而作。他选释词语的佛经，从《大般若经》到《护命放生经》共一千三百部，五千七百余卷，约六十万言。其中的《楞伽阿跋多罗宝经》、《大灌顶经》、《法华论》三部经的音义，系就玄应所撰重订；《大般涅槃经》音义，为云公音义之删补；《妙法莲花经》音义，乃窥基解释之加工；《大方广佛华严经》音义，即慧苑原作之转录。另有三百多部经，仍录玄应的音义；一百多部经，只有书名而无音义。此外诸经的音义，即皆为慧琳所撰。这部书包罗甚广，是现存的佛经音义中一部集大成的内容最丰富的著作。”“《慧琳音义》不仅包括并补充了以前各家佛经音义的内容，而且更广泛地征引了各种古籍。许多失传的古字书、韵书，因此而保存下一些材料。如引《说文》，往往是声义兼载，有的字为今本所无，足以补缺纠谬；引《玉篇》多取顾野王案语，可和今本参校异同。”“此外，《慧琳音义》所引，如汉包咸的《论语》注、郑众的《考工记》注、贾逵和服虔的《春秋传》注……等已佚的古书注释，也很可宝贵。……在古代辞书中，征引古籍的种类之多，保存佚文的内容之丰富，是没有超过这部《慧琳音义》的了。……近人杨守敬认为这部书‘诚小学之渊薮，艺林之鸿宝’，则是从它阐释古书文字音读、训诂的作用和保存旧籍佚文这两方面来说的。近人丁福保编《佛学大辞典》，解说多据此书，亦足以见其功用。”②

---

① 刘叶秋：《中国字典史略》，北京：中华书局，1992年版，第106~108页。

② 同上，第110~112页。

（3）《法门名义集》

《法门名义集》一卷，唐李师政编纂。这是一部为读者理解佛典而撰集的普及性词典。共收有佛教词语一百余条，分为七品："身心第一"、"过患第二"、"功德第三"、"理数第四"、"贤圣第五"、"因果第六"、"世果第七"。它的规模虽然不大，但作为早期的佛教辞书还是有开创意义的。

## 五、翻译学

隋代的佛经翻译，无论在理论上还是在实践上，都为唐代翻译学的发展打下了坚实的基础。

据《续高僧传》卷二，彦琮俗姓李，赵郡人。开皇十二年（592）奉敕入京，后掌翻译。仁寿二年（602），奉敕撰《众经目录》。不久，有王舍城沙门来华，将还本国，请《舍利瑞图经》及《国家祥瑞录》，"敕又令琮翻隋为梵，合成十卷，赐诸西域"。大业二年（606）："因即下敕于洛阳上林园立翻经馆以处之，供给事隆，倍逾关辅。新平林邑所获佛经，合五百六十四夹，一千三百五十余部，并昆仑书，多梨树叶。有敕送馆，付琮披览，并使编叙目录，以次渐翻。""凡前后译经，合二十三部一百许卷。"可知，彦琮在翻译方面有很大成就：一是主持翻经馆的工作，二是整理出《众经目录》，三是将一些典籍译为梵文，四是译出佛经23部。除此之外，他在理论上的贡献是写出中国翻译史上著名的论文《辩证论》。在《辩证论》中，他首先重复并肯定了道安"五失本、三不易"的理论，然后予以发挥，提出所谓"八备"的理论："诚心爱法，志愿益人，不惮久时，其备一也；将践觉场，先牢戒足，不染讥恶，其备二也；筌晓三藏，义贯两乘，不苦暗滞，其备三也；旁涉坟史，工缀典词，不过鲁拙，其备四也；襟抱平恕，器量虚融，不好专执，其备五也；耽于道术，澹于名利，不欲高炫，其备六也；要识梵言，乃闲正译，不坠彼学，其备七也；薄阅苍雅，粗谙篆隶，不昧此文，其备八也。八者备矣，方是得人。"可知，这"八备"是对译经家的要求，推而广之，也是对所有翻译工作者的要求：其中既有目的、态度、作风等心理素质的要求，又有知识面、文字水平等业务素质的要求，是很全面的。

隋代，官方组织并供养了两处译经馆。据《开元释教录》卷七，隋文帝开皇元年（581），齐沙门宝暹、道邃、智周等十人携梵本260部至京师，文帝下诏翻译，设译馆，立翻经学士，并广求中外义学僧人。其译馆在长安大兴善寺。

据《续高僧传》卷二《那连提黎耶舍传》，开皇二年，耶舍入京，住大兴善寺，冬，开始翻译。“敕昭玄统沙门昙延等30余人，令对翻传。”到开皇九年，那连提黎耶舍圆寂，前后译经15部80卷许。“并沙门僧琛、明芬、给事李道宝等度语、笔受，昭玄统沙门昙延、昭玄都沙门灵藏等二十余僧监护始末。”又据《阇那崛多传》，开皇五年，昙延等奏请迎崛多，文帝即遣使。崛多来到中原，先在洛阳译经，“宣辩自运，不劳传度”，“笔受之徒，不费其力”。“耶舍已亡，专当元匠。于大兴善更召婆罗门僧达摩笈多，并敕居士高天奴、高和仁兄弟等同传梵语。又置十大德，沙门僧休、法粲、法经……等监掌翻事，铨定宗旨。沙门明穆、彦琮重对梵本，再审覆勘，整理文义。”由此可知，长安译经馆先成立，主要译主为耶舍和崛多。馆内翻译事务有监护、度语（传语）、笔受、重对（再审覆勘）、整理文义、铨定等项，人员既多，分工已细。

隋代另一处译经馆在洛阳，据《续高僧传》卷二《达摩笈多传》：“炀帝定鼎东都，敬重隆厚。至于佛法，弥增崇树。乃下敕于洛水南滨上林园内置翻经馆，搜举翘秀，永镇传法。登即下徵笈多并诸学士，并预集焉四时供承，复恒常度。致使译人不坠其绪，成简无替于时。”又据《开元释教录》卷八，沙门智通学梵语即在上林园译馆。这些情况都说明，尽管隋代的译经馆在人数上不如鸠摩罗什所处的符、姚时期多，但组织上已经健全，不仅译经，而且教授梵文。这为唐代译经场的进一步扩大和过细的分工打下了基础。

唐代的佛经翻译事业达到了鼎盛时期。据《续高僧传》卷三《颇波传》，中天竺沙门颇波于唐初到达长安，贞观三年（629）三月，“（太宗）下诏所司，搜扬硕德备经三教者一十九人，于大兴善创开传译。沙门慧乘等证义，沙门玄谟等译语，沙门慧赜、慧净、慧明、法琳等缀文。又敕上柱国、尚书左仆射房玄龄，散骑常侍、太子詹事杜正伦参助铨定，光禄大夫、太府卿萧瑀总知监护。”这是唐初的情况，当时战事未了，时有天灾，译经场不可能规模很大，但规格很高，人员很齐，供养甚丰。可见，唐代译经场刚一建立就气象不凡。

汤用彤先生说：“颇波卒于贞观七年，其后十二年而玄奘法师至自西域，我国之佛典翻译如日中天矣。”“诏于弘福寺翻译，令宰相房玄龄监理，译场完备，参与者均一世大德。而证义之神昉、神泰（昉为玄奘四大弟子之一；泰著有疏论多种行今），缀文之道宣（律宗开山祖，即作《续高僧传》者），字学之玄应（所作《众经音义》为治音学之要籍），笔受之窥基，则直千古有数之人物也。后太子（即高宗）建慈恩寺，别造翻经院，令法师居之。晚年（高宗时）更常就玉华宫翻译。每年所译恒多至数十百卷，自贞观十九年（646）至麟德元年（664）共译经论等七十三部，总一千三百三十卷。”“玄奘以后，直至不空金刚，我国求法与译经，继臻极盛。其与奘师先后同时译人有那提（《续高僧传》谓其为‘性宗大师’，译经三部三卷）、智通（于贞观至永徽中译经四部五卷）、无极高（高宗时将梵本至长安，于慧日寺译《陀罗尼集经》十二卷）、若那跋陀罗（在南海诃陵国译《涅槃》后分）、日照（以高宗凤仪初至天后垂拱末，于两京东西太原寺译经十八部三十四卷）、杜行顗（官鸿胪寺典客署令，明诸番语及天竺语书，译经一部一卷）、佛陀波利（五台山僧，出经六部七卷）。及天后当国，译事尤盛，知名者有提云般若（于阗国人，译《华严经·佛境界分》等共六部七卷）、慧智（本印度人，父居中国，译《赞观世音菩萨颂》一部一卷）、李无谄（婆罗门人，为新罗国僧译《陀罗尼经》一部）、弥陀山（译经一部，又助实叉难陀译经）、宝思惟（多译陀罗尼），而以实叉难陀（Siksananda）之译《华严经》，普提流志之译订《大宝积经》，至为伟巨。”[①]

玄奘在翻译史上的贡献空前巨大。第一，他创办了规模巨大的译经场，建立起一整套的译经场制度。据许敬宗《瑜伽师地论新译序》，在翻译《瑜伽师地论》时，玄奘“敬执梵文，译为唐语”，然后有“笔受”、“证梵语”、“正字”、“证义”、“缀文”、“监阅”等，后来还增加了“润色”一项，可见其分工较前代更加细密。其中，笔受、证义、缀文、润色等项，都由多人充任。玄奘所创译场制度，为有唐一代译经场的成式。第二，他译经中运用了种种翻译技巧，这些技巧直到今天仍具有借鉴意义。马祖毅先生据印度柏乐天和我国张建木先生的研究，总结出玄奘译经的六条技巧，即补充法、省略法、变位法、分合法、假借法和还原法[②]。第三，他提出了重要的翻译理论。马先生说：“关于翻译标准，玄奘提出8个字：‘既须求真，又须喻俗。’……他还制定了‘五不翻’的原则，即：‘一、秘密故，如“陀罗尼”’；‘二、含义多故，如“薄伽”，梵具六义’；‘三、无此故，如“阎浮树”，中夏实无此木’；‘四、顺古故，如“阿耨菩提”，非不可翻，而摩腾以来，常存梵音’；‘五、生善故，如“般若”尊重，“智慧”轻浅’（周敦义《翻译名义集序》）。”[③]可知，“五不翻”是翻译中须采取音译的五项原则。第四，他译出经典的数量超过其他三大译师（罗什、真谛、

① 汤用彤：《隋唐佛教史稿》，北京：中华书局，1982年版，第66~86页。
② 马祖毅：《中国翻译简史》，北京：中国对外翻译出版公司，1984年版，第59、60页。
③ 同上，第58页。

不空）译经卷数的总和，占唐代新译佛经总卷数的一半以上[①]。第五，他是中国佛经翻译史上汉人独立译经而不借助印度及其他西域人力的第一人。此前，佛经的翻译多借助于天竺等西域人力，连法显也不例外；鸠摩罗什虽生于中国境内，但并非汉人；隋代的译馆里也以外国人为译主。但玄奘的译场里没有西域人。这主要因为玄奘的梵语及声明学知识高于以往的汉人译经家。第六，他在译汉为梵方面成就卓著。据《续高僧传》本传："奘奉敕翻《老子》五千文为梵言，以遗西域。"又曰："又以《起信》一论，文出马鸣。彼土诸僧，思承其本。奘乃译唐为梵，通布五天。"第七，他的敬业精神垂范后代。《慈恩传》卷七，玄奘自永徽改元（650）后："专务翻译，无弃寸阴。每日自立程课，若昼日有事不充，必兼夜以续之。……至三更暂眠，五更复起，诵读梵本，朱点次第，拟明日所翻。"对他的这种精神，梁启超先生慨叹曰："呜呼！真千古学者之模范也已！"[②]汤用彤先生慨叹曰："嗟夫，其克享大名，千古独步，岂无故哉！岂无故哉！"[③]

在玄奘之后，唐代重要的译经家有义净、智严、般剌密帝、善无畏、一行、金刚智、不空等。其中，不空为"四大译经家"之一，共译出佛教密宗经典110部143卷，对密宗在中国的传播起到重要作用。不空之后，有智慧、莲花精进、悟空、法戒、般若、满月、法成等。

义净对翻译学也有突出贡献。"在翻译方法上，义净也有自己的一些特点。从目前已经作过的研究的结果看，他在译法上比较灵活。他组织的译场，在有的地方分工比玄奘的译场还细。在他翻译的佛经包括他自己撰写的著作中，有一个显著的特点是在译文或正文下常常可以看到他加写的注。注文订正译音、译义、考核名物制度，有时还说明是典语（梵语）还是俗语，由此可以看出他在翻译及著述时的认真态度。注文中常常还留下一些有关佛教历史的非常重要，有时是绝无仅有的史料。"[④]

义净的《梵语千字文》是为培养佛经翻译人员而编写的。顾名思义，其中收有汉字词汇1000个，如天、地、日、月，阴、阳、圆、矩，昼、夜、明、暗，雷、电、风、雨，等等。汉字右边标有梵文。唐代还有全真的《唐梵文

---

① 马祖毅：《中国翻译简史》，北京：中国对外翻译出版公司，1984年版，第56页。
② 梁启超：《饮冰室佛学论集》，扬州：广陵古籍刻印社，1990年版，第309页。
③ 汤用彤：《隋唐佛教史稿》，北京：中华书局，1982年版，第67页。
④ 王邦维：《唐高僧义净生平及其著作论考》，重庆出版社，1996年版，第30页。

字》，与《梵语千字文》基本相同。另有礼言的《梵语杂名》，收有汉字词汇千余，先列汉字，次列梵音汉译，次列梵文，实际上是一部汉梵小词典。

## 第五节　文学交流

隋唐五代期间，中印文学交流出现了一种新的气象。在这方面，我们几乎找不到印度受中国文学影响的例子，但印度文学，尤其是印度佛教文学对中国文学的影响却很多。可以说，这一时期中国文学受印度文学影响是通过佛教实现的，大体有以下三个特点：

第一，随着中国佛教的成熟和发展，来自印度佛教的义理、观念、范畴、词汇等已经深入到中国文学的方方面面。尤其是在诗歌领域，表现佛教题材、渗透佛教理念的佳作非常之多，就连中国的诗歌理论也深受影响。第二，佛经文体、佛经故事、佛教人物、佛教场所等都进入了中国的文学作品，对唐代传奇产生了深刻影响。第三，佛教的广泛传播影响了唐代的俗文学，直接导致了一个新文学体裁——变文的出现。

### 一、佛教与唐代诗歌

唐代的佛教发展到了盛极一时的阶段，这一社会现象也必然要反映到唐诗中去。所以，唐代的大诗人几乎无一不受到佛教的影响，唐代的僧诗也比以往任何时代都多，唐代民间也不乏与佛教有关的佳作。

1. 以下仅列出少数几位有代表性的唐代大诗人。

（1）王维

据《新唐书》卷二〇二，王维“兄弟皆笃志信佛，食不荤，衣不文采”。因而，他的诗中也明显可见佛教思想的影响。他的诗中笼罩着一种禅寂，使佛教僧人所追求的清静活现于画面之中，读者如身临其境，不能不深受感染。他的《山居秋暝》被传为千古绝唱。这首诗好就好在它以通俗平直的语言、工整的对仗、轻松的节奏画出一幅秋天清爽宜人的初夜图景。诗意中带着禅意。王维的另一首千古绝唱是《鹿柴》诗。王维写空写静，常常以写有写声作为反衬，这首诗就是如此。那空山和人语相对，以人语反衬山空。日影投入到深林中，又照到青苔上，这是再平常不过的景象，可是在诗人的笔下，它却带上了静谧和奥妙莫测的气氛。王维是魏晋以来山水诗的集大成者。其诗的特点之一便是以禅入诗，把佛家清静脱俗的理念注入自然景物之中，使如画的诗意带有无尽的空灵与禅思。

（2）李白

李白是王维同时代的人。据《新唐书》卷二〇二，李白晚年信道教。确实，李白的诗中洋溢着仙道之气。他性格豪迈，被后人称为“诗仙”，被时人称为“谪仙”和“饮中八仙”之一，再加上他的诗作中每每涉及神仙事，更使人们确信他必然要属于道家。其实，李白受佛教的影响也是很深的。李白与僧人的交往要比一般人想象得多，他曾写过《僧伽歌》、《峨眉山月歌送蜀僧晏入中京》、《赠僧崖公》、《赠僧行融》、《别东林寺僧》，等等，再加上一些游览各地塔寺的诗，不下30首。李白除了写这类与僧人的应酬诗之外，还写过一些“赞”、“颂”、“铭”等，如《李居士赞》、《金银泥画西方净土变相赞》、《地藏菩萨赞》、《金银泥画西方净土变相赞》、《地藏菩萨赞》、《鲁郡叶和尚赞》、《崇明寺佛顶尊胜陀罗尼幢颂》、《化城寺大钟铭》等。从这些文字可知，李白对佛教典故、义理的了解已远远超乎常人。他在《金银泥画西方净土变相赞》的序言中写道：“大难掩照，日月崩落。惟佛智慧大，而光生死雪；赖假普慈力，能救无边苦。独出旷劫，导开横流，则地藏菩萨为当仁矣。”在《崇明寺佛顶尊胜陀罗尼幢颂》的序言中说道：“有我西方金仙之垂范，觉旷劫之大梦，碎群愚之重昏。寂然不动，湛而常存。使苦海静滔天之波，疑山灭炎昆之火，囊括天地，置之清凉。日月或坠，神通自在，不其伟与！”可见，李白对佛的赞美已无以复加。他虽信道教，对佛教却非但不排斥，反而同样奉为神明，这不能不说是他胸襟开阔、性情豪放使然。

（3）杜甫

与李白一样，杜甫也是家喻户晓的大诗人。李白的诗中有不少关于佛教的东西，而杜诗中的有关内容却不像李诗那样突出。即便如此，杜诗中仍有30余首诗是与佛教相关的。他在《游龙门奉先寺》中，承认佛教具有发人深省的力量；在《同诸公登慈恩寺塔》中，通过写塔称赞了佛教深邃的义理；在《游修觉寺》中，他认为通过游佛寺可以得到“神助”激发诗情。杜甫与僧人也有交往，写过一些赠僧人的诗，但他与僧人的交往不如李白同僧人的交往多。

（4）白居易

白居易也是我国唐代的大诗人，与李杜不同，他的官做得大，而且还信佛教。据《新唐书》卷一一九，白居易因得罪了权贵，被贬为江州司马。“既失志，能顺适所遇，托浮屠生死说，若忘形骸者。”“暮节惑浮屠尤甚，至经月不食荤，称香山居士。”正因为如此，白诗受佛教影响更深。白居易的诗多，现存近三千首，在唐代诗人中第一。又因他信佛教，所以他的诗中与佛教相关的亦很多，其数量已远远超过了李杜的几十首，而是数以百计了。他的不少诗中禅意十足，若不注意，还以为他只是咏物抒情，而忽略了其中的禅机。例如，他有《问鹤》和《代鹤答》各一首。作为一般的解释，这两首诗是通过自然界鸟类的争斗来影射社会上弱肉强食的现实，从而得出消极避世的结论。或者，作者在这里暗示了自己在官场的斗争中受到打击后的退隐心情。但这还不够，这中间还包含着他对佛家禅理的理解。类似的例子还有一些，不一一列举。总之，白居易可以称得上唐代以禅入诗的第一大家。

（5）韩愈

后人都知道韩愈是反对佛教的。其实，韩愈不但反对佛教，也反对道教，更确切地说，他并不反对佛教和道教中他认为可取的东西，而是反对迷信，反对劳民伤财和铺张浪费。如果不这样说，他诗中受佛教影响的或与佛教有关的内容便无法解释。从韩愈的诗看，他同佛教中人物也有相当多的交往，而态度有时是截然不同的。例如，《全唐诗》卷三四五末首为《赠译经僧》。诗中，他对西域来的译经僧十分不客气，对佛教传入中国也持否定态度。但是，他并不是对所有僧人都如此。他写过一首《送僧澄观》的诗，较长，其中虽然对佛教仍有褒贬，但对澄观本人却并不反感，反而有钦慕之情。他写的《别盈上人》诗也显得很有感情。其他如《送无本师归范阳》、《送惠师》、《送灵师》等，从中不难看出，他对佛教始终有看法，但与僧人交往却十分重感情、重才华。他还写过一首《听颖师弹琴》，这位颖师是位印度和尚，韩愈对他的琴艺予以高度赞扬，态度完全不同于前文所说的“译经僧”。另外，韩愈的《山石》诗也很典型。从这首诗中，我们看到，韩愈曾在寺中连夜看佛画，并在那里住宿。对佛画、对寺中简朴的生活、对夜晚的静寂，他都发有感叹。第二天临去，他又不由对人生发出感叹。所有这些感叹，不能不说是受了佛寺当晚氛围的影响而发自内心的，即不能不说佛教对他是有影响的。

2. 唐代僧人做的诗也多。翻开一部《全唐诗》，可以看到许多僧人的诗，从卷八〇六至卷八五一，共46卷之多。而这些还不是全部。在众多的诗僧中，有些也可以被称为大家。下面仅选出几位诗僧为例。

（1）寒山

寒山，一称寒山子，据说是唐贞观年间的人，但也有说他是晚些时候的人。他的诗传下来的有三百多首。他的诗风格独特，语言通俗，但极富哲理。他的《杳杳寒山道》写的是山中的景物及作者的心境。他的《人生不满百》也很有趣，是劝人解除烦恼的。诗人站在佛教的立场上，认为人生中尽是苦恼，并为一些人醒悟太迟而感到遗憾。总之，寒山的诗中多有佛教的劝诫的内容。

（2）拾得

拾得，唐贞观年间的诗僧，与寒山齐名，有“寒山文殊，拾得普贤”之说。他的诗没有寒山的多，艺术成就也不如寒山的大，但仍是唐代有影响的诗僧。他经常与寒山来往，诗的风格与寒山的也相似。拾得的诗中直接宣扬佛教的较多，如宣扬不杀生、不饮酒、不贪财、不淫欲等。尽管拾得的诗在艺术上的成就不大，而且他所宣扬的都是佛教观点，但在劝世警俗方面，还是有教育意义的。

（3）无可

无可俗姓贾，是贾岛的从弟，诗名亦与贾岛齐。与前二位诗僧不同，无可的诗要显得更有文采些。他留下的诗不太多，但都写得生气勃勃，与其说他是个僧人，不如说他更具备诗人的情怀。

（4）皎然

皎然俗姓谢，字清昼，湖州人。他自幼有才华，早年出家于杭州灵隐寺，后居吴兴杼山妙喜寺。除通习佛典外，他还兼攻诸子学说和史书。他擅长作诗，后人评他的诗“在唐诸僧之上”。他还有一项重要贡献是在诗歌的理论方面，这将在下文介绍，这里只谈他的诗。皎然的诗收在《皎然集》（即《杼山集》）中。在《全唐诗》中，他的诗占有七卷，可见其多。皎然的诗多属应酬诗，同时也有一些感怀和仿古之作。他的《寻陆鸿渐不遇》是常被人们提起的一首。这首诗写的是皎然去寻访好友陆羽（字鸿渐）而没有见到的情景，通过写景物和邻人的回答暗示陆羽的性格爱好，可以说是一篇上等的咏人之作。皎然身为僧人，也写一些仿古诗、边塞诗，如《昭君怨》、《从军行》、《咏史》、《塞下曲》、《长门怨》等。他的这类诗似乎与他的僧人身份不大吻合。其实，这是唐代整个的诗歌大势所裹挟的结果。在唐代前期，这类诗很多，很有影响，皎然是个博学的诗僧，作一作这类的诗，也算是追逐当时的潮流，他很可能把这类诗当作习作，而不见得在诗中寄予更多的情怀。还有一种可能是，他通过这类诗来表现人间的苦难和忧烦，这就与他的僧人身份不矛盾了。

（5）贯休

贯休，俗姓姜，字德隐，浙江兰溪人。他7岁出家，生活在唐朝末期和五代初期，有自编诗集《西岳集》（后改名为《禅月集》），但后来散佚了。今《全唐诗》中收了他的诗，在卷八二六至卷八三七，共12卷。贯休作为僧人，经常与名人往来，也经常与权贵交往。但他看不惯封建统治阶级的骄奢淫逸，有时写诗讽刺他们。和皎然一样，贯休除了写一些与佛教和佛教人物、佛教思想关系密切的诗以外，还有一些仿古之作，为数可观。

（6）齐己

齐己，五代时僧人，大约生活在9世纪后期至10世纪前期，湖南益州人，俗姓胡。出家后居衡山东林，自号“衡岳沙门”。《全唐诗》卷八三八至卷八四七收其诗，共10卷。

以上我们仅列举了6位诗僧，并对他们的一些诗做了简介。这里需要强调的是，僧人作诗，肯定要宣扬佛教，这是不用怀疑的，但更重要的是，他们的诗也是对唐代社会现实的反映，是对中国诗歌的丰富，是中国文化的一部分。

3.如前文提到的寒山、拾得的诗，非常通俗，具有民间文学的特征。唐代还有许多民间杂咏，曾经十分流行，至少是在某个地区十分流行。所以，这里还要提到敦煌发现的一些唐代诗歌。

（1）王梵志

王梵志是什么人，正史上没有记载，但在野史、笔记中，却留下了不少传说。这些传说可能有一定根据，但并不可靠。现只能大致判断如下：第一，他可能是河南人；第二，他大约生活在隋末唐初的一段时期；第三，他的诗在唐代很有影响，传到了西北边地及四川一带；第四，他家早先可能很富有，后来渐渐衰败了；第五，他于50岁前后因家境贫困而思想大变，皈依了佛门。

从内容上讲，王梵志的诗大体上可分几大类。一类是反映社会现实的，如贫富悬殊、社会动荡、穷人生活等；一类是劝诫诗，如告诉人们如何行善积德、如何杜绝恶习等；一类是宣扬佛教的。王梵志的诗在中国文学史上占有一席之地，是唐代白话诗的优秀代表。

（2）敦煌歌词

20世纪20年代，在敦煌发现了一批歌词。这些歌词的创作时间大体在唐和五代期间。敦煌歌词有一半以上是佛曲。这些佛曲无疑都是宣扬佛教思想的。

由于敦煌歌词是一些无名作者的手笔，又因其具有浓烈的民间风味，所以人们把它们当作民间诗歌来对待。如《太子十二时》是讲太子出家的佛传故事，《禅门十二时》是劝人修行的歌词，等等。[①]

## 二、佛教与诗论

中国古代关于诗歌理论的研究文章不少。在唐代以前，专门探讨诗歌理论的专著已经出现，那就是南朝梁人钟嵘的《诗品》，大约与之同时代出现的著名文艺批评专著《文心雕龙》中也有关于诗论的内容。到了唐代，由于诗歌的大量创作，相应的理论研究专著也应运而生，这就是中唐时期僧皎然的《诗式》。

《诗式》共五卷，是一部系统的诗论专著。书中，皎然对诗的本质、诗的创作规律、诗的鉴赏、诗的风格等都做了探讨，并发表了深刻的见解。《诗式》在我国的诗歌批评史上占有崇高地位，在我国的文论史、美学史上也都占有崇高地位。它的产生，既有客观原因也有作者的主观原因。从客观上讲，唐代的诗歌到中唐时正发展到鼎盛时期，可以说，那时的唐诗既全面继承了我国上古以来的优秀诗歌传统，同时也经过了艰苦努力、刻意创新、全面开拓，积累了大量的实践经验，创作出一大批千古绝唱。在这种情况下，不仅客观上形成了《诗式》产生的条件，而且也迫切需要理论上的总结和提高。从主观上讲，皎然虽为僧人，但他除了研读佛经以外，还博读子史，同时自己也进行了大量的诗歌创作活动，从实践中积累起丰富的经验。这就使他具备了写出《诗式》的能力。现在的问题是，《诗式》是否有佛教思想的影响呢？有。只要我们仔细阅读，就不难发现。

在《诗式序》中，皎然写道：

> 夫诗者，众妙之华实，六经之精英，虽非圣功，妙均于圣。彼天地日月、元化之深奥、鬼神之微冥，精思一搜，万象不能藏其巧。其作用也，放意须险，定句须难，虽取由我衷，而得若神授。至若挺拔之句，与造化争衡，可以意冥，难以言状，非作者不能知也。

皎然的这些论述，继承了前人的一些观点，同时又有他自己的创见。从这段话中，我们感到了一种佛家和玄学的神秘。文中还运用了佛家使用的语汇，

① 有关唐代诗人的具体诗作举例及分析，可参见拙著《佛教与中国文化》，北京：昆仑出版社，2006年版，第90~119页。

如“作用”、“天真”等。也就是说，皎然自觉不自觉地将佛学的某些意念运用于诗歌的理论中。

《诗式》卷一《诗有四离》中说：“虽有道情，而离深僻；虽用经史，而离书生；虽尚高逸，而离迂远；虽然飞动，而离轻浮。”意思是说，作诗要有道情（得道者之情），但也要避免太深太僻；作诗可以引用经典，但不能太书生气、学究气；诗要作得高妙洒脱，但不能荒诞而远离现实；诗要作得生动活泼而有气势，但不能轻飘飘的没有根基。这里开首一句便说出“道情”二字，这个词的意思是什么呢？根据皎然的诗句“为依炉峰在，境胜增道情”，“每笑石崇无道情，轻身重色祸亦成”等，可知皎然的“道情”乃是“禅心”的意思。

《诗式》卷一《取境》中说：“取境之时，须至难至险，始见奇句。成篇之后，观其气貌，有似等闲不思而得，此高手也。”这里，“取境”的意思是追求和构想出诗的艺术境界，也是来自佛教的语汇。

《诗式》卷五中说：“作者须知复、变之道，反古曰复，不滞曰变……复变二门，复忌太过，诗人呼为膏肓之疾，安可治也，如释氏有顿教，学者有沉性之失，殊不知性起之法，万象皆真。”在这段话里，作者以佛教的道理来解说作诗复古不要太过的原因。

皎然除了著有《诗式》五卷外，还有《诗议》一卷，其中写道：“夫境象不一，虚实难明，有可睹而不可取，景也；可闻而不可见，风也；虽系乎我形而妙用无体，心也；义贯众象而无定质，色也。凡此等，可以对虚，亦可以对实。”从这段话里也可以看出皎然把佛教的思想和语汇融于诗论的痕迹。他所使用的“心”、“色”、“虚”、“实”等概念，都接近于佛经中的概念。

总之，唐代诗论中受佛教影响的情况也不少，这里仅举了皎然的《诗式》和《诗议》为例，已经足以说明问题。

## 三、唐传奇

唐代的小说也发展起来，除了一些志人和志怪小说以外，还出现了唐传奇这类优秀作品。志人与志怪小说中，有不少印度的影响因素，已不必说。新兴起的传奇小说中，也能够看出印度影响的痕迹。如著名的《柳毅传》就是其中之一。这篇小说讲的是柳毅为龙女传信，并与龙女结婚的故事。在唐代以前，这类龙王龙女故事就已经产生，唐代则更为生动，更具有文学色彩。除了《柳毅传》以外，唐代的龙王龙女传奇还有《谪龙说》、《湘中怨》、《震泽龙女记》

等，都有较高的艺术成就。有人会说，龙是中国传统的东西，是中华民族的象征，怎么能说它与印度有关呢？问题就在这里。龙的确是中国传统的东西，中国先民从上古时候起就崇拜龙，就神化龙。但我们还必须注意，印度古代也有龙的崇拜。佛经中也有许多关于龙的传说，有“天龙八部”的说法。应当说，印度的龙实际上是蛇，梵文作naga，但由于与中国的龙有相似之处，佛经的翻译家们就把它翻译为龙。这样，中国龙和印度龙的界限就被打破，印度龙也随着佛经传到了中国，并对中国龙发生影响。在佛教传入之前，中国的龙还没有被人格化，也没有出现人与龙王龙女的爱情故事。但在佛教文学传入之后，情况就大变了。龙被人格化为龙王和龙女，而且还与人发生了感情，闹恋爱，闹结婚，闹生孩子。

成书于晋代的《灵鬼志》中有一则“外国道人”的故事，那是一个从印度改编过来的故事，表现了一种中国人前所未闻的空间观。到了唐代，印度人的这种空间观又被进一步发挥，出现了《南柯太守传》这样的故事，说一个人恍惚间进入了蚂蚁洞里，在蚂蚁的王国里当官，并娶妻生子。这不仅体现了奇异的空间观，而且还突破了人与动物之间的界限。印度古代人的头脑中，人与动物的界限不像中国古人看得那样分明。在中国古人看来，人与禽兽之间的差别是巨大的，人之所以为人，是因为他们有思想感情，有伦理道德观念，如果说某某人像禽兽或者是禽兽，那是不折不扣的骂人话。但在印度古代，人与禽兽的界限就不那么分明。因为印度人相信轮回，相信人的灵魂可以到任何躯体中，可以生为人形，也可以生为禽兽形。如佛本生故事中，佛的前身就曾经是各种动物，而这些动物又是有思想感情、有伦理道德观念的，几乎与人没有两样。印度古代人之所以这样抹杀人与动物的界限，就是因为他们相信生命的轮回，相信灵魂在本质上是同等的，相信所有的灵魂都有一个共同的来源。因此，印度上古时代的动物寓言很多，其中的动物都会思考问题，都会像人一样处理问题。而中国先秦的寓言中，就没有这样的情形，只有狐假虎威的故事算是多少沾点边。到了魏晋南北朝时期，中国的志怪小说兴起，其中人和动物的界限开始模糊，动物也开始说话，有了行为，但还是被人们看作“灵怪”。像《南柯太守传》这样，把人和蚂蚁等同起来，也显然与印度的影响有关。

另外，印度文学对唐代传奇文的影响还表现在唐传奇的结构上。正如季羡林先生所指出的：“在形式方面的影响可以以王度的《古镜记》为例加以说明。这一篇传奇文结构形式很特别。它以一面古镜为线索，为中心，叙述了几个毫不相干的小故事，用古镜贯穿起来。这种结构形式在印度古典文学颇为流行，比如流传全世界的《五卷书》就是如此，汉译的《六度集经》之类的书在结构方面也表现出了这个特点。”①

## 四、变文

唐代出现了一个新的文学体裁，叫作“变文”。尽管学者们对“变文”中的“变”字做过各种各样的解释，而且有多种分类，意见并不一致，但是，“变文”是在佛教影响下产生的，这一看法却是一致的。下面谈四点看法。

第一，因为唐代佛教空前发展，老百姓中信佛的人数要比以往更多。特别是经过各种社会变迁之后，人们在寻找精神上的寄托，佛教在这种情势下更容易被普通群众所接受。再加上封建统治阶级的提倡，佛教更加普及。这就在民众中产生了一种需要，需要用浅显通俗的语言讲解佛经的教义，用大家都感兴趣的故事去引发深奥难解的理论。正是适应了这一需要，和尚们开始了“俗讲”。变文就是在俗讲的基础上形成的一种新的文学体裁。

第二，变文的产生还和中国传统的文学有关。变文中也有相当一部分不是来自佛经的内容。我们知道，流传并保存下来的变文中，有相当多是取材于佛经的。例如《目连变文》、《地狱变文》、《维摩诘经变文》等。但还有一些取材于中国故事的变文，如《汉将王陵变文》、《王昭君变文》、《伍子胥变文》、《孟姜女变文》等。

根据我国学者张锡厚生先的意见，变文可以根据其内容分为两大类，一类是“讲唱佛经故事的变文”，一类是“以历史故事、民间传说和现实内容为根据而创作的变文”。他说，讲唱佛经故事的变文又可分为两种：一种是，先引述一段经文，然后边讲边唱，敷衍铺陈。如《维摩诘经变文》、《阿弥陀经变文》、《妙法莲华经变文》等都是直接宣讲佛经经义，宣传佛法无边的。有人把它们称作“讲经文”。“其中，《维摩诘经讲经文》是唐代一部弘伟巨著，大约有三十卷左右，今天能见到的还有十五卷以上，完全是演绎《维摩诘经》。在讲唱每节之前，先引经文一则，然后根据经文加以渲染，常常是一、二十字的经文，被铺陈为三、五千字的长篇大幅；用不同的人物、不同的语言来描写相同的场景，想象十分丰富，写法也很高明，令人耳目一新。”另一种，“是直接讲唱佛经神

① 季羡林：《佛教与中印文化交流》，南昌：江西人民出版社，1990年版，第168页。

变故事，本文前不引经文，而是依据佛经里的一个故事，一个传说，自由地抒写阐扬，挥洒成篇。其中某些作品有浓厚的生活气息，故事情节，人物形象都很生动有趣。由于主要目的不是为宗教服务，思想内容仍受经义佛理的限制，如《降魔变文》、《目连救母变文》等，也都是宣传因果报应、地狱轮回的作品。《降魔变文》出自《贤愚经》，是一篇较好的作品，特别是描写佛弟子舍利弗与六师斗法，极为精彩。"《目连救母变文》出于《佛说盂兰盆经》……这篇变文叙述佛弟子目连历尽千辛万苦救母出地狱的故事。……作品描写地狱的凄惨、刑罚的残酷、狱卒的冷酷无情以及如来的佛力万能，都是现实社会的曲折反映，在一定程度上表现出对现实的批判意义。"①

第三，变文采取的是韵散相间的文体，这种形式影响了我国后来的讲唱文学，但这种形式的起源应当追溯到佛经。

第四，我们这里所说的"变文"是一种泛指，并不局限于演绎佛经故事和中国历史故事及传说。也就是说，其中还包括其他内容，如《燕子赋》、《茶酒论》等寓言故事。即便是取材于中国古代传说故事的变文，以及寓言故事，也是受了佛教的影响而产生的②。

## 第六节　艺术交流

隋唐时期，中印艺术交流达到了一个高潮。与文学交流一样，这种交流也主要是由佛教交流促成的。

### 一、建筑

到了唐代，随着佛教的发展，佛教寺院建筑也变得规模宏大和富丽堂皇了。根据现有的实物、文字及绘画资料，可知当时的佛教建筑已经形成了中国自己的风格和样式。由于保存下来的实物资料极少，如五台山南禅寺大殿等，很难从中看到印度建筑风格的影响。但从一些文字资料中，我们尚能得到一点有关信息，尽管信息有限，却能说明这一时期建筑方面的交流并未停止。

---

① 张锡厚:《敦煌文学》，上海古籍出版社，1980年版，第73页。

② 参见拙著《中印文学比较研究》第二篇第六节"变文六议"，北京：昆仑出版社，2003年版。

隋唐时代来华的僧人有的也懂建筑，也曾参与过寺院的修建。如《全唐文》卷二五七苏颋《唐河南龙门天竺寺碑》曰：“天竺寺者，天竺王子避位出家、三藏法师宝思惟之立也。……爰创方丈，邻于咫尺，坚持愿力，善诱檀心……更于其侧，造浮图精舍焉。飞观遥峙，仙茎崛起。远而趋之，虚空飘渺于其间；近而察之，岑嶅青荧于表里。羌难得而名也。景云岁辛亥月建巳日辛卯，制以法师所造寺，赐名曰‘天竺’。”《宋高僧传》卷三《宝思惟传》则曰：“释阿尼真那，华言宝思惟，北印度迦湿蜜罗国人，刹帝利种。……后于龙门山请置一寺，制度皆依西域，因名天竺焉。”这说明，唐代前期的寺院建筑还有印度僧人参与勘察设计的情况，也有“制度皆依西域”的情况。所谓“制度”，乃是指布局、样式、风格等而言。另一方面，在此期间去印度的中国僧人也有不少人很注意那里佛教建筑的技法和风格。前文提到的义净有关那烂陀寺的记载便可以证明。

这里需特别提及中国西藏的寺院建筑。唐代以后，印度的佛教走向衰落，而西藏地区的佛教却逐步兴盛。这期间西藏所修建的佛教寺院也在很大程度上受了印度、尼泊尔建筑风格的影响。例如，著名的大招提寺在建立之初就是尼泊尔的尺尊公主请来尼泊尔的工匠建造的。约建于779年的桑耶寺则是由印度莲花生大师亲自勘察、印度著名佛学家寂护亲自设计的。“它是以古代印度波罗王朝高波罗王在摩揭陀所建的欧丹达菩黎寺为蓝本，实际上是用佛教徒想象中的所谓世界的结构做建筑的基本概念的。中心主殿是一座三层大殿，代表所谓须弥山，四方有四个殿，代表所谓四大洲。四方四殿的附近又各有两个小殿，代表所谓八小洲。主殿两旁又建两个小殿，代表日、月。还有一些其它的建筑，如杂用房屋和塔等。全部建筑围以圆围墙，代表铁围山。佛教密宗的‘戒坛’（即曼陀罗，一般是平面彩绘，也有立体的）也往往采取这种形式，所以也有人说它是仿照密宗的曼陀罗建造的。”①这种由南亚僧人来勘察、设计和由南亚工匠参与修建西藏佛寺的情况在后来也时有发生。

在石窟建筑方面，隋唐时期的成就很大。克孜尔、敦煌、龙门等大石窟寺在此期间都继续开凿，其中尤以龙门石窟的成就突出。

龙门石窟群中规模最大的是奉先寺大卢舍那像龛。此龛位于龙门西山南部山腰，其设计与工艺均精细优美，是中国美术史上的杰作。此龛凿成于武则天

① 王森：《西藏佛教发展史略》，北京：中国社会科学出版社，1987年版，第9页。

当政时期。唐代，大像龛前曾有木结构的奉先寺，大像龛仅为该寺的一个组成部分。后来寺毁龛存，人们便常把此龛也称为奉先寺了。大像龛的主像大卢舍那坐佛从头顶到座底高17.14米，螺形发髻，身披通肩水纹袈裟。佛的面容文静秀美，轮廓分明，嘴角略带笑意，鼻梁高而直，上与双眉自然相连。佛身后的头光和背光都雕刻得精美而且烦琐，在艺术上起着衬托佛像的作用。此像的雕造虽在唐代，但仍反映出印度犍陀罗艺术和马土腊艺术中佛像的某些特点。这一时期所雕造的一些天王、力士像等，仍能看出印度古代雕像的“三道弯”式的影响。所谓“三道弯”式是指印度笈多王朝时期的雕像特征。如常任侠先生所说：“此派喜好的身体姿势，尤其女性的，则是三道弯式（Tribhanga）——即头向右倾侧（女像），胸部则转向左方，由于印度人偏好臀部向旁耸出的姿势，两腿遂又转向右方；男像则与此相反，即头向左侧等等。这些美学的标准，在印度著名的画师阿邦宁德拉纳特·泰戈尔所著《关于印度艺术解剖学上的几点注意》中，有很可宝贵的说明。”[①]而此时的一些菩萨像也有印度的影响，正如道宣在《集神州三宝感通录》中所说，五十二身菩萨像“又称五十二尊曼陀罗，原为印度鸡头摩寺五通菩萨感得之瑞像”。

晚唐以后，佛教密宗在四川的影响很大，于是四川大足出现了以密宗题材闻名于世的大足石窟群。大足石窟的开凿时间从晚唐开始，以两宋为盛。这一石窟群的艺术特色主要表现在造像上。

在佛塔建筑方面，隋唐时期出现了一批新建筑。这里仅介绍四座塔。

山东历城四门塔在山东济南历城区柳埠镇，建于隋大业七年（611），是我国现存最古的石塔之一。此塔仅有一层，高15.04米，四角形，边宽7.4米。塔身用青石砌成，四面开有拱形门，室内有方形塔心柱，四面各有石雕佛像一尊。

驰名海内外的西安慈恩寺大雁塔原建于唐代。永徽三年（652），玄奘上表建石塔，以存放他从西天取回的经像，高宗准建砖塔。先有五层，武则天时又加五层。唐末被毁，屡经修建，现在的塔已非原貌。

玄奘塔在西安市长安区樊川兴教寺，是玄奘圆寂后五年（669）所造，为玄奘的墓塔。此塔的平面为方形，共5层高约21米。这是我国现存最早楼阁式砖塔。

云南大理市旧城西北有崇圣寺，寺有三塔，一大二小。大塔名为“千寻

① 常任侠：《印度与东南亚美术发展史》，上海人民美术出版社，1980年版，第27页。

塔”，建于公元9世纪前半，为方形中空密檐式砖塔。塔高69.13米，16层檐，是现存唐代最高的砖塔之一。①

随着佛教密宗大举传入中国，中国唐代出现了一个新的佛教雕刻艺术品种，这就是经幢。我们把它放在建筑艺术里谈。

幢本来是伞形的，由丝织品缝合而成，上有伞状盖，盖下是一圈下垂的布，中间由一根长竿挑起。佛教密宗僧人把《佛顶尊胜陀罗尼经》书写于幢上，供于佛前，据说幢影映于身上可防止尘垢污染。密宗僧人又仿照幢的样子刻出石幢，在石幢上刻写《佛顶尊胜陀罗尼经》。此经仅一卷，全是咒语。中国现存的石刻经幢都是唐代以后的作品，以宋代的经幢最为精美。石经幢的样子有些像塔，分成若干层，只是每层都不一样。一般的石经幢常常有须弥座或莲花座，座上是幢身。幢身为实心石雕柱，有四角、六角、八角、十角等形状，八角为多。幢身有时还加上须弥座或莲花座束腰，使幢身分出若干层，幢身的上端为幢顶，幢顶有盖，盖顶为宝珠形石雕。经幢一般都立在寺中，多数都刻《佛顶尊胜陀罗尼经》，但也有只刻佛名或六字真言的，还有刻其他经文的。中唐以后，除密宗外，净土宗也雕造经幢，而且数量不少。

我国现存经幢中年代最早的雕造于公元689年，时值初唐，现在陕西富平县。

## 二、雕塑

前文谈到了洛阳龙门奉先寺大佛的雕刻。这里主要谈隋唐时期敦煌莫高窟的泥塑。

莫高窟于隋代开凿的窟有95个，其形制大体与北魏相似。隋窟中大体保存完好的塑像约140躯。这一时期的塑像除了佛和菩萨外，还有阿难和迦叶的像。 隋代塑像的特点是在吸收印度造像特点的基础上加进了更多的民族特色。例如佛像，面相显得更为丰满，鼻梁也不如北魏塑像那样高了。耳朵显得更长更大，衣服的皱褶和纹路变得更加柔和了，衣着装饰也显得较为华丽。

莫高窟唐代的塑像遗存较多，达670多躯，其中有半数基本保持了原样。在塑造的人物方面，唐代所塑造的佛像更符合人体的比例，而不像北魏时那

① 以上四塔资料来自四川人民出版社1989年出版的任宝根等编著的《中国宗教名胜》一书有关部分。

样显得头大身体小。佛的面部也显得慈祥、温和，而且更真实生动。佛的袈裟纹路自然，使人看上去觉得像丝绸一般。佛的位置一般在龛的最深处，其两侧分别是大弟子迦叶和阿难。两大弟子的外面是普贤、文殊二菩萨。菩萨的外面又有天王、力士等护法神像。唐代的菩萨像最有特色，他们的面部和身形都酷似女性，这就是所谓“宫娃如菩萨，菩萨如宫娃”。唐代的塑像艺术家用当时的审美标准塑造了这些菩萨像，把他们塑得像美丽贤淑的女性，不仅身段优美，姿态文静，而且眉眼间也流露出一股温柔善良。他们的嘴角带着微笑，嘴巴较小；裸露出的肩臂部分也都显得十分润滑细腻，仿佛是真人的肌体。他们的衣饰也显得相当华贵，自然垂下，像真的一样。与菩萨塑像形成强烈对比的是天王和金刚力士的塑像。他们身穿铠甲，威风凛凛，刚毅而雄健。这些，都给人们留下深刻的印象，并使人们由衷地赞叹唐代塑像工匠们的技艺。①

应当说，莫高窟唐代塑造的佛像充分显示了中国的艺术风格，已经不大容易看出印度雕塑影响的痕迹了。

除了敦煌以外，在中原各地，对佛像的塑造一直在进行，早期的塑像因年代久远而难以保存，因而我们现在很难在寺庙中看到唐以前的实例。但我们可以从文字的记载中得到一些古代著名塑像家的信息。唐人张彦远在他的《历代名画记》中也记载了有关塑像的内容。例如，他提到当时长安敬爱寺的雕塑情况时说：“敬爱寺佛殿内菩提树下弥勒菩萨塑像，麟德二年，自内出王玄策取到西域所图菩萨像为样，巧儿、张寿、宋朝塑，王玄策指挥，李安贴金。东间弥勒像，张智藏塑，即张寿之弟也，陈永承成。西间弥勒像，窦弘果塑。以上三处像光及化生等，并是刘爽刻。殿中门西神，窦弘果塑；殿中门东神，赵云质塑，今谓之圣神也。此一殿功德，并妙选巧工，各骋奇思。庄严华丽，天下共推。”从这段话里我们得知，当时是有一批雕塑家在从事寺庙中的塑像工艺的，而且他们都是“天下共推”的能工巧匠；而王玄策从西域取回的图样是他们雕塑的规范，这中间自然少不了印度古代雕塑艺术的影响。

唐代最著名、最杰出的雕塑家恐怕要数杨惠之了。杨惠之生活在盛唐时期的开元、天宝年间，与当时的著名画家吴道子是画友。但因为吴道子的名

① 关于隋唐莫高窟泥塑的资料主要来自上海人民出版社1981年出版的潘絜兹《敦煌莫高窟艺术》一书。

气很大，杨惠之便开始主攻雕塑。在经过勤奋努力之后，他果然取得了很大成就。他所塑的佛像遍于京城长安的寺院，他还创造性地塑出了五百罗汉像，而且还努力以自然景象衬托人物。除佛教塑像外，杨惠之还为现实生活中的人塑像，并且取得极大成就。据说，他曾为当时的歌舞伎人塑像，放到大街上，京城中的人能从背后叫出被塑者的名字，可见他的功力。杨惠之不仅注重实践，也注重理论，他曾写出过《塑诀》一书，可惜已经失传了。由杨惠之的事例可知，盛唐时期的雕塑家已在竭力地发扬民族风格，印度的影响已经越来越小了。

盛唐以后，特别是密宗传入后，中国寺庙中的塑像种类也越来越多。但后世的佛寺塑像一般都有一定的模式，佛、菩萨、天王、力士、韦驮（Skanda）、罗汉等的塑像大小都有一定的比例，容貌衣饰和姿势也都相对程式化，以便观者区分其身份。

### 三、绘画

中国的绘画由六朝经过隋代的过渡，在唐代形成了一个生机勃勃、丰富多彩的局面。大画家辈出，新画派不断出现，民族风格的确立，外来技巧的吸收，这些都是唐代绘画繁荣的标志。在此期间，佛教题材仍在绘画中占有很大比重，因此，许多大画家都与佛教有关，几乎都画佛教题材的画，这一点和六朝时的情况差不多。下面简单介绍两位画家。

尉迟乙僧，新疆和田人，其父在隋朝做官，是隋代名画家之一。尉迟乙僧青年时代被当时的于阗王推荐进京，其时在唐代初年。其后，他深受唐王朝重视，被封官晋爵，地位显赫。他的画主要以佛画见长。当时长安、洛阳一带的大寺院，如慈恩寺、光宝寺、兴唐寺、大云寺等，都能见到他画的壁画。他善画佛、菩萨像，也善人物肖像、花卉鸟兽等。张彦远的《历代名画记》中对他的绘画活动有较详细的记载：公元677年以后，在长安光宝寺东菩提院内画《降魔变》等壁画；702年前后，在慈恩寺塔下南门画过《千钵文殊》壁画；705年以后在长安兴唐寺作画；710年前后在长安安国寺作画。尉迟乙僧曾多次绘制过《西方净土变》，此画以阿弥陀佛为中心，左右有观音和大势至两菩萨，有喧闹的乐舞场面，又有菩提树、楼台殿阁、七宝莲池、花鸟树木，等等。那景象十分热烈，又十分圣洁，既是理想中的西方净土，又是现实盛世的生活写照。他的画在当时非常有名，据说他画一幅屏风就“值金十万”。他的画又自成一派，朱景玄在《唐朝名画录》中说：“凡画功德人物、花鸟皆外国之物象，非中华之威仪。”可见他在传播西域画技巧（包括印度绘画技巧）方面所做的贡献。

吴道子，河南禹州人，唐玄宗为他更名为道玄。他的生卒年有多种说法，但总的说法是生活在玄宗朝的盛唐时代。他少年时家境贫寒，曾向大书法家学习书法，未成，改学绘画，遂成为大家。关于吴道子的事迹，唐代《历代名画记》、《唐朝名画录》、《唐画断》等书中有较详细的记载，此外，在唐宋的笔记和僧传中也多有提及，而且有些传说讲得很神奇。这说明，吴道子确实是当时最受推崇、最有成就的画家，所以，在他死后百年左右，便被尊为“画圣”。他的画影响极大，连唐代著名大诗人杜甫也曾在诗中赞扬过他的画，并称之为“前辈”。杜甫在天宝末年（756）曾写过一首《冬日洛城北谒元元皇帝庙》，诗中提到吴道子在庙中画的《五圣图》：“画手看前辈，吴生远擅场。森罗移地轴，妙绝动宫墙。五圣联龙衮，千官列雁行。冕旒俱秀发，旌旆尽飞扬。”吴道子经常在寺庙中作画，据唐人朱景玄《唐朝名画录》说：“凡画人物、佛像、神鬼、禽兽、山水、台殿、草木，皆冠绝于世，国朝第一。”又说：“《两京耆旧传》云：寺观之中图画墙壁凡三百余间，变相人物，奇踪异状，无有同者。上都唐兴寺御注金刚经院，妙迹为多，兼自题经文。慈恩寺塔前文殊普贤，西面庑下降魔盘龙等壁，及景公寺地狱、帝释、梵王、龙神，永寿寺中三门两神及诸道观寺院，不可胜记，皆绝妙一时。”又说：“景玄元和初应举住龙兴寺，犹有尹老者，年八十余，尝云：吴生画兴善寺中门内神，圆光时长安市肆老幼士庶竟至，观者如堵。其圆光，立笔挥扫，势若风旋。人皆谓之神助。”吴道子的画没有保存下来，有一幅《天王送子图》是后人对他手笔的临摹。这幅画画的是释迦牟尼降生后，其父净饭王和其母摩耶夫人抱着他去大自在天神庙的故事。图中净饭王和摩耶夫人的形象都已汉化，完全是汉人帝王与王后的形象和装束。总之，吴道子作为一代画圣，对唐代的艺术做出了巨大贡献，是我国绘画史上罕见的天才。

除了以上两位，隋唐五代时还有一些绘画大家，如郑法士、阎立本、孙位（又名孙遇）、王维、周文矩、王齐翰、荆浩等，都擅长佛教题材的画。

## 四、乐舞

在经过隋代的统一之后，中国社会的民族融合也使中原和西域的文化实现了一次大融合。这也在音乐舞蹈领域得到了充分体现。

据《隋书·音乐志》载:“太祖辅魏之时，高昌款附，乃得其伎，教习以备飨宴之礼。及天和六年，武帝罢掖庭四夷乐。其后帝娉皇后于北狄，得其所获康国、龟兹等乐，更杂以高昌之旧，并于大司乐习焉。采用其声，被于钟石，取《周官》制以陈之。”又载:“开皇初定令，置七部乐：一曰《国伎》，二曰《清商伎》，三曰《高丽伎》，四曰《天竺伎》，五曰《安国伎》，六曰《龟兹伎》，七曰《文康伎》。”“及大业中，炀帝及定《清乐》、《西凉》、《龟兹》、《天竺》、《康国》、《疏勒》、《安国》、《高丽》、《礼毕》，以为九部。”从这些记载可以看出，隋代的宫廷乐舞是东西方乐舞的大融汇，而且在短短的30年间发生了很大变化，在九部乐中，西域方面的竟占一大半。这说明，隋朝是在一次民族大融合的基础上建立起来的，兼收并蓄了东西方各民族的文化艺术。把西域的乐舞列入宫廷，并使之占主导地位，这是中国音乐史上的一次巨大变革，其来势凶猛，不可阻挡。正如《隋书·音乐志》所记载的，当时的所谓中原“正声”受到了巨大的冲击，颜之推发出了“礼崩乐坏”的呼声，开皇二年（582），他向皇帝杨坚上言，说“今太常雅乐，并用胡声”，要求按梁朝的旧制“考寻古典”。但他忘记了一个基本事实，梁武帝时已经对宫廷音乐已进行了改革，加进了不少佛教的内容。杨坚则认为梁乐是“亡国之音”，不可为凭。其后又有郑译、牛弘、辛彦之、何妥等大臣讨论“正声”，讨论了好几年都没有结果。到了开皇中（590年前后），龟兹乐大盛于民间，当时有曹妙达、王长通、李士衡、郭金乐、安进贵等人，“皆妙绝弦管，新声奇变，朝改暮易”，使王公贵族“争相慕尚”。文帝杨坚认为这是不祥之兆，告诫群臣:“闻公等皆好新变，所奏无复正声，此不祥之大也。自家形国，化成人风……存亡善恶，莫不系之。”可是，这股音乐变革的新风终究没有止息。隋炀帝则进一步改七部乐为九部乐，使西域乐在宫廷乐舞中的主导地位更加突出。

到了唐代，中国的乐舞文化发展到了一个新的时期，佛教对于乐舞的影响也愈加明显，下面仅谈四点。

1. 唐代佛曲

《隋书·音乐志》在提到西凉乐时，曾说西凉的歌曲中有《于阗佛曲》，而且说西凉部起自于苻秦之末，吕光、沮渠蒙逊据有凉州之时。这就告诉我们:第一，西凉乐中有佛曲；第二，西凉乐中的佛曲来自于阗（今新疆和田）；第三，于阗佛曲在公元4世纪末以前已在凉州一带流行；第四，佛曲已进入了隋代宫廷。

《册府元龟》卷五六九说，天宝十三载（754），将《龟兹佛曲》改为《金华洞真》，将《急龟兹佛曲》改为《急金华洞真》。这说明古龟兹地在盛唐以前已有佛曲，盛唐时仍然袭用；而将它改名为《金华洞真》则说明它可能被道教所吸收利用。据北宋陈旸《乐书》卷一五九，唐乐府曲调有《普光佛曲》、《弥勒佛曲》、《日光明佛曲》、《大威德佛曲》、《如来藏佛曲》、《药师琉璃光佛曲》、《无威感德佛曲》、《龟兹佛曲》、《释迦牟尼佛曲》、《宝花步佛曲》、《观法会佛曲》、《帝释幢佛曲》、《妙花佛曲》、《无光意佛曲》、《阿弥陀佛曲》、《烧香佛曲》、《十地佛曲》、《大妙至佛曲》、《摩尼佛曲》、《苏密七俱陀佛曲》、《日光腾佛曲》、《邪勒佛曲》、《观音佛曲》、《永宁佛曲》、《文德佛曲》、《娑罗树佛曲》、《迁星佛曲》等。

唐代南卓的《羯鼓录》中也列了一些佛曲，如《卢舍那仙曲》、《四天王》、《阿陀弥大师曲》、《无量寿》、《九色鹿》、《大燃灯》、《婆娑阿弥陀》、《恒河沙》、《大乘》、《毗沙门》、《观世音》、《悉迦牟尼》等，有一些可能和《乐书》中所列的是一回事，只是名称稍有出入。

向达先生在《论唐代佛曲》一文中指出："佛曲者，是由西方传入中国的一种乐曲，有宫调可以入乐。内容大概都是赞颂诸佛菩萨之作，所以名为佛曲。大约为朝廷乐署之中所有，不甚流行民间。"[①] 由于资料有限，唐代佛曲只存一些曲目，内容只能据名目推断。至于唐代佛曲在民间的流行情况，向达先生的结论可能是正确的。不过，唐代之所以能出现这么多佛曲，恐怕并不都是由西域传来的，唐人的创作一定不少。之所以要创作这么多佛曲，显然是有某种需要，要么是宫廷中需要，要么是寺院中需要，要么是民间需要，而不会仅仅是为了在掌管音乐的官方部门备个案而创作的。另外，《羯鼓录》中所列的佛曲名目与《乐书》中所列的名目在风格上有所不同，前者所录的名目多少要显得土气一些，错别字也多一些，还有的纯属音译，如《多罗头尼摩诃钵》、《地婆拔罗伽》等；而后者所列的名目则整齐得多、规范得多。这或许可以说明前者是采自民间（包括寺院），而后者采自乐府？

唐代佛教的发展盛况必然在寺院的乐舞中反映出来。当时的寺院很多，寺

① 向达：《唐代长安与西域文明》，北京：生活·读书·新知三联书店，1987年版，第279页。

院中的乐舞也很多。

2. 寺庙中的乐舞活动

据《大慈恩寺三藏法师传》卷七，贞观二十二年（648）十二月戊辰，唐太宗敕命太常卿王道宗率九部乐、万年县令宋行质和长安县令裴方彦“各率县内音声”于次日“迎像送僧入大慈恩寺”。“庄严宝车五十乘坐诸大德，次京城僧众执持香华，呗赞随后，次文武百官各将侍卫部列陪从，太常九部乐挟两边，二县音声继其后，而幢幡钟鼓訇磕缤纷，眩目浮空，震耀都邑，望之极目，不知其前后。”“经像至寺门，敕赵公、英公、中书褚令执香炉引入，安置殿内，奏九部乐、《破阵舞》及诸戏于庭，讫而还。”这是唐代宫廷乐舞施之寺庙的首例。《旧唐书·曹确传》说：“可及善音律，尤能转喉为新声，音辞曲折，听者忘倦……尝于安国寺作《菩萨蛮舞》，如佛降生。”可及姓李，是唐懿宗时的宫廷伶官。这也是唐代宫廷乐舞施于寺庙的例子。

唐代晚期，长安一带寺僧有所谓“俗讲”，即为普通民众以通俗易懂的方式演说佛法。俗讲时往往有讲有唱，生动活泼，使听众易于理解接受。敦煌文献中也有一些供俗讲用的作品，如变文、讲经文等。孙楷第先生在《唐代俗讲轨范与其本之体裁》一文中把敦煌的讲经文称为“讲唱经文”，并说：“讲唱经文之体，首唱经。唱经之后继以解说，解说之后继以吟词。吟词之后又为唱经。如是回还往复，以迄终卷。”[①]这就使俗讲带有了某些音乐色彩。

这些例子可以间接说明中印间音乐文化交流的情况。

3. 与印度有关的乐舞

据《大慈恩寺三藏法师传》卷五，戒日王在见到玄奘时问起：“师从支那来，弟子闻彼国有《秦王破阵乐》歌舞之曲，未知秦王是何人？”当然，这只是印度人听说中国有这样的乐舞，谈不上什么深刻的影响。但由此可以推断，当时的中印交通是频繁的，乐舞艺术受到双方的重视。

据崔令钦《教坊记》记载，唐代的大曲和杂曲中有《菩萨蛮》、《南天竺》、《望日婆罗门》、《苏合香》、《狮子》等。这些曲子可能都与印度有一定关系。

常任侠先生说：“《霓裳羽衣曲》为《婆罗门曲》。并见《唐会要》及杜祐《理道要诀》。《唐会要》说：‘天宝十三载（公元754 年）改《婆罗门曲》为《霓裳羽衣》。’杜祐《理道要诀》说：‘天宝十三载七月改诸曲……’《黄钟商

① 周绍良、白化文编：《敦煌变文论文录》（上册），上海古籍出版社，1982年版，第78页。

婆罗门曲》，改为《霓裳羽衣曲》……可知其与天竺乐《婆罗门曲》关系至深。”①

常先生还说：“《健舞》《软舞》之名，常见载籍，但其意义不甚确切明了，唐代或从印度译入。中国古有《文舞》和《武舞》，或者可以相比附。……至于健舞的意义，在梵语中亦有相同的。南印度有湿婆舞王庙（Shiva，Nataraja），壁上石刻健舞姿态一百零八种，名之为Tandava Laksanam，意即健舞。其中舞姿与中国相同的颇多，唐舞与天竺舞关系如此密切，两者殆亦有相互传播学习的关系。”②

《苏合香》：“《大日本史礼乐（十五）》说是新乐大曲……旧云唐朝大曲，但其起源，据《教训抄》《体源抄》二书，都说是天竺乐。传天竺阿育王病脑，服苏合香而愈，王喜，因命育竭作此乐。冠苏合草而舞。……此为新乐，盖由印度入唐，由唐传入日本。”③

据《旧唐书·音乐志》：“《太平乐》，亦谓之《五方师子舞》。师子鸷兽，出于西南夷天竺、师子等国。缀毛为之，人居其中，像其俯仰驯狎之容。二人持绳秉拂，为习弄之状。五师子各立其方色，百四十人歌《太平乐》，舞以足，持绳者服饰作昆仑象。”

《旧唐书·音乐志》记曰：“《拔头》出西域。胡人为猛兽所噬，其子求兽杀之，为此舞以象之也。”常先生说：“拔一作拨，一作钵，一作发，又作‘马头’。据高楠顺次郎博士的考证，说此舞出于印度，并据《印度古圣歌》（梨俱吠陀）有《拔头舞赞歌》二首，即为此舞的本事。”④

4. 与印度有关的乐器

中国古代有相当多种类的乐器是从西域传入或受外来影响改制的。这些乐器中又有许多是汉代或其以后就传入的。对此，自19世纪末至20世纪中就有一些外国学者进行了专门研究。日本学者林谦三先生曾著《东亚乐器考》一书，以中国和日本古代的乐器为重点，广泛探讨了亚洲各种主要乐器的起源、传播、演变等问题。探讨中，林谦三先生参考了西方诸多学者的著作，大量运用了文献和考古资料，提出的见解大多是站得住脚的。现根据其考证和结论，结合常

① 常任侠：《丝绸之路与西域文化艺术》，上海文艺出版社，1981年版，第145页。
② 同上，第163页。
③ 同上，第188页。
④ 同上，第194页。

任侠先生的一些观点，就中国古代，尤其是隋唐及其以前与印度相关的乐器，作简要介绍。

据《隋书·音乐志》:"《天竺》者，起自张重华据有凉州，重四译来贡男伎，《天竺》即其乐焉。歌曲有《沙石疆》，舞曲有《天曲》。乐器有凤首箜篌、琵琶、五弦、笛、铜鼓、毛员鼓、都昙鼓、铜钹、贝等九种，为一部。"《旧唐书·音乐志》:"《天竺乐》，工人皂丝布头巾，白练襦，紫绫裤，绯帔。舞二人，辫发，朝霞袈裟，行缠，碧麻鞋。袈裟，今僧衣是也。乐用铜鼓、羯鼓、毛员鼓、都昙鼓、筚篥、横笛、凤首箜篌、琵琶、铜拔、贝。毛员鼓、都昙鼓今亡。"比《隋志》少一五弦，多羯鼓与筚篥。《新唐书·礼乐志》记《天竺乐》乐器同《旧唐书》，唯多一五弦。

以上三书对传入中国中原的天竺乐乐器的记载基本一致，可以说，这一记载基本反映出那个时期印度乐器的正统。

对于以上乐器中的铜鼓，林谦三先生经过细密的考证后，指出：唐代天竺乐的铜鼓与中国南方所谓"蛮夷"系铜鼓毫无关系。唐时有两种铜鼓，一是圆筒形的铜框鼓，属天竺乐部；二是细腰形的铜框鼓，虽所属不明，但其紧绷革面的方法有着印度系鼓的特征，在印度考古资料中可以发现其证迹，故也是印度系鼓①。

关于铜钹，林谦三先生说：考这一乐器的起源，本出自西亚，中国古籍里也都说是西域传来的；在东方首先见于印度，既而见于中亚，然后传到中国；犍陀罗的浮雕里有其形象，鸠摩罗什译的《法华经·方便品》里也有提及，而且中国古籍中，先称为拔，亦作跋，唐代以后又称为钹，无疑是外来词的音译；其为六朝中期以来由西域传入中国而成为隋唐时的宴享之乐②。

关于羯鼓：其直接源流可以上溯于印度，古者可见于印度桑奇大塔的浮雕；传入中国内地的时期很可能在东晋；隋唐时用于天竺乐以及与天竺乐关系密切的疏勒乐、龟兹乐、高昌乐等③。《新唐书·礼乐志》记:"(明皇)帝又好羯鼓，而宁王善吹横笛，达官大臣慕之，皆喜言音律。帝常称:'羯鼓，八音之领袖，诸乐不可方也。'"南卓的《羯鼓录》就是在这种背景下写出的。今传世的羯鼓曲名有92种之多，相传都是唐玄宗所作，其实不止92种，而且其中有许多曲

① [日]林谦三:《东亚乐器考》，北京：音乐出版社，1962年版，第104页。

② 同上，第27页。

③ 同上，第92页。

名都是外来语，从语源看，大多为西域传来[①]。

关于凤首箜篌：原本是由印度古代的维那（vina）演变来的；在笈多王朝以前，维那是指一种弓形竖琴，《杂阿含经》卷四五把维那译为琴，其形象在犍陀罗及其以前的雕刻中已可见到；其最初传入中国是在六朝（229–~589）的后半，以头上有鸟形的装饰，故称为凤首箜篌；中唐时传入中国的《骠国乐》中亦有之，也是由印度传去的[②]。

关于五弦和琵琶：五弦，一名五弦琵琶，其颈直，上有五弦；琵琶，其颈曲，上有四弦；五弦琵琶和伊朗系四弦琵琶的远古发源地同在中亚；由于传播路线的原因，四弦琵琶的生长完成在西亚，而五弦琵琶的生长发育则在印度；其传入时间在六朝后半[③]。

关于筚篥：相传中国汉代就有，但并无确实的根据；从其名字的语音看，其起源当为古龟兹；其传入中国的时间当在东晋初；其名称初为比栗或悲篥，周隋间始称筚篥；筚篥又叫作管子，不仅用于龟兹乐，也用于其他一些西域乐舞；据《乐书》所记，有一种漆筚篥用于唐朝的九部乐中，尤其是婆罗门乐中[④]。

关于贝：古代又称螺、螺贝、贝蠡，即海中大螺；印度原住民、东南亚海边及岛上居民，在上古的时候就使用；雅利安人进入印度后即继承下来，也是很古的事，在古印度神话和佛教的文献中都提到；今南海居民还使用来自梵文的“螺”字[⑤]。螺在印度的两大史诗中常作号角使用于作战，在婆罗门–印度教和佛教中都被认为是圣洁的法器，所以随着佛教传入我国，被称为“法螺”[⑥]。

关于横笛：有人说其最早的发源地在南美；但印度至少是其“有力的发育地”；在桑奇大塔的浮雕里有所表现，佛教文学中也屡次见到；因地缘的关系，骠国乐中的笛与印度的因缘最深[⑦]。

除了见于天竺乐的乐器外，还有一些乐器也与印度有关，如梵钟、金刚铃等。

---

① 常任侠：《丝绸之路与西域文化艺术》，上海文艺出版社，1981年版，第98页。

② 林谦三：《东亚乐器考》，北京：音乐出版社，1962年版，第213页。

③ 同上，第283、293页。

④ 同上，第395页。

⑤ 同上，第444页。

⑥ 参见拙文《从两大史诗看印度古代音乐》，载《南亚研究》1983年第2期。

⑦ 同②，第444页。

### 五、戏剧

这里还有必要说说戏剧。我们知道，中国古代戏剧的鼎盛时代是元代。但是，它的渊源却非常深远。唐代可以说是中国戏剧正式诞生之前的一个孕育时期。在这个时期，中国与印度的文化交流也为中国戏剧的诞生起到了积极作用。当然，这一作用是通过佛教的传播而发挥的。

我们前面曾说过，北魏时洛阳的寺院中已有热闹的乐舞活动。到了唐代后期，寺庙再次成为文化娱乐的场所。

据钱易的《南部新书》记载："长安戏场多集于慈恩，小者在青龙，其次荐福、保寿。"唐代长安寺院的戏场吸引了许多百姓，连贵族也被吸引过去了。《资治通鉴》卷二四八记载：唐宣宗的女儿万寿公主嫁给了起居郎郑颢，郑颢的弟弟郑显病重，皇上派人去看望，派的人探视回来复命，皇上问：公主何在？回答说："在慈恩寺观戏场。"这就说明，当时的戏场是很有意思的。那么，戏场是什么呢？据推测，无非是一些乐舞百戏之类的表演。

据《旧唐书·音乐志》："歌舞戏，有《大面》、《拨头》、《踏摇娘》、《窟垒子》等戏。玄宗以其非正声，置教坊于禁中以处之。"由此可知，唐代的歌舞戏是不大被看重的，但仍保留在官方办的教坊中。而教坊是培训歌舞戏艺人的场所。这是长安的情况，外地的寺院也有类似情形。李绰《尚书故实》中说："章仇兼琼镇蜀日，佛寺设大会，百戏在庭。有十岁童儿舞于竿杪。"百戏和歌舞戏都不是真正意义上的戏剧，但它们为戏剧的产生孕育了胚胎。

## 第七节　民俗交流

### 一、印度民俗的文献记载

唐代对印度民俗的记叙，以玄奘的著作为最详。他每到一地都细致观察当地民俗，如《大唐西域记》卷一记屈支国："气序和，风俗质。文字取则印度，粗有改变。管弦伎乐，特善诸国。服饰锦褐，断发巾帽。货用金钱、银钱、小铜钱。……其俗生子以木押头。"这里说的屈支国，就是古代的龟兹，即现在中国新疆库车一带。古代那里受印度文化影响很深，也有许多印度移民居住，所以从文字到民俗，都有印度文化影响的痕迹。

《大唐西域记》卷十二记瞿萨旦那国："气序和畅，飘风飞埃。俗知礼仪，人性温恭，好学典艺，博达技能。众庶富乐，编户安业。国尚乐音，人好歌舞。少服毛褐毡裘，多衣丝绸白叠。仪形有体，风则有纪。文字宪章，聿遵印度，微改体势，粗有沿革。语异诸国，崇尚佛法。”从气候、民族气质，直到文字、艺术、服饰等，都一一记录。瞿萨旦那国，在我国今天的和田一带，玄奘的记载反映出当时当地民族的风俗与印度民俗的密切关联。

对于五印度，《大唐西域记》卷二则专门列出有关民俗的若干方面，如岁时、邑居、衣饰、馔食、族姓、敬仪、病死，等等。

在记载印度岁时时，书中依次介绍了印度的时间单位，从一“刹那”到一昼夜，然后到月、年；一年分为六季，佛历分为三季，有的地方也分为四季。其中，月份和季节都各有名称。

在记印度的邑居时，书中写道：“至于宅居之制，垣郭之作，地势卑湿，城多叠砖，暨诸墙壁，或编竹木。室宇台观，板屋平头，泥以石灰，覆以砖墼。诸异崇构，制同中夏。苫茅苫草，或砖或板。壁以石灰为饰，地涂牛粪为净，时花散布，斯其异也。”介绍了当地因地制宜建房的情况，尤其是提到各种建筑材料，有砖、竹、木、石灰、牛粪等。同时还提到印度房屋东向开门、面朝东坐的习俗：“门辟东户，朝座东面。”至于坐具，提到了君王的狮子床和平民的绳床。

在记印度人的衣饰时，玄奘不仅记载了一般男女服饰在式样和穿法上的差别，还记载了头发、胡须的样式，南北衣服的不同，衣服的不同质料，僧人、外道、国王、大臣、商人衣服饰物的主要特点，以及冠、履、染齿、穿耳等有别于中国的奇风异俗。

在记载印度馔食时，书中写道：“凡有馔食，必先盥洗，残宿不再，食器不传。瓦木之器，经用必弃。金银铜铁，每加摩莹。馔食既讫，嚼杨枝而为净。澡漱未终，无相执触。每有溲溺，必事澡灌。”

在记载印度的种姓时，除了介绍印度四大种姓的名称、职业外，还说：“凡兹四姓，清浊殊流，婚嫁通亲飞伏异路，内外宗枝，姻媾不杂。妇人一嫁，终无再醮。自余杂姓，实繁种族，各随类聚，难以详载。”

在记载印度的敬仪时，玄奘谈到了9种见面礼：“一发言慰问，二俯首示敬，三举手高揖，四合掌平拱，五屈膝，六长跪，七手膝踞地，八五轮俱屈，九五体投地。”并对这九种礼仪的使用场合做了说明。

在谈到印度人的丧葬时，书中写道：“终没临丧，哀号相泣，裂裳拔发，拍额椎胸。服制无间，丧期无数。送终殡葬，其仪有三：一曰火葬，积薪焚燎；二曰水葬，沉流漂散；三曰野葬，弃林饲兽。”还特别介绍了国王死后无谥无讳，以及送葬者沐浴、将死者自溺还有僧人丧仪等民俗。

应当说，玄奘对印度民俗的记载很详细很准确。今天我们到印度还能够看到类似或一样的风俗。

唐代义净的《南海寄归内法传》中，虽然主要记的是印度僧人日常行仪法式，但其中有些内容也与印度的民俗有关，如衣食、沐浴、服饰、丧葬等。

《旧唐书》卷一九八记尼泊尔国风俗说：“其俗剪发与眉齐，穿耳，揎以竹筒牛角，缀至肩者以为姣丽。食用手，无匕箸。其器皆铜。以铜为钱，面文为人，背文为马牛，不穿孔。衣服以一幅布蔽身，日数盥浴。以板为屋，壁皆雕画。俗重博戏，好吹蠡击鼓。颇解推测盈虚，兼通历术。事五天神，镌石为像，每日清水浴神，烹羊而祭。”这与印度北方一些地区的风俗很接近。又记天竺国风俗说：“百姓殷乐，俗无簿籍，耕王地者输地利。以齿贝为货。人皆深目长鼻。致敬极者，舐足摩踵。家有奇乐倡伎。其王与大臣多服锦罽。上为螺髻于顶，余发翦之使拳。俗皆徒跣。衣重白色，唯梵志种姓披白叠以为异。死者或焚尸取灰，以为浮图；或委之中野，以施禽兽；或流之于河，以饲鱼鳖。无丧纪之文。”

这些记载都为中国人了解印度古代民俗提供了很好的帮助。

## 二、佛教与隋唐民俗

在上一章第六节，我们谈到魏晋南北朝时期中国民俗受印度佛教影响的情况。到隋唐时代，这种影响就更加明显、更加突出了。下面谈两个问题。

1. 民间信俗

随着佛教在隋唐时代的大发展，一些佛教的神明普遍为中国百姓所崇拜，一些佛教的经典为普通民众所熟知，一些佛教的理念也成为中国民众普遍遵守的道德准则。

下面来看看一些佛教神明在民间受到崇拜的情况。

（1）观音

观音又称观世音、观自在。早在两晋南北朝时期，观音就受到中国佛教信徒的特殊崇拜。佛经中关于观音的介绍主要存在于《法华经》当中。西晋时，竺法护就翻译了《正法华经》，后秦时鸠摩罗什又翻译出新的译本《妙法莲华经》（简称《法华经》），成为后世通行的本子。《法华经》的《观世音菩萨普门品》中对观音菩萨有详细介绍：他能够救苦救难，尤其是念诵他的名号就可以得到他的救助；他有“三十三身”，能够变化为各种身份为众生说法，能变成男的也能变成女的，非常平易近人。这就使中国信徒格外喜欢，所以，在两晋南北朝时期，民间就流传有各种观音显灵的故事。

当时，观音多数以男身出现，但有时也以女身出现。据《北齐书·徐之才传》，观音变现为一美妇人自空中下，其身长数丈，亭亭而立。

到了唐代，由于印度佛教密宗典籍的大量翻译，观音的形象发生了变化，出现了十一面观音、千手千眼观音、马头观音、准提观音、如意轮观音、不空羂索观音，等等[①]。总之，由于唐代观音的形象得到丰富，观音的名号也更加深入人心，受到更加广泛的崇拜，而关于观音的故事也更多。

（2）天王

根据佛经（如《长阿含经》等）所说，六欲天中有“四天王天”，位于须弥山山腰。四天天王分别守护四方人民，如，东方天王名多罗吒，率领乾达婆和毕舍遮神将；西方天王名毗留博叉，统领一切诸龙及富单那；南方天王名毗琉璃，统领的部将为薛荔神、鸠槃荼；北方天王名毗沙门，统领着夜叉、罗刹将。他们分别保护东方弗波提（东胜神洲）人、西方瞿耶尼（西牛贺洲）人、南方阎浮提（南赡部洲）人和北方郁单越（北俱卢洲）人。后来，中国寺庙中把这四大天王塑造成四位护法神，而且手中各执一物，掌管风调雨顺，老百姓把他们叫作“四大金刚”。

四大天王之中，北方毗沙门天王在中国最受重视，唐代曾在民间被普遍崇拜。其原因大抵有二：一是中国位于印度的北方，尤其是中国新疆和田，古称于阗，与印度接壤，位于喜马拉雅山之北，被认为是北方天王毗沙门的管辖区，而中原地区也被认为属于北俱卢洲，也是毗沙门天王的管辖区。二是因为唐代密宗的兴盛。印度佛教密宗大约在北方比较兴旺，其中包括喜马拉雅山南侧的尼泊尔地区。密宗崇拜的毗沙门天王的原型是印度古代神话中的财神俱比罗。据印度史诗《罗摩衍那》，俱比罗与楞伽岛罗刹王罗婆那是兄弟，而俱比罗的侍从又是一些药叉（夜叉），居住地也在喜马拉雅山上。这些神话传说被密宗吸收进来，塑造了毗沙门天王的形象。密宗典籍在唐代被大

① 参见拙著《佛教与中国文化》，北京：昆仑出版社，2006年版，第240页。

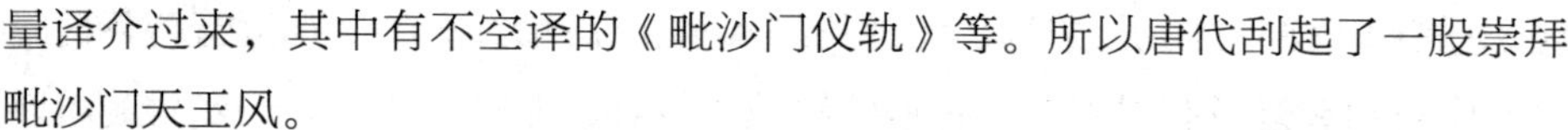

量译介过来，其中有不空译的《毗沙门仪轨》等。所以唐代刮起了一股崇拜毗沙门天王风。

（3）阎王

阎王一名来自印度，梵文作Yamaraja，又译为阎摩、阎罗，或阎罗王。在印度上古神话中，阎摩是掌管人死后灵魂的神明。佛教将此神吸收，作为掌管地狱的神。阎王从印度传到中国后，也受到了中国人的改造。人们相信，人间的许多不平事到阴间后能得到公平的判决，在人们的心目中，阎王是铁面无私的。所以，后人经常把一些公平正直、威严勇猛的人附会成阎罗王。

与阎王相关的，还有一个地藏王，有时又称地藏菩萨、地藏尊者等。据《地藏菩萨本愿经》，地藏菩萨原是一个婆罗门女，后来修成地藏菩萨。婆罗门女的故事在中国民间不甚流行，更流行的是与此相似的目连救母故事。目连看到母亲死后在地狱受苦，便决心拯救其母，设盂兰盆会，救其母出饿鬼道。民间根据这一故事说目连即是地藏王（《三教源流搜神大全》卷七）。

《宋高僧传》卷二十《地藏传》记有新罗僧地藏的事迹，说他："姓金氏，新罗国王之支属也。慈心面貌恶，颖悟天然。七尺成躯，顶耸奇骨，特高才力，可敌十夫。"他来华后在九华山化成寺修道，年九十九坐化。后来有人认为他是地藏王（《历代神仙通鉴》卷十五）。

中国古代关于地藏王的故事也不少。由这些故事可知，地藏王也是掌管人死后的灵魂的，是冥官，这就容易把他与阎罗王弄混。

（4）龙王、龙女

龙王，在中国民间被普遍信仰。这一信仰一方面来自中国上古的龙崇拜，一方面又有佛教的影响。

印度古代也有龙崇拜。其实，印度的龙是蛇、蟒之类。梵文中，龙叫作naga，音译为那伽；龙王叫nagaraj，音译为那伽罗阇。龙有善恶之分，也有男女之别，作为天神的下属，有时也常常出来作战。佛教典籍中有不少关于龙的说法，其中的龙亦有善恶男女的差别。佛教传入中国以后，印度龙的一些特征也传到了中国。例如，传说释迦牟尼刚出生时，有龙吐温凉水为之沐浴。于是，龙吐水便成了中国民间的一个信仰。再如，佛书中龙女的故事也传到中国，唐代出现了《柳毅传》之类的著名龙女故事，人和龙女的恋爱翻开了中国龙史的新篇章。中国龙吸收了印度龙的若干特征，更加神奇、更加威风了。宋人赵彦卫《云麓漫抄》中说："古祭水神曰河伯。自释氏书入，中土有龙王之说，而河伯无闻矣。"的确如此，中国古代的黄河之神叫河伯，海神叫海若，而佛书传来之后，这些水的世界都被龙王占领了。四海出现四海龙王，江河湖泊也各有龙王掌管。这都是在吸收某些印度龙特点的基础上，对中国龙进行系统化创造的结果。

除了以上列举的，还有一些佛教神明在唐代民间受到崇拜。

2. 岁时节日

下面谈三个与印度佛教有关的节日。

（1）元宵节（正月十五日）

元宵节是我国的大节之一，又称上元节、灯节。这是个传统节日，起源较早，大约不晚于汉代。有人认为，元宵节的灯会是受了印度的影响。印度的确有灯节，而且是全国性的大节。也有人认为是受佛教大神变月燃灯礼佛的影响而有了元宵的灯会。《僧史略》中说："西域十二月三十日，是北方正月望，谓之大神变。汉明帝令燃灯，表佛法大明也。"说汉明帝时就下令燃灯，于史无证，但灯节与佛教有关，则后世许多材料都可以证实。

《隋书》卷六十二，说柳彧见"近代以来"都邑百姓每于正月十五日过节耗费财力，有伤风雅，便上奏隋文帝杨坚："窃见京邑，爰及外州，每以正月望夜，充街塞陌，聚戏朋游。鸣鼓聒天，燎炬照地，人戴兽面，男为女服，倡优杂技，诡状异形。以秽嫚为娱，用鄙亵为笑乐，内外共观，曾不相避。高棚跨路，广幕陵云，炫服靓妆，车马填噎。肴胥肆陈，丝竹繁会，竭赀破产，竟此一时。尽室并孥，无问贵贱，男女混染，缁素不分。秽行因此而生，盗贼由斯而起。浸以成俗，实有由来，因循敝风，曾无先觉。非益于化，实损于民，请颁行天下，并即禁断。"这段话虽然意在否定当时的元宵节活动，却也道出了其庆祝活动由来已久，至少从隋代就开始了。而且庆祝活动在京邑和外州都举行，且规模很大、内容众多。"无问贵贱，男女混杂，缁素不分"，说明各个阶层的人，男男女女，或僧或俗都参与其活动，是一个名副其实的全民性节日。

唐代的情况也毫不逊色。《旧唐书》卷七，唐中宗景龙四年（710）"春正月乙卯，于化度寺门设无遮大会。丙寅上元夜，帝与皇后微行观灯"。玄宗先天二年（713）春正月："上元日夜，上皇御安福门观灯，出内人连袂踏歌，纵百僚观之，一夜方罢……初，有僧婆陀请夜开门然灯百千炬，三日三夜。皇帝御延喜门观灯纵乐，凡三日夜。”唐人崔液《上元夜》诗云：“神灯佛火百轮张，刻象图形七宝装。影里如闻金口说，空中似散玉毫光。”这三条材料都说明唐代灯节的繁盛，并且能证明其与印度佛教有关。唐苏味道《正月十五夜》：“火树银花合，星桥铁锁开。”说的也是元宵节的景象，此后，火树银花便成为一个成语，成为形容元宵节盛况的专门词汇。五代人何光远在《鉴戒录》中也提到，成都人竞相在三元日到大慈寺东北的放生池去放鹅鸭。三元日是指上元（正月十五）、中元（七月十五）和下元（十月十五）三天。说明五代时上元节这天还有到寺庙放生的习俗。

（2）浴佛节（四月八日）

在上一章第六节，我们谈到魏晋南北朝时期四月初八这天民间庆祝浴佛节的情况。唐代，四月八日这天也有庆祝活动。苏鹗《杜阳杂编》卷上，记代宗皇帝时，新罗国献万佛山，高一丈，雕沉檀珠玉以成之。“四月八日，召两众僧徒入内道场，礼万佛山。”卷下又记，咸通十四年（873）春：“诏大德僧数十辈于凤翔法门寺迎佛骨……四月八日，佛骨入长安。自开远门安福楼，夹道佛声振地。士女瞻礼，僧徒导从。上御安福寺亲自顶礼，泣下沾臆……长安豪家，竞饰车服，驾肩弥路。四方挈老扶幼来观者，莫不蔬素以待。恩福寺时有军卒，断左臂于佛前，以手执之，一步一礼，血流满地。至于肘行膝步、啮指截发，不可算数。”由浴佛行像到迎佛骨，这是唐代晚期的一件大事。

（3）盂兰盆节（七月十五日）

在唐代，皇家对这个节相当重视，其程度超过了四月初八的佛诞节。据《旧唐书》卷一九〇《杨炯传》：“如意元年七月望日，宫中出盂兰盆，分送佛寺，则天御洛南门，与百僚观之。炯献《盂兰盆赋》，词甚雅丽。”卷一一八《王缙传》：“代宗七月望日于内道场造盂兰盆，饰以金翠，所费百万。又设高祖以下七圣神座，备幡节、龙伞、衣裳之制，各书尊号于幡上以识之……是日，排仪仗，百僚序立于光顺门以俟之，幡花鼓舞，迎呼道路。岁以为常，而识者嗤其不典，其伤教之源始于缙也。”卷十六又载：穆宗元和十五年（820）七月十五日，“上幸安国寺观盂兰盆”。唐代皇帝重视盂兰盆会，目的是为了表示孝顺，这无疑是向全天下推广了盂兰盆节。

# 第五章

# 宋元明时期（960～1644）

宋元明三代，中国与印度的文化交流仍处在高潮时期。尽管由佛教所带动的文化交流逐渐衰微，求法运动亦渐趋终结，但代之而起的是海上交通和贸易的发达，而这一点是汉唐时代无法比拟的。

## 第一节　宋元明时期的中印交通

### 一、宋代中印交通

这需要从唐代说起。据《新唐书·地理志（七下）》记载，唐代对外交往有七条主要通道，陆路五条，水路二条。与印度交往的陆路通道主要有“安西入西域道”和“安南通天竺道”。但是，在天宝十载（751）的怛逻斯之役中，唐军败北，唐朝失去了对中亚地区的控制；而在安史之乱后，吐蕃势力控制了河西走廊。故唐代后期的“安西入西域道”已被阻塞，中国中原地区与印度在这条道路上的交往较少。这样，海上通道的重要作用便显得更加突出。自广州到南海的海上通道被称作“广州通海夷道”，有一条清晰的航线：从广州出发，经海南岛、越南沿海各地，穿过马六甲海峡，经苏门答腊等地，到斯里兰卡；由斯里兰卡北上到印度东南沿海，再由印度半岛南端向西北绕行，到印度西海岸各地；然后入波斯湾，至伊朗、阿拉伯半岛诸国；再由阿拉伯半岛西行至非洲东海岸各国。这说明唐人已非常熟悉这条航线。而唐代后期的广州已经成为一个国际性的大商埠，为中印文化交流的一大重镇。

宋代，中国与印度间的交通仍然有水陆两条主要通道。

据《宋史·外国传六·天竺传》记载："乾德三年，沧州僧道圆自西域还……太祖召问所历山川道里，一一能记。四年，僧行勤等一百五十七人诣阙上言，愿至西域求佛书，许之。以其所历甘、沙、伊、肃等州，焉耆、龟兹、于阗、割禄等国，又历布路沙、加湿弥罗等国，并诏谕其国令人引导之。开宝后，天竺僧持梵夹来献者不绝。""雍熙中，卫州僧辞澣自西域还，与胡僧密坦罗奉北印度王及金刚坐王那烂陀书来。"这两段话中有两个问题值得注意：第一，前段文字勾勒出一条中国通印度的路线，说明当时中国人对去印度的这条路线是很熟悉的。从文意看，当时甘、沙、伊、肃等州似乎还在北宋的控制之下，焉耆、龟兹等地已属西域番国，而布路沙、加湿弥罗则在五印度境内。第二，北宋初年，中印两国僧人还经常通过西域道来往于中国和印度之间，说明这条道路是畅通的。而且，北宋与沿途各国的关系似乎很友好，以至皇帝竟以老大自居，以为人家会买其"诏谕"的账。同时，从《天竺传》还可以看出，当时国人对印度的了解主要得自中印僧人之讲述。文中，"天竺"与"印度"并用，在概念上似有所区别。其天竺似乎是笼统的称谓，而讲到具体方位则称印度，如"北印度"、"东印度"、"中印度"、"南印度"等。但对于南印度的注辇国、南毗国，却另外有传。

《宋史·外国传五·注辇传》记载了北宋与注辇国的友好交往。但文中有些地方并不可靠。如，把注辇与天竺分开是不对的，说注辇"自古不通中国"也是不对的。注辇，梵文作Cola，玄奘在《大唐西域记》中已有记载，作珠利耶（Colya），本为一古国，在印度半岛南端，宋初发展为一强国，所以才有"自古不通中国"的误会。据近人考证："Cola，《魏略》为车离，一名礼惟特，一名沛隶，《后汉书》之东离，似为车离之讹。《西域记》为珠利耶，《诸蕃志》、《文献通考》、《宋史》均作注辇，《瀛涯胜览》作锁里，《明史·外国传》有琐里，又有西洋琐里，实为一地。今印度科罗曼德尔（Coromandel）沿岸。"[①]不管怎样，《宋史·注辇传》中关于大中祥符八年（1050）其国使节娑里三文来华的记载是一条宝贵的中印海上交通史料："三文离本国，舟行七十七昼夜，历那勿丹山、娑里西兰山至占宾国。又行六十一昼夜，历伊麻罗里山至古罗国。国有古罗山，因名焉。又行七十一昼夜，历加八山、占不牢山、舟宝龙山至三佛齐国。又行十八昼夜，度蛮山水口，历天竺山，至宾头狼山，望东西王母冢，

① 冯承钧原编、陆峻岭增订：《西域地名》，北京：中华书局，1980年版，第21页。

距舟所将百里。又行二十昼夜，度羊山、九星山之广州之琵琶洲。”这依然是一条清晰的航线，说明宋代从印度东南海岸到广州的通道十分畅通，已成为中印文化交流的主要通道。

宋人关于中印海上交通的记载则见于周去非的《岭外代答》和赵汝适的《诸蕃志》。两位作者都是南宋人，为官，未曾去过海外，根据耳闻成书，但资料宝贵，证明南宋时中印海上交通的发达。

南宋国力转衰，西北失据，西域道为蒙古、党项、契丹等民族所阻，中原与印度的交通不便，联系极少。而印度一侧由于穆斯林的进入，佛教在印度本土走向灭亡，中原僧人已不再去印度求法。这些都从客观上促成了南海道地位的提高和海上交通的发达。

## 二、内地求法运动的终结

晚唐和五代的一个半世纪里，来中国中原地区的印度僧人甚少。北宋早期，据《佛祖统纪》记载，从太祖开宝五年（972）到仁宗皇佑五年（1053）的80余年时间里，又有一批印度僧人来中国内地译经传道，此后便再无消息。

这一时期，中国内地僧人赴西天取经的运动也出现了回光返照现象。据《佛祖统纪》卷四十三记载，乾德四年（966），太祖下诏往西竺求法，应诏者157人。这种由皇帝倡议、官方组织的庞大求法团，在历史上第一次出现，同时也是最后一次。但《宋史·外国传六》天竺国条所记与此不同：“僧行勤等一百五十七人诣阙上言，愿至西域求佛书，许之。”仿佛是僧人自发的行动，皇帝只是批准。范成大《吴船录》则写道：“继业三藏姓王氏，耀州人，隶东京天寿院。乾德二年，诏沙门三百人入天竺，求舍利及贝多叶书。业预遣中。”其中年份与人数同前二书所记相背，但“诏”和“遣”字则证明《佛祖统纪》的记载也许是可靠的。《吴船录》将继业在西域的行程记录下来，使后人得知当年那个庞大的取经僧团中某些人的活动路线。继业“至开宝九年始归寺”，历时12年，而亦有人至太平兴国年间返回，如《佛祖统纪》卷四十三所记之光远。宋代求法运动中还有一情况值得注意，即有二往、三往西天者，如《佛祖统纪》卷四十三之法遇、卷四十五之怀问。这说明当时的交通比较便利。但因11世纪时穆斯林已进入印度，印度佛教已濒于灭绝，故至仁宗时代，中国历史上历时六个世纪、牵动亿万人心弦的内地求法运动便告终结。

内地求法运动的终结，具有两重含义：第一，作为一个运动，它结束了，但并不排除还有零星的僧人往来。第二，作为内地的求法运动，它终结了，但在西藏，求法运动似仍有方兴未艾之势。

总之，这是一个历史现象，它说明了这样几个问题：第一，它有客观原因，即印度一侧佛教的衰亡，再难以到印度去求取真经了。第二，主观上，中国的佛教已经发育成熟，从此可以而且也必须独立发展了。第三，自后汉至北宋的1 000年间，一直作为中印文化交流一股主力的佛教将从此渐渐退居次要位置。

## 三、藏传佛教的后弘期

10世纪末期到15世纪末期被认为是藏传佛教的“后弘期”。在这一时期，藏传佛教的一些主要派别都已经形成。“喇嘛教已形成了其最终面貌，一成不变地确立了其教理结构及其仪轨。所有教宗和派别都参与过这一持续了数世纪的发展，它们在这段时间内也形成了各自的特点。”[①]“后弘期”中所形成的主要派别有宁玛派、噶丹派、萨迦派、噶举派和格鲁派。对于各派的特点和传承，这里不作介绍，这里只强调一下与印度有关系的主要人物和事件。[②]

10世纪后半，一位名叫巴德玛茹箕（Padmaruci）的尼泊尔人住在西藏，他兼通梵藏文，是名译师。他还请了两位印度精通《五明》的大学者，念智称（Smritijnanakirti）和查拉仍瓦到西藏来。他们到达阿里地区后，译师突然病故，念智称则因不懂藏语而流落后藏为人牧羊。后来，他渐渐学会藏语，开始传教，曾在西康等地长期为人讲授《俱舍论》、《四座》等显密经论，并翻译过一些佛经。他后来因精通藏文而写了一部著名的藏文文法书《语言门论》。

仁钦桑波（958~1055）是藏传佛教复兴初期最重要的人物之一。他出生于古格的宁旺热特那地方，13岁出家，随后即被派往克什米尔留学，同去者还有另外20人。由于水土不服，同去的21人中只有他和玛雷必喜饶二人返回阿里，其余的人都死在克什米尔。他后来又去克什米尔留学过两次，还去过印度的摩揭陀国。据说他曾先后师从过75位大学者。他回国时曾延请很多印度僧人去阿里地区，合作翻译经书。他曾翻译过50部显教经论，108部密教典籍。他的译经工作成就巨大，深受后人推崇，被誉为大译师。他的同学玛雷必喜饶也翻译过许多经书，主要是因明学著作，被誉为“小译师”。仁钦桑波不仅译经传法，

---

① 图齐等:《西藏和蒙古的宗教》，天津古籍出版社，1989年版，第49页。

② 以下介绍主要依据中国社会科学出版社1987年出版的王森先生《西藏佛教发展史略》的有关章节。

还在阿里地区兴建了许多寺庙，对后世影响深远。“藏僧认为，从他开始，才把密教提高到所谓和佛家理论相结合的‘高度’，因此藏人称他和他以后的其他译师译的密籍为‘新密咒’，把念智称和他以前，包括吐蕃时代所译的密籍为‘旧密咒’。”①

向那囊多吉旺曲（976~1060）也被认为是藏传佛教复兴初期的重要人物。他于18岁出家，从师于梅鲁粗墀喜饶，是其四名主要弟子（“四柱”）之一。他曾到印度留学和讲学，曾为印度僧人讲解律书。

阿底峡（982~1054）本是东印度人（今孟加拉国），后到摩揭陀国超岩寺任上座法师。1042年，他应邀来到阿里，在那里住了3年，写出了著名的《菩提道灯论》及其他著作，并在那里为僧人讲解显教经论，传授密法，被时人誉为“业果喇嘛”。在此期间，仁钦桑波也曾从他学习。1045年，阿底峡动身返印，但因尼泊尔发生战乱，滞留途中，此时他遇见种敦（1005~1064），被种敦聘请往卫藏地区传教。他在卫藏住了9年，到过不少地方，有许多弟子从他学习。阿底峡的广博学识在西藏留有巨大影响，他的最紧密追随者种敦便是噶丹派的创始人，他所传授的佛法成为该派根本理论。至今，他作为中国和孟加拉国友好交往和文化交流的象征受到两国人民的纪念。

11世纪初期，后藏的两名青年僧人卓弥释迦耶歇（994~1078）和达罗熏奴尊追曾到尼泊尔学习梵文，然后到印度摩揭陀国超岩寺学习。达罗熏奴偏重于巡礼圣迹，周游了许多地方，学术上成就不大。卓弥则在超岩寺苦学八年，学得了戒律、般若和密法；之后又去东印度留学四年，从师于般若因陀罗茹箕（Prajnendraruci），专学密法。返藏后又从印度来藏论师学习五年，学得有关道果教授的一切教法，并译出《喜金刚》、《金刚幕》、《三补札》等密典。

翱罗丹喜饶（1059~1109）为卫藏地区人，其先为吐蕃时期的贵族，其叔父翱雷必喜饶曾师从阿底峡和种敦，是噶丹派的重要人物。翱罗丹喜饶自幼从叔父学经，1067年去阿里参加“丙辰法会”，并自阿里到克什米尔留学。他在克什米尔学习了17年，35岁时回藏，其后又曾去尼泊尔学过密法。他翻译和订正旧译甚多，是有名的大译师。他还在拉萨、桑耶等地讲经，聚集在他周围学经的僧人多达两万三千人。

在1067年的“丙辰法会”之后，有很多年轻的藏族僧人到克什米尔和印

① 王森:《西藏佛教发展史略》北京：中国社会科学出版社，1987年版，第30页。

度留学，他们中出现了很多译师。在10~13世纪的一段时间里，出现的译师多达一百六七十人。这一时期从克什米尔和东印度来藏协助翻译的印度僧人也有七八十人之多。

噶举派注重密法的修行，有两个传承，即香巴噶举和塔波噶举。而两派在印度的传承是同源的。香巴噶举创始于琼波南交，他生于1086年，10岁时开始学习梵藏文字，13岁学本教教法，后改学宁玛派教法，都不满意，便到尼泊尔从世慧（Vasumati）学习梵文和密法。后来，他又到印度，从弥勒巴（Maitripa）、尼古玛（Niguma）等多人学习密法。回藏后受比丘戒。他在前后藏都建过寺，收过许多弟子。塔波噶举创始于塔波拉结，而源于玛尔巴（1012~1097）。玛尔巴15岁入寺学习梵文，曾四次去尼泊尔，三次去印度学法。他在印度的老师主要有那饶巴（Naropa）、弥勒巴和智藏（Jnanagarbha）等人。他一生未出家，却收了不少门徒。弟子中米拉热巴最为著名。米拉热巴又收门徒，有两个著名弟子，即塔波拉结和热穹。热穹（1083~1161）自幼聪明，十一二岁时开始从米拉热巴学习，15岁时因病独居，被3个印度人带到印度学咒，又到尼泊尔学习密法。回藏后再从师于米拉热巴。不久，米拉热巴再次派他到印度学习密法，学成归来，广收门徒。

塔波噶举派后来又分成四派：噶玛噶举、蔡巴噶举、拔戎噶举和帕竹噶举。帕竹噶举中又分出8个支派，其中有一支叫作主巴噶举。主巴噶举又有中主巴、上主巴、下主巴和南主巴之分。上主巴的创始人是郭仓巴滚波多吉（1189~1258）。他曾到过克什米尔和印度的贾兰达尔等地，广有游历。其弟子邬坚巴仁钦贝（1230~1309）曾受他派遣去印度乌仗那学习。邬坚巴先是到达贾兰达尔，后去邬仗那从师于一女瑜伽行者学法，又经克什米尔返藏。1261年，他曾带领弟子多人到印度佛陀伽耶礼拜金刚座。南主巴的主寺在不丹，因此不丹是这一支系的中心。后来，这一支系的领袖掌握了不丹的政教大权。帕竹噶举的八个支派中还有一个绰浦噶举。这一派的派名来自其第二代传人绰浦译师（粗墀喜饶，1173~1225）。绰浦译师10岁出家，19岁学梵文并受比丘戒。1196年去尼泊尔从佛陀师利学显密经论。后来他回藏时请了尼泊尔大学者弥陀罗交基（Mitrajogi）到绰浦寺传法18个月，继而又请佛陀师利（Buddhasri）入藏传法。1204年，印度那烂陀寺末任座主释迦师利跋陀罗（Sakyasribhadra，1127~1225）应绰浦译师之请进藏。他和弟子僧伽师利（Samghasri）等在西藏讲授《五明》，历时10年，影响甚大。绰浦译师一直为他做翻译。后来成为萨迦派第四祖的萨班衮噶坚赞（1182~1251）当时在他门下学习，因成绩优异而获得“班智达”（即精通《五明》的大学者）称号，后又遍习显密教法，声誉渐隆。时有印度外道六人闻名前来辩论，历时13天被萨班挫败，六人认输，落发为僧。

藏传佛教中还有一些较小的派别，希解派是其中之一。该派渊源于印度人丹巴桑结（？ ~1117）。他是南印度人，出家后在北印度的一些著名佛教寺院学习，曾先后从师于一些著名的佛教大师，如金洲法称（阿底峡的老师）、迈特里巴（玛尔巴的老师）等。他曾先后来藏五次，在前后藏传授显教和密教修法，弟子不计其数。1097年，他曾在后藏定日附近建立过一座寺庙。相传他晚年还曾到过五台山。

还有一个较小的派别叫觉囊派。该派的理论是与印度教湿婆派一脉相承的，因此其他派别往往不认为它是佛教。多罗那他（1575？ ~1634？）是该派一位著名人物。他幼年在觉囊寺学经，后来游历卫藏，从多师学显密教法。1608年，他写出了世界著名的《印度佛教史》一书，书中讲述的是印度佛教的晚期历史。当时有许多印度人进藏，都受到多罗那他的接待和供养，《印度佛教史》就是根据这些印度人的口述写成的。

总之，在印度佛教向中国西藏传播以后，西藏和印度的文化交流十分频繁。在交流的内容方面，既有宗教义理和教法的交流，也有科学文化的交流。印度的医药学、天文学、因明学、音韵学、文学、艺术、语言、文字等，都对西藏人民产生了明显影响，同时，西藏到印度各地的僧人也在那里传播过自己的文化知识。

### 四、忽必烈经略南洋

早在元朝建立之前，成吉思汗就曾远征印度（1219~1224），虽无功而返，但蒙古人在印度留下的历史痕迹却是难以磨灭的。此后，中亚的大片地区在蒙古人的控制之下。1271年，元朝建立，其时，中国与南亚诸国间的陆上交通已无大的人为障碍。故《元史》卷一二五有克什米尔人铁哥的传记，卷二〇三《方技传》有尼泊尔人阿尼哥的传记。他们都在元朝为官。

元朝虽然只有不到百年的历史，但在海上交通方面的记载却不少于前代。如《元史·外夷传》记印度曰：“海外诸蕃国，惟马八儿与俱蓝足以纲领诸国，而俱蓝又为马八儿后障，自泉州至其国约十万里。其国至阿不合大王城，水路得便风，约十五日可到，比余国最大。世祖至元间，行中书省左丞唆都等奉玺书十通，诏谕诸蕃。未几，占城、马八儿国俱奉表称藩，余俱蓝诸国未下。”这里，马八儿和俱蓝都在印度半岛南部，是当时南印度的大国。“至元间”指元世祖忽必烈统治中国时期（1271~1294）。这一时期是中国历史上与印度交往最频繁的时期之一。根据《元史》的记载，这段时间中印交往可列出一个大体的年表：

至元九年（1272），遣使诏谕忻都国（指北印度）。

十六年（1279）六月，马八儿国遣使来贡大象、犀牛各一。十二月，广东招讨司达鲁花赤杨庭璧奉旨招讨俱蓝。十七年三月到达。

十七年（1280）八月，马八儿遣使来朝，献宝物、犀牛、大象。十一月，俱蓝、马八儿遣使进表。

十八年（1281）正月，诏讨使杨庭璧等自泉州入海，航行三个月到达锡兰。四月，至马八儿国，以风阻不至俱蓝，遂还。八月，南海诸国来贡犀象方物。

十九年（1282）二月，杨庭璧抵俱蓝国，国主及其相马合麻等迎拜玺书。三月，遣其臣祝阿里沙忙里八的入贡。九月，俱蓝等国遣使入贡，进宝货、黑猿。十一月，马八儿国遣使来朝，献金叶书及土物。

二十年（1283）正月，以诏讨杨庭璧为宣尉使，出使俱蓝等国。二月，赐俱蓝国王瓦尼金符。马八儿国遣僧撮及班入朝。

二十一年（1284）正月，马八儿国遣使贡珍珠等。

二十二年（1285）六月，遣使携带银千锭往马八儿国求奇宝，并赐虎符金符。

二十三年（1286）正月，马八儿国遣使进铜盾。九月，海外诸蕃国皆来贡。

二十四年（1287）正月，俱蓝国遣使来朝。二月，马八儿国来贡方物。三月，马八儿国遣使进斑马。

二十五年（1288）十一月，马八儿遣使来朝。

二十六年（1289），马八儿国进斑马两匹。

二十七年（1290）四月，遣使到马八儿国访求方技士。

二十八年（1291）八月，马八儿国遣使进花牛二，水牛、土彪各一。九月，派遣两批使者先后出使俱蓝和马八儿国。

三十年（1293）十月，遣使出使阁蓝（印度半岛西南部）。

三十一年（1294）九月，遣使出使阁蓝。

中印政府间这样频繁的往来，在此前的历史上是从没有过的。忽必烈在这中间起到了决定性的作用。

忽必烈对南洋特别重视，是很有战略眼光的。起初，印度东海岸的马八儿国与元朝建立了关系，为了使西海岸的俱蓝国“臣服”，他不惜一而再地派遣杨庭璧出使印度，直到俱蓝国“入贡”。这看起来未免霸道，但自有其政治和经济上的需要。从背景上看，自成吉思汗西征起，蒙古人在数十年间便控制了中亚、中国等地，势力范围扩展到印度北部边界。成吉思汗的后代分别确定了自己的势力范围，其中忽必烈统治了中国。以中亚地区的蒙古人势力为策应，他从南边入手，经略南洋。加上印度当时正处在德里苏丹国时期，南北方不统一，即使南方也是小国林立，互不团结。他利用这一形势，不仅满足了个人称霸的雄心，也确保了海上的经济利益。这要比欧洲人进入这一地区以牟取暴利早300年。后来的历史证明，这一地区由于处在东西方的交汇点上，它的政治和经济地位是十分重要的。忽必烈的行动在客观上起到了促进中印人民相互了解的作用，也在客观上起到了促进中印文化交流的作用。

忽必烈之后，元朝与南印度虽然还有往来，但情况已大不如以前。但民间的商业贸易仍然在有条不紊地进行。

元代汪大渊曾两度随船至南洋考察，其第一次出海在1330年，四年后返回。第二次是在1337年，两年后返回。他曾到过南亚许多地方，回国后于1349年撰成《岛夷志略》一书。书中对印度各地记载颇详，对了解元朝与印度的海上文化交流极有帮助。他每到一地，都很注意那里的地理、土质、物产、贸易、人种、民俗等。例如，在谈到“朋加剌”（即孟加拉，今孟加拉国和印度西孟加拉邦）时写道：

> 五岭崔嵬，树木拔萃。民聚而居之。岁以耕殖为业，故野无旷土，田畴极美。一岁凡三收谷，百物皆廉。即古忻都州府也。气候常热，风俗最为淳厚。男女以细布缠头，穿长衫。官税以十分中取其二焉。国铸银钱，名唐加，每二钱八分重，流通使用。……产苾布、高你布、兜罗锦、翠羽。贸易之货，用南北丝、五色绢缎、丁香、豆蔻、青白花器、白缨之属。

从这段记载看，孟加拉地区的概貌已跃然纸上。然而，汪大渊对经济贸易尤其重视，对农业、收成、市场、税收、货币、特产和贸易用货等，都有说明。

由此可见，他写这部书的用意可能主要是为中国商人提供南海诸国的商贸资料。从该书中当地的物产和贸易用货的记录可知中国与印度之间物质交流的具体内容。

这里还须说说外国旅行家们的记载。

在元世祖忽必烈时代，意大利人马可·波罗（1254~1324）就来到元庭，供职达17年之久（1275~1292）。回国后，经他口述而整理成的《东方见闻录》（即《马可·波罗游记》）一书在1299年前后问世。

马可·波罗在元朝供职期间，曾奉命到中国各地及南洋、印度等地出差，见闻广博。从他的书中，也可以看到当时中印文化交流的一些情况。

《马可·波罗游记》第二卷第八十一章谈到福州："许多商船驶达这个港口。印度商人带着各色品种的珍珠宝石，运来这里出售，获得巨大的利润。这条江（闽江）离刺桐（泉州）港不远，河水流往海洋。从印度来的船只沿江而上，一直开到泉州市。"[①]从这里可以知道，当时印度经常有商船到福州和泉州来，印度商人带到中国来的货物主要是珍珠和宝石。在卷三第十四章，他还提到斯里兰卡岛上生产各种宝石[②]。

由此我们联想到元代陶宗仪关于"回回石头"的记载[③]："回回石头，种类不一，其价亦不一。大德间，本土巨商中卖红剌一块于官，重一两三钱，估值中统钞一十四万锭，用嵌帽顶上。自后累朝皇帝相承宝重。凡正旦及天寿节大朝贺时，则服用之。呼曰剌，亦方言也。今问得其种类之名，具记于后。"接着，他分四类记载了19种宝石的名称，其中除"猫睛"外，其余18种都是音译过来的名称。从名称看，这些宝石的产地不仅仅在印度，有些可能产自中亚、西亚，尤其是斯里兰卡。印度商人转手把大量的宝石运往中国，卖给中国商人，再由中国商人卖给中国的达官贵人，使中国皇帝、大臣、商人，乃至文人学士，都知道了这些宝石的珍贵，而且知道它们的外文名字。这应当说是中印文化交流史上一件有趣的事。

《马可·波罗游记》第二卷第八十二章在描写泉州港时又说，那里有堆积如山的商品，都是从外国运来的，其中有胡椒、檀香木和其他药材。我们知道，印度是盛产胡椒和檀香的国家，而且自古就运销中国，泉州港的这些东西，自

① 《马可·波罗游记》，福州：福建科技出版社，1981年版，第191页。

② 同上，第214页。

③ 陶宗仪：《南村辍耕录》卷七。

然有相当一部分是来自印度，这是无须怀疑的。马可·波罗在这里还提到一件有趣的事：有许多人从印度内地来到泉州，目的竟然是为了在这里文身[①]。在第三卷第二十四章，讲到德里王国的一个港口时说："从蛮子（指中国南方）来的船，只是在天气晴朗的季节才到达这里，并力争在一个星期内，或者假如有可能的话，在更短一点的时间之内，把货物运回去。"[②]第二十五章讲到印度马拉巴（印度西海岸）时说，该地生产胡椒、生姜、肉桂皮和棉布："来自蛮子省的船只，带着铜作为镇船重物。而且又装运金线织成的锦缎、丝、薄纱、金银块以及许多马拉巴所没有生产的药材，他们用这些货物和这个省的商品作物物交换。"[③]这就告诉我们，当时经常有中国船只到印度的西海岸去，带去的主要是丝、丝制品、贵金属和药材，换回当地的特产。

阿拉伯旅行家伊本·白图泰（Ibn batuta，1304~1368）于1333年经中亚地区进入印度，在德里苏丹穆罕默德·沙（Mohammad Shah）的宫廷为官，后又被任命为特使出使中国。他著有《游记》一书，通常称为《伊本·白图泰游记》，详细记叙了他在中亚、印度和中国等地的旅行经过。尽管人们怀疑他是否真的到过中国，但他在南印度沿海所见的情况，很多都与《元史》、《岛夷志略》中的记载相符。他记叙喀里古特城（Calicut，《岛夷志略》之古里佛，明代称为古里，今称卡利卡特，在印度西海岸）说："中国、爪哇、锡兰以及兹贝·埋赫勒人，以及也门、波斯人都至此地，真是各方商人会萃之地。"接着他还详细介绍了中国船只的大小、帆数、水手、造船地点（广州和泉州）、造船方法、船内设备等，反映了元代人的航海能力及其与印度等地的贸易情况[④]。

以上记载说明：第一，元代的海上交通十分发达，当时的广州和泉州都是重要的出海口和贸易中心，起着与印度通商与交流的连接点作用。第二，当时的海路相当通畅，各国间的商业往来十分频繁，客观上有助于中印间的交流。第三，元世祖忽必烈具有经营四海的雄才大略，这对于中印文化交流具有推动作用。第四，当时蒙古人在中亚地区建立的汗国对元朝经营海上贸易和进行文化交流具有策应作用。

---

① 《马可·波罗游记》，福州：福建科技出版社，1981年版，第192页。

② 同上，第231页。

③ 同上，第232页。

④ 马金鹏译：《伊本·白图泰游记》，银川：宁夏人民出版社，1985年版，第481~491页。

## 五、郑和宝船访问印度

中国伟大的旅行家、航海家、友好使者郑和下西洋已经六百周年了。郑和七下西洋，是发生在我国明代初期的伟大历史事件。

1398年，明太祖朱元璋去世，其孙朱允炆继位，史称建文帝。当时，朱元璋另一子朱棣在北方为燕王，握重兵。建文继位，朱棣造侄子的反，起兵攻南京，三年而克，夺得皇位，于1403年改年号为永乐，史称永乐帝，即明成祖。永乐年间，中国的经济有所发展，国势强盛。

据《明史》[1]记载，永乐帝之所以要组织船队到海外去，其原因和目的是“疑惠帝亡海外，欲踪迹之，且欲耀兵异域，示中国富强”。但后世中外研究明史的学者们对这一说法多有质疑。当初，朱棣的军队攻入南京时，皇宫里烧起一场大火，火灭之后，人们发现几具被烧焦的尸体，一般认为，其中之一便是建文帝。但也有流言，说建文帝未死，而是乔装为僧出逃了。后来又有人说，他逃跑后流亡海外了。“疑惠帝亡海外，欲踪迹之”就是这么来的。但是，《明史·郑和传》后面又说：“当成祖时，锐意通四夷，奉使多用中贵。西洋则和、景弘，西域则李达，迤北则海童，而西番则率使侯显。”也就是说，当时明成祖很重视与周边国家和地区的外交往来，多用内廷太监为使节，不仅派郑和与副使王景弘到西洋（今南洋和印度洋一带），还派遣李达到西域（指今中国新疆与中亚一带）、海童到北方、侯显到西番（指中国西藏和南亚北部地区）。只不过郑和和王景弘走的是水路，而其他人走的是陆路。所以，明成祖派遣使节出使南洋和印度洋一带，不大可能是为了追查建文帝的下落，因为这种捕风捉影的事根本犯不着那么兴师动众，恐怕其主要目的还在于政治、经济和军事等方面。从政治上说，明成祖夺取帝位以后，追慕历代帝王，想表现自己治国有方，也希望大明王朝出现“四海晏宁，万国来朝”的局面，以满足其大一统帝国天子的虚荣。从经济上说，这个时期社会相对安定，经济有所发展，需要扩大海外贸易。从军事上说，明成祖希望周边地区安定，避免战乱，有必要用比较和平的方式炫耀一下武力，并探明周边地区的军事实力。

郑和，原姓马，云南回族，出身于穆斯林世家。洪武十五年（1382），儿时即被平定云南的明军俘往南京，后被分到燕王府，长大后成为太监。他有兄妹六人，因排行在三，故取名“三宝”或“三保”，后人称他为“三宝太监”或

---

① 《明史》卷三〇四《郑和传》。

“三保太监”。在燕王兵变中，郑和表现非凡，屡立战功，后被提升为内廷太监首领。郑和之所以能被成祖选中出使南洋，除他受成祖信任，机敏干练，有军事才能外，还因为他是穆斯林。当时东南亚、南亚、阿拉伯半岛和非洲西海岸一带受伊斯兰教影响极大，很多国家已经伊斯兰化。为交往计，郑和成为出使该地区的最佳人选①。

据《明史·郑和传》，郑和下西洋共七次，首次从永乐三年六月到五年九月（1405~1407），二次从六年九月到九年六月（1408~1411），三次从十年十一月到十三年七月（1412~1415），四次从十四年冬到十七年七月（1416~1419），五次从十九年春到二十年八月（1421~1422），六次从二十二年正月到洪熙元年二月（1424~1425），七次从宣德五年到八年（1430~1433）。前后历时29年。但七次中并非每次都到过印度。

郑和船队从江苏刘家港出发，到福建补给，然后到今东南亚之越南、新加坡、文莱、马来西亚、印尼、泰国、柬埔寨等地；再穿越马六甲海峡，到今南亚之斯里兰卡、印度、孟加拉国、马尔代夫等地；再经阿拉伯海入波斯湾、红海，到今之伊朗、土耳其和阿拉伯半岛诸国；再南行到非洲东海岸诸国。

郑和的船队十分庞大，各类船只200余艘，大型的“宝船”62艘，各类人员27 800多人。据记载，当时的62艘宝船主要分为5种规格：最大的9桅12帆，长44丈余，宽18丈，由主要官员们乘坐，也是司令部所在地，即指挥船或西方所谓旗舰。其次是装运马匹的船，有8桅，长37丈，宽15丈。再次是一般官员乘坐的船，有6桅。最小的是战船，有5桅。此外还有专门用来装水的水船和装粮的粮船等。有200余艘船只的船队，鱼贯航行于海上，首尾长达十余里，这种壮观景象，即使在造船和航海业十分发达的今天也属罕见。

郑和下西洋对于中印文化交流具有重大的历史意义和深远的影响。

首先，这一壮举加强了中国与印度的联系和了解，促进了中国人民与该地区人民的友谊。根据有关史料记载，中国人不仅对印度各地区有了一个地理概念，而且还了解到当地的水土物产、民风民情，如社会阶层、生产贸易、宗法制度、语言文字、宗教信仰、衣食住行等。同时，郑和每次航海归来，几乎都会带回一些国家的使节，少则几个，多则十几个，其中就有来自印度的使节。这就在一个较长时期内确立了中国与印度间的官方关系，促进了双方的了解和友谊。

---

① 关于郑和的生平，《明史·郑和传》语焉不详，需佐以其他资料。参见耿引曾：《中国人与印度洋》，郑州：大象出版社，1997年版，第146~147页。

其次，这一壮举促进了中国与印度各地区的经贸往来和文化交流。应当说，在郑和下西洋之前，中国与印度的贸易往来已经存在，特别是宋元时期，这一贸易已经相当发达。因此，明代初年的贸易是在这一基础上的大发展。另外，当时郑和船队的贸易虽然规模很大，但实质上是政府行为，这类贸易被学界称为“朝贡贸易”[①]。从马欢等人的书中可知，中国当时出口的物品种类很多，主要有丝绸、瓷器、贵金属等。而印度等地输入的商品也五花八门，主要有宝石、香料、手工制品等。20世纪初，在罗得西亚第二大城市布拉瓦东南约250千米的古城遗址出土了一批明代瓷碗，被认为是郑和远航非洲的明证[②]。同样，在北非、东南亚和印度等地也陆续出土了大量明代瓷器，也与郑和七下西洋密切相关[③]。

第三，为印度诸国留下真实而宝贵的历史记录。这里有三部书必须介绍。这三部书都是由同郑和一起下西洋的人写成的，最为可靠，也格外珍贵。一部是《瀛涯胜览》，作者马欢。马欢字宗道，浙江会稽人，回族，精通阿拉伯文，在郑和的船队任“通事”（翻译官）。他是个有心人，注意记载下西洋时所到过的国家情况，在1416年就写出了一部分书稿，并作有序言。后来又出国，不断补充内容，直到明英宗天顺元年（1457）以后才成书，是三部书中成书最晚的。第二部书是《星槎胜览》，作者费信。费信字公晓，江苏太仓人，曾随郑和四下西洋。他的书写成于正统元年（1436）。第三部书是《西洋番国志》，作者巩珍，江苏南京人，只参加了第七次下西洋的活动，大约是得到马欢的帮助，才写成此书，因此书中内容与《瀛涯胜览》很接近，只是文字高雅些。此书成于宣德九年（1434）。这三部书互相印证，互相补充，较全面地反映了当时“西洋”各国的情况，也反映了郑和船队的活动情况，是宝贵的第一手资料，也是研究这段历史和当时西洋各国，包括印度情况的必读书。这些地区的人没有记载历史的习惯，马欢等人的三部著作中真实而可靠的记录为重新构建其历史提供了珍贵资料。例如，我们研究南印度的历史和中印文化关系史，就离不开这些中国旅行家的记载。即使对当时比较重视历史记载的一些民族，如阿拉伯人等，这三部书所提供的资料也是很有价值的。

---

① 李金明:《明代海外贸易史》，北京：中国社会科学出版社，1990年版，第11页。

② 自然科学史研究所主编:《中国古代科技成就》，北京：中国青年出版社，1978年版，第275页。

③ ［日］三上次男:《陶瓷之路》，北京：文物出版社，1984年版。

第四，成为千古友好佳话世代相传，激励两国人民世代友好。

总之，郑和下西洋的壮举给我们留下了宝贵的精神财富，600年后仍给我们以有益的启示、强劲的激励和无尽的沉思。

与郑和同时，侯显也曾多次奉命出使南亚诸国。他主要是从陆路前往，但也有从海路前往的记录。《明史》卷三〇四《侯显传》记曰："（永乐）十三年七月，帝欲通榜葛剌诸国，复命显率舟师以行，其国即东印度之地，去中国绝远。其王赛佛丁遣使贡麒麟及诸方物。"《瀛涯胜览》、《明史》卷三二六《外国传七》所记略同。据《星槎胜览》、《瀛涯胜览》和《明史》等书，明代与中国（大多通过海路，少数通过陆路）发生联系的印度地区有：底里（德里）、沼纳朴儿（Jaunpur，在今印度北方邦）、榜葛剌（今孟加拉国及印度西孟加拉邦）、阿难功德国（Annagoondy，在今南印度卡纳塔克邦）、柯枝（今南印度西海岸之柯钦）、小葛兰（今南印度西海岸之奎隆）、大葛兰（今奎隆或其以南地区）、加异勒（今南印度东海岸之Cail）、甘把里（今印度泰米尔纳杜邦之科因巴托尔）、西洋琐里（在今印度西南海岸）、琐里（在今印度西南海岸）、古里、翠兰山（今尼科巴群岛）、按笃蛮（安达曼群岛）等。

明代的后期，中国与印度的文化交流主要体现在商品贸易上，而在贸易中起主导作用的则是欧洲殖民者，因为当时的中国已经显出落伍的迹象，而西方列强则纷纷东来，控制了南洋的海上交通。1557年，葡萄牙人在澳门立足，并以此为据点进行其欧洲–南亚–东亚的贸易。1571年，西班牙人占领马尼拉，开始其著名的马尼拉大帆船贸易，这一贸易也多少与南亚有些关系。荷兰的东印度公司从17世纪初便开始寻求同中国贸易。1622年，荷兰人进攻澳门失败，转而占据澎湖岛。1624年，他们又被击败，转而占领台湾南部。他们边贸易边从事劫掠活动，在欧洲—南亚—中国间牟取暴利。

## 第二节　中印海上贸易

### 一、东南沿海的中印贸易

宋代，印度有自海路来华的僧人，如《宋史·外国传六》曰："至道二年八月，有天竺僧随舶至海岸。"当时南天竺的使者和僧人来华一般都取水路。《佛祖统纪》卷四十四记大中祥符八年（1015）："南海注辇国遣使来贡，进天竺梵经。其使言四十年以来，海无风涛，意中国有圣人出世。"赵汝适《诸蕃志》卷上曰:“雍熙间，有僧罗护哪航海而至，自言天竺国人。番商以其胡僧，竞持金缯珍宝以施，僧一不有，买隙地建佛刹于泉之城南，今宝林院是也。”

这从一个侧面说明了当时中国和印度海上交通的便利，也说明中国东南沿海地区对印贸易的发达。

前文提到的“南海注辇国”即南印度的朱罗（梵文作Cola）国，玄奘《大唐西域记》作珠利耶（Colya），本为一古国，宋初发展成南印度的一个强大国家。《宋史・外国传五》记载的中祥符八年事甚详，且有其国王罗茶罗乍所上表文，从表文可知，南印人得知宋朝消息，也由海路商人传递。周去非《岭外代答》卷二曰:“神宗熙宁十年六月，此国亦贡方物。上遣内侍劳问之，乃此国也。”宋时在南印度西海岸南端，有一个叫故临（Kollam，今作 Quilon，奎隆）的地方，亦与中国颇有海上交通。《岭外代答》卷二记曰:“故临国与大食相迩。广舶四十日到蓝里住冬，次年再发舶，约一月始达。”“中国舶商欲往大食必自故临易小舟而往。”

另外,《诸蕃志》所记南毗国（印度西部沿海一带）、细兰国（锡兰）、晏陀蛮国（安达曼群岛）等地，似亦与中国有贸易往来或误航而至者。总之，由于宋时西北地区经常为西夏等民族控制，宋人只好通过海上与印度人打交道。宋时沿海有广州、泉州、杭州、明州等大港，外商云集，其中印度商人亦有不少。而此时去印度的中国商人也很可观。据元人汪大渊《岛夷志略・土塔》云:“居八丹之平原，木石围绕，有土砖甃塔，高数丈。汉字书云:‘咸淳三年八月毕工。’传闻中国之人其年旅彼，为书于石以刻之，至今不灭焉。”说明宋时已有相当数量的中国人旅居南印度。

## 二、印度输华物产

1. 宋代

典籍中关于宋代南亚诸国“朝贡”物品的记载不多。《宋史》卷四八九记:大中祥符八年（1015），注辇国“遣专使等五十二人，奉土物来贡，凡真珠衫帽各一、真珠二万一千一百两、象牙六十株、乳香六十斤”。使者娑里三文等“又献珠六千六百两、香药三千三百斤”。明道二年（1033），又“遣使蒲押陀离等以泥金表进真珠衫帽及真珠一百五两、象牙百株”。熙宁十年（1077），其国复遣使“二十七人来献豌豆珠、麻珠、琉璃大洗盘、白梅花脑、锦花、犀牙、乳香、瓶香、蔷薇水、金莲花、木香、阿魏、鹏砂、丁香”。周去非《岭外代答》卷二《注辇国》条及赵汝适《诸蕃志》卷上《注辇国》条所记可与此相印证。

由于宋代海上贸易的发达，印度物产输入民间者也必然很多。《岭外代答》和《诸蕃志》均记有中国商舶去印度经商和印度物产的情况。尤其是《诸蕃志》，详记了南印度的物产。如卷上记南毗国及其属国物产，有真珠、诸色番布、兜罗锦、猫儿睛、青靛、紫矿、椰子、苏木等；记注辇国物产有："真珠、象牙、珊瑚、玻璃、槟榔、豆蔻、琉璃、色丝布、吉贝布。兽有山羊、黄牛，禽有山鸡、鹦鹉，果有余甘、藤萝、千年枣、椰子、甘罗、昆仑梅、波罗蜜之类，花有白茉莉、散丝、蛇脐、佛桑、丽秋、青黄碧婆罗、瑶莲、蝉紫、水蕉之类。"《宋史・外国传五・注辇传》所记与此相同。中国商人到那里从事贸易活动，自然会把以上物产贩运回国。

2. 元代

据《元史》之《世祖本纪》、《成宗本纪》、《仁宗本纪》等记载，元代印度诸国来"贡献"的方物有象、犀、花驴、花马、水牛、土彪、黑猿、黑狮、珍珠、指环、缣缎、番布、铜盾、鞍勒、毡甲、药物等。这些是确切可知的由印度传入中国的物产。

元代耶律楚材《西游录》、丘处机《长春真人西游记》、刘郁《西使记》、陈大震《大德南海志》、汪大渊《岛夷志略》、周致中《异域志》等书均或多或少地记有南亚诸国的物产情况。其中以《大德南海志》与《岛夷志略》为最详。

《大德南海志》记载了元代初期广州市舶司对外贸易盛况，有海外舶来的货物表，分为八类：

第一类为"宝物"：象牙、犀角、鹤顶、真珠、珊瑚、碧甸子、翠毛、龟甬、玳瑁。

第二类为"布匹"：白番布、花番布、草（荜）布、剪绒单、剪毛单。

第三类为"香货"：沉香、速香、黄熟香、打拍香、阇八香、占城粗熟、乌香、奇楠木、降真香、戎香、檀香、蔷薇水、乳香、金颜香。

第四类为"药物"：脑子、阿魏、没药、胡椒、丁香、内子豆蔻、白豆蔻、豆蔻花、乌爹泥、茴香、硫磺、血竭、木香、荜拨、木兰皮、番白藏、雄黄、苏合油、荜澄茄。

第五类为"诸木"：苏木、射木、乌木、红柴。

第六类为"皮货"：沙鱼皮、皮席、皮枕头、七鳞皮。

第七类为“牛蹄角”：白牛蹄、白牛角。

第八类为“杂物”：黄蜡、风油子、紫梗、磨末、草珠、花白纸、藤席、藤棒、贝子、孔雀毛、大青、鹦鹉、螺壳、巴淡。

这些货物都是运到中国来的，其中有相当一部分产自印度。

《岛夷志略》和《异域志》的记载可以与此相对照。《岛夷志略》是按国家或地区记载物产的：

“特番里”产黄蜡、绵羊、波罗蜜、甜瓜。

“班达里”产甸子、鸦忽石、兜罗锦（绵）、木棉花、青蒙石。

“曼陀郎”产犀牛角、木棉、西瓜、石榴。

“下里”产胡椒。

“沙里八丹”产八丹布、珍珠。

“金塔”产大布手巾、木棉。

“东淡邈”产胡椒、玳瑁、木棉、大槟榔。

“大八丹”产棉布、婆罗蜜。

“土塔”产棉布、花布大手巾、槟榔。

“第三港”产蚌珠。

“须文那”产胡椒、丝布、孩儿茶（乌爹土）。

“小嗅喃”产胡椒、椰子、槟榔、溜鱼。

“古里佛”产胡椒、加张叶、皮桑布、蔷薇水、波罗蜜、孩儿茶。

“朋加剌”产苾布、高你布、兜罗锦（棉）、翠羽。

“放拜”产细布、槟榔。

“大乌爹”产布匹、猫儿眼睛、鸦鹘石、翠羽。①

“天竺”产沙金、骏马。

元周致中《异域志》卷下记“麻离拔国”产“异香、龙涎、珍珠、玻璃、犀角、象牙、珊瑚、木香、没药、血竭、阿魏、苏合香、没石子等货”。②

---

① 以上16个地名略显古怪，然经中外学者考证，可认定为印度地名，且均分布于印度东西海岸地区。具体考释可依次参见中华书局1981年出版的苏继庼先生的《岛夷志略校释》第252、255、258、268、273、276、278、281、286、290、316、323、327、332、337、340页。

② 麻离拔国，指今印度西南沿海马拉巴尔一带。参见中华书局1981年出版的《西游录》、《异域志》合刊本之《异域志》第39页，陆峻岭先生注。

3. 明代

明代印度各地来“贡献”方物（有物品名称者）的情况如下：

阿难功德国于洪武七年（1374）“贡方物及解毒药石”。（《明史》卷三三一）

榜葛剌国于永乐十二年（1414）“贡麒麟及名马方物。”正统三年（1438）“贡麒麟”。“厥贡良马、金、银、琉璃器、青花白瓷、鹤顶、犀角、翠羽、鹦鹉、洗白苾布、兜罗锦、撒哈剌、糖霜、乳香、熟香、乌香、麻藤香、乌爹泥、紫胶、藤竭、乌木、苏木、胡椒、粗黄。”（《西洋朝贡典录》卷中和《明史》卷三二六所记大同）

小葛兰：“厥贡惟珍珠伞、白棉布、胡椒。”（《明史》卷三二六）

古里：“所贡物有宝石、珊瑚、珠、琉璃瓶、琉璃枕、宝铁刀、拂郎双刃刀、金系腰、阿思模达、涂儿气、龙涎香、苏合油、花毡、单伯兰布、苾布之属。”（《明史》卷三二六）《西洋朝贡典录》卷下所记与此稍异，除琉璃枕记为琉璃碗外，尚有栀子花、红丝花手巾、番花人马象物手巾、线结花靠枕、木香、乳香、檀香、锡、胡椒。

除“朝贡”以外，《瀛涯胜览》、《星槎胜览》和《西洋番国志》三书对印度诸地物产尚有详细记叙，其中必有许多输入中国，兹不一一摘引。

另外，明人李时珍在《本草纲目》中对以前传入中国的南亚药物做了归纳和考证，甚至注上梵文名称。如卷八之琉璃（火齐），卷一一之消石，卷一二之仙茅（婆罗门参），卷一四之藿香、郁金香，卷一八之胡椒、白豆蔻，卷一九之蜜草，卷二六之天竺干姜，卷二七之菠菜，卷三四之天竺桂、沉香、熏陆香（乳香）、龙脑香，卷三七之竹黄、干陀木皮，等等。

## 三、中国输印物产

宋元明时代，中国输出印度的物产也很多，但主要是以下几大类。

1. 丝绸

据《宋史》卷四八九，宋代印度各地所遣“入贡”使者，皇帝一般都要“厚赐”，具体地说，就是“各赐衣服器币有差”。据《宋史》卷四九〇，印度僧人来华献经像的，皇帝一般要“赐紫方袍、束帛”。这衣服、紫袍可能都是丝织物。据季羡林先生考证，唐代时，印度的“一般老百姓还没有能够享受到丝的好处”。“到了宋代，印度人民，至少是靠近和中国通商的港口一带的人民，已经可以穿丝衣服。”[①]的确，宋代的海上贸易较以前发达，中国丝绸更多地运往印度，一部分就地消化，一部分转运他国。如《岭外代答》卷二所记，中国舶商先到南印度的故临国，然后易小舟去大食。《诸蕃志》卷上记商人在南毗国博易用货就有“缬绢”等中国货。

元代，中国丝绸运往印度的记录也有不少。《岛夷志略》在介绍印度诸地的情况时，常常要提到当地的土产，同时还要提一笔“贸易之货”。“贸易之货”反映了当地的爱好和需要，也是中国输出的主要商品，其中常常有丝绸之类。如在特番里的贸易之货有“五色缎、锦缎”；班达里，用“诸色缎”；大八丹，用“南丝”；加里那，用“细绢”；土塔，用“五色绢、青锻”；须文那，用“五色绸缎、青缎”；小唄喃，用“五色缎”；朋加剌，用“南北丝、五色绢缎”；大乌爹，用“五色缎”。

明代，中国皇帝赠送印度诸国国王及使臣的礼品中常常有丝绸制品。仅《明史》中的记载，可列长单于下。

《明史》卷三二五：

洪武三年（1370），太祖“赐”西洋琐里“文绮、纱罗”。

洪武五年（1372），太祖“赐”琐里王“金织文绮、纱罗各四匹”，“使者亦赐币帛有差”。

永乐元年（1403），成祖遣使西洋琐里，“赐绒锦、文绮、纱罗”。

《明史》卷三二六：

《古里》条，“永乐元年命中官尹庆奉诏抚其国，赉以彩币”，三年（1405），“赐印诰文绮诸物”。

《柯枝》条，“永乐元年遣中官尹庆赍诏抚谕其国，赐以销金帐幔、织金文绮、彩帛及华盖”。

《小葛兰》条，永乐五年（1407），“赐其王锦绮、纱罗”。

《沼纳朴儿》条，永乐十年（1412），“遣使者赍敕抚谕其国，赐王亦不剌金绒锦、金织文绮、彩帛等物”；十八年（1420），“赐之彩币”。

《加异勒》条，“永乐六年遣郑和赍诏招谕，赐以锦绮、纱罗”。

《甘巴里》条，“永乐六年，郑和使其地，赐其王锦绮、纱罗”。

《底里》，永乐十年，“赐绒锦、金织文绮、彩帛”。

---

① 季羡林:《中印文化关系史论文集》，北京：生活·读书·新知三联书店，1982年版，第94页。

《明史》卷三三一：

《西天阿难功德国》条，洪武七年（1374），“诏赐文绮、禅衣及布帛诸物”。

另外，《瀛涯胜览》、《星槎胜览》、《西洋番国志》及《西洋朝贡典录》等书亦有记载，兹不详列。

总之，明代前期，中国丝绸对印度诸国的输出是在“朝贡贸易”的基础上实现的，即外国以“朝贡”的名义将货物运到中国，朝廷再以“赏赉”的名义予以回报。16世纪中叶，明朝曾因倭寇的入侵而一度实行“海禁”。此后的明代中后期，中国丝绸向印度的输出则主要是以私人贸易的形式进行。这一时期，葡萄牙、荷兰、英国等西方列强已先后进入印度，并逐步控制了海上交通，基本垄断了中国同印度的丝绸贸易。西方商人把印度作为中间站，将大量中国生丝运往欧洲销售。如：“葡萄牙殖民者从澳门运往印度果亚的生丝量，在1580至1590年，每年约为3 000余担，到1636年，甚至多达6 000担。”[①]中国生丝在此期间虽然大量运往印度，但只是为了转口欧洲，在印度等南亚国家的销售量是极为有限的。况且，据《瀛涯胜览》等书记载，其时印度诸国已经有能力生产丝绸，其百姓用丝制品已不罕见。

2. 瓷器

中国古代的瓷器是闻名全世界的产品。中国瓷器向印度的传播也有着悠久的历史，对此，中外学者均有深入研究，古代的文献记载和近代以来的考古资料都能提出有力的证明。

（1）古代文献的记载

唐代和唐代以前，中国史料中缺乏有关瓷器传入印度的记载。宋代开始，这种记载才逐渐多了起来。《宋史》卷四八九，熙宁十年（1077），注辇国使者二十七人“来献”，神宗“各赐衣服、器币有差”。其中“器”即器皿，可能即有瓷器。《诸蕃志》卷上记商人至南毗国贸易用瓷器，说明宋时已有大量中国瓷器运往印度。

元代，汪大渊《岛夷志略》所记与南亚诸国的“贸易之货”中，常常有瓷器。如“班达里”条的“青白瓷”，“曼陀郎”条的“青器”，“千里马”条的“粗碗”，“小呗喃”、“朋加剌”、“天竺”等条的“青白花器”，等等。《马可·波

① 李金明：《明代以后海外贸易史》，北京：中国社会科学出版社，1990年版，第126页。

罗游记》第二卷第八十一章记载当时泉州港有大量等待运往海外的瓷器，《伊本·白图泰游记》下册“中国瓷器”条则记曰：“至于中国瓷器，则只在剌桐（泉州）和隋尼克兰（广州）城制造。系取用当地上中的泥土，像烧制木炭一样燃火烧制。……这种瓷器运销印度等地区，直至我国马格里布。这是瓷器种类中最美好的。”其实，当时中国烧制瓷器的地方决不限于上述两处，只是因上述二城为当时最大的通商口岸，不仅自产大量瓷器，内陆（如景德镇等地）瓷器亦云集于此。

明代的记载也很多。《明史》卷三二六“榜葛剌国”条，其国的“贡物”中竟有“青花白瓷”一项，《西洋朝贡典录》卷中所记同。这有两种可能，一是其时孟加拉一带已经可以自产，二是通过商人购得。第二种可能性较大。因为据《瀛涯胜览》，该国所出物产中并无瓷器。《星槎胜览》卷四记该国物产亦无瓷器，相反，却在贸易用货中列出了“青花白磁器”。《皇明世法录》卷八一所记榜葛剌国的“贡物”则无瓷器一项。此外，《星槎胜览》卷三记载与印度其他国家和地区的贸易中也有瓷器，如大葛兰、柯枝国、古里国等。由此可知，中国瓷器在明代时已经普及印度各地。1608~1611年，英国人威廉·高庆斯到印度旅行，在莫卧儿王朝的宫廷目睹了一件事：“莫卧儿皇帝贾汗吉尔在自己的所有宝物中最喜爱一块价值约四十五里拉的中国盘子。但有一次这块盘子因为保存者不小心而被摔破了。这个保存者暗中派了人到中国去买一个类似的盘子。但是两年过去之后，该人还没有回来，而贾汗吉尔却想起了这块盘子。他听说盘子已被摔破，立刻大怒，将保存人毒打了一顿，并没收了他的财产。这个保存人经过两个月才养好棒伤，贾汗吉尔乃给予他五千里拉，并发还他四分之一被没收的财产，要他出国去寻找类似的一块盘子，找不到以前不许回国。幸而这人在波斯国王那里遇到了类似的一块盘子，并且使波斯国王将这块盘子让给了他。”①

明代后期，荷兰东印度公司在东南亚等地建立了同中国贸易的据点，他们曾把大量中国瓷器运往印度的东南沿海等地。“如1612年，‘德戈斯’（Dergoes）号和‘杜夫肯’（Duyfken）号从万丹经亚齐航行到印度的科罗曼德尔沿岸，在其载运清单中，有从巴达维亚装上船的各种粗瓷31 272件，价值2 154荷盾，每件平均不到0.70荷盾；从万丹装上船的有6 140个奶油盘、水果

① 转引自张铁东：《中英两国最早的接触》，载《历史研究》1958年第5期。

盘及各种杯，价值972荷盾，每件平均约0.15荷盾。”[①]

（2）考古资料

1984年，我国文物出版社出版了日本考古学家三上次男先生的长篇考察报告《陶瓷之路》。该书第七、第八两个部分是作者考察和研究印度各地中国陶瓷出土情况的详细记录。下面即按照三上先生的记载加以简介。

在卡拉奇市南64千米处的班波尔（Banbhore）遗址，1958年，巴基斯坦考古局开始发掘，发现了一批中国陶瓷。其中有9世纪左右的晚唐越窑瓷水注、长沙窑的黄褐釉上有绿彩花草纹碗残片，宋代初期（约10世纪）有线刻花纹的越窑瓷残片、覆莲瓣纹的华南白瓷片，宋末元初（约13世纪）的龙泉青瓷片，还有属于宋代广东制作的黄釉四耳罐残片。

在信德省府海德拉巴市东北约80千米处的布拉赫米那巴德（Brahminabad）遗址，其发掘工作早在1854年即已由西方人士进行，当时所发现的许多陶瓷片被运往英国，收藏于不列颠博物馆。经当时研究中国陶瓷的权威人士霍布森（R.L.Hobson）研究，这些瓷片的时间跨度为由9~10世纪的唐末、五代到11世纪前半叶的宋末。

在俾路支省沿海的莫克兰地区，斯坦因（A. Stein）博士曾于1927~1928年和1931~1933年两度来到这里，对其中的一些地方进行考察，两次都发现了中国陶瓷的残片。第二次的发现物中有10世纪前后的青白瓷。

在南印度迈索尔邦（今卡纳塔克邦）中南部，新石器时代的遗址昌德拉瓦利（Chandravalli）曾出土过宋代龙泉窑青瓷片和福建、广东一带出产的白瓷残片，还有华南出产的黑褐釉陶片。与它们一同出土的还有北宋神宗时期的“元丰通宝”，说明这些瓷器可能是元丰年间（1070~1085）或稍晚些时候运去的。

在南印度泰米尔纳德邦本地治里市南约20千米的阿里卡美都（Arikamedu）遗址，法国人从30年代起就进行了考古发掘，第二次世界大战以后的1945年又有惠勒（R. E.M.Wheeler）等人进行了发掘。发现有9~10世纪的越窑碟子残片，11~12世纪越窑瓷、龙泉窑青瓷残片和磁州窑的陶片，南宋龙泉窑出产的精美的青瓷碗、外侧起棱状竖条纹的龙泉窑深碗残片和小罐残部、青白瓷碟残片。与它们一同出土的还有北宋末年徽宗宣和年间（1119~1125）的“宣

① 李金明：《明代以后海外贸易史》，北京：中国社会科学出版社，1990年版，第129页。

和通宝”，以及南印度11~12世纪朱罗王朝（《宋史》所记之“注辇”）的铜币，这说明，大约在9~13世纪的数百年间，中国瓷器曾源源不断地运往这里。

本地治里市西北约10千米的可里麦都（Korimedu）遗址，也散落有中国宋元时代的瓷片。其中有十二三世纪南宋时代浙江或福建一带生产的枇杷色珠光青瓷碗残片、淡色青白釉罐残部，还有4世纪以后闽粤一带生产的青花瓷片。

在本地治里之南，卡利米尔角略北，有一个叫卡雅尔（Kayal）的地方，也曾经出土过中国宋元时代的陶瓷。

在印度东北的阿萨姆邦高哈蒂的博物馆里陈列着几件十四五世纪的破碎的龙泉窑青瓷大平碗，是当地出土的。

另外，在印度各地的一些大大小小博物馆里，大多都陈列有中国十四五世纪到十七八世纪的瓷器，这些精美的瓷器一般是来自莫卧儿王朝时各地土邦王公贵族或官员们的收藏品。据曾任不列颠博物馆东方部长的巴西尔·格雷（Basil Gray）说，1864~1883年，曾任印度铁道技师的加拿大人威廉·卡民慈收集了600多件14 ~17世纪的中国陶瓷（主要是青瓷和青花瓷），其中大部分是在奥德地区（今北方邦东部地区）；曾在加尔各答当律师的N. T. 威廉斯在印度收集到100余件中国陶瓷，其中很多是穆尔希达巴德（今西孟加拉邦北部）地方官收藏品。

3. 糖

关于这一时期中国糖向印度的输出问题，季羡林先生曾于1987年第4 期《社会科学战线》著专文（《CINI 问题》）论述。文中写道：“中国白糖也输出到了印度。德国学者Lippmann在讲述了马可·波罗在福建尤溪看到了白糖以后，又讲到蒙古统治者重视贸易，发放签证，保护商道；对外国的和异教的手工艺人特别宽容、敬重，不惜重金，加以笼络。‘这件事情在精练白糖方面也得到了最充分的证实，因为中国人从那以后，特别是在炼糖的某一方面，也就是在制造冰糖方面，成为大师，晚一些时候甚至把这种糖输出到印度，不过名字却叫作misri，这一个字的原始含义（埃及糖）已经被遗忘了。’英国马礼逊说：‘印度国每年亦有数船到是港（新埠），载布匹，易白糖等货。’这里谈的可能是中国白糖经过新加坡转口运到印度。无论如何，中国白糖输出到印度已经是无可辩驳的事实了。”

季先生指出，在近代的印地文、孟加拉文和尼泊尔文等南亚语文中，白糖被叫作cini，意思是“中国的”，而在西印度的语文中，“糖”是用来自梵文的词sharkara表示的。他根据这一语言现象，指出:“中国白糖由海路首先运至东印度，可能在孟加拉的某一个港口登岸，然后运入印度内地。”又说:“马可·波罗在尤溪看到中国制的白糖，时间是1275年。中国人从埃及人那里学习了制糖术，造出了白糖。这样的白糖从近在咫尺的泉州港装船出口是完全可能的……我们可以说，孟加拉文中的cini最初是指13世纪后半从中国泉州运来的白糖的。”这一时间推断是比较可靠的，因为元人汪大渊《岛夷志略》的“大八丹”和“土塔”条所记中国商人同当地人的“贸易之货”中分别有“白糖”和“糖霜”。汪氏为14世纪人，其首次由泉州泛海西渡在1330年，比马可·波罗在尤溪的时间仅晚55年，而比伊本·白图泰来华时间（1346年）早16年。伊本·白图泰一到广东就发现，“中国出产大量蔗糖，其质量较之埃及蔗糖实有过之而无不及”。这种糖成为出口产品完全是情理中事。

据《西洋朝贡典录》卷中“榜葛剌国”条，明代早期，其国“贡物”中有糖霜一项。据《广东新语》卷二七，明代后期，广东一带蔗糖产量很高，其中质量最好的被称为“洋糖”，出口东西两洋。可见，当时的“洋糖”不是进口货，而是出口货；而当时的“西洋”则包括印度。

4. 茶

中国是世界上最早种植茶树的国家，中国人饮茶的历史至少可以上溯到汉代。然而，中国茶向南亚输出的历史似乎并不像丝绸那样悠久。张星烺先生说:“饮茶习俗，13世纪以前，尚未传至亚洲西部。蒙古人征服诸部后，始传入也。蒙古文、突厥文、波斯文、印度文、葡萄牙文、新希腊文、俄文皆称茶曰Chai，实即茶之译音也。英文之tea，德文之Thee，乃闽粤音也。”[①]这里说的是饮茶习俗，而不是茶叶的传播。一般认为，中国茶叶向外传播的时间大约在公元5世纪。“贸易对象是土耳其商人，中介地是蒙古边界，方法是以物易物”[②]。“印度人知茶是由我国西藏转播而去。有人估计唐宋之时印度人已开始了解中国吃茶之法。到1780年东印度公司由广州转输入印部分茶籽，1788年又再次引种，这才使印度逐渐成为世界产茶大国之一。”[③]据以上意见，可知中国茶叶传入印度的时间约在唐宋之际，印度人饮茶习俗的形成在13世纪以后，而印度植茶的历史开始于18世纪后期。下面分三个时期略作讨论。

---

① 张星烺:《中西交通史料汇编》第三册，北京：中华书局，1979年版，第199页。

② 王玲:《中国茶文化》，北京：中国书店，1992年版，第308页。

③ 同上，第317页。

唐代，中国内地的茶叶已经传入西藏。据李肇《国史补》:“常鲁公使西番，烹茶帐中，赞普问曰：此为何物？鲁公曰：涤烦疗渴，所谓茶也。赞普曰：我此亦有。遂命出之，以指曰：此寿州者，此舒州者，此顾渚者，此蕲门者，此昌明者。”说明唐代藏王已非常熟悉内地的茶叶并拥有许多品种。西藏饮茶之风盖由此兴。其时西藏与南亚若干国家和地区关系密切，茶叶完全可以经西藏道传入印度。川滇地区亦自古有茶，茶叶也可能经滇缅道传入印度。在《中国印度见闻录》下卷，阿拉伯商人苏莱曼曾提到中国的茶叶，则印度商人也会注意到这一点。由此推断，印度人在唐代知道中国茶叶，甚至零星、偶然地饮用一次，是完全可能的。

明代初期，随郑和下西洋的马欢、费信、巩珍等人的书中并未记载印度人饮茶的习俗，相反倒记载了一些其他饮料，如牛乳、蔷薇露、蜜水及各种酒类等。他们观察印度民族饮食习俗甚细，如有饮茶习俗必不至于疏漏。《瀛涯胜览》“榜葛剌国”条甚至提到“市卖无茶”，《西洋番国志》亦云其国“土俗无茶”，这说明当时印度民间并未形成饮茶习俗。

明代晚期，荷兰人、英国人都从中国船运茶叶到西方，中间经印度转运。印度或可受其影响。17世纪末、18世纪初，欧洲饮茶之风大盛，荷兰东印度公司和英国东印度公司在同中国进行茶叶贸易上展开竞争。

5. 金属及金属制品

（1）钢铁

梵文中有cinaja一词，意思是“钢”，其字面意思是“中国产的”。季羡林先生指出:“这就说明，尽管古代印度有钢铁生产，而且，印度生产的钢铁还输出国外，在古代颇有一些名气。但是，‘中国产’的钢在某一个时期某一个地区曾输入印度，这是无法否认的事实……约生于公元后八二〇——八三〇年之间的阿拉伯地理学家Ibn Kurdadhbah，在他的游记里提到中国的钢铁、瓷器和大米。可见一直到九世纪中叶以后中国的钢铁还是能够同瓷器相提并论的产品。另一位阿拉伯地理学家Ibn muhdhih（约生于公元941年左右），在克什米尔看到一座观象台，是用中国钢铁造成的。这个例子足以说明中国钢铁确实传入印度……传入的时间决不会就是公元后十世纪，恐怕要早得多。”①

元代，据汪大渊《岛夷志略》记载，中国商船到印度贸易，时常以“铁

① 季羡林:《中印文化交流史》，北京：新华出版社，1991年版，第22页。

器”、“铁条”、“铁鼎”、“针”等为“贸易之货”。

明代初期，据《星槎胜览》等书记载，中国商船到印度贸易，亦使用“铁线”之类为贸易之货。

（2）其他金属

《岛夷志略》、《星槎胜览》、《瀛涯胜览》和《西洋番国志》等书在记载中国商船在印度各地贸易时还使用大量金、沙金、云南叶金、银、花银、铜钱、铜鼎、铜线、铅、斗锡、水银等。这说明元代至明代初期，有不少中国金属流入印度。其中，金子作为贵金属具有货币的流通功能，所以很早就有中国黄金流入印度的记载，《汉书》卷二八《地理志》讲到汉代中国使者去印度（黄支）的携带物品，主要是黄金和杂缯。中国瓷器在印度沿海一带出土时经常伴有中国铜钱一同出土。而《宋史》卷四八九记熙宁十年（1077）南印度注辇国王遣使来华，宋神宗曾“答赐其王钱八万一千八百缗、银五万二千两”。也许，由于宋时海上贸易的发达，中国铜钱可以在印度沿海地区作为通用货币流通。

## 第三节　科技交流

### 一、天文历算

宋代，西行求法和译经运动都开始接近尾声，但仍有一些涉及天文历算的佛经被翻译成汉文。如法天译《佛说圣曜母陀罗尼经》、法贤译《难你计湿缚罗天说支轮经》等，皆是其例。

1. 七曜与九执的遗泽

七曜术在宋代仍有较大影响。据《宋史》卷八一《律历十四》，乾道二年（1166）光州士人刘孝荣毛遂自荐“愿改造新历”，朝廷同意。次年，“孝荣乃采万分历，作三万分以为日法，号《七曜细行历》，上之”。到1168年，经过有关官员的反复监测，与此前使用的旧历《纪元历》、《统元历》比较，最后得出“新历稍密”的结论，上报孝宗皇帝，“诏用新历，名以《乾道历》”，于1169年颁行。又据《律历十五》，淳熙四年（1177）颁行的《淳熙历》、绍熙二年（1191）颁行的《会元历》（原名《绍熙二年七曜细行历》）“皆出刘孝荣一人之手”。

宋时，民间流行的九执星占术浸润宫廷历书。《宋史》卷八二记载了一个故事：嘉泰元年（1201），监察御史劾太史局官员“循默尸禄，言灾异不及时”，皇帝听信，下诏将三名官员“各降一官”。臣僚们说：“……比历书一日之间，吉凶并出，异端并用，如土鬼、暗金兀之类，则添注于凶神之上犹可也，而其首则揭九良之名，其末则出九曜吉凶之法、勘婚行嫁之法……凡闾阎鄙俚之说，无所不有。是岂正风俗、示四夷之道哉！愿削不经之论。”帝从之。第二年五月朔，日食，历书果然不精确，“历官乃抵罪”。这是南宋的例子，北宋时的沈括在《梦溪笔谈》卷七《象数》中说：“黄道与月道，如二环相叠而小差。凡日月同在一度相遇，则日为之蚀，正一度相对，则月为之亏。虽同一度，而月道与黄道不相近，自不相侵；同度而又近黄道、月道之交，日月相值，乃相陵掩……凡日蚀，当月道自外而交如于内，则蚀起于西南，复于东北；自内而交出于外，则蚀起于西北，而复于东南。日在交东，则蚀于内；日在交西，则蚀于外。蚀既则起于正西，复于正东。凡月蚀，月道自外如内，则蚀起于东南，复于西北；自内出外，则蚀起于东北，而复于西南。月在交东，则蚀其外；月在交西，则蚀其内。蚀既则起于正东，复于西。交道每月退一度余，凡二百四十九交而一期。故西天法罗睺、计都皆逆步之，乃今之交道也。交初谓之罗睺，交中谓之计都。”

据《宋史·艺文五》，尚有《文殊星历》二卷、《七曜雌雄图》一卷、《文殊七曜经》一卷、《七曜会聚》一卷、《符天九星算法》一卷、《七曜选日》一卷、《七曜细行》一卷、卫朴《七曜细行》一卷，等等。其中，《文殊七曜经》不知是否即《宿曜经》，其余诸书均不见于前代著录。这些书的流传说明，印度天文历算的影响在宋代仍然存在。

又据《明史》卷三一《历一》：“正德十二、三年，连推日食起复，皆弗合。于是漏刻博士朱裕上言：‘至元辛巳距今二百三十七年，岁久不能无差，若不量加损益，恐愈久愈舛。乞简大臣总理其事，令本监官生半推古法，半推新法，两相交验，回回科推验西域《九执历法》。’”正德十三年为1518年，距万历四十四年程明善发现《开元占经》98年，但当时朱裕即提出《九执历法》，可见《九执历》并不一定是随《开元占经》一起失传了。《明史》卷三七《历七》曰：“按西域历术见于史者，在唐有《九执历》，元有札马鲁丁之《万年历》。《九执历》最疏，《万年历》行之未久。唯《回回历》设科，隶钦天监，与《大统》参用二百七十余年。虽于交食之有无深浅，时有出入，然胜于《九执》、《万年》远矣。”然后用很长的篇幅介绍了《回回历法》。这里虽然否定了《九执历》，肯定了《回回历》，但《九执历》毕竟是唐代的产物，是《回回历》的先驱。从其介绍可知，其中讲到七曜和罗睺、计都的地方很多。这显然是深受印度历法影响的结果。其实，元代初期实行的《万年历》也是回回历的一种。也就是说，直到明代，印度历法对中国历法仍有影响。

有趣的是，中国的历法在明代也曾传到印度。《明史》卷三二五有明文记载：永乐三年（1370），西洋琐里国遣使“献方物”，朱元璋赐以《大统历》；五年，又赐琐里国《大统历》。

2. 数算、度量及其他

这里先谈关于数法在华的影响。这一问题不是在宋元明清时期才出现的，只是为了叙述的方便才把它放在这里集中介绍讨论。

在中国古代，对数字的等级有十、百、千、万等表示方法，等级较少。如《风俗通义·数纪》中就说：“十十谓之百，十百谓之千，十千谓之万，十万谓之亿，十亿谓之兆，十兆谓之经，十经谓之垓，十垓谓之秭，十秭谓之选，十选谓之载，十载谓之极：有物者有事者，纪于此矣，过此往者，则其数可纪，其名未之或闻也。夫数，一为特、侯、奇、只，二为再、两、偶、双，三为参，四为乘。”[①]由一到极，共13个等级，每级均十进位。《孙子算经》卷上又云：“凡大数之法，万万曰亿，万万亿曰兆，万万兆曰京，万万京曰陔，万万陔曰秭，万万秭曰壤，万万壤曰沟，万万沟曰涧，万万涧曰正，万万正曰载。”又加进了壤、沟、涧、正四个等级，且改为万万进。佛教传入后，印度古代表示数目等级的一些词语和进位法也随着佛典输入，情形便发生了很大变化。首先，印度数法传入后，对中国进位法产生了影响。李俨先生在列举了大量文献资料之后，说：“十进、万进为吾国旧法，至南北朝之十进、万万进、倍进及唐代之十进、百进、倍进，则多少受佛典之影响。因《华严经》始译于晋（公历398~421年），再译于唐（公历699年），所举数法为‘倍倍变之’；《俱舍论》始译于陈（公历567年），再译于唐（公历651年），所举数法为‘十十变之，百百变之’。而甄鸾《五经算术》及《数术记遗》、《孙子算经》并在《华严经》、《俱舍论》二书始译之后也。”[②]其次，在数级方面，据玄奘译《俱舍论》卷一二，古印度的数级多达52级；而据《华严经》卷五四，则多达128级甚至更多。这些数级有的可以与中国原有的数级相对应，但那些大数，如阿僧祇、阿僧祇转、无量、无量转、无边、无边转、无等、无等转、不可数、不可数转、不可称、不可称

① 王利器：《风俗通义校注》，北京：中华书局，1981年版，第581页。

② 李俨：《中国古代数学史料》，北京：中国科学图书仪器公司，1954年版，第180页。

转、不可思、不可思转、不可量、不可量转、不可说、不可说转、不可说不可说、不可说不可说转，等等，恐怕连印度人自己都不知道是多少，在很大程度上是故弄玄虚。而这种故弄玄虚、无限夸大其词的数法却也影响了某些中国人。例如，元代朱世杰于13世纪末写了本《算学启蒙》，其中讲到大数记法，说载上有极，极上还有恒河沙、阿僧祇、那由他、不可思议和无量数。而康有为则以为："中国古数以万为止，后以亿兆为极……后人十进数，则自一十百千万亿兆京陔秭壤沟涧正载极恒河沙阿僧祇那由他无量数不可思议，凡三十二级。"他把恒河沙等五个印度词按单字排列，每字算是一级，五词共16个汉字，作16级，并以为这是国货[①]。再次，关于小数记法，李俨先生说："天竺小数记法亦于元魏以后输入中国。其说数见于《大般若波罗蜜多经》、《大波罗蜜多经》、《大方广佛华严经》及《大宝积经》，而以《大宝积经》所记为尤详。从亿以上，亦'倍倍变之'。"[②]《大宝积经》所记小数有百分、千分、百千分、亿分、百亿分、千亿分、百千亿分、那由他分、百那由他分、千那由他分、百千那由他分、亿那由他分、百亿那由他分、千亿那由他分、百千亿那由他分、阿僧祇分……算分、数分、譬喻分、不可数分，等等，也都是极尽其繁。

《西洋番国志》记古里国情况说："其番秤名法刺失，权钉衡末，准则活动，衡正中为定盘星。称物则移准向前。番名秤一钱该中国官秤八分；十六钱为一两，该官秤一两二钱八分；二十两为一斤，该官秤一斤九两六钱。其秤只可秤十斤，该官秤十六斤。若以称胡椒，二百五十斤为一播荷，该官秤四百斤。称香货二百斤为一播荷，该官秤三百二十斤。衡法多是天平对秤，法无要妙。量法，官铸铜为升，名党戛黎，较中国官斗斛每升该一升六合二勺。"《瀛涯胜览》对此亦有相同记载，并说："彼之算法无算盘，只以两手两脚并二十指计算，毫厘无差，甚异于常。"

这些衡法、算法的记载，在当时对中国商人与印度人贸易很有帮助；在今天，亦有其科学史的价值。

## 二、医药

据《宋史》卷四八九，大中祥符八年（1015），南印度注辇国遣使献"香药三千三百斤"；熙宁十年（1077），又遣使27人献阿魏、硼砂等药物，神宗

① 康有为：《诸天讲》，北京：中华书局，1990年版，第147、148页。

② 李俨：《中国古代数学史料》，北京：中国科学图书仪器公司，1954年版，第168页。

“诏遣御药宣劳之”。这都是南亚药物于宋代大宗输华的例子，是政府间的交流。另据《诸蕃志》卷上，南毗国商人将本国土产运至东南亚，各国商人在那里贸易，贸易用货中有大黄、黄连等药物，而这些药物则是中国的土产。这是中国药物输往印度的例子，是民间的交流。《辽史》卷一四：“统和十九年春正月，甲申，回鹘进梵僧名医。”此梵僧名医可能即来自印度。

中国与印度的医药交流到这一时期已不如唐代那样频繁，但史书仍然时有记载。在医学理论方面，古印度的医理到宋代时已基本被中医融合消化，元明时代更是很少有人再提。而在药物方面，这一时期的交流仍然不少。

1. 史书记载

《元史》卷一二载：至元十九年（1282），“寓俱兰国也里可温主兀咱儿撒里马亦遣使奉表，进七宝项牌一、药物二瓶”。卷一三一：至元十二年（1275），八罗孛国国师“以名药来献”；二十四年，亦黑迷失出使马八儿国，“得其良医善药”。《岛夷志略》“下里”条记当地盛产胡椒，“其味辛，采者多不禁。其味之触人，甚至以川芎煎汤解之”。川芎为中国特产，此时已传入印度。“挞吉那”条记当地的土产硼砂、栀子花，“须文那”和“古里佛”条记当地的孩儿茶（乌爹土、乌爹泥），以及《异域志》卷下所载麻离拔国土产没药、血竭、阿魏、没石子，等等，均有可能在此期间输华。

《明史》卷三二六记榜葛剌国的“贡物”有乳香、熟香、乌香、麻藤香、乌爹泥、藤竭、粗黄等。卷三二七记阿难功德国于洪武七年（1374）“贡解毒药石”。《星槎胜览》提到用麝香与小具南国、古里国、榜葛剌国人交易。

《海录》卷上记载，孟加拉（明呀喇）土产鸦片，马德拉斯（曼哒喇萨）土产珊瑚、珍珠、乳香、没药、诃子、鸦片等，科钦（固贞）土产乳香、没药、血竭、砂仁、诃子、大枫子等，马拉塔（吗喇他）土产鸦片等，孟买土产阿魏、乳香、没药、鸦片等。清代，印度这些可以入药的土产仍能输入中国。而中国的大黄、土茯苓、麝香等药材也有一部分输往印度。

2.《本草纲目》的记载

明人李时珍的《本草纲目》是中国历史上最著名的一部药书，它为我国中药学和植物学的发展做出了重要贡献。此书共52卷，190余万字，收载药物1 892种，附方11 096则，附图1 100余幅。书中，李时珍根据古籍的记载和自己的亲身实践，对各种药物的名称、产地、气味、形态、栽培、采集、炮制等做了详细的介绍，并通过严密的考证，纠正了前人的一些错误。他在书中介绍和考证了许多来自印度的药物，并广征佛书，给其中许多药物注出了梵文译名，这是十分难能可贵的。因此，《本草纲目》一书也是中国与印度文化交流的宝贵史料。需要说明的是，李时珍在书中所列的印度传来的药物，多数都是明代以前传来的，而其中有些古籍已经失传，这就使他的工作更加意义重大。下面举例说明。

《石部》卷一一的“光明盐”条写道:“《吴录》云：天竺有新淘水，味甘美，下有石盐，白如水晶。”“消石”条写道:“升玄子《伏汞图》云：消石生乌场（国)。”

《草部》卷一二“仙茅”条，说仙茅又名婆罗门参，“梵音呼为阿输乾陀”。“颂曰：其根独生。始因西域婆罗门僧献方于唐玄宗，故今江南呼为婆罗门参。”又引:“颂曰：五代伪唐筠州刺史王颜著《续传信方》，因国书编录西域婆罗门僧《服仙茅方》，当时盛行。云五劳七伤，明目益筋力，宣而复补。云十斤乳石不及一斤仙茅，表其功力也。本西域道人所传。开元元年婆罗门进此药，明皇服之有效，当时禁方不传。天宝之乱，方书流散，上都僧不空三藏始得此方，传与司徒李勉、尚书路嗣恭、给事齐杭、仆射张建封服之，皆得力。”

《草部》卷一四“郁金香”条，李时珍注其梵名曰:“《金光明经》谓之茶矩摩香。”并征引曰:“杨孚《南州异物志》云：郁金出罽宾，国人种之，先以供佛，数日萎，然后取之。色正黄，与芙蓉花里嫩莲者相似，可以香酒。又《唐书》云：太宗时，伽毗国献郁金香，叶似麦门冬，九月花开，状似芙蓉，其色紫碧，香闻数十步，花而不实，欲种者取根。二说皆同，但花色不同，种或不一也。”于“藿香”条下释名曰:“豆叶曰藿，其叶似之，故名。《楞严经》云：坛前以兜娄婆香煎水洗浴。即此。《法华经》谓之多摩罗拔香，《金光明经》谓之钵怛罗香，皆兜娄二字梵音也。《涅槃》又谓之迦算香。”又于“茉莉”条云:“《洛阳名园记》作抹历，《王龟龄集》作没利，《洪迈集》作末丽。盖末利本胡语，无正字，随人会意而已。”

《草部》卷一六“瞿麦”条，注其异名为南天竺草，曰:“近古方家治产难，有石竹花汤：治九孔出血，有南天竺饮。皆取其破血利窍也。”

《草部》卷一七“曼陀罗花”条，李时珍曰:“《法华经》言佛说法时，天雨曼陀罗花……曼陀罗，梵言杂色也。”

《草部》卷一八“白药子”条，注曰:“蔓及根并似土瓜，叶如钱，根似防己，紧小者良，人亦采食之。与婆罗门白药及赤药，功用并相似。”

《菜部》卷二六“干姜”条，注其异名为天竺干姜：“生婆罗门国，一名胡干姜，状似姜，小，黄色也。”

《果部》卷三〇“庵罗果”条，注其梵名为庵摩罗迦果，并说：“庵罗，梵音二合者也；庵摩罗，梵音三合者也。华言清净是也。”

《木部》卷三四“天竺桂”条，李时珍曰：“此即今闽粤、浙中山桂也，而台州、天竺最多，故名。”“沉香”条注曰：“梵书名阿迦卢香。”“恭曰：沉香、青桂、鸡骨、马蹄、煎香，同是一树，出天竺诸国。”其“檀香”条，李时珍曰：“释氏呼为旃檀，以为汤沐，犹言离垢也。番人讹为真檀。”“《楞严经》云：白旃檀涂身，能除一切热恼。今西南诸番酋，皆用诸香涂身，取此义也。”“熏陆香（乳香）”条注曰：“佛书谓之天泽香，言其润泽也。又谓之多伽罗香，又曰杜噜香。”“承曰：西出天竺，南出波斯等国。西者色黄白，南者色紫赤。”“苏合香”条，李时珍曰：“《梁书》云：中天竺国出苏合香，是诸香汁煎成，非自然一物也。”“龙脑香”条，李时珍注曰：“龙脑者，因其状加贵重之称也。以白莹如冰，及作梅花片者为良，故俗呼为冰片脑，或云梅花脑。番中又有米脑、速脑、金脚脑、苍龙脑等称，皆因形色命名，不及冰片、梅花者也。清者名脑油，《金光明经》谓之羯婆罗香。”“《西域记》云：西方秣罗矩吒国，在南印度境，有羯布罗香树，干如松株而叶异，花果亦异。”“阿魏”条注曰：“波斯国呼为阿虞，天竺国呼为形虞，《涅槃经》谓之央匮。”“又婆罗门云：熏渠即是阿魏。”

《木部》卷三五“诃梨勒”条，释其名为诃子，“梵言天主持来也”。“《金光明经·流水长者子除病品》云：热病下药，服诃梨勒。”

类似的例子还有很多，不一一列出。

总之，《本草纲目》在中国与印度医药文化交流中的贡献主要表现为以下两点：第一，它博取前人有关记载，予以总结和辩证，尽管有时不免有牵强附会甚至误解之处，但大多数都是正确的，是有据可依、有理可循的。其对南亚药物记载之翔实，征引之广泛，胜过历代任何同类书籍。第二，它收取了一些印度传入的药方，并对其制作、效力等进行介绍和评价，说明当时这些药方仍被医家采用。而一些含有印度药物的药方，则可证明当时有一部分印度药方已经汉化，融入了中医。这是两种文化交流的必然结果。

## 三、工农业技术

### 1. 制造火药

中国制造火药的技术大概也是通过第三者辗转传到印度去的。据印度恩・克・辛哈等《印度通史》第十五章，在德里苏丹时期，印度人的军队中“某些初步的火器已经通用”。[①]但有的印度学者认为：“在苏丹国时期内，没有火药、炮弹和炮台的营造。在13世纪，能够见kushakanjir这个词，似乎是指top的原始形式。此外，还能见到magalib、manjanik以及arada。它们被用于抛掷石头或铁球，以摧毁对方的高塔等建筑物。”[②]在这段话中，“火药”一词的原文为barud，而“炮”的原文为top。值得注意的是，top一词在几种权威的印地文辞典里都被注为突厥语源，而barud一词却不同。在印地文中，与barud并用的同义词是barut，后者被注为波斯或突厥语源，而前者被注为梵语语源，即由梵文词varuda（火）演变而来[③]。如果真是这样，把中国的火药称作barud就再恰当不过了。梵语和古波斯语同属印欧语系，有些相同的词汇是必然的。但barud一词是否即由梵文varuda 演变而来尚不能过早结论。阿拉伯语中的火药也叫barud，显然与波斯语、突厥语中的barut有同源关系，但谁先谁后还不能断定。

总之，学界的一般看法是：伊斯兰教国家原不知用硝，硝最初传入西亚时被波斯人称为“中国盐”，被阿拉伯人称为“中国雪”；火药在1225~1248年传到伊斯兰教国家，1258年以后又由元帝国传去火器[④]。根据这一看法，印度德里苏丹国时期（1206~1526）的军队中使用火器应是情理中的事，因为那时在中亚和西亚的战争中使用火器已经不是新鲜事。

据R.C.马宗达等人的《高级印度史》：“苏丹国的常备军包括王室卫队、首都禁卫军，在必要的时候，由各省副王和穆克塔征集的兵员和信奉印度教的兵丁支队加以补充。军队里有各民族的士兵，象突厥人、卡泰人、波斯人和印度人。军队的主要兵种是步兵（包括数量很多的弓箭手）、骑兵和象军。还没有炮兵之类的兵种，这种武器是到晚些时候才被有效地采用的；但是，早在

---

① 恩・克・辛哈等：《印度通史》，北京：商务印书馆，1973年版，第259页。

② 哈里什昌德拉・瓦尔马等：《中世纪印度》，德里，1983年印地文版，第413页。

③ 卡里卡・普拉萨德等：《印地文大词典》，贝拿勒斯，1957年印地文版，第949页；拉姆昌德拉・瓦尔马：《标准印地文辞典》第4卷，波罗耶加，1962年印地文版，第118页。

④ 沈福伟：《中西文化交流史》，上海人民出版社，1985年版，第353~355页。

伊勒图特米什统治时，就使用了靠火药发射的火箭，燃烧弹和机射弹丸的火器，尽管威力还不很大。此外，在中世纪印度的围城战术中，也使用了一种机关炮，它包括象弩炮、射石机、掷弹器等各种笨重的机械，用它们可以向敌军投射引火弹、火箭、岩块、石头、土弹或铁弹、装满燃料油和蝎子等毒虫的瓶子。”[①]伊勒图特米什（Iltutmish）是德里苏丹国早期的统治者，在位时间为1211~1236年。据此，则印度至迟在1236年已经使用火器，其火器当是由突厥人传入的。又据同书，南印度的帝国毗者耶那伽罗（Vijayanagala）:“维持了一支庞大而强有力的军队……军队的几个组成部分是：步兵，从不同阶级和信仰的人民中间征募，有时甚至也包括穆斯林；骑兵，由于国内马匹数量不足，通过葡萄牙人从霍尔木兹征购良种马来加强战斗力；象队；骆驼队；还有炮兵，外国人的记述以及铭文的记载都证明早在1368年印度教徒就已经使用大炮了。”[②]

此后，莫卧儿人的首领巴布尔于1256年4 月在德里西北的帕尼帕特的战役中使用了大量的大炮，作者还特地注明:“这不是第一次在印度使用大炮。”[③]

由以上情况可以推论，印度人学会制造火药的时间可能在13世纪30年代前后，其方法可能是突厥人或波斯人传授过去的。

2. 造纸和印刷术

前一章已经说过，中国的造纸法可能在唐代或其以后传入印度。此后，印度人便学会了造纸。不管怎样，从11世纪末叶起，印度文献的纸写本逐渐多了起来。印度中世纪诗人阿密尔·胡斯鲁（Amir Khusro，1253~1325）曾在他的著作中提到德里生产一种“洁白如绸的纸”[④]。1406年，郑和下西洋来到孟加拉地区，人们在那里看到了制造得相当精美的纸。马欢在《瀛涯胜览》中说:“一样白纸，光滑细腻，如鹿皮一般。”巩珍在《西洋番国志》中也说:“一等白纸，光滑细腻如鹿皮，亦有是树皮所造。”黄省曾《西洋朝贡典录》中也提到榜葛剌的土产“有桑皮纸”。

从这几条材料看，不论是印度人说的“洁白如绸”，还是中国人说的“光滑细腻，如鹿皮一般”，都可以推断出，13到15世纪时，印度人已经可以造出质

① R.C.马宗达等:《高级印度史》（上），北京：商务印书馆，1986年版，第424页。

② 同上，第413页。

③ 同上，第454页。

④ P.N.乔帕拉等:《印度社会文化及经济史》第2卷，德里，1976年印地文版，第99页。

量很好的纸张了，而且印度的西部和东部地区都能够造纸了。

关于中国印刷术向印度的传播，学界一般也认为不是由中国直接传去的，而是由中亚突厥穆斯林或西方人传去的。张秀民先生在《中国印刷术的发明及其影响》一书中写道："国内有几位学者以为一三三〇年德里大苏丹摩罕美德·图格拉克（Sultan Mahommed Tughlak）仿照中国之法，印行钞币；不过他们所根据亨利·尤尔（Henry Yule）的原文，字句含混，不很可靠。而《剑桥印度史》以为这位印度王所实行的，是想用铜币来代替银币，并不是纸币，结果是同波斯一样失败。所以提到印度印刷的开始，一般以为一五六一年由葡萄牙教士携印刷机至印度西南部的果阿，过了二年印成第一本书。"①这里说的是近代西方的印刷机，但不能排除此前印度使用土法印刷的可能性。

3. 植棉

一般认为，棉花的原产地可能在非洲，而亚洲棉的原产地可能在印度。我们知道，根据考古发掘，中国很早就出现过棉花织品。一般认为是印度传来的。不过，印度的植棉技术何时传入中国，或者说中国人是何时开始种植亚洲棉的，目前学界还没有定论。所以，将这一部分内容放在本节也属不得已。

中国农业科学院棉花研究所等单位所著的《中国的亚洲棉》一书指出："据研究推测，印度河流域是棉花被利用的最早地区……印度河流域信德地区的莫恒卓一达罗的一座古墓中，发掘出公元前2750~3000年的三件棉织品，认为是由高度技术的工匠制成的，与今天印度的棉纤维长度相似，约为五千年前的产品，是目前世界上已知最早的棉制品。信德地区原始栽培的亚洲棉为多年生型。初期扩展主要是在印度境内，尔后一方面经伊朗、沙特阿拉伯传至非洲……另一方面在印度的旁遮普发展后即普及印度半岛，并越过印度半岛向东、向北传至缅甸、越南、中国……亚洲棉传入中国后，形成了我国特有的类型。""亚洲棉约在两千多年前由印度经缅甸、泰国等地传入我国南部和西南部地区，至13世纪后盛植于长江流域，其后扩展到黄河流域及辽河流域。亚洲棉在中国大面积种植和利用了七、八百年，对我国人民生活作出了巨大贡献。"②

对于棉花传入中国的途径，李正理先生说得更为详细："我国古代所植的棉花，从国外传入内地，可能经由下列三个途径。1.由阿拉伯经波斯（今伊朗）、

① 张秀民：《中国印刷术的发明及其影响》，北京：人民出版社，1958年版，第175页。

② 中国农业科学院棉花研究所等：《中国的亚洲棉》，北京：农业出版社，1989年版，第1、18页。

巴基斯坦，越过葱岭，传入到新疆吐鲁番，再到西北各地。这是非洲棉（草棉）。2.由印度传入缅甸、泰国、柬埔寨、越南等地，然后由缅甸通过云南大理、保山等地，向北进入陕西、河南。这是亚洲棉（中棉，古称木棉）。3.另一支，可能由越南到海南岛，再经广东、福建沿海，到达浙江一带。此种也是亚洲棉（中棉）。”[①]由此可知，中国的棉花分为两大系列，即非洲棉和亚洲棉。非洲棉在传入中国的过程中，曾以南亚为中间站；亚洲棉的最初产地可能在印度。

## 四、语言学

宋代以后，梵文仍然影响着中国音韵学。下面仅举数例。

北宋时期，由于中国与印度的佛教交流还在继续，佛经的翻译工作也在以较大规模进行，所以势必涉及华梵音韵方面的问题。如，景佑二年（1035），法护、惟净等编成《天竺字源》七卷，仁宗为之制序。《佛祖统记》卷四五记其事，并说：“声明之学实肇于兹。”这说法固然不对，但却足以说明，印度梵学此时仍在影响着中国的音韵学。

陈振孙《直斋书录解题》卷一二曰：“以华梵对翻，有十二转声、三十四字母，各有齿、牙、舌、侯、唇五音。”沈括则在《梦溪笔谈》卷十四和卷十五中用了很大的篇幅来谈华梵音韵问题，很详细也很专业，这代表了一部分宋代人对梵语音韵的认识，也说明印度音韵学对中国音韵学的产生起到了催生和促进作用。

到了元代，印度的语言文字还影响过蒙文。据《元史》卷二〇二《八思巴传》：“中统元年，世祖即位，尊为国师，授以玉印。命制蒙古新字，字成上之。其字仅千余，其母凡四十有一。其相关纽而成字者，则有韵关之法；其以二合三合四合而成字者，则有语韵之法；而大要则以谐声为宗也。至元六年，诏颁行于天下。”《佩文斋书画谱》卷二曰：“蒙古字法，皆梵天迦卢之变也，故与佛真言相类。重阳万寿宫元碑，皆以蒙古字书，其署年月处用双钩书，如今世传飞白字。”卷三九引《书史会要》云：“帝师巴思八，土波国人。采诸梵字创为国字。”八思巴所创蒙古新字，要以藏文和梵文为参照，这恐怕是没有问题的。

明代，也有人很重视印度语言文字的学习使用。例如，明《四夷广记》有《竺书》一条，曰：“字母凡五十，中十六字为转声之范，三十四字为五音之祖。

① 李正理:《棉花形态学》，北京：科学出版社，1979年版，第184页。

今记之：……（列16梵文天城体元音字母与汉字注音，略）右依《天竺声明字源》及诸教中有十六转声。今所传者，去其中第七、第八、第九、第十之四声，唯有十二观声者，盖以此四声已在第三、第四二声中所统也。三十四母，分为五音者：……（列34梵文天城体辅音字母与汉字注音，略）斯乃音韵之祖，因之配合而生生无穷焉。”接着用梵文字母拼出“明王慎德四夷咸宾”八个字和梵文“六字真言”，作为例子。

这里将清代的情况也一并说说。清代更为重视印度语言学。《清朝通志》卷一三引乾隆御制《西域同文志序》曰：“岁庚午既定《同文韵统》，序而行之。盖以梵音合国书（指满文）切韵，复以国书切韵叶华音字母。于是字无遁音，书皆备韵。”卷一四又曰：“《钦定同文韵统》、《西域同文志》、《五译合璧集要》诸书，明华梵之同源，合清汉以互证。”“皇上《钦定同文韵统》以西番字母参考天竺字母，贯合异同，而以阿字为元音，以传真谛。”是知当时奉敕而编定的这几部书都与梵语悉昙学有关。卷一五列有《天竺字母谱》，并曰：“今以天竺等韵字母列于简端，即于行下注以唐古特之字，次列国书对音，次列汉文对音。”继而又列《天竺音韵翻切配合十二谱》，并做详细解说，最后曰：“《钦定同文韵统》既著为《天竺字母谱》，复将唐古特所译《天竺音韵翻切配合》所生诸字，以其配合之法，用汉字对译成谱，共一千二百一十二字，皆以唐古特字按照天竺字例排写而成，以汉字为之注，系以前后两说，体备韵全，皆与国书字头音韵相符，由是展转环生，妙用不竭，既已得天竺之全音，并以见唐古特字之大要矣。”卷一六又列《华梵字母合璧谱》和《华梵合璧谐韵生声十二谱》，并曰：“反切之学自西域入中国，至齐梁间盛行。第今所存《广韵》、《集韵》、《古今韵会》诸书，皆止华言，并无梵韵。所以转梵为华之故，稽考实难。我朝文德覃敷，化行无外，天竺西番字母，皆得洞悉周知。因以逐字寻声，因声考字，声经音纬，洞若发蒙。盖韵分六部，呼分四等。至于轻重清浊之辨，平声之字甚显，而仄声之字差微。就平声之字，按韵尊呼，按呼求字，则每韵皆有四字收声，每呼各得谐声一字，其音之宫商清浊无不吻合。将华言三十六字母列于前，旧传三十字及近世字母列于后，牙齿喉舌各注本条。又取梵音三十六字为华音字母所从出者，列于上。各按音韵呼法展转求之，则华之某字出于梵之某字，与其用华之仄，不如用梵之平，显然共见。谨据《同文韵统》各谱，具著于篇。”

由此可知：以上所列各谱，大体来自《同文韵统》；《同文韵统》是一部以所谓“国书”（满文）为主，以汉文为辅（实际上汉文占主导地位），追宗藏文（即所谓西番或唐古特），祖述梵语的音韵学著作。

《清朝文献通考》卷二一八有乾隆《钦定音韵述微·序》，曰：“《音韵述微》者，述《音韵阐微》之意也。……《阐微》则于每字皆用国书合声法切之。如‘东’字旧韵‘德红切’，今用‘都翁切’。缓读成二字，急读成一音。较之旧韵之转字叶音，实简明精确，足为华梵字母之会通，而启自古音韵未发之秘准也。夫国书以‘阿’字为首，梵经亦谓‘阿’字能括天下之音。其生之序，出于自然。……字母既源出西域，则国书之‘阿’字，实会通华梵字母之枢纽以立义，所以得天地之元声。不独梵音藉国书而明，即华音之字母，亦因国书而愈明也。朕少时见等韵书亦茫然，弗悉其原委。及后习蒙古语、回语，又习唐古特语、蕃语，然后知汉音字母即梵音之字母。而以国书枢纽其间，率可以通华梵之情，畅形声之奥。”不管乾隆的议论是对是错，清朝从皇帝至学者都重视印度古代梵语音韵已是事实。治音韵学的学者们的确重视梵音的作用，直到章太炎犹是如此。他在其韵学著作《国故论衡》里亦每提及梵文和印度发音。

下面介绍三部宋辽时期编订的辞书。

1.《续一切经音义》

《续一切经音义》共十卷，辽代僧人希麟撰。刘叶秋先生说，这部书是“为增补《慧琳音义》而作”。“本书卷首有希麟的自序，题燕京崇仁寺沙门希麟集。大约撰于宋太宗雍熙年间。所选词语的佛经，从《大乘理趣六波罗蜜多经》到《续开元释教录》，共266卷。本书解释文字，先音后义；先引字书、韵书，后征经史与其他古籍，体制全仿《慧琳音义》。”这部书在解释佛经、辨析文字训诂方面也具有自己独特的作用。“至于所引《考声》、《字林》等书的佚文，则也和前面两部音义书中的许多引证一样，是辑补失传古籍的重要材料。”①

2.《龙龛手镜》

《龙龛手镜》又名《龙龛手鉴》，辽代僧人行均撰，共四卷。书前有沙门智光序，说行均俗姓于，字广济，擅长音韵，精于字书。智光认为，印度和中国语文各有所长，要通晓佛理首先要准确翻译佛经，而准确译佛经则先要正确使用汉语，了解汉字的形音义。可知行均撰此书的目的主要是为了帮助佛徒理解佛典。此书的编排体例有所创新，改变了先前的部首排列法，字头先以四声

① 刘叶秋：《中国字典史略》，北京：中华书局，1992年版，第110~112页。

排列部首，同一部首的字再以四声排列次序。按平上去入分为四卷，每卷又分上下。共收有26 430余字，注163 170余字。书中字的音义多引佛书，其所采材料亦往往可补古字书之不足。对于本书的功用，钱大昕《十驾斋养新录》卷一三和刘叶秋先生的《中国字典史略》第四章均有评价。

3.《释氏要览》

《释氏要览》为宋朝道诚所撰，书前语云："或见出家人须知之事，随便抄录之。洎天禧三年秋，皇上覃昭旷之恩，普度我天下童行。因是雠文，以类相从，兼益诸家传记书疏节文，分为二十七篇，析为三卷。"每卷九篇，即9个门类。如卷上九篇是姓氏、称谓、居处、出家、师资、剃发、法衣、戒法、中食。每篇列若干条，每条下都引经据典做解释。共收佛教词语700余条。该书也是一部供初涉佛经者检阅的佛教词典。

## 五、翻译学

关于宋代佛经的翻译，吕澂先生说："宋代译经开始于太宗太平兴国初。当时特别设立了译经院，并制定一些规模，如译场人员设译主、证梵义、证梵文、笔受、缀文、参详、证义、润文（后更设经使）等，组织比较完备。从太平兴国七年（公元982年）起，逐年都译进新经，继续到天圣五年（公元1027年），译出五百余卷。其后因缺乏新经梵本，译事时断时续，维持到政和初（公元1111年）为止。综计前后译家可考的有十五人，即法天（译经年代公元974~1001年）、天息灾（公元980~986年，后改名法贤，公元987~1000年）、施护（公元9800~1017年）、法护（中印人，公元980~983年）、法护（北印人，公元1006~1056 年）、惟净（公元1009~？）、日称（公元1056~1078年）、慧询（公元1068~1077年）、绍德（公元1068~1077年）、智吉祥（公元1086~1093年）、金总持（公元1095~1112年，下四人均同）、天吉祥、相吉祥、律密、法称。其中惟净、慧询、绍德都是由传法院培养出来的中国僧人，天吉祥等则帮助金总持翻译。诸人所译的总数是二百八十四部，七百五十八卷。其中以密教的典籍占最多数，论部最少。"[①]宋代译经场基本继承了唐代的体制：一般由宰相兼任"译经使"；印度来的主译僧有的有一大串称号和头衔；润文官往往由一些重要文臣兼任，等等。这都说明统治者的高度重视。宋代，由于

① 吕澂:《中国佛学源流略讲》，北京：中华书局，1979年版，第385页。

我国印刷技术的发展，新译佛经常常在译出之后即行付梓。据《佛祖统纪》卷四三，太平兴国七年："七月，天息灾上新译《圣佛母经》，法天上《吉祥持世经》，施护上《如来庄严经》，各一卷。诏两街僧选义学沙门百人详定经义。时左街僧录神曜等言：'译场久废，传译至艰。'天息灾等即持梵文先翻梵义，以华文证之。曜众乃服。诏新经入藏，开板流行。""八年，诏译经院赐名传法。于西偏建印经院。"

由于翻译佛经的需要，宋代出现了供翻译使用的工具书。这里介绍的是法云的《翻译名义集》。

《翻译名义集》共七卷，是一部专门诠释佛典中音译词汇的工具书。法云书前自序说："法云十岁无知，三衣滥服，后学圣教，殊昧梵言，由是思义思类，随见随录。但经论文散，疏记义广，前后添削，时将二纪，编成七卷六十四篇。十号三身，居然列目；四洲七趣，灿尔在掌。负检阅之劳，资诚证之美。但愧义天弥广，管见奚周；教海幽深，蠡测焉尽。其诸缺疑，倾俟博达者也。时大宋绍兴十三年，岁小癸亥，仲秋晦日，居弥陀院，扶病云尔。"可知，他用了近24年的时间编成这部书，时在1143年。此书分7卷，卷下有篇。文中"十号三身"实为第一卷之主要内容，"四洲七趣"为第二卷之主要内容。条目体例是：先列词语，继释其义，再引经典。其解释内容较多，稍大一些的词条，往往引用七八家说法。该书是一部汉文佛经外来语词典，于翻译并不见得有多大用处。但编者对翻译比较重视，如卷一特地列有《宗翻译主篇》，先叙彦琮"八备"和"十条"的翻译理论，次说译场职司，次列中国与印度主要译家，并介绍其生平成就。

佛经的汉译，到宋代便基本中止。但元明两朝，由于与印度有交通往来，翻译仍不可避免，只是资料不足，难以详述。今仅举几例以作说明。《元史》卷一三四《迦鲁纳答思传》曰："迦鲁纳答思，畏吾儿人，通天竺教及诸国语。翰林学士承旨安藏扎牙答思荐于世祖，召入朝，命与国师讲法。国师西番人，言语不相通。帝因命迦鲁纳答思从国师习其法，及言与字，期年皆通。以畏吾字译西天、西番经论，既成，进其书，帝命锓版，赐诸大臣。西南小国星哈剌的威二十余种来朝，迦鲁纳答思于帝前敷奏其表章，诸国惊服。"迦鲁纳答思除了母语外，精通当时南亚流行的语言（可能是阿拉伯语和波斯语），又懂得藏语，可能还懂得蒙古语。他既能作口译，又能作笔译，对中国与印度的文化交流贡献很大。卷二〇二《释老传》云："又有必兰纳识里者……幼熟畏兀儿及西天书，长能贯通三藏暨诸国语。……其所译经，汉字则有《楞严经》，西天字则有《大乘庄严宝度经》、《乾陀般若经》、《大涅槃经》、《称赞大乘功德经》，西番字则有《不思议禅观经》，通若干卷。”这是指将汉文、梵文和藏文的佛经译为蒙古文。卷六三又记，翰林学士潘昂霄曾撰《河源志》：“临川朱思本又从八里吉斯家得帝师所藏梵字图书，而以华文译之，与昂霄所志，互有详略。”说的是科技图书的翻译。

明代设有四夷馆，据《明史》卷七四：“自永乐五年，外国朝贡，特设蒙古、女直、西番、西天、回回、百夷、高昌、缅甸八馆，置译字生、通事，通译语言文字。”“初设四夷馆隶翰林院，选国子监生习译。”可知，明代四夷馆主要有两项任务，一是翻译，二是培养翻译人才。四夷馆有各种《华夷译语》，大概是翻译手册或读本之类的东西。据说《华夷译语》包括近二十种语文，其中有西天译语、回回译语等。明人慎懋赏辑录的《四夷广记》中有《孟加拉译语》一项，分天文、地理、数目、五色、人物、身体、衣服、宫室、器用、珍宝、鸟兽、花木、人事等十三类，303个单词，有可能是四夷馆中《华夷译语》的一种。但考其词汇，实为梵文，且多出自佛书。

## 第四节　文学交流

### 一、宋代传奇

一般来说，唐代的小说在文学史上占有崇高的地位，不仅数量多，而且质量高。至于宋代的小说，文学史家历来的评价都不是很高。其实，宋代的小说数量也极大，而且也有质量很高的上乘之作。

到了宋代，佛教传入中国已经上千年，佛教在中国已经牢牢地确立了自己的地位。因此，宋代小说中时常可以看到佛教思想的影响，已经不足为奇。在这里，我们不打算面面俱到地分析佛教思想是如何影响了宋人的小说，而只是举出一些篇什，说明其受佛教文学影响的情况。

1.《青琐高议》

北宋人刘斧有一部著名的小说集《青琐高议》，其中既有杂事的记录，也有志怪和传奇小说，而以志怪和传奇文为主。从这部书中，我们可以清楚地看到佛教的影响。《青琐高议》前集卷二有《慈云记》一篇，从这个故事里，我们可以看到佛教的一些思想。不仅如此，其故事情节也与唐传奇《枕中记》等相似。

此外，《青琐高议》后集卷三中还有几则故事，也与印度佛教的影响有关。如《异鱼记》，讲的是龙女以珠报恩的故事，可以说是与唐传奇《柳毅传》一脉相承。同卷还有《化猿记》，讲的是杀猿遭恶报的故事；《杀鸡报》、《猫报记》等讲的是杀生遭恶报的故事；《程说》讲的则是地狱中的情景。同样，其他卷里还有许多善恶报应的故事。

《青琐高议》后集卷九有一篇《仁鹿记》，讲的是楚元王到云梦泽打猎，追一群鹿，鹿王到楚王面前说理，愿每天供应一只鹿给楚王。楚王感动，禁令杀鹿。后楚吴交战，楚窘，群鹿为疑兵救楚。在这个故事里，那个鹿王说出了人的语言，它还颇有智慧，俨然是个战略家，而且还具有环境保护和生态平衡的意识。这显然是作者虚构出来的。但这个故事并不是凭空虚构出来的，而是有一定故事来源的：一方面，作者利用了春秋时吴楚争霸的历史故事，另一方面则采摘了佛经中的故事。《六度集经》中有一个“鹿王”的故事，是一个佛本生故事，说从前菩萨曾转生为一只鹿王，体格高大。鹿王到国王的大殿前说了一番道理，要求国王不再打猎，而由群鹿每天推举一只自动送给国王。国王答应。一只母鹿行将临产，却正好轮到它去送死，鹿王不忍，便自动代替母鹿去送死。国王深为感动，决定不杀鹿王，并下令全国：伤害鹿与伤害人同罪。国王以仁慈治天下，国家太平。

通过比较即可知道，《仁鹿记》正是从这则佛本生故事演化来的，而且其中有的词语都很相似。

2.《北梦琐言》

宋初著名笔记小说集《北梦琐言》于1981年出版了点校本，点校者整理出20卷和逸文4卷，并为每条故事编号立题，共得416条。其中有些属于纪实作品，有一定的史料价值。我们在这里只罗列一下有关的题目，就可以看出这部书受佛教影响之深了。卷一有“再兴释教”条；卷三有“高太尉决礼佛僧”条；卷七有“曹相梦剃度”条；卷八有“张仁龟阴责”、“顾非熊再生”、“李当尚书亡女魂”等条；卷九有“刘山甫题天王”、“书宰相功德验”、“刺血写经僧”、“张兴师决门僧”等条；卷十有“狄右丞鄙著紫僧”等条；卷十一有“李璧尚书戮律僧”等条；卷十九有“击碎舍利”、“鱼目为舍利”等条；逸文卷一有“僧怀濬书吉凶”、“公乘通投生为驴”等条；逸文卷二有“僧惠照梦相国寺中铁塔”、“蜀王先主礼僧”等条；逸文卷三有“大慈寺佛光”、“大轮咒术”等条；逸文卷四有“僧子朗祈雨”、“赵廷隐家莲花”等条。这里仅仅列举了一部分题目，至于其内容与佛教相关者，自然要多得多。

这部笔记小说走的是两晋南北朝志人和志怪小说的路线，所记多为晚唐五代之事，而不是对唐传奇的继承。例如，其逸文卷二“许存斩三王”条写道：“唐咸通中，有天竺三藏僧经过成都，晓五天胡语，通大小乘经律论。以北天竺与云南接境，欲假途而还。为蜀查事者识之，执于成都府，具得所记朝廷次第文字。是知外国来廷者，安知非奸细乎？”（自《太平广记》卷一九〇辑出）这条故事似实有其事，说明当时云南通印度的道路存在。而怀疑印度僧是奸细，似有草木皆兵之嫌。

3.《夷坚志》

洪迈是南宋著名学问家和文言小说家。他的《夷坚志》据说有420卷之巨，但现存最全的辑本仅二百余卷，不及原书之半。即便如此，此书仍是我国小说史上最大的一部文言小说集，存有小说2 700余篇。不过，《夷坚志》中也辑录有前人的成品，至少有700人为他提供了素材，而大部分作品是他根据各种民间传闻写成的。从中可以明显地看出佛教的影响。仅以第一、二卷为例：第一卷有故事22则，其中有8则故事可明显看出与佛教影响有关；第三卷有故事28则，其中有9则与佛教影响有关。其他诸卷，情况与此相类。在这些与佛教影响有关的故事中，有的是写僧人的故事，有的是写塔寺的灵异，有的写菩萨、金刚（Vajrasattva）、阎罗、夜叉（Yaksa）、龙女等，有的则写善恶报应、轮回转生等。

当然，宋代的笔记小说还有许多，我们这里仅选了几部有典型意义的略加说明。

## 二、元明小说

元明两代，我国的宗教信仰情况虽然与以往有所不同，但佛教的地位仍然是巩固的。元朝的统治者是蒙古族，其民族文化受佛教影响很深；明代的统治者中虽然有大力崇尚道教的，但对佛教也未极力排斥。统治者的态度决定了这两个朝代的文化必然受佛教的影响。从小说的情形看，正是如此。

### （一）文言小说

元明两代的文言小说上继唐宋遗风，仍然兴盛不衰。下面选一些具有代表意义的作品作粗略分析。

1. 无名氏的《湖海新闻夷坚续志》

元代无名氏的《湖海新闻夷坚续志》共分前后两集，十七大门类，五百余条，是继宋人洪迈《夷坚志》和金人元好问《续夷坚志》之后出现的一部大型志怪小说集。值得注意的是，在这部书的十七大门类中，专辟有“佛教门”。“佛教门”下又分“佛像”、“佛化”、“圣僧”、“佛谴”、“水陆”、“佛经”、“证悟”七类，共47条故事。此外，还有“人事门”、“符谶门”、“珍宝门”、“艺术门”、“警戒门”、“报应门”、“文华门”、“神明门”、“怪异门”、“精怪门”、“灵异门”等。绝大多数门类中都有涉及佛教或受佛教影响的故事。其中，“报应门”中的故事更是条条都宣扬了佛教善恶报应的思想。下面试举一例。

前集卷三《放鳖报恩》：

> 叶三大解元，槐苍人。有馈大鳖者，投之水。数日又再进，熟视之，即前日所放之鳖，遂于腹下刺一“佛”字，放生济川桥下。壬子，诏父子同应乡举，洪水骤涨，舟过金水滩，几覆。须臾复止，若有物扶其舟。及至安流，鳖现“佛”字，始知即所放鳖也。是夜，梦一皂衣妪曰：“尔子今秋领乡举。”是年果然。

这个故事中，出现了“佛”字，讲的又是放生获善报，显然是与佛教有关。问题还不止于此，类似的故事在南朝刘义庆的《幽明录》中已出现过，其文如下：

> 晋咸康中，豫州刺史毛宝守邾城。有一军人于武昌买得一白龟，长四五寸，置瓮中养之。渐大，放江中。后邾城遭石氏败，赴江者莫不沈溺。所养人被甲入水中，觉如堕一石上。须臾，视之，乃是先放白龟。既得至岸，回顾而去。

然而，《幽明录》的这则故事仍然不是《放鳖报恩》的源头。《六度集经》卷三有一则本生故事，讲的是一个人花重金买了一只鳖放生，后来鳖为了报恩，在洪水到来之前通知那个人准备好船只。《经律异相》卷四四引《阿难变现经》故事同此。显然，这类买龟放生又获得报答的故事是受了佛经故事的启发。

2. 瞿佑等人的“剪灯三话”

明代的文言小说很多，其中最有代表性的是《剪灯三话》。《剪灯三话》是三部小说集的合称，即瞿佑的《剪灯新话》、李昌祺的《剪灯余话》和邵景詹的

《觅灯因话》。“剪灯三话”中的佛教影响随处可见，总结一下，主要表现为以下四种情况：①“剪灯三话”中经常使用佛教的词语、典故。②佛教的寺庙时常是故事的发生地或男女主人公的避难所。③僧尼、普通信众和坚决反佛者成为故事的主人公。④佛教的教义成为小说的思想内容。

归结以上四点，可知“剪灯三话”从语言到内容，从取材到构思，都曾得益于佛教的影响。这影响的产生可能是直接的，即作者本人信佛或读过佛书，但更可能是间接的，即社会上佛教的现实反映到了小说中。①

**（二）长篇白话小说**

到元明清三代，中国的白话小说已经崛起，并且很快便登上了一座高峰。特别是到了明代，短篇白话小说出现了“三言”、“二拍”那样的优秀小说集，长篇小说也异军突起，出现了《水浒传》、《三国演义》和《西游记》等伟大名著。清代的长篇小说《红楼梦》则达到了一个更高的境界。同样，佛教对中国白话小说的影响也是十分深刻的。在这里，只能捡比较突出的几部小说做简要的说明。

1. 吴承恩的《西游记》

《西游记》应当被列为中国神魔小说之首。但是，可以这样说，没有佛教便没有《西游记》。这道理很简单，因为《西游记》所描写的内容是以唐僧师徒去西天取经的故事贯穿起来的，假如佛教不传入中国，历史上便没有唐玄奘去西天取经的事；没有唐玄奘取经的史实，便演义不出唐僧、沙僧、猪八戒、孙悟空的故事。这是从总体来说的。如果具体地看一看《西游记》的内容，看一下它的语言、结构、人物和一些故事情节，更会使我们深信不疑:《西游记》确实是佛教影响的产物。

语言方面,《西游记》的语言生动活泼，而且十分丰富。既然是以佛教史实作为演义的出发点，以取经故事作为故事的主线，那么《西游记》的语言也必然要受佛教影响，采用许多佛教语汇。关于这一点，只要翻开《西游记》看一看就知道了，在这里不必举例。

结构方面,《西游记》有两点与印度的佛教的影响有关，一是它韵散相间的文体结构，二是它用一个大故事把若干小故事串联起来的编排结构。从文体结构看，叙事是用散文体，但中间不时地穿插有诗词，如经常出现的“有诗为证”

① 关于《剪灯三话》中的佛经影响，可参见辽宁教育出版社2000年出版的拙著《剪灯新话及其他》的有关部分。

等。前面说过，唐代变文经常采用韵散相同的形式，把讲和唱结合起来，增加了变化，以引发听众的兴趣，这种情况是受了佛经文体形式的影响，与讲经说法的方式有关。《西游记》是这样，《三国演义》、《水浒传》也是这样。从编排结构看，《西游记》是以西天取经为故事主线，中间串联了许多小故事，这些小故事都可以独立成篇。根据季羡林先生的说法，唐代王度的《古镜记》是受了佛经故事编排结构的影响，用一枚古镜把几个故事串在了一起①。《佛本生经》实际上也是这种结构，以菩萨转生为线索，把许多故事有机地联系在一起，而实际上，每一个故事又都是独立的。《西游记》的结构正是如此。

人物方面，《西游记》中的主角有四个，都是佛门中人物。其中唐僧是由历史上的真实人物玄奘演化来的，这一点已经没有疑问。而关于孙悟空形象的来源，学者们曾有一番争论，诸家各执一词，长期无有定论。我国的一些著名学者，如胡适等，都认为孙悟空的形象是源于印度古代史诗《罗摩衍那》中的神猴哈奴曼。而另外一些学者，如鲁迅等，则认为孙悟空是我国的土产。1986年，赵国华先生曾在《南亚研究》上撰写长篇论文，详细地考察、讨论了孙悟空形象的来源。他认为，孙悟空形象的最后定型，经过了一个漫长的过程。在《西游记》成书之前，民间早已经有了关于唐僧西天取经的传奇故事，《大唐三藏取经诗话》便是一个不可忽略的中间环节。他抓住了这一中间环节中的猴行者形象，广征博引，最后得出结论："《西游记》中孙悟空的神猴形象，直接继承于《大唐三藏取经诗话》的猴行者；猴行者的神猴形象，不是来源于中国古代神话和中国古代的猿猴故事；猴行者的神猴形象出于佛典……作为《西游记》中孙悟空的前身，猴行者的神猴形象虽然源出印度，但他既不是简单的照搬，也不是生硬的模仿，而是对印度文学的营养经过自己的消化和吸收后，所创造的中华民族的神猴。"②

此外，关于猪八戒和沙僧的形象来源，我国著名学者陈寅恪先生曾考证过，也是在佛经故事的基础上演化来的，这里不再细说。

情节方面，《西游记》中受佛经故事影响的例子也很多。这里只举一例。孙悟空在大闹天宫以后，有一段与二郎神斗法的故事。二人各自变化形体，忽而在空中斗，忽而在地上斗，忽而在水中斗，最后，终因孙悟空七十二变，二郎

① 季羡林：《中印文化关系史论文集》，北京：生活·读书·新知三联出版社，1982年版，第449页。

② 赵国华：《论孙悟空神猴形象的来历》，载《南亚研究》1986年第2期。

神七十三变并多了一条哮天犬，孙悟空落败。这一情节与佛经故事有关。唐代《降魔变文》讲到佛的弟子舍利弗（Sariputra）与六师外道斗法，与此相似。《降魔变文》斗法故事的依据，是《贤愚经》卷十的《须达起精舍品》。另外，关于孙猴子与二郎神斗法，季羡林先生也已指出其佛经来源，他引了《佛说菩萨本行经》卷中的佛与龙（Naga）斗法的故事：佛为民除害而到龙泉，龙化现为罗刹，佛化为毗沙门天王（Vaisravana）。龙化为大象，佛即化为狮子。龙现出本相，佛化为金翅鸟（Garuda）王……佛最终降服了龙。他说："我们拿这一段同《西游记》孙猴子大闹天宫时同杨二郎斗法的故事比一比，立刻就可以发现，这两个故事简直太相似了。"①

此外，通天河悟空与八戒变童男童女的故事、孙悟空大闹龙宫的故事、如来将手化为五行山的故事、大龟驮经的故事等，都有其佛经来源。

2. 许仲琳的《封神演义》

《封神演义》是中国小说史上地位仅次于《西游记》的一部长篇神魔小说。它在民间亦有广泛的影响，尤其是其中哪吒闹海的故事，更是脍炙人口、久传不衰。《封神演义》的主要线索是在历史上武王灭商事件的基础上编织而成的，而在它成书之前，民间早已有了《武王伐纣平话》。一般认为，许仲琳只是在此基础上做了编辑加工的工作，使《封神演义》最后定型为今天这个样子。在这部小说中，作者把佛家和道家融合为一体，然后又分成阐教和截教两大阵营。因此，佛教对此书的影响也随处可见。这里不打算一一讨论其细节，仅就其中的几个人物做简单说明。

（1）托塔李天王

托塔李天王这一人物不仅出现于《封神演义》，而且也出现于《西游记》，这说明民间早已有这样一位神。《封神演义》中，托塔李天王姓李名靖，是陈塘关总兵。这就给了我们两个方面的信息、两个考察方向，即一是要考察一下天王的来历，二是要考察一下李靖其人。天王是佛教中所常说的护法神，在上一章的民俗部分已经做过考察，此处从略。

李靖是唐代初期的名将，著有兵书，两《唐书》有传。《太平广记》卷四一八引《续玄怪录》一故事，说李靖年轻未成名时曾入山行猎，迷路而得入龙宫，遂代龙行雨。卷二九又引《原仙记》曰，一人得恶疾入深山寻死，遇一

① 季羡林：《中印文化关系史论文集》，北京：生活·读书·新知三联出版社，1982年版，第174页。

老人，老人自称李靖，以药丸治好他的病。据后一个故事，其事发生在“大历中”，即公元770年前后，而其时李靖已死了一百余年。由此可知，李靖死后已被神化，似乎是仙人，为道家所尊崇。然而，后来李靖怎么忽然和毗沙门天王混合而成为托塔李天王的，目前尚未发现有关记载。

（2）哪吒

哪吒（Nalakubara）一名来自佛典。《毗沙门仪轨》中说：“天王第三子哪吒太子，捧塔常随天王。”可见密宗的典籍中已明确说出哪吒是毗沙门天王的第三子，而且是由他代父捧塔的。但《封神演义》中却说他与托塔李天王反目成仇，后由太乙真人使他重新复活。北京大学教授金鼎汉先生曾经考证，哪吒一词是那罗鸠婆的简译。《佛所行赞》的《第一生品》中说道：“毗沙门天王生那罗鸠婆，一切诸天众皆大欢喜。”说的就是哪吒出世。此外，他还指出《封神演义》中常把佛教中的一些名字略加变化使之成为道教中人物，例如，把密宗的准提观音（Candi-avalokitesvara）变为准提道人，把普贤菩萨变为普贤真人，把燃灯佛（Dipamkara ）说成是燃灯道人，把文殊菩萨说成是文殊广法天尊等[①]。

3. 罗懋登的《西洋记》

《西洋记》全名《三宝太监西洋记通俗演义》。鲁迅先生在《中国小说史略》中将它列为明代长篇神魔小说的代表作之一，其位置在《西游记》和《封神演义》之后。像《西游记》以玄奘游学印度的真实事件为背景编造神魔故事一样，小说《西洋记》则以明代初期郑和下西洋的历史事件为背景演义出一部神魔故事。

明代郑和下西洋曾经到过印度，小说参考了《瀛涯胜览》和《星槎胜览》等书，有些内容直接取自这些历史资料，自然与印度有一定联系。更为重要的是，小说还有大量与佛教相关的内容，反映出印度的影响。

首先，小说作者非常熟悉佛教，书中运用了大量佛教语汇和掌故，有些地方还讲述了佛教的教义。在这一点上，小说作者罗懋登比吴承恩、许仲琳等其他神魔小说家都要胜过一筹。

其次，《西洋记》有明显的结构特点，就是以郑和下西洋故事为骨干，中间穿插了许多小故事。为此，鲁迅先生在《中国小说史略》中说它“文词不工，

---

① 金鼎汉：《〈封神演义〉中的几个与印度有关的人物》，载《南亚研究》1993年第3期。

更增支蔓，特颇有里巷传说，如‘五鬼闹判’、‘五鼠闹东京’故事，皆于此可考见，则亦其所长矣”。[①]而这一点正是印度古代民间故事集的结构特点。

第三，《西洋记》中有不少故事情节与印度故事有关，而最主要的是与佛经中的佛传故事、佛本生故事、神通故事、比喻故事和神话传说有关，具体情况可参见拙著《西洋记》[②]，这里不再举例。

## 三、宋代诗词

在唐代之后，经过五代十国的社会大动荡，到宋代时，中国的佛教仍然处于一个比较兴盛的时期。在封建士大夫阶层，信佛者仍然不少。也有许多人主张儒佛一致、佛道一致。而在诗歌方面，继唐代诗歌的鼎盛之后，宋代的诗歌成就也还是相当可观的，尤其是词的兴起，打破了诗歌创作的僵局，形成了中国诗歌史上的又一高峰。从此，中国诗苑中出现了唐诗宋词两枝争奇斗艳的奇葩。在此期间，佛教仍然对诗歌的发展起到了重要的影响。

1. 宋诗

这里所说的宋诗不包括宋词，这是后代文学史家一致的认识。从宋诗的总体成就来说，不如唐诗，也不及宋词，这也是后代文学史家一致的认识。尽管如此，宋诗在中国文学史上仍然占有很高的地位，宋诗中仍然有许多佳作，有许多流传千古的佳句。

在宋代的大诗人中，苏轼是受佛教影响最明显的人物。他与僧人了元（佛印）的友谊在他的生前和身后都被人们传为佳话。而他的诗也不免对佛教有所反映。如他的《次韵述古过周长官夜饮》是一首应酬诗，是他在杭州时所作。诗中，作者以“奔轮”比喻时光的迅速流逝，显然是受了佛教的影响。这里不仅仅是用了一个比喻的问题，诗中的景象描写，诗中所蕴藏的人生观，都或多或少地带有佛教的影响。那茫茫云烟中湖畔的佛寺，给人一种虚无缥缈之感；那劝东道主秉烛夜游的惜时慨叹，也包含着对人生的短暂与空虚的认识。正如他在另一首诗《登常山绝顶广丽亭》中所说：“人生如朝露，白发日夜催。弃置当何言，万劫终飞灰。”

除了苏轼以外，宋代还有许多诗人写出了与佛教有关的作品。下面仅举陆游的《示儿》诗为例。陆游是南宋时代的伟大爱国诗人，这首七绝是他最后一

① 鲁迅：《中国小说史略》，北京：人民文学出版社，1975年版，第146页。

② 薛克翘：《西洋记》，沈阳：春风文艺出版社，1999年版，第70~82页。

首诗。他怀着亡国的悲愤之情面对死亡，对腐败的南宋朝廷收复北方失地仍抱着幻想。这里，“万事空”的含意很广。首先，它是从佛教中借来的词汇，不管他赞不赞成这样的观点，这种观点对他都发生了影响。其次，这句话里还包含一种遗憾情绪，自己努力一生，也没有看到北定中原，多少使他有些失望。

2. 宋词

宋代的诗人一般也都写词。笼统地讲，词也是诗。但词又毕竟是词，与诗还有些不同。宋词的成就很高，文学史家已有定评，这里不再说。宋代的词人多受佛教影响，这从他们当中一些人的名号中亦可以看出。下面让我们列一张名单（括号中是他们的号）：

欧阳修（六一居士）　张舜民（浮休居士）
苏　轼（东坡居士）　李之仪（姑溪居士）
秦　观（淮海居士）　陈师道（后山居士）
周邦彦（清真居士）　苏　过（斜川居士）
叶梦得（石林居士）　周紫芝（竹坡居士）
李清照（易安居士）　赵　鼎（得全居士）
蔡　伸（友古居士）　张元幹（芦川居士）
朱淑真（幽栖居士）　张　抡（莲社居士）
范成大（石湖居士）　张孝祥（于湖居士）
赵长卿（仙源居士）　汪　莘（方壶居士）
刘克庄（后村居士）　宋自逊（万菊居士）

以上列了这么多人，也还是不完全的。这么多居士，他们未必都信佛，这居士的概念也未必即是居家的佛徒。但这说明在那个时代文人以居士为号是一种时尚，他们所追求的是一种风雅，而这种风雅无疑与佛教有关。这至少说明，宋代的一些文人是把佛学作为一门学问来看待的，同时，他们也追慕晋代以来的隐逸之风，对官场已经失去热衷，以居士自居，做自己喜欢做的事情。试想，在这种时尚中，他们的文章诗词怎么会不受到佛教思想的影响呢？

苏辙是苏轼的弟弟，与其兄一样，与佛教僧侣来往密切。从他的《渔家傲·和门人祝寿》中可知，他到中年即转而信佛，看透了人生。这是他在70岁时写的诗，此时的苏辙已经是大彻大悟，对人生忧患已不再感到痛苦，而且心性已定，稳定而不可移。

晁补之《临江仙·信州作》一词中，作者写出了自己贬官信州后贫穷无聊和思归的心情。以残僧野寺为背景，更突出了孤独和寂寞，突出了心地的荒凉凄苦。再加上那只幽禽的悲啼，更使这种情绪雪上加霜，不堪忍受。由此作者产生了强烈的归隐欲望。

蒋捷在《虞美人》这首词中写出了自己一生的三个阶段、三种精神状态。年轻时他浪漫放荡，看来是无忧无虑、高高兴兴。中年时他四处漂泊，心境已是凄凉而且多愁善感。而作此诗时大约已是他的晚年，在僧庐下听雨，任雨点滴到天明，似乎对人间的悲欢离合已经悟透。

宋代僧人诗词不少，如了元、清顺、可遵、德洪等都写过一些较好的诗词。特别是德洪，他的一些词写得很有世俗气息，如只看他的词，很难想到那是僧人的作品。

3. 以禅喻诗

宋代评论诗词的文章、专著不少。其中有一部专著对后世影响很大，也引起了长达数百年的争论，这就是著名的《沧浪诗话》。该书是一部重点谈论诗歌的形式特点及其审美意趣的著作，共分5个部分，即《诗辨》、《诗体》、《诗法》、《诗评》、《考证》。该书的作者是严羽。严羽字仪卿，又字丹邱，自号沧浪逋客，邵武人，生卒年不详。他既是诗论家又是诗人，有诗集《沧浪吟》传世。他的诗作成就不是很大，除了一些仿古的作品如《从军》、《塞下》、《出塞》、《闺中词》等外，还有些感怀诗、应酬诗等。他的诗中最突出的一点是抒发了爱国激情。然而，他的诗论专著《沧浪诗话》却更享有盛名，在明清时代影响极大，被认为是宋代最好的诗话。

《沧浪诗话》最大的特点是以禅喻诗，即用禅来论诗。严羽极力反对宋代以来的诗，极力推崇盛唐以前的诗。他反对“以文字为诗，以才学为诗，以议论为诗”，而主张把诗作到一个不可思议的境界。下面看看他的言论。他在《诗辨》部分开头说道：

> 夫学诗者以识为主：入门须正，立志须高；以汉魏盛唐为师，不作开元、天宝以下人物。……故曰，学其上，仅得其中；学其中，斯为下矣。又曰，见过于师，仅堪传授；见与师齐，减师半德也。工夫须从上做下，不可从下做上。先须熟读楚辞，朝夕讽咏以为之本；及读古诗十九首、乐府四篇、李陵苏武汉魏五言皆须熟读，即以李杜二

集枕藉观之，如今人之治经，然后博取盛唐名家，酝酿胸中，久之自然悟入。

这段话的主旨是“入门须正，立志须高”。也就是说，严羽认为作诗必须先学习正宗的诗，把它们读熟了，才能有所悟；作诗还要先学习上等的诗作，把它们学透了，才能出手不凡。他认为正宗的上乘之作是《楚辞》、汉魏五言诗、《古诗十九首》、李白和杜甫的诗，以及盛唐的名家之作等。接着，他进一步阐释“从上做下”说：“谓之向上一路，谓之直截根源，谓之顿门，谓之单刀直入。”这里面的“向上一路”、“直截根源”、“顿门”、“单刀直入”，都是佛教禅宗高僧们常说的话。如《景德传灯录》卷七，宝积禅师曰：“向上一路，千圣不传，学者劳形，如猿捉影”。卷三十，真觉大师《证道歌》：“直截根源佛所印，摘叶寻枝我不能。”卷九，灵佑禅师曰：“单刀趣入，则凡圣情尽，体露真常。”至于“顿门”，则是顿悟之门，禅家称速疾悟道为顿悟。

《诗辨》中还说：

禅家者流，乘有小大，宗有南北，道有邪正；学者须从最上乘，具正法眼，悟第一义。若小乘禅，声闻辟支果，皆非正也。论诗如论禅：汉魏晋与盛唐之诗，则第一义也。大历以还之诗，则小乘禅也，已落第二义矣。晚唐之诗，则声闻辟支果也。……大抵禅道唯在妙语，诗道亦在妙悟。

这段话中主要讲了两点：一是“论诗如论禅”，即禅有大小乘之分，诗也有高低级之分；二是“诗道在妙悟”，即前一段所说的“久之自然悟入”。严羽的这些观点虽然受到不少人的攻击或批判，但也不能说完全没有道理。诗道与禅道虽说是两回事，但也不是没有可比性。如果说禅道可以妙悟，那么诗道也可以妙悟。作诗需要有一个学习积累的过程，这是严羽强调的。只有在学习积累的基础上才能妙悟，才能出灵感，写出好诗，这还是对的。

## 四、元明诗词

元明时代的诗歌已经走上了下坡路。代之而起的是另外一些文学形式。元代，以元曲为突出，可以与唐诗和宋词并称。元曲的兴起，一方面是因为戏剧的发达，另一方面则是对宋词，特别是唐宋民间歌词的继承。我们现在说的元

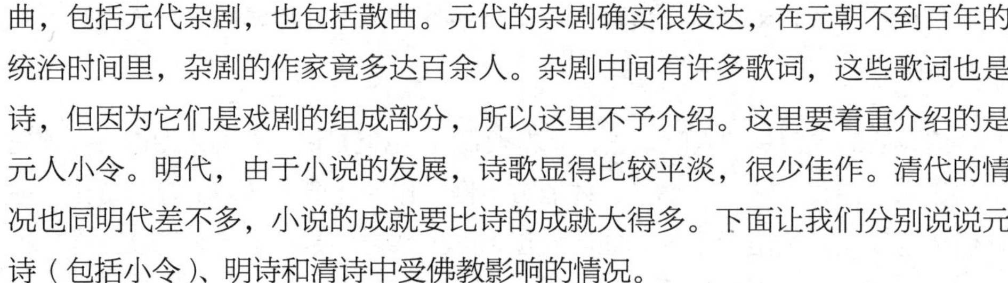

曲，包括元代杂剧，也包括散曲。元代的杂剧确实很发达，在元朝不到百年的统治时间里，杂剧的作家竟多达百余人。杂剧中间有许多歌词，这些歌词也是诗，但因为它们是戏剧的组成部分，所以这里不予介绍。这里要着重介绍的是元人小令。明代，由于小说的发展，诗歌显得比较平淡，很少佳作。清代的情况也同明代差不多，小说的成就要比诗的成就大得多。下面让我们分别说说元诗（包括小令）、明诗和清诗中受佛教影响的情况。

1. 元代诗歌

元代的正统诗歌成就虽不明显，但现存的诗中却不乏受佛教影响的例子。如元好问的《少林》、陈孚的《烟寺晚钟》、何中《南居寺》等，都可作为代表。

小令是相对于大令而言的，大令通常被称为套曲。而小令则是可独立的一首歌词，像是一首短诗，或者说更像是一首词。其中，刘秉忠的《干荷叶·无题》、关汉卿的《四块玉·闲适》二首、马致远的《寿阳曲·烟寺晚钟》等，都具有典型意义。

2. 明代诗歌

明代诗歌中受佛教影响的作品也不少，如刘基的《追和音上人》、张羽的《赠僧还日本》、沈周的《写怀寄僧》等，此外还有一些游佛寺的诗。明代僧人的诗则可以梵琦、通润、道源等人的诗为代表。这里要特别提一下道源的《早梅》：

万树寒无色，南枝独有花。
香闻流水处，影落野人家。

这首五绝写得很好，既可以俗读，又可以禅解。俗读，此诗写出早梅默默无闻地花开花落，描绘出一幅水边山野的清寒画面；禅解，诗中的“色”、“香”、“影”都有禅意，言物之生灭，由有而空，由空而有。

## 第五节　艺术交流

### 一、建筑

唐代寺庙的典型布局影响到宋代。敦煌壁画中有关宋代寺院布局的描绘给我们提供了例证。现存宋代寺院整体布局的实例是河北正定隆兴寺。该寺是一个由三部分构成的长方形院落，前有山门，门内左右为钟楼和鼓楼，中间为大觉六师殿。其后是一条路直通摩尼殿，路的两旁为左右配殿。再向北是第二道门，门内是佛香阁，为全寺最主要的建筑。佛香阁两侧是各种辅助的殿阁楼亭。这一建筑群自成一院，其后又有一条路直通弥陀殿。隆兴寺的布局大体呈南北狭长的长方形，主要建筑都在中轴线上，给人以深邃、庄严、错落有致之感。这一时期的古佛寺遗存还有河北蓟县的独乐寺、山西大同的华严寺和善化寺等处的部分建筑。

元明清三代，中国内地佛寺的典型布局与唐宋时代的院落式布局差不多，一般都是一个由南往北的长方形院落，前有山门，进入山门后是前院，然后为前殿，穿过前殿进入后院，后院的北面是正殿，后院的东西两侧为配殿。山门、前殿和正殿都在一条中轴线上。前殿通常是天王殿，中有四大天王像；正殿是大雄宝殿，供佛像、菩萨像，是僧俗礼佛的主要场所；山门又叫三门，通常有三个并排的门，也常盖成殿堂式，中有金刚力士像；东配殿一般是伽蓝殿，供奉当年供养释迦牟尼的三位护法神及寺庙守护神；西配殿通常又叫祖师殿，供奉本宗祖师像。除了以上这些以外，通常在正殿的正后方还有法堂，是讲经说法的地方。此外还有藏经阁、药师殿、观音殿，另外还有供僧人日常饮食起居的僧房、斋堂、茶堂、职事堂等，这些建筑都在中轴以外，有时甚至另辟院落。总之，各寺的规模不同，地理条件不同，其布局情况也各有不同。

宋代范石湖的《吴船录》卷上记宋僧继业西天取经行程时说，继业到达摩揭陀国时："馆于汉寺。寺多租入，八村隶焉。僧徒往来如归。"汉寺"西北五十里，有支那西寺，古汉寺也"。不知这个古汉寺是否即义净所说的支那寺，也不知新汉寺是否为中国的建筑。但可以肯定的是，宋代确实有中国人在印度营造过塔寺类建筑物。《岛夷志略》"土塔"条所说可以为证："居八丹之平原，木石围绕，有土砖甃塔，高数丈。汉字书云：'咸淳三年八月毕工。'……至今不磨灭焉。"文中，"咸淳三年"为1267年，时在南宋末期。这应是中国建筑技术向印度传播的实例。与此相对应的是，在我国的广州，唐代即有婆罗门教寺庙；而在泉州，宋元时代曾有不少印度商人和僧侣居住，那里曾经建有印度教庙宇，现存的许多印度教题材的石刻便是明证。

下面重点谈谈这一时期中国塔的情况。

自唐代以后，我国寺院建筑的格局逐渐定型，形成中国特有的佛教建筑风格。但其间也不时有印度建筑风格的浸润。

山西应县佛宫寺释迦塔是我国现存最早的木塔。中国早期的塔都是木结构，直到南北朝中期才出现砖石结构的塔。但由于年代久远，早期的木塔都无法保存下来。应县的这座木塔建于辽代（1056），距今已近千年。此塔为八角形平面，高九层，其中有4个暗层，所以外观上只有五层。这是座阁楼式塔，高67.3米，底层直径30.27米。此塔庞大而优美，可见其设计与施工都是第一流的。

内蒙古宁城县辽中京城遗址内有座大明塔，始建于辽代，是现存辽代所建塔的最大一座。此塔筑于一约6米高的夯土台基上，高74米，为13层八角密檐式砖塔。 塔座为须弥座，塔身每面都镶有浮雕，浮雕中间为佛坐像，两侧有菩萨、力士像、飞天像等。

开封铁塔位于今河南开封市东北角，建于北宋（1049）。塔平面呈八角形，13层，高54.66米。因塔的外壁镶着深褐色琉璃砖，颜色如铁，故俗称铁塔。塔内有阶梯可供登临；塔身外的琉璃砖瓦雕饰花样达50余种，工艺精湛。

云南大理市旧城西北有崇圣寺，寺有三塔，一大二小。大塔建于公元9世纪前半，二小塔分南北立于千寻塔后侧，形成鼎足三立布局。二小塔均高42.19米，约建于11世纪，实心，砖砌，十级八层。三塔浑然一体，相辅相成，既壮观又秀丽。

河北定州城内有开元寺塔。此塔建成于1055年，高84米，11层。塔的平面为八角形，以一高台平基座，显得十分挺拔，是我国最高的砖塔。各层四面都有门，塔的外壁皆涂以白色，塔内两壁有龛，龛内原有佛塑像、壁画等。[①]

中国的塔，从建筑材料看有砖、木、石、琉璃等数种；从外部造型看，有单层、多层、四角、八角、阁楼式、密檐式等多种；从内部结构看，有实心、中空等种类，有的内部设有阶梯；从装饰看，有的带有佛的雕像、壁画，有的则有各样花纹雕饰。此外，古代有单个的塔，也有双塔、三塔、五塔，以及成群的塔林。可以说，中国的塔各种各样，实在是一大建筑奇观，具有很高的审美价值。而这些塔的出现，都与印度古代佛教建筑艺术的影响有直接或间接的关系。

到元代以后，我国仍有一些新建的塔直接与印度的建筑艺术有关。例如：北京真觉寺金刚宝座塔位于北京西直门外白石桥东真觉寺遗址。真觉寺与此塔均建于明代永乐年间，清朝末年，真觉寺逐渐被毁，唯塔尚存。此塔系模仿印

① 以上五处宋辽时期塔的介绍，依据四川人民出版社1989年出版的任宝根和杨光文编著的《中国宗教名胜》一书的有关部分。

度菩提伽耶大菩提寺塔而建，其基座为方形金刚宝座，南北长18.6米，东西宽15.73米，高7.7米。宝座上建塔五座（故真觉寺又称五塔寺），中间一座略大，高8米，13层，其余四座分立于宝座四角，高各7米，11层。五座塔均为内砖外石构筑，相互呼应，与基座共为一体，极严整端庄。这种塔被称为“金刚宝座式”佛塔。

其实中国的古塔并不都是佛塔，但百分之八十以上是佛塔，还有一个体系叫文峰塔，是中国民间为象征风水而建造的。不过，文峰塔也是在佛塔的影响下而产生的，考其先祖，乃在印度。

## 二、雕刻

这里仅介绍石经幢的雕刻。石经幢的雕刻始于唐代，上一章已经作过简要介绍，现在要说的是宋代石经幢。

我国最大的经幢建于公元1038年，时在北宋，现在河北赵县城内。河北赵县的经幢是宋代经幢的杰出代表，不仅高大，而且雕刻精美。当地人都把它称作“石塔”。此经幢原系开元寺内的建筑物之一，后来寺毁，仅余此幢。它通体由雕石堆砌而成，高15米余。底层为6米见方的须弥座，座上又叠加八角须弥座二层。这三层须弥座的腰部均雕有生动的人像，有力士、乐伎、仕女等，还雕有蟠龙、莲花等纹样，三层须弥座之上是一个参差不齐的宝山，宝山承托着幢身。第一层幢身的上端是宝盖，宝盖上方有一莲台，宝盖与莲台之间雕狮、象等动物。莲台上方为第二层幢身，比第一层幢身要细一些。第二层幢身上端又是宝盖和莲台，然后是第三层幢身。第三层幢身的上端刻成八角形城墙状，有城门。第一、二、三层幢身都刻有陀罗尼经咒，第四、五、六层幢身逐渐变矮，上刻佛像、佛传故事及各种花卉等。其宝顶现为铜制火焰珠，是近代重修才加上去的。

经幢的雕刻是佛教的产物，这中间有印度雕刻的影响已不足为怪。特别是在我们看了印度古代的一些石柱，如笈多王朝时期及其以后的一些佛教、婆罗门教、耆那教的石柱以后，更能得出这样的结论。

## 三、戏剧

### 1. 宋代的戏剧

在“安史之乱”以后，唐代的寺院中出现了“戏场”。“戏场”上表演的有音乐舞蹈、杂技幻术等，也有优人的滑稽表演。到了宋代，寺院中的戏场便消失了，人们的娱乐场所转移到了“瓦舍”（又叫瓦子、瓦肆）之中。北宋时宫廷中还设有歌舞杂剧的班子，可是到了南宋，宫廷中的班子也被取消了。宋人吴自牧的《梦粱录》中记有南宋都城临安（杭州）的瓦舍，说：“瓦舍者……不知起于何时……招集妓乐，以为军卒暇日娱戏之地。今贵家子弟郎君，因此荡游，破坏尤甚于汴都也。”宋人孟元老《东京梦华录》中则记载了北宋都城汴梁（开封）的瓦舍，说当时京城的瓦舍很多，有桑家瓦子、中瓦、里瓦、朱家桥瓦子、州西瓦子、州北瓦子等。

瓦舍的样子，现在只能根据一些记载推断：它大约是一块很大的场地，可能有棚也可能露天，每个瓦舍中又有许多“勾栏棚”，多的可达50座。大约每个勾栏演出不同品种的节目，人们可以自由选择观看。这样，瓦舍便是各种文化娱乐节目汇集的场所。艺人们是长年在瓦舍的勾栏中演出的，而看的人也日日不断。瓦舍中的节目既有歌舞、杂耍，也有讲故事、滑稽戏等。

宋代的戏剧处在成长发育阶段。北宋讽刺时事的幽默戏最为突出。演员扮成不同身份的人物，进行对话和表演，所演的内容具有一定的情节，但规模并不很大。宋人洪迈的《夷坚志》卷七有《优伶箴戏》条，说到北宋优人演戏的情形。其中有一个演儒、道、释的“三教”戏，设三个角色，分别扮演儒者、道士和僧人。其文如下：

设三辈为儒、道、释，各称诵其教。儒曰：“吾之所学，仁义礼智信，曰五常。”遂演畅其旨，皆采引经书，不杂亵语。次至道士，曰：“吾之所学，金木水火土，曰五行。”亦说大意。至释，僧抵掌曰：“二子腐生常谈，不足听。吾之所学，生老病死苦，曰五化。藏经渊奥，非汝等所得闻，当以现世佛菩萨法理之妙为汝陈之。盍以次问我。”曰：“敢问生？”曰：“内自大学辟雍，外至下州偏县，凡秀才读书者，尽为三舍生。华屋美馔，月书季考，三岁大比，脱白挂绿，上可以为卿相。国家之于生也如此。”曰：“敢问老？”曰：“孤独贫困，必沦沟壑。今所在立孤老院，养之终身。国家之于老也如此。”曰：“敢问病？”曰：“不幸而有病，家贫不能诊疗，于是有安济坊，使之存处，差医付药，责以十全之效。其于病也如此。”曰：“敢问死？”曰：“死者人所不免，唯穷民无所归，则择空隙地为漏泽园；无以敛，则与之棺，使得葬埋，春秋享祀，恩及泉壤。其于死也如此。”曰：“敢问苦？”其人瞑目不应，阳若恻悚。然促之再三，乃蹙额对曰：“只是百姓一般受无量苦。”徽宗为恻然长思，弗以为罪。

这是宫廷中优伶在御前演戏，虽然对朝廷的某些做法予以颂扬，但最后毕竟借僧人之口、佛家之辞，道出了百姓所遭受的无量苦难。引起了统治者的深思而不获罪，可见优伶的大胆、正义和机智。从这个宫廷剧的例子可以推知，民间瓦舍中的戏剧内容也必定有涉及佛教的内容。《东京梦华录》中记中元节时说：“构肆乐人，自过七夕，便般《目连救母》杂剧，直到十五日止，观者倍增。”可见，北宋瓦舍中已有了比较完整的佛教题材的杂剧，而且还很受欢迎。

北宋后期，北方的女真人所建的金国逐渐强大起来，终于攻下汴京灭了北宋，形成了我国北方为金国所占，南方为南宋统治的局面。这一时期，北方发展形成了“北杂剧”，南方发展形成了“南戏”。从这时开始，一直到明代，我国的戏曲形成了南北两大系统。

从南宋和金代存留下的剧目看，当时仍有一些与佛教相关涉的内容。如金朝留下的剧目中有《唐三藏》、《玉环》、《张生煮海》等，可以肯定，《唐三藏》表现的是唐僧取经的故事，属于中印文化交流的题材，也属佛教题材；《玉环》后来发展成《玉箫女两世姻缘》，可知其内容受佛教思想的影响；《张生煮海》的故事与唐代传奇有关，亦受佛经故事的影响。这些都是只有剧目而无剧本。在当时的南戏中还有一个《西厢记》剧目，金代的剧目中有个《红娘子》，都无剧本。但有个金代的说唱本《西厢记》存留下来。现存说唱本《西厢记》影响很大，作者是董解元。此《西厢记》是在唐传奇《莺莺传》的基础上演变成的，中间可能还有民间艺人增饰敷衍的过渡阶段。他的《西厢记》被后人称为《董西厢》，以区别于其后王实甫所加工改写的《西厢记》（《王西厢》）。在《董西厢》中，增加了诸如佛殿奇遇、张生闹道场、兵围普救寺等《莺莺传》中所没有的情节，使故事的发展与佛教挂上了钩。另外，剧中也有佛教思想影响的痕迹，如卷四所说“寸心间，愁万叠，非是今生，尽是前生业”，“顿不开眉尖上的闷锁，解不开心头愁结。是前生宿世负偿伊，也须有还彻”，“不走了，厮觑者，神天报应无虚设”，等等。从这个说唱本《西厢记》可推知当时杂剧《红娘子》的大体情节。

2. 元明杂剧

到了元代，我国的戏剧发展到了一个高峰，出现了一大批著名的戏曲作家和优秀作品。这个高峰的形成是经过数千年的蓄积而形成的，之所以这样说，是因为戏曲是一门综合性艺术，其中有音乐的成分、表演的成分、文学的成分，以及绘画的成分，等等。而这诸多的成分在我国都有着十分古老的历史，都有着与南亚交流的遗痕。这些因素逐渐聚合凝结，日积月累，终于在元代这一特定的历史条件下达到了空前发展的程度。到了明代，中国戏剧虽不像元代那样令人瞩目，但仍有一些著名的戏剧家和著名的剧作存留于世。下面我们介绍一下元明杂剧受佛教影响的情形，并借此透视印度佛教文化对我国戏剧的深远影响。

元明杂剧受佛教影响，主要表现在剧作的内容上，我们这里便重点介绍几部受佛教影响较明显的著名剧作。

关汉卿是元代最享盛名的剧作家，他的《窦娥冤》表现的是一个年轻寡妇窦娥遭恶人陷害，被错判极刑而冤死的故事。剧中窦娥不向恶势力低头，临刑前发下三大誓愿以示冤屈：①砍头时血溅白练而不洒地面；②六月天降下大雪；③当地大旱三年。果然，窦娥死后，三桩誓愿一一应验。临刑前，窦娥有一段唱词："有日月朝暮悬，有鬼神掌著生死权，天地也，只合把清浊分辨，可怎生糊突了盗跖颜渊？为善的受贫穷更命短，造恶的享富贵又寿延。天地也，做得个怕硬欺软，却元来也这般顺水推船。地也，你不分好歹何为地？天也，你错勘贤愚枉做天！"这里，窦娥对天和地的斥责，实际上是对黑暗现实的控诉。她对佛家善有善报恶有恶报的理论表示怀疑和否定。剧中在另外一些地方也反映出一些佛家思想，如第一折中："莫不是前世里烧香不到头，今也波生招祸尤，劝今人早将来世修。"第二折中："空悲戚，没理会，人生死，是轮回。"相信前生来世、生死轮回，这是当时民众的普遍情况，是佛教教义深入人心的结果。另外，窦娥的三大誓愿一一应验，也在一定程度上受了佛教的影响。佛教讲究发誓愿，如本生故事《尸毗王割肉贸鸽》的尾部，尸毗王将身上的肉割尽后，为表示自己毫无悔恨之意，曾发誓愿，誓毕，身体平复如初。

李好古的《张生煮海》（全名《沙门岛张生煮海》）共四折：第一折，东华上仙首先出场，介绍金童玉女下凡投胎始末，金童托生为张羽，玉女托生为龙女琼莲。继而石佛寺法云长老出场，秀才张羽来到石佛寺见法云，在石佛寺弹琴。龙女出游，听张羽弹琴，二人相见倾心，互赠信物。第二折，张羽到海边寻找龙女，遇仙姑，仙姑将龙女身份告诉张羽，并给他三件法宝：银锅、金钱和铁勺。第三折，张羽在沙门岛支锅煮海水，海水翻滚，龙王求石佛寺长老帮助劝说。法云带张羽入海。第四折，张羽与龙女再度相见，并见到龙王，得成良缘。这个杂剧的一个突出特点是“三教合流”。其中既有儒生张羽，又有道教仙人和佛教僧侣，大家和平共处、互相帮助，显得十分和谐。这显然是宋代以后三教合流社会现象的反映。此外，从语汇上、思想上，都能看出佛教的影响。除了三教合流这一点外，还有“人龙联姻”这一特色。元代还有尚仲贤写的《洞庭湖柳毅传书》杂剧，讲的也是书生与龙女恋爱结婚的故事。这个故事来源于唐代传奇《柳毅传》。这类凡人同龙女相恋的故事，也是多多少少受了佛经故事的影响，因为佛经故事中时常有龙女出现。其煮海的情节也是受了佛经故事的启发。

郑德辉的《倩女离魂》共四折，前有《楔子》。《楔子》中讲王文举出生之前，其父母与张家指腹为婚，现王文举饱读诗书，长大成人，赴京赶考，顺便去张家提婚。张家女名倩女，亦已长大，见文举一表人才，心生爱慕。第一折写倩女自见到文举后心神驰荡，王文举赴京前与倩女告别，并保证求取功名后便回来完婚。第二折写倩女因相思而病倒，其灵魂离开身体去追赶王生。王生见倩女，劝她回去，她坚决要随王生一起进京。第三折，王文举中了状元，写信报平安。倩女的魂体在京陪伴他三年，而家中的倩女一卧不起。送信人见有两个倩女，产生了误会。第四折，王文举被委任衡州府判，带着倩女（魂体）衣锦还乡。众人见家中躺着一倩女，而外面又来了个倩女，不禁惊呼鬼魅。倩女魂进房中与倩女体合而为一。举家欢庆。剧中除了使用了佛教语汇外，这种离魂的表现方法也是受了佛教故事的影响。

杨景贤的《西游记》共六本，24出，为杂剧中的巨制。从剧情看，它与后来吴承恩的小说《西游记》有许多不同之处，但二者都是借佛教题材演义神魔故事。杂剧《西游记》中夹杂着儒家和道家的一些思想、典故和传说，但佛教思想、佛教掌故是大量存在的。

《龙济山野猿听经》杂剧是无名氏所撰，共四折：第一折写野猿变化为一打柴儒生入龙济山与修公禅师见面；第二折写野猿时常在兽光寺听经，又到佛殿僧房等处玩耍，山神将猿猴赶走；第三折写猿猴又扮作一秀才，自称姓袁名逊，到寺中与禅师谈话，禅僧导之以佛理；第四折写袁逊又来寺中听经，终于悟道而坐化，升入西方极乐世界。这个杂剧完全是宣扬佛教的，尤其是第三折，教人舍去功名利禄而信佛，旨意非常明显；而第四折对西方极乐世界的描绘，与佛经相一致，又与佛教壁画西方净土变有异曲同工之妙。

还有一个值得特别关注的戏曲是古代在民间常演不衰的“目连戏”。目连是目犍连或目乾连的简称，是佛陀的十大弟子之一，号称“神足第一”。相传他出生于今天印度比哈尔邦那烂陀遗址附近。他的有关事迹主要见于《增一阿含经》、《佛说盂兰盆经》等佛教文献。目连戏演绎的是目连到地狱救母的故事，出自《佛说盂兰盆经》。因该故事宣扬孝道，所以国人很感兴趣，早在六朝时就有了盂兰盆节；唐代又出现了“目连变”，敦煌出土过《大目乾连冥间救母变文》、《大目连变文》、《大目连缘起》等。据文献记载，北宋时代就有了目连戏。自那以后，目连戏在中国被不断改编、翻新、扩充，甚至人物都被中国化了，上至宫廷，下到村野，连续演了700余年，全国许多剧种都有相关剧目。

陈宗枢先生曾经总结说：“目连戏之所以著名在于：一、成型最早。在南宋孟元老《东京梦华录》里记载，‘构肆乐人，自过七夕，便搬《目连救母》杂剧，直至十五日止。’时在北宋后期。是唯一见于记载的完整戏剧。二、剧目最多。从北宋到现在以目连救母为题材的各类戏剧有数十种。故事情节、演出形式各有特色。三、内涵最富。涉及中国封建社会的政治、经济、文化、宗教、伦理、民俗等方面。可以从中显示出印度佛教东传后和中国固有的儒、道两教相互渗透，逐渐形成中国佛教的演变轨迹。四、流传最广。在中国民间流布甚广，家喻户晓。已宗教祭祀剧的性质，并引起中外专家瞩目。”①

我们已列出的这些作品仅仅是一些具有某种代表意义的著名作品，以说明元明两代杂剧在思想、语汇、角色、背景、剧情等方面受印度佛教影响的情形。除了上述杂剧以外，元明两代尚有不少杂剧，从其名目即可知其与佛教有关，如吴昌龄《唐三藏西天取经》，张国宾《相国寺公孙合汗衫》、《罗李郎大闹相国寺》，李行道《包待制智勘灰栏记》，孔文卿《地藏王证东窗事犯》，乔吉《玉箫女两世姻缘》，刘君锡《庞居士误放来生债》，朱有敦《李妙清花里悟真如》、《惠禅师三度小桃红》、《豹子和尚自还俗》、《文殊菩萨降狮子》，陈沂《善知识苦海回头》，徐渭《玉禅师翠乡一梦》，王衡《再生缘》，冯惟敏《僧尼共犯》，叶宪祖《北邙说法》，谌然《金渔翁证果鱼佛》，傅一臣《生死冤报》，祁麟佳《错转轮》，以及无名氏的《摩利支飞刀对箭》、《月明和尚度柳翠》、《释迦佛双

① 陈宗枢：《佛教与戏剧艺术》，天津人民出版社，1992年版，第77页。

林坐化》、《观音菩萨鱼篮记》、《猛烈哪吒三变化》，等等。

我们以上所列举的都是北杂剧中的例子，而在同一时期，南戏也有很大发展，特别是到了明代，南戏中已发展出了四大声腔流派，即昆山腔、弋阳腔、海盐腔和余姚腔。其中昆山腔从明代中期开始显得比较突出，出现了汤显祖这样中国戏剧史及文学史上的名人，他的戏曲代表作“临川四梦”（即《紫钗记》、《牡丹亭》、《南柯记》和《邯郸梦》）十分有名，特别是《牡丹亭》（又名《还魂记》），更是影响深远、脍炙人口的佳作。由于汤显祖深受佛教影响，晚年又皈依佛门，所以他的作品中也有对佛教的明显反映，这里仅提一笔，不作具体分析。

20年代初，许地山曾发表论文《梵剧体例及其在汉剧上底点点滴滴》[①]，文中，他将梵剧的体例与中国剧的体例进行了细致的比较，得出结论说：“我们知道自汉唐以来中国与近西诸国海陆交通底繁密，彼国文物底输入是绝对可能的。中国底乐舞显然是从西域传入，而戏剧又是一大部分从乐舞演进底。从这点说来，我们不能不注意到印度伊兰底文学上头。末后所说梵剧底体裁，我们古时虽没有专论戏剧底书籍，但将印度底理论来规度中国戏剧，也能找出许多相符之点。”文中他还特地指出和论证了中国傀儡戏与印度傀儡戏的关系，谨慎地说：“以上所说，只是印度歌剧风尚无意中流入中土底零碎印迹，虽然其中或有些偶合之点，但其大致总不能说没关系。”郑振铎先生很赞成这样的看法，他在《戏文的起来》一文中将中国戏剧与印度戏剧做了五点对比，最后指出：“在这五点上来讲，已很足证明中国戏曲自印度输来的话是可靠的了。像这样二者逼肖的组织与性质，若谓其出于偶然的‘貌合’或碰巧的相同，那是说不过去的。”[②]在此基础上，常任侠先生又进一步补充材料加以论证，指出：“总之自唐代以来，我国文学艺术甚受印度文学艺术的影响，傀儡戏是民俗艺术的一种，自亦不能例外。由于海上及陆路的交通，文化互相传播，两国的傀儡戏，暗中也结了血缘，多样变化，而生出异彩。”[③]

### 四、绘画

中国画发展到宋元时代，已发生了明显的变化。这一时期的壁画已经不像

① 《小说月报》第七卷（1921年）。

② 郑振铎：《郑振铎说俗文学》，上海古籍出版社，2000年版，第241页。

③ 常任侠：《东方艺术丛谈》，上海文艺出版社，1984年版，第78页。

唐代那样占重要地位；山水画、花鸟画和世俗人物画，都向卷轴的方向发展，开始占主导地位。宋代的画院体制健全，形成了官办的绘画组织，也形成了“院体画”派；不靠绘画吃官饭的文人们也在作画，他们形成了“文人画”派，“文人画”与“院体画”形成了一种竞争，各有所长，推动了中国画的发展。尽管世俗化的倾向在不断加强，但宋元时代毕竟也还有佛教存在，有佛教的影响。北宋时期，画院中对佛道人物画仍十分重视；南宋至元，佛画仍然不绝如缕，不仅“院体画”派画之，文人也画之，僧人画家也出了不少。这一时期曾以佛教为题材的著名画家有李公麟、梁楷、武宗元、僧巨然、僧法常、王蒙、吴镇等。

宋元时代均有印度或尼泊尔画师到中国来作画，中国人也注意印度的画风和技巧。请看以下记载。

清《佩文斋书画谱》卷一二引宋代郭若虚《图画见闻志》曰:“大中祥符初，有西域僧觉称来，馆于兴国寺之传法院。自言酤兰左国人，刹帝利姓，善画。尝于译堂北壁画释迦面与此方，所画绝异。”

又引宋邓椿《画继》曰:“西天中印度那烂陀寺僧多画佛及菩萨、罗汉像，以西天布为之。其佛相好，与中国人异，眼目稍大，口耳俱怪，以带挂右肩，裸袒坐立而已。先施五藏于画背，乃涂五彩于画面，以金或朱红作地，谓牛皮胶为触，故用桃胶合柳枝水，甚坚渍，中国不得其诀也。邵太史知黎州，尝有僧自西天来，就公廨令画释迦，今茶马司有《十六罗汉》。”

从这些记载，我们看到了一个很有趣的现象，即由于自唐代以来画佛画的风格已经中国化了，所以宋代人再看到出于印度人手笔的佛画反倒感到怪异了。

元代一起引人瞩目的事件是尼泊尔人阿尼哥来华作画并传播画艺。据《元史》卷二〇三，阿尼哥“长善画塑，及铸金为像”。“两京寺观之像，多出其手。”“有刘元者，尝从阿尼哥学西天梵相，亦称绝艺。”也就是说，阿尼哥虽然是尼泊尔人，但他传的是“西天梵相”，是印度的画佛像技艺。

明清时代，中国画进入了一个百家争鸣的新时期，各个流派竞相争奇斗艳，使中国画走上了一个繁荣的高峰。这一时期佛教对绘画的影响不像宋代以前那样主要表现在佛画的绘制、佛寺的壁画上，而主要表现于画家宗教信仰和对画的意境的追求上。这一时期固然也有寺庙壁画的绘制，但一般文人画家极少参与；画家中有一批僧人或信仰佛教的人；在画论方面，也出现了以禅品画的倾向。有关的著名画家有董其昌、陈洪绶、僧弘仁、僧髡残、八大山人、僧原济（石涛）、金农、黄慎、罗聘等。

## 第六节　民俗交流

### 一、对印度民俗的记载

宋代，周去非的《岭外代答》、赵汝适的《诸蕃志》等书中都有印度民俗的记载。

如《岭外代答》记故临国："其国人黑色，身缠白布，须发伸直，露头撮髻，穿红皮履，如画罗汉脚踏者。……国王身缠布，出入以布作软兜，或乘象。"记注辇国："父子兄弟不同釜而爨，不共器而食，然甚重义。"又记西天南尼华罗国："其人早晚必浴，以郁金涂身面，效佛金色。国人多称婆罗门，以为佛真子孙。屋壁坐席，涂以牛粪。家置坛，崇三尺，三级而升，每晨以牛粪涂，焚香、献花供养。"

《诸蕃志》卷上记有南毗、胡茶辣、麻罗华、注辇、鹏茄罗、南尼华罗[①]等印度诸国民俗。可贵的是，书中还记有安达曼群岛土著民的民俗，只是记载得之传闻，未必准确。下面仅举二例。

记南毗国风俗曰："其主裸体跣足，缚头缠腰，皆用白布，或著白布窄袖衫，出则骑象，戴金帽，以真珠珍宝杂拖其上，臂系金缠，足圈金鍊。仪仗有纛，用孔雀羽为饰，柄拖银朱，凡二十余人，左右翊卫，从以番妇，择貌壮奇伟者前后约五百余人，前者舞导，皆裸体跣足，止用布缠腰，后者骑马，无鞍，缠腰束发，以真珠为缨络，以真金为缠鍊。用脑麝杂药涂体，蔽以孔雀毛伞，其余从行官属，以白番布为袋，坐其上，名曰布袋轿，以扛舁之。"记载很详细。

记胡茶辣国民俗曰："国人白净，男女皆穴耳，坠重环，着窄衣，缠缦布，戴白煖耳，蹑红皮鞋。人禁荤食，有佛宇四千区，内约二万余妓，每日两次歌献佛饭及献花。献花用吉贝线结缚为毬，日约用三百斤。"此记载也很细，基本可靠，只是错把印度教庙宇说成了佛寺。

《宋史》卷一一九说："注辇、三佛齐使者至，以真珠、龙脑、金莲花等登陛跪散之，谓之'撒殿'。"这是印度礼仪在宋朝宫廷的再现。此外，《宋史》还记有一些印度各地的民俗片断。

---

① 《诸蕃志》中有关印度各国名称的考证，可参见中华书局1996年出版的杨博文先生的《诸番蕃校释》卷上。

元代汪大渊《岛夷志略》对印度诸国民俗也有记载，如“明家罗”条：“俗朴。男女衣青单被。民煮海为盐。”再如“特番里”条：“俗淳。男女椎髻，系青布。煮海为盐。酿老叶为酒，烧羊羔为食。”如是，书中以简洁的文字记下了印度各地的民俗概况。

明代《瀛涯胜览》、《星槎胜览》和《西洋番国志》三部书均记有印度一些地方的风土人情。今仅举《瀛涯胜览》中的几条为例。

记安达曼岛原住民：“彼处之人巢居穴处，男女赤体，皆无寸丝，如兽畜之形。土不出米，惟食山芋、波罗蜜、芭蕉子之类，或海中捕鱼虾而食。”

记柯枝国相当详细，先记国王、富人衣饰，次及民居建造，再次及五等国民身份、道人生活等。记古里国民俗与柯枝相似而更详。其中，柯枝国的五等国民是：“一等名南昆，与王同类，内有剃头挂线在颈者，最为贵族；二等回回人；三等人名哲地，系有钱财主；四等人名革令，专与人作牙保；五等人名木瓜。”这与印度传统的四大种姓有异，很值得注意。其“南昆”，大约是婆罗门的一支，佩有婆罗门的圣线标志；二等“回回人”，是此时伊斯兰教徒已在南印度取得很高地位的反映；“哲地”大约是吠舍的一支；“革令”大约是首陀罗的一支；“木瓜”则是当今所谓不可接触者。

记古里国五等国民的次序稍有变化，即“回回人”被列在最前面，说明其国王可能是穆斯林，穆斯林在那里占据统治地位。

记榜葛剌国说：“举国皆是回回人，民俗淳善。……男子皆剃发，以白布缠之，身服从头套下圆领长衣，下围各色阔手巾，足穿浅面皮鞋。其国王并头目之服，俱奉回回教礼，衣冠甚整丽。国语皆从榜葛里，自成一家言语，说吧儿西语者亦有之。……民俗冠丧祭婚姻之礼，皆依回回教门礼制。”这说明其时北印度已在穆斯林的统治之下，从语言（吧儿西语即波斯语）到服饰、婚丧等都带有伊斯兰教的特点。

此三书之后的《西洋朝贡典录》、《皇明四夷考》、《殊域周咨录》、《咸宾录》、《续文献通考》、《四夷广记》、《皇明象胥录》等书中有关印度各国民俗的记载，多据此三书。

以上所列有关印度民俗的记载足以说明：第一，中国古人很注意印度各地的民风民俗；第二，这些记载反映了印度民俗在这一时期的变迁；第三，其中有些民俗事项对中国有一定影响。

## 二、佛教对中国民俗的影响

在上古时代，中国民众即有许多相当原始的信仰习俗，如自然崇拜、生殖崇拜、图腾崇拜、祖先崇拜、英雄崇拜等。与这些信仰和崇拜相对应的是，出现了大量的祭祀、巫术等民俗活动。到了汉代，虽然儒家学说占了统治地位，但是民间仍存在着那些上古遗留下来的原始崇拜。而在佛教传入以后，特别是南北朝以后，中国民众逐渐接受了印度传来的佛教文化，并把它改造吸收，使自己的头脑中增加了新观念和新的崇拜对象。就这样，诸如“六道轮回”、“因果报应”等思想逐渐变成了民众的共识，而诸佛菩萨、天王阎罗、金刚罗汉等也在中国民间的万神殿里确定了自己的座位。由于这种种新观念和新崇拜对象的确立，直至今天，这种民间信仰仍在起着作用，仍在规范着许多人的日常生活习俗和伦理道德观念。

关于佛教对中国民俗的影响，前两章已经谈过一些。这里主要介绍两点，即岁时节日和人生礼仪。

1. 岁时节日

在前两章的民俗部分，我们谈到了几个与佛教有关的节日。这里，我们要谈到更多与佛教有关的节日。有三个理由：第一，随着时代和社会的变迁，中国的节日到宋代以后变得更多了，这大约是文化积累的结果。第二，宋代以后，各种记录也比以往多，资料相对丰富。第三，佛教已经成为民间的普遍信仰，渗入民俗节日的活动当中。

古代印度人将一年分为六季，每两个月为一季，每季有一个名称，这是根据印度的气候特征所确定的，一直沿用至今。正如玄奘《大唐西域记》卷二所记：“分一岁为六时：正月十六日至三月十五日，渐热也；三月十六日至五月十五日，盛热也；五月十六日至七月十五日，雨时也；七月十六日至九月十五日，茂时也；九月十六日至十一月十五日，渐寒也；十一月十六日至正月十五日，盛寒也。”佛教对这些季节月份又有自己的说法，例如，佛教把正、五、九月说成是三长月，又叫三长斋月、神足月、神变月、神通月。之所以叫三长斋月，是指这三个月中要持长斋，《法苑珠林》卷八十八引《提谓经》说，在这三个月中，天神将勘察下界帝王百姓及各种生灵的善恶行为，然后汇总到四大天王处，再由天神、阎罗反复考核，准确无误地定下每个人的福罪寿限。所以要在这三个月中好好表现，以灭罪增福。关于神足月，据《不空羂索神变真言经》，修行神变法力，要在正、五、九三个月中修炼。佛教还有所谓“六斋日”，即每月的八、十四、十五、二十三、二十九、三十日。其原因与三长月差不多，也是为了在天神考察时得到好的结论。佛教的这些斋月斋日也带来了不少禁忌，这些禁忌都在中国民间产生了影响。

宋人洪迈《容斋随笔》卷十六《长三月》说：“释氏以正五九月为三长月，故奉佛者皆茹素。其说云，天帝释以大宝镜轮照四天下，寅午戌月，正临南赡部洲，故当素食以徼福。官司谓之‘断月’，故受驿券有所谓羊肉者，则不支。俗谓之‘恶月’，士大夫赴官者辄避之。或人以为唐日藩镇莅事，必大享军，屠杀羊豕至多，故不欲以其月上事。”

《能改斋漫录》卷一《正五九月不上任》与此相印证：“本朝士大夫相传，正月、五月、九月不上任……其后见唐苹《唐书音训》，其注《高祖记》，正五九三月不行死刑，引释氏《智度论》曰：天帝释以大宝镜照四大神洲，每月一移，察人善恶，正月五月九月，照南赡部洲。故以此月省刑修善。予以是知正五九所以不上任者，政以此耳。又士大夫初到官，必施刑责。今之州郡，所以为供给者，此三月不支羊肉钱，盖沿唐故事。”

这两段引文使我们得知三点：第一，受佛教影响，民间三五九月讲究素食，奉佛者尤甚；第二，士大夫在此期间不上任，是为了省刑修善；第三，此禁忌最迟自唐初就已开始流行。

据梁宗懔《荆楚岁时记》载，其时民间已经有杀生与行刑的禁忌，认为正月里的头七天：初一不杀鸡，初二不杀狗，初三不杀猪，初四不杀羊，初五不杀牛，初六不杀马，初七不行刑。宋朝赵与时《宾退录》卷三则列出了素食日，这也是受佛教影响的结果（《地藏菩萨本愿经》）：“今人以每月一日、八日、十四日、十五日、十八日、二十三日、二十四日、二十八日、二十九日、三十日不食肉，谓之十斋。”从以上的材料可知，南北朝时期民间已经开始有了禁杀生日，这些禁忌日只局限于某一天，而且仅局限于某种动物或人。到了唐代，禁忌日变成了禁忌月，宋代更盛行。除了三长月外，每个月还有六斋日和十斋日，这是一种逐步增加素食时间的态势，也是佛教对中国岁时饮食影响逐步扩大的表现。

下面我们来介绍中国民间节日受佛教影响的情况。

（1）元旦

宋人吴自牧《梦粱录》卷一《正月》中说：“正月朔日，谓之元旦，俗呼为新年。一岁节序，此谓之首……不论贫富，游玩琳宫梵宇，竟日不绝。”这里说的是南宋都城临安（杭州）的元旦，这一天，人们要到寺庙中去游玩。这时的寺庙之所以能成为游玩的场所，可能是因为人们在新年第一天除了祈求全年的幸福外，还希望可以有所观赏。须注意，这里说的元旦与我们今天的元旦不同，说的是阴历正月朔日，即初一。按《荆楚岁时记》的说法，每月初一都是斋日。这样，元旦人们到佛寺去游玩，与以上两种说法都不相背。元旦本是中国传统节日，但也染上了佛教的影响。

（2）正月初八

正月初八不是中国民间的重大节日，但据说这一天是诸星下界的日子，因此要祭星。据乔继堂先生《中国岁时礼俗》一书引清人汪启淑《水曹清暇录》：“正月八日，俗传诸星下界，京城内外，庵观寺院僧道，多揽檀越施主年庚，陈设祭品，为坛而禳，冀得香仪。”又引《大同县志》：“初八日，俗唤‘八仙日’。是日，顺禳星辰。先是，前腊，各庙僧道与相识者送迎祥疏一道，至期，家家布施，各庙僧道有回以果饼者，有留之吃斋者，则视布施之多少为差。”① 这似乎是个道教的节日，但佛教也参加了进来。民众则不管是佛是道，只管图个吉祥。

（3）元宵节

隋唐时代元宵节的盛况已在上一章介绍过。宋代的情况可见于以下记载。

金盈之《醉翁谈录》卷三：“上元，自月初开东华门为灯市……诸灯之最繁者，棘盆灯为上。是灯于上前为大乐坊，以棘为垣，所以节观者，谓之棘盆。山棚上棘盆中，皆以木为仙佛人物车马之象，尽集名娼立山棚上。”

吴自牧《梦粱录》卷一《元宵》：“正月十五日元夕节，乃上元天官赐福之辰。昨汴京大内前缚山棚，对宣德楼，悉以彩结，山沓上皆画群仙故事，左右以五色彩结文殊、普贤跨狮子白象，各手指内五道出水。……今杭城元宵之际，州府设上元醮，诸狱修净狱道场。”

宋代的灯节似乎比唐代的还热闹，而且持续的时间很长。其中与佛教的关涉也似越来越少。至于明代以后，灯节的宗教色彩则更为淡薄，只是在人们的庆祝活动中出现一些如唐僧西天取经之类的节目。

（4）二月十五日

《梦粱录》卷一《二月望》：“仲春十五日为花朝节。浙间风俗，以为春序正

---

① 乔继堂：《中国岁时礼俗》，天津人民出版社，1991年版，第32、33页。

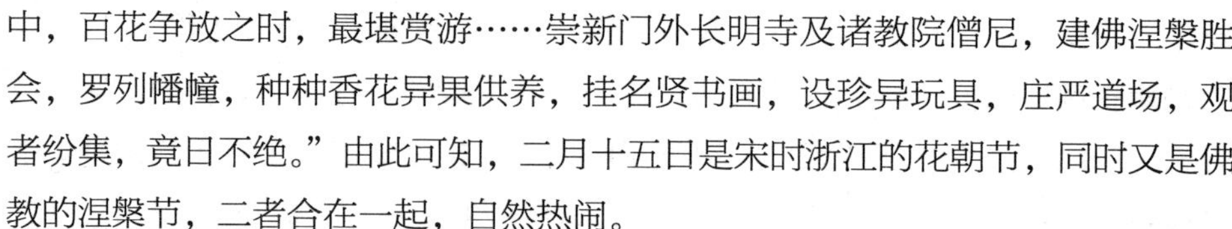

中，百花争放之时，最堪赏游……崇新门外长明寺及诸教院僧尼，建佛涅槃胜会，罗列幡幢，种种香花异果供养，挂名贤书画，设珍异玩具，庄严道场，观者纷集，竟日不绝。”由此可知，二月十五日是宋时浙江的花朝节，同时又是佛教的涅槃节，二者合在一起，自然热闹。

（5）二月十九日

俗间传说，二月十九日为观音诞日，所以中国民间在这一天要举行观音会。据潘荣陛《帝京岁时纪胜》载北京清代习俗：“十九日为观音大士诞辰。正阳门月城内观音庙香火极盛，城内外白衣庵、观音院、大悲坛、紫竹林，庙宇不下千百，皆诵经聚会。”

我国民间信仰观音要胜过如来，北方如此，南方也是一样，也举行纪念、祈祷活动。如《中华全国风俗志》记江苏吴中：“二月十九日，为观音诞辰。士女骈集殿庭炷香，或施佛前长明油灯，以保安康。或供长幡，云求子得子。既生儿女，则于观音座下，皈依寄名，可保长寿。僧尼建观音会，庄严道场，香花供养。”

（6）三月二十八日

《梦粱录》卷二记曰：“三月二十八日，乃东岳天齐仁圣帝圣诞之日，其神掌天下人民之生死，诸郡邑皆有行宫奉香火……都城士庶，自仲春下浣，答赛心愫，或专献信香者，或答重囚带枷者，或僧道诵经者，或就殿庑举法音而上寿者，舟车道路，络绎往来，无日无之。”这位东岳天齐仁圣帝，又称东岳大帝，即是泰山之神。中国自上古时起就崇拜泰山，历代帝王到泰山封禅，被视为大礼。从《梦粱录》的这段记载看，这种纪念东岳大帝的活动在宋代已遍及全国，而且僧人也参加了进来。

（7）清明

中国古代有清明扫墓的风俗，而清明之前三天是寒食，所以人们把两个节连起来过。寒食是要禁止烧火做饭的，一般要禁三天，这就到了清明。宋人周密《武林旧事》卷三记曰：“清明前三日为寒食节……南北两山之间车马纷然，而野祭者尤多……尼庵道院，寻芳访胜，极意纵游，随处各有买卖赶趁等人，野果山花，别有幽趣。”人们在寒食到寺庵中寻芳访胜，勉强使清明寒食与佛教挂上了钩。不过，大约在南宋之后，寒食节后，僧人也往往为施主做些“青粳饭”作为馈赠。

（8）四月初八

宋代的浴佛节非常热闹，这一天不仅要举行浴佛的仪式，还要举行放生活动。孟元老《东京梦华录》卷八记北宋开封大寺院于四月八日“各有浴佛斋会，煎香药糖水相遗，名曰浴佛水”。周密《武林旧事》卷三说：“四月八日为佛诞日，诸寺院各有浴佛会。僧尼辈竞以小盆贮铜像，浸以糖水，覆以花棚，铙钹交迎，遍往邸第富室，以小勺浇灌，以求施利。是日，西湖作放生会，舟楫甚盛，略如春时小舟，竞买龟鱼螺蚌放生。”除了放生以外，人们大约还要在四月初八这天礼佛祈福，或做些别的善事。

明清时代的北方，浴佛节这天买活物放生的活动不那么兴盛，代之而行的是以豆结缘的活动。据《帝京景物略》记载，四月初八这天：“舍豆儿，曰结缘，十八日，亦舍。先是拈豆念佛，一豆佛号一声，有念豆至石者。至日熟豆，人遍舍之，其人亦一念佛啖一豆也。”《日下旧闻考》亦曰：“京师僧人念佛号者，辄以豆记其数。至四月八日佛诞生之辰，煮豆微撒以盐，邀人于路请食之，以为结缘。”在南方水乡，特别是杭州西湖，放生的活动直到清代仍很兴盛。

（9）四月十五日

《荆楚岁时记》说：“四月十五日，天下僧尼就禅刹挂褡，谓之结夏。”印度佛教规定僧尼不得在雨季外出，以免伤害生灵，被称为“雨安居”。中国气候与印度不同，规定于四月十六日至七月十五日期间“夏安居”，又叫“坐夏”。开始坐夏，谓之结夏，又称结制。这本来是佛教内部的规矩，但与民众有关，一些信众要在此期间提供供养、施舍，有时政府部门也提供资助。《梦粱录》卷三：“四月十五日结制，谓之结夏。盖天下寺院僧尼庵舍设斋供僧，自此僧人安居禅教律寺院，不敢起单云游。自结制后，佛殿起楞严会，每日晨夕合寺僧行持诵经咒，燃点巨烛，焚爇大香。或有寺院，朝廷降赐钱会、匹帛、金银钱，启建祈忏会四十九昼夜，每日六时修忏，祈国安民，其僧一刻不敢妄出，斋戒严肃，不敢触犯，神天报应在目前。大刹日供，三日或五日换堂，俱都寺主办，皆十方檀信施助耳。盖孟夏望日，乃法王禁足、释子护生之日，自此有九十日，可以安单办道。”

（10）五月十三日

民间传说，这一天是关羽的生日，又是他磨刀的日子（准备单刀赴会），所以各地有庙会。关羽被佛教吸收为护法伽蓝，被道教尊为关帝圣君，民间又称他为武圣人，许多行业、帮会都崇拜他，所以，旧时五月十三日的庙会是一个全民性的活动。

（11）六月六日

中国民间以六月六日为节日，近代民间有个说法：“六月六，一口饽饽一口肉。”这一习俗大约起自汉代的伏日肉食（《汉书·东方朔传》）。但民众又有在这一天曝晒各种物品的习俗，与此同时，寺院中也在这一天进行晒经活动。据说，晒经活动与玄奘西天取经回国途中经书被水打湿有关。但这只是一种说法，实际上，晾晒经书自有防潮防霉防蛀的好处。据《中华全国风俗志》记江苏风说：“六月六日，诸丛林各以藏经曝烈日中。僧人集村妪为翻经，谓翻经十次，他生可转男身。”

（12）六月二十四日

不知在什么时候，民众把这一天定为荷花的日。明清时代，人们多在这一天赏莲。莲花在我国是自古有之，但佛教传入后，由于古印度人对莲花的偏爱以及莲花被赋予的储多象征意义，在佛教影响下，我国民众对莲花的喜爱与日俱增。这个荷花生日节自然也与佛教的影响有关。

（13）七月七日

七月七日是中国古代的传统节日，又叫“七夕”、“巧夕”。这个节日与一个古老的民间传说紧密联系，那就是牛郎织女的故事。因古代七夕又有“乞巧”的活动，即少女对织女星（一说对月）穿针引线乞求工巧，所以这一天又叫“女节”。

《荆楚岁时记》中说：“七月七日，为牵牛织女聚会之夜……是夕，妇人结彩缕，穿七孔针……陈瓜果于庭中以乞巧。有喜子网于瓜上，则以为符应。”就是说，南北朝时，人们已经在七夕纪念牛郎织女相会之时把乞巧活动结合进去了。古时男耕女织，牛郎和织女正好是这方面人物的代表。织女又被说成是天上的仙女，是天帝的孙女，手工最巧，下界的少女向天上的织女乞巧，也是顺理成章的事。到了宋代，七夕的娱乐活动显得更为丰富了。

《东京梦华录》卷八《七夕》：“七月七夕，潘楼街、东宋门外瓦子、北门外、南朱雀门外街及马行街内，皆卖磨喝乐，乃小塑土偶耳。悉以雕木彩装栏座，或用红纱碧笼，或饰以金珠牙翠，有一对值数千者。禁中及贵家士庶为时物追陪。”又曰：“小儿须买新荷叶执之，盖效颦磨喝乐。”又曰：“至初六日七日晚，贵家多结彩楼于庭，谓之乞巧楼。铺陈磨喝乐、花瓜、酒炙、笔砚、针线，或儿童裁诗，女郎呈巧，焚香列拜，谓之乞巧。”

《武林旧事》卷三《乞巧》中也说："七夕节物，多尚果食、茜鸡，及泥孩儿，号摩侯罗，有极精巧、饰以金珠者，其值不赀。并以蜡印凫雁水禽之类，浮之水上。妇人女子，至夜对月穿针，饾饤杯盘，饮酒为乐，谓之乞巧。及以小蜘蛛储盒内，以候结网之疏密，为之得巧之多少。小儿女多衣荷叶半臂，手持荷叶，效颦摩侯罗，大抵皆中原旧俗也。七夕前，修内司例进摩侯罗十桌，每桌三十枚。大者至高三尺，或用象牙雕镂，或用龙涎佛手香制造。悉用镂金珠翠衣帽，金钱钗鋜佩珠，真珠头须。及手中所执戏具，皆七宝为之。各护以五色缕金纱厨。制阃贵及京府等处，至有铸金为贡者。宫姬市娃，冠花衣领，皆以乞巧时物为饰焉。"

《梦粱录》卷四《七夕》："内庭贵宅皆塑卖磨喝乐，又名摩睺罗孩儿……市井儿童，手执新荷叶，效摩候罗之状。此东都流传，至今不改。"

《西湖老人繁胜录》曰："御街扑卖摩侯罗，多著乾红背心，系青纱裙儿；亦有著背儿、戴帽儿者。"

从这些材料看，两宋时的七夕多了一项很重要的节目，就是卖磨喝乐和扮磨喝乐。磨喝乐又叫摩侯罗或摩睺罗，元代杂剧中叫魔合罗，是一种泥塑玩偶。据学者们考证，有的说，这种玩偶的名称来自佛教中的天龙八部之一摩侯罗迦，有人则认为与释迦牟尼的儿子罗睺罗有关，还有人认为是密宗大黑天神摩诃迦罗演变来的。但不管怎样，人们公认，这个磨喝乐是佛教影响的产物。

（14）七月十五日

七月十五日这天是中国古代的大节。道教徒称这天是"中元节"，佛教徒称这天是"盂兰盆节"，同时，佛教僧侣坐夏以后，在这一天解制，故又称为"自恣日"。民间大约是受了佛教的影响，又称这天为"鬼节"。

宋代，关于盂兰盆节的记载较多。

孟元老《东京梦华录》卷八《中元节》："七月十五日，中元节。先数日，市井卖冥器：靴鞋、幞头、帽子、金犀假带、五彩衣服，以纸糊架子盘游出卖……闹处亦卖果食、种生、花果之类，及印卖《尊胜目连经》。又以竹竿斫成三脚，高三五尺，上织灯窝之状，谓之盂兰盆，挂搭衣服冥钱在上焚之。构肆乐人自过七夕，便般《目连救母》杂剧，直至十五日止，观者增倍。中元前一日，即卖练叶，享祀时铺衬桌面；又卖麻谷窠儿，亦是系在桌子脚上，乃告祖先秋成之意；又卖鸡冠花，谓之洗手花。十五日供养祖先素食，才明即卖祭米饭，巡门叫卖，亦告成意也。……城外有新坟者，即往扫拜。禁中亦出车马诣道者院谒坟。本院官给祠部十道，设大会，焚钱山，祭军阵亡殁，设孤魂之道场。”《武林旧事》卷三《中元》：“七月十五日，道家谓之中元节，各有斋醮等会，僧寺则于此日作盂兰盆斋，而人家亦以此日祀先……而茹素者几十八九，屠门为之罢市焉。”这两条材料告诉我们，在两宋时期，政府和民间都很重视中元节。人们从孝道出发，拜佛、祭祖、吃素，但也没有忘记娱乐，还要看《目连救母》杂剧。《梦粱录》卷四还记载说，七月十五日这天晚上“放江灯万盏”。

到元明清三代，盂兰盆节中的放灯活动显得比较突出。《帝京景物略》中说到七月十五日夜要“于水次放灯，曰放河灯”。张翰《松窗梦语》卷七也说：“七月望祀，释家谓之盂斋，俗云鬼节，谓地狱放假五日，则骄饰甚矣。时民间剪纸为花，燃硝磺为灯，以木板浮于湖上，多至数百，夜望如星，亦足娱目。”

田汝成《西湖游览志余》卷二十：“七月十五日为中元节，俗传地官赦罪之辰，人家多持斋诵经，荐奠祖考，摄孤判斛，屠门罢市。僧家建盂兰盆会，放灯西湖及塔上、河中，谓之照明。”

清人潘荣陛《帝京岁时纪胜》记中元节皇家于北海、中南海放灯情景曰：“每岁中元建盂兰道场，自十三日至十五日放河灯，使小内监持荷叶燃烛其中，罗列两岸，以数千计。又用琉璃作荷花灯数千盏，随波上下。中流驾龙舟，奏梵乐，作神诵，自瀛台南过金鳌玉蝀桥，绕万岁山至五龙亭而回。”盂兰盆节放河灯，这恐怕也是中国人通过佛教接受了印度民俗的影响，这一习俗在古印度早已有之，至今如此。这一行为也影响到东南亚。

（15）七月三十日

中国民间以七月三十日为地藏节，传说这一天是地藏菩萨的诞日（一说为其入灭日）。如《帝京岁时纪胜·地藏会》记清代地藏节曰：“七月三十日，传为地藏菩萨诞辰。都门寺庙礼忏诵经，亦扎糊法船，中设地藏王佛及十地阎君绘像，更尽时施放焰口焚化。街巷遍燃香火莲灯于路旁，光明如昼。”顾禄《清嘉录》卷七也记曰：“晦日，为地藏王生日。集于开元寺之殿，酬愿烧香。妇女有脱裙之俗，裙以红纸为之，谓曾生产一次者，脱裙一次，则他生可免产厄。”

（16）八月十五日

八月十五日是中国民间传统的大节之一——中秋节。关于中秋节，人们都非常熟悉，它的起源与古老的嫦娥奔月故事联系在一起。但是，这个著名的传统节日却也曾与佛教有过瓜葛。《帝京景物略》记中秋道：“八月十五日祭月，其祭果饼必圆，分瓜必牙错瓣刻之如莲花。纸肆市月光纸，绘满月像，趺坐莲花者，月光遍照菩萨也。”《清嘉录》记中秋月夜民俗活动曰：“妇女盛装出游，互相往还，或随喜尼庙。鸡声喔喔，犹婆娑月下，谓走月亮。”

（17）九月初九

这一天是著名的重阳节，古人非常重视，又叫“登高会”、“女儿节”、“菊花会”等，根据活动内容的不同而取不同名称。这个节日也曾与佛教有过关涉。《梦粱录》卷五记重阳节曰：“其日，诸寺院设供众僧。顷，东都有开宝、仁王寺院设狮子会，诸佛菩萨皆驭狮子，则诸僧亦皆坐狮子上作佛事。杭都却无此会。”这里说的是北宋京都汴梁的情况，与《东京梦华录》所载一致。

到了南宋时，杭州再也没有举行狮子会了。

（18）腊八节

冬季里，我国传统的节日仍然不少，如寒衣节、冬至节、腊八节、小年（灶王爷升天）、除夕等。但明显与佛教有关的节日只有腊八节。腊八节在腊月初八。古时称十二月为腊月。《初学记》卷四引《风俗通》曰：“夏曰清祀，殷曰嘉平；周曰大蜡，汉曰腊。腊者，猎也，田猎取兽以祭。”又引《玉烛宝典》曰：“腊者，祭先祖，蜡者，报百神，同日异祭也。”又引《礼记》曰：“天子大蜡八，伊耆氏始为蜡。蜡也者，索也。岁十二月，聚万物而索享之也。”据此，可知上古人已开始腊祭，腊祭是祭神。腊是用猎获的兽肉祭神。腊是汉代的说法，周朝叫蜡，二者是一回事，《玉烛宝典》区分为一祭祖一报神，实在勉强。汉代以十二月为腊月，以戌日为腊日。东汉许慎《说文解字》说：“腊，冬至后壬戌，腊祭百神。”可知东汉已确定日期。晋人裴秀有《大蜡诗》，从中可知，当时的大蜡是皇帝向百神祈求丰年、吉祥、长寿的，同时也向百神报告一年来的成功。《大蜡诗》似乎是专为皇帝写的腊日祈祷辞。

到了南朝梁代，腊日在南方一些地区已被确定为腊月初八。宗懔《荆楚岁时记》说：“十二月八日为腊日，谚言：腊鼓鸣，春草生。村人并击细腰鼓、戴胡公头及作金刚力士以逐疫。”这时民间的腊日活动已受到佛教的影响。

北宋时，腊月初八这天是僧人的节日。《东京梦华录》卷十《十二月》记：“初八日，街巷中有僧尼三五人作队念佛。以银铜沙罗或好盆器，坐一金铜或木佛像，浸以香水，杨枝洒浴，排门教化。诸大寺作浴佛会，并送七宝五味粥与门徒，谓之腊八粥。都人是日各家亦以果子杂料煮粥而食也。”这里，北宋都城开封的大寺院举行的活动主要有两项：一是浴佛会，二是喝腊八粥。有人错误地认为，当时开封大寺院是把腊月初八当成了佛诞日，所以要在这一天浴佛，其实不然。根据通常的说法，腊月初八这天是佛成道日。成道日浴佛、喝粥，都是有依据的。据佛典相传，释迦牟尼出家后，经过了六年苦行，最后他觉得苦行是不能帮助他悟道的，所以决心停止苦行。他来到了尼连禅河边，下到河里沐浴，洗去六年来的积垢。当他沐浴完毕时，身体因六年苦行而变得筋疲力尽，好歹总算上了岸，但已无力行动了。这时，有一个牧女（实际上是古代印度养牛种姓的女子）给释迦牟尼送来了牛奶粥（即所谓乳糜），释迦牟尼喝了以后，才稍稍恢复了体力。于是他便到毕钵罗树下静坐思惟，经过七七四十九天，终于在启明星出现时悟道成佛。因他悟道之前有沐浴和喝粥的细节，所以说，北宋开封诸大寺举行浴佛会和喝腊八粥都是有来由的。《东京梦华录》的作者孟元老在这段文字中并没有说腊八是佛诞日，相反他在卷八《四月八日》中却明确指出："四月八日，佛生日。十大禅院，各有浴佛斋会。"也就是说，北宋时京城大寺一年两度浴佛，一在佛诞日，一在佛成道日。

南宋时，腊八这天似乎不再浴佛，而是只喝腊八粥了。周密《武林旧事》卷三《岁晚节物》中记曰："八日，则寺院及人家用胡桃、松子、乳蕈、柿、栗之类为粥，谓之腊八粥。"吴自牧《梦粱录》卷六《十二月》亦记曰："此月八日，寺院谓之腊八。大刹等寺，俱设五味粥，名曰腊八粥。"从北宋开始，腊八粥即有两个别称，即七宝粥和五味粥，又合称为"七宝五味粥"。

元明清三代，民间腊月初八仍保留着喝腊八粥的风俗。《析津志》记，腊八，寺院煮"红糟粥"以供佛饭，宫中与平民做"朱砂粥"。清人富察敦崇的《燕京岁时记》专记有《腊八粥》一条，把用料说得很详细："腊八粥者，用黄米、白米、江米、小米、菱角米、栗子、红江豆、去皮枣泥等，合水煮熟，外用染红桃仁、杏仁、瓜子、花生、榛穰、松子及白糖、红糖、琐琐葡萄，以作点染。切不可用莲子、扁豆、薏米、桂元，用则伤味。每至腊月七日，则剥果涤器，终夜经营，至天明时则粥熟矣。除祀先供佛外，分馈亲友，不得过午。"

以上，我们介绍了一年四季当中一些与佛教相关的民间节日，可以说，仍然不够完全。除了上面所说的这些节日外，还有二月二十一日（普贤菩萨诞日）、四月初四（文殊菩萨诞日）、七月十三日（大势至菩萨诞日）、八月二十二日（燃灯佛诞日）、九月三十日（药师佛诞日）、十一月十七日（阿弥陀佛诞日）等，均在民间有一定影响。

从我们上面介绍的节日看，佛教与中国岁时民俗确实有着密切的关系。佛教对中国岁时民俗的影响可以归纳如下：

第一，佛教的传入给中国民众带来了新的节日，如浴佛节、盂兰盆节等。这些节俗的内容在长期的社会变迁中也随着时势的不同而起着变化，即由开始的模仿古印度习俗而不断汉化，有些内容渐渐消失，新的内容则逐渐增加。

第二，有些佛教节日与中国的传统节日相结合，形成了中国民间的混合型节日。如腊八节与腊日相结合，使祭祖与拜佛合而为一。又如元宵节，把上元日与灯节结合，格外引人入胜。盂兰盆节则与中元节相结合，拜佛、祭祖、扫墓、放灯，内容更为丰富。

第三，佛教积极参与中国传统节日的活动，许多中国传统节日都渗入了佛教的影响。如七夕、清明、重阳等，佛教一方面为节日游乐提供观赏场所或游乐项目，另一方面也作法事为信众祈福，或者通过其他办法与广大民众结缘。

3. 人生礼仪

人，作为自然界的灵物，是最善于思维和最富于感情的。但是，作为自然界的物种之一，人又与其他物种一样，有着求生与繁衍的本能。正因为如此，人在自然界中的生生死死，成为人类思考的主题，成为人类情感的重心。不论是在人类智慧低下的原始社会，还是在科学技术高度发达的今天，人们都要认真面对生活，面对死亡。生和死是人们考虑问题的根本出发点，小到个人的生死，大到阶级、民族乃至全人类的生死，都是人们思考的最主要对象，都是人们情感的最终维系处。数千年来，生死爱恨一直困扰着人们的心灵，支配着人们的行为，至今犹然。人们探索着其中的奥秘，希望从中得到启示。中国古人在这方面做了很大努力，印度古人也为此付出了巨大代价。佛教在解释宇宙解释人生方面有许多精彩的论述，有许多深刻的思考。这些，在中国古代社会的人生礼仪中常常有所反映，有所表现。

（1）生育

从新生命的孕育，到其长大成人，在这人生的最初旅途中，中国古人有着一整套的礼仪和各种各样的禁忌。佛教也对这些礼仪和禁忌产生了一定的影响。

人们渴望得到后代，但并不是人人都能够得到后代。旧时，那些结婚以后没有后代的人，便千方百计寻求子嗣。办法多种多样，有求神告庙的，有过继抱养的，也有“借种”怀孕的，等等。我们前面谈到过观音崇拜，谈到过弥勒崇拜，那时许多人曾向观音、弥勒等佛教神明求子，据说还很灵验，所以古籍中往往记载。随着科学的倡明和社会的进步，近代以来这种情况已越来越少，但仍时有所闻，可见影响之深。

明朝人袁黄曾写过一本叫《祈嗣真诠》的书，专门讲怎样可以怀孕生子，当然多是迷信之说。其书《祈祷第十》中提到《白衣观音经咒》和《准提咒》，说，《白衣观音经咒》“原出《大藏》，名《随心陀罗尼》，受持者一切祈祷，悉令满足，今祖师提出，专为人求男女，亦方便法也”。

成书于宋元之际的《古杭杂记》中说净慈寺有五百罗汉殿：“其第四百二十二位阿湿毗尊者，独设一龛，用黄罗为幕，幕之傍，置签筒一座。其像侧身偃蹇，便腹斜目，觑人而笑。临安妇人祈嗣者，必诣此炷香点祷。以手摩其腹，云有感应。日积月久，汗手如于泥粉之上，其腹黑光可鉴。”这里所说的阿湿毗尊者塑像有些像后世的大肚弥勒像，但从其名看，梵文应为Asvini，既是印度二十八宿之一（相当于中国的娄宿），又是吠陀神话和史诗神话中的双马童，而双马童在印度古代被认为是健康之神、医生的保护神。另外，中国民间还有所谓“睡佛求子”的习俗，即求子的妇女到寺中佛堂宿一夜，但这往往与旧社会寺院中的不法僧徒有关。

旧时孕妇有许多禁忌，有的合乎科学道理，有的则纯属迷信。今仅举其与佛教有关者。

民间禁忌孕妇入寺庙、见佛像。其理由大约是认为孕妇不净，不宜进清净地，或者是担心生子受影响。《清稗类抄》中讲到湖北的民间禁忌时说：“其地每有游僧荷担衣装，乞食村落，担上有弥勒像，此犹为所忌。孕妇见之，谓生子必肖弥勒矣。”这条禁忌很有趣，弥勒本是送子的，但孕妇们又怕生子像弥勒。也许民间有人认为，大肚弥勒虽然慈善可亲，但过于肥胖，且袒胸露腹，不大雅观。明朝刘绩的《霏雪录》记曰：“至正末，越有夫妇于大善寺院金刚神侧缚苇席而居。其妇产一子，首有两肉角，鼻孔昂缩，类所谓夜叉者。盖产妇依止土偶，便禀得此形。”

古时医药科学不甚发达，民间产妇难产有时用各种方法催生，中华人民共和国成立前杭州一带有一种“南海普陀催生灵丹”，据说是观音大士降下的灵丹，如果有孕妇难产，服此丹三粒，可即时降生。晚清徐士銮《医方丛话》卷六引《石室秘录》曰：“凡遇横生倒产，切勿惊惶，妇人口念‘天上至圣化生佛’百遍，儿之手足即便缩入。”

古代礼仪，一般在孩子出生三个月时起名，叫“幼名”，男子在20岁时行冠礼，还要另起一个名字，叫作“字”，女子15岁许出嫁，取字。佛教传入后，中国人在命名上受到影响。晋代，有不少人的名字中有“佛”、“僧”等字样，南北朝时亦然。据《古今佛道论衡》卷二，随文帝杨坚幼时寄养于尼寺，以尼姑为师，取名为“那罗延”。那罗延本是印度教三大神之一毗湿奴的一个称呼，意译为遍入天，后期佛教也将他吸收进来，作为护法神。

《大慈恩寺三藏法师传》卷九，显庆元年（公元656）十一月，武则天生皇子，据玄奘的请求提议，赐号为“佛光王”。满月后，又下诏，让玄奘在慈恩寺为皇子剃发受戒。民间这种情况很多，生下孩子后，为了好养活，请僧人给起个名字，俗称“寄僧名”或“寄佛名”，认为这样做后，妖魔邪气便不敢侵害孩子。

古时，生下孩子一周年要举行“抓周”的仪式，以观察孩子的前途。《东京梦华录》卷五和《梦粱录》卷二十《育子》条都说，孩子周岁时要举行盛礼，在家中中堂烧香“炳烛”，罗列果品饮食，然后又摆放金银七宝、玩具、文房四宝、道释经卷、秤尺刀剪、彩缎花朵等，让小孩去抓。小孩先抓什么，关系到其长大后的事业前途。

前举隋文帝幼时寄养寺院的例子已说明古时有人把孩子放在寺院抚养。其实，在晋代已有这种事。《高僧传》卷九《佛图澄传》记载：后赵石勒的“诸稚子，多在佛寺中养之。每至四月八日，勒躬诣寺灌佛，为儿发愿”。直到中华人民共和国成立前，这种情况还很多。胡朴安编《中华全国风俗志》下编卷一记天津北仓每年春夏之际有一种“小儿跳墙”的风俗。为了让儿子少生病，或者避免夭折，常常要“寄僧名”，然后着和尚装，直到12岁才跳墙换装。跳墙前，要选择吉日，买簸箕一只、毛帚一把，备下旧铜钱八枚，到时由父母领小儿到佛前烧香礼拜，然后由小儿持簸箕毛帚拂拭香案，洒扫地下，再左右二手各持四铜钱，向后撒去，跳下板凳，不回头，直跑回家，算是还俗。同书下编卷五记安徽寿春风俗亦说，当地小孩体弱多病者，有舍于寺院寄养的，到12岁才领回。此外，各地还有一些五花八门的名堂，都是为了让孩子平安成长。

（2）婚姻

中国古代的婚姻有所谓“六礼”：纳采，即向女方家里送礼求亲。问名，即向女家问清女子的名字和生辰。纳吉，即通过占卜看吉凶，得吉兆后到女家通报、订婚。纳征，即订婚后向女家送财礼。请期，即挑选结婚吉日向女家征求意见。亲迎，即新郎亲自到女家去迎亲。中国封建社会中，两千多年来大体都是这么做的。这体现了男尊女卑的观念。从纳采到亲迎，都以男方为主。但民间的情况往往比较复杂，不一定按这个程序一丝不苟地执行。更有许多“不合礼教”的婚姻。佛教传入后，佛教的一些观念也渗透到中国民间的婚姻礼俗中。表现得较为突出的是因缘说对民间婚姻的影响。即是说，男女双方的婚姻是否合适，要看双方是否有缘。而且，这种因缘是生前就已确定的，是前世的因缘。清代李光庭的《乡言解颐》卷三引《因果录》:“今世为夫妻者，前世非大恩则大仇。”这就把婚姻说成是一种“定数”，即谁该与谁结婚都是命中注定。这样，因缘说便为中国旧有的宿命论婚姻观提供了一种宗教理论上的支持。在古代的小说、戏剧作品中，这种由前生因缘而决定今世婚姻的故事很多。

（3）病

人的一生中肯定要得某种病，中国民间在缺医少药的情况下，常常求神拜佛。在许多人看来，病是一种灾难，是妖气带来的，佛家的咒语可以解除病灾。还有人认为，生病是因为做了坏事而受到的报应。这些当然都是不科学的，但民间有这种信仰，而且为祛病免灾采取与佛教有关的烧香、祈禳、许愿还愿等活动。这种情况相当普遍，有关的材料也很多，这里不必举例。

（4）丧葬

在先秦，中国就已经形成了一套整的丧葬礼仪。这套礼仪随着死者的身份地位和其亲属的经济条件等情况的不同而有不同的执行方式。但不管怎样，这套礼仪并不是仅仅是为了操作而约定俗成的，它是有着多种内涵的。其内涵中至少有下列三点是很重要的：第一，祖灵崇拜。即相信人死之后还有灵魂存在，灵魂会到另一个世界去；祖先的魂灵将保佑其子孙后人昌盛。第二，寄托哀思。即活着的人对死者确有感情，怀念其生前的品德行为及其业绩。第三，表示孝敬。即后代对长辈死者感恩戴德，以丧礼示孝，但这多半是做给活人看的。在佛教传入以后，中国人的丧礼大体上还是按老规矩办事，但增加了不少新的节目。如下葬时要求穿僧衣、薄葬、念经等。

宋朝洪迈《容斋续笔》卷十三《民俗火葬》条说:“自释氏火化之说起，于是死而焚尸者，所在皆然。”也就是说，中国传统的葬法是土葬，而火葬到了宋代已成为民间的风俗，究其渊源，是佛教的影响。

由于受佛教影响，中国旧时在人死之后，常常采取多种多样的形式为死者追荐冥福。归纳起来大约有念经、转经、设斋、造像、舍寺、建寺等几种。

追福活动自南北朝以来多有发生，史书有记载，文学作品中也常常有反映。大约到宋代，那种千僧斋会、万僧斋会、无遮大会逐渐减少，而做道场功德的却仍然很多。南宋俞文豹《吹剑录外集》曰:“温公（司马光）曰:‘世俗信浮屠，以初死七日至七七、百日、小祥、大祥，必做道场功德，则灭罪生天，否则入地狱受剉烧舂磨之苦。'”又曰：“外方道场，唯启散时铙钹，终夕讽吹讲说，犹有恳切忏悔之意；今京城用瑜珈法事，唯只从事鼓钹，震动惊撼，生人尚为头痛脑裂，况亡灵乎？至其诵念，则时复数语，仍以梵语演为歌调，如《降黄龙》等曲。”又曰：“温公至不信佛，而有十月斋僧，诵经荐祖考之训。朱寿昌灼臂燃顶，刺血写经，求得其母，公及韩、苏诸公歌咏其事。”俞文豹的意思是说，宋代从上到下都受佛教的影响，在丧事中做道场，或采取其他办法追荐亡灵，连司马光这样不信佛的人也不能幸免，其他人就更顶不住这股风气了。另外，这几段引文还提到了两个概念，一是“道场功德”，一是“瑜珈法事”，很值得注意。道场功德即是为死者开道场做功德，后来逐渐发展完善并仪式化，成为人们常说的“水陆道场”。对此，白化文先生在《汉化佛教与寺院生活》一书中作了清楚说明，现征引如下[①]：

水陆法会又名“水陆道场”、“水陆斋”。水陆之义，因此会以供饮食为主，为超度水陆一切亡魂而设，故名。又有一说，说是所供饮食，供仙人等高级人物的最后致于流水，给鬼魂的则抛撒于陆地，故名。相传汉化佛教最早的水陆道场，是梁武帝为其亡妃郗氏而设。事实上，此种法会在北宋时才盛行起来。主要内容是诵经设斋，礼佛拜忏，追荐一切亡灵。

瑜珈法事即是常说的“放焰口”。对此，白化文先生亦有解说：“焰口本是密宗的一种行仪。它的全称是‘瑜珈焰口’”。“现代放焰口，则常与丧事中追荐亡魂结合在一起。”[②]

（5）忌日

忌日是死者去世的周年纪念日，古人有在忌日纪念死者的习俗。现今仍有这种纪念，特别是民间，北方一些地区的人们每年在死者的忌日都要上坟烧纸，称为“烧周年”。这种习俗由来已久，而在唐宋两朝，此俗受佛教影响尤为明显。《容斋随笔》卷三有《国忌休务》条，讨论、考证国忌日不处理政务的起源及原因。所谓“国忌日”，指皇帝和皇后的忌日。《能改斋漫录》卷一有《忌日行香》条，征引佛经，考证国忌日行香仪式的起源，作者吴曾认为，行香仪式

① 白化文：《汉化佛教与寺院生活》，天津人民出版社，1989年版，第179页。
② 同上，第175页。

起于唐代。宋人岳珂在《愧郯录》卷十三《国忌设斋》中讲了本朝国忌日的礼仪，并列举了唐代诸皇帝皇后忌日设斋情况，宋代虽行唐代礼仪，规模却小了许多，差不多仅相当于唐代的二十分之一。“国忌”礼仪如此，上行下效，民间忌日显然不能像国忌日那么奢侈，但小规模的法事和斋僧活动也是经常举行的。《东京梦华录》卷四《修整杂货及斋僧请道》条说：“倘欲修整屋宇、泥补墙壁、生辰忌日，欲设斋僧尼道士，则早辰桥市街巷口……道士僧人，罗立会聚，候人请唤，谓之‘罗斋’。”这种“罗斋”带有雇佣与服务的性质，显然是当时的一种社会需要。

4. 民间俗语

由于佛教的输入，中国出现了一大批新的词汇。

王力先生的《汉语史稿》第四章谈到了“佛教借词和译词”问题。文中说：“佛教变成了人民生活不可缺少的一部分，佛教用语（包括借词和译词）不可避免地要输入汉语词汇里来。但是佛教借词和译词同西域借词和译词有些不同：按时代的先后来说，西域借词和译词的时代要早得多（大约早五百年），虽然后代也有一些；按影响的大小来说，佛教借词和译词的影响要大得多。”接着，他举出了一些佛教的专用语：禅、偈、般若、菩提、悉檀、阇梨、摩尼、摩诃、优婆塞、优婆夷、刹、伽蓝、蓝若。说：“若只像上面所举的这些例子，佛教用语对于汉语的影响是不大的；因为那些佛教专门用语只能通行于钻研佛教经典的少数人中间，不能成为全民的语言。但是，另外有一些词的情形就不同了，它们已经进入了全民的语言里。”接着他举出了第二批词汇，并逐一加以解释，这些词汇是：佛、塔、僧、尼、和尚、菩萨、罗汉、阎罗、地狱。又说：“如果只像上面这些词，那还不算深入到汉语的血液里，因为它们还令人意识到它们是佛教的用语。一旦佛教衰微了，它们就会渐趋于死亡。”于是他举出了第三批词汇，并进行了详细的解说，它们是：世界、现在、因果、结果、庄严、法宝、圆满、魔鬼、缘分、姻缘、因缘、功德无量和五体投地。并得出结论说：“佛教用语对于汉语的影响是巨大的。”①

方立天先生在《中国佛教与传统文化》一书中写道：“随着印度佛教著作的翻译和流传，佛教典籍中不少优美的典故和具有艺术美的新词语，被引进了我国六朝尤其是唐以后的文学作品，其中源于佛教的成语，几乎占了汉语史上外

① 王力：《汉语史稿》，北京：中华书局，1980年版，第519~523页。

来成语的90% 以上。印度和中国佛教的新词汇丰富了我国文学语言的宝库，有的甚至成为人们常用的稳定的基本词汇。”他举出了96个例子①。

方先生所举的例子与王力先生所举的例子只有个别是重复的。两者加起来有130多个。但这还远远不是全部。1993年，上海人民出版社出版了中国佛教文化研究所编的《俗语佛源》，收有词语、典故560多个，与上述100多条有重复，但没有全包括。这三者加起来仍然不是全部，我们还可以补充一些，如作用、智慧、倡导、污染、独具慧眼、大显神通、开山祖师、如获至宝、守口如瓶、家常茶饭、斩钉截铁、出淤泥而不染，等等。民间还有许多俗语也与佛教有关，如“三世修来的福”、“远来的和尚好念经”、“小和尚念经有口无心”、“三个和尚没水吃”、“小庙坐不下大菩萨”、“阎王爷不嫌鬼瘦”、“阎罗王开店小鬼不来”、“在家敬父母，何必远烧香？持斋胜念千声佛，作恶空烧万炷香”，等等。这些常用词语、民间俗语，有的是直接取自佛典而意思有所转变，有的是禅宗僧人的习用语，有的是百姓根据佛教名词发挥和创造出来的。不管怎样，这些都与印度佛教文化的传入有关。

① 方立天:《中国佛教与传统文化》，上海人民出版社，1988年版，第434页。

# 第六章

# 清至民国时期（1644～1949）

关于本章的内容，必须提到两部书：一是季羡林先生的《中印文化交流史》，二是林承节先生的《中印人民友好关系史：1851~1949》。季先生的书写到这里已经是末尾部分，书中简要概括了这一时期中印文化交流的特点，然后列举了一些相关史料，并对其时的主要著作和人物做了简明扼要的介绍和评价。林先生的书洋洋30万言，专写这一时期的中印友好关系和文化交流，资料十分丰富，内容十分翔实。因此，在写本章的时候，必须阅读和参考这两部书。尤其是林先生的书，写到民国时期，这是前人没有做过的。林先生的书，不仅资料丰富，而且有背景分析和事件始末的介绍，见解深刻，结论精审，为本章的编写提供了极大的方便。

## 第一节　清代中印关系概述

从明代郑和下西洋之后，中印文化交流开始迅速呈现颓势。从明代后期一直到清代和民国时期，中国与印度的文化交流已远不如从前那样轰轰烈烈。这一时期中印文化交流的特点，正如季羡林先生所概括的那样，是“大转折”和“涓涓细流”。他说：“我们中国同西方的交通对象一一更换。我们不得不丢开昔日文化交流的伙伴，被迫眼睛看着欧洲，另寻新欢了。简而言之，这就是我说的‘大转折’。”[①]“明清之际开始的大转折，改变了中外文化交流的‘流’的性质。中国同欧洲的交流，成了一股激流，而同有传统交流关系的亚洲国家的交

① 季羡林：《中印文化交流史》，北京：新华出版社，1991年版，第157页。

流，则成为一股涓涓细流，没有中断，但不强烈，大有若断若续之概。”①

之所以会出现这样的特点，有中外两方面的原因。从中国方面说，这一时期中国政府实行的是闭关锁国的政策，重农抑商，断绝了与世界的来往。从国外的情况来说，西方资本主义势力日益强大，控制了东西方的水陆交通，并将印度纳入了大英帝国的版图。

从清朝建立到鸦片战争之前，中国与印度几乎没有官方的直接交往，只是从陈伦炯的《海国闻见录》（1730年刊出）和谢清高口述、杨炳南笔录的《海录》（1820年刊出）等书中知道，中国人在那近二百年时间里并没有忘记印度，也还有人到那里去旅行考察。

清代后期，中国西藏和新疆等靠近印度的边境地区和印度的经常性民间往来，以及商人、民工等到印度去做生意、谋生甚至定居的人仍不少，只是这方面的文字记载不多罢了。但中国的知识分子此时对印度的关注增多，详见下文。

我国伊斯兰教界也有人在此期间借去麦加朝圣之机访问印度。如云南大理人马德新（1794~1874）、玉溪人马联元（1841~1895）都曾去过印度。

到20世纪初，中国和印度已经有定期轮船往来。康有为在《印度游记·序》中说：“今则海道大通，自粤来卡拉吉打（加尔各答）者，月有汽船六艘，海波不兴，如枕上过。粤之木工、履工集于印者数千人。吏于卫藏或商人多假途出入，岁月相望，视如门户，然而无一人记印度之教俗、文字、宫室、器用，发其祖父子孙，镜其得失别派，以资国人之考镜采择，以增益于我文明。”这说明，至少在1901年前后，广东直驶印度的客轮平均5天一班，可谓频繁。现在印度许多祖籍广东的华侨，可能多在这一时期或其后陆续进入印度。但正像康有为所说，这种民间的往来虽然不断，却没有什么人记载或介绍印度的风土人情。因此，这种交流只是小规模、低层次的，一时显现不出对中印两国文化与社会发展的影响。

辛亥革命以后，我国去印和印度来华者中有一些名人，两国间的信息和交流明显增多。这些我们将在下文予以介绍。

## 一、鸦片战争前国人的对印关注

《海国闻见录》的作者陈伦炯为福建泉州人，曾为官。其书《小西洋》一章

① 季羡林：《中印文化交流史》，北京：新华出版社，1991年版，第159页。

有关于印度的叙述，盖得之言传。虽短，却也说出了印度的地理位置、主要港口，以及英、法、荷等西方列强霸占印度港口从事殖民贸易的情况。例如，他说印度半岛三面临海，其东海岸的主要港口“有三：曰网礁腊，系英机黎埔头；曰房低者里，系佛兰西埔头；曰呢颜八达，系荷兰埔头”。而西部沿海的主要港口“有二：曰苏喇，曰网买，皆英机黎埔头，其地具系红毛置买所建也”。这段话里提到的“网礁腊”应为孟加拉的音译，具体应指加尔各答，其时被英国人控制。“房低者里”今译为本地治里，其时被法国人控制。“呢颜八达”今为纳加帕塔姆，其时被荷兰人控制。“苏喇”即今之苏拉特，“网买”即今之孟买，其时均被英国人控制。林承节先生指出：“这是中国人关于外国殖民者在印度从事侵略活动的最早记载。”①

《海录》出书的时间较《海国闻见录》晚90年。作者谢清高是个海员，亲身到过印度沿海地区的许多港口城市，如东部沿海的孟加拉（加尔各答等地）、吉大港（今属孟加拉国）、马德拉斯（今名金奈）、本地治里、纳加帕塔姆，半岛南端的科摩林角，西部沿海的阿丁格尔、科钦、卡利卡特、马艾、特利切里、果阿、马尔文、孟买、苏拉特，以及卡提阿瓦半岛等地。更可贵的是，谢清高懂得外语，做过翻译，接触到许多第一手材料。只是因为后来他成了盲人才不得不将自己的见闻口授出来，请杨炳南记录整理，尔后刊行。

《海录》中关于英国东印度公司商贸、驻军等情况都有相当详细的介绍，而且揭露了殖民统治阶级的奢华生活。对于当地物产、货币、民俗等，谢氏也予以特别关注，提到了童婚、寡妇不得再嫁等，甚至详细叙述对寡妇殉夫的火化过程。这在当时是十分可贵的记录，足以让国人大开眼界。他十分注意印度鸦片的生产，甚至到鸦片的产地去考察询问其生产过程。他不仅记载下了各地出产鸦片的种类、名称，也对鸦片向中国出口予以谴责。其关于中印贸易的记载也很宝贵，正如林承节先生所指出：“东印度公司此时已控制了通往中国的航道，中国商船最远只能到东南亚。这样，中印贸易就表现为一艘又一艘英国商船单方面来中国。《海录》这一记载如实地反映了印度在英国东印度公司统治下，在原始积累时期与中国贸易的特殊性质，也反映了印度商人在殖民统治下独立地位的丧失。”②

鸦片从印度大量输入中国，不仅使中国白银大量外流，而且严重毒害了一

① 林承节：《中印人民友好关系史：1851~1949》，北京大学出版社，1993年版，第3页。

② 同上，第6页。

部分中国人。但这是英国人造成的，并非出自印度人民的意愿。正由于鸦片的输入，便爆发了两次鸦片战争。鸦片战争以后，中国开始了受列强宰割的时代，而印度也逐步变成了英国的殖民地。

## 二、鸦片战争后国人的对印关注

鸦片战争前后，中印两国间的交往虽已减少，但中国对印度的关注仍然相当深切。尤其是中国先进的知识分子，以强烈的忧患意识体恤国情，观察世界，其中不乏对印度次大陆的关注。

梁廷枏于1846年写出《海国四说》一书，其中《兰仑偶说》四卷，主要介绍大英帝国及其殖民地的情况，涉及印度。《兰仑偶说》卷三对西方列强如何在印度争夺贸易口岸和殖民地、英国如何占据印度海岸地区的介绍，都很简明准确。卷四还谈到英属印度与中国的丝、茶、大黄、鸦片、棉花的贸易情况，及鸦片战争之缘起①。现在看来，这些介绍虽然简陋，但在当时对于长期处于闭关锁国状态下、孤陋寡闻的大清国臣民来说，仍有茅塞顿开之感。

魏源于1842年完成并刊刻出50卷的《海国图志》，5年后的1847年增加到60卷，10年后的1852年增加到一百卷。这部巨著中的第十九至二十二卷介绍了英国人征服印度的过程、英俄对印度的争夺、五印度各国的概况等；二十九和三十卷则详细介绍了五印度的历史沿革，较之《海国四说》要翔实得多。季羡林先生评价说："他编著的《海国图志》，决非枯燥的学术研究，而是一部充满了爱国激情的作品。他一方面同情印度人民，另一方面又有唇亡齿寒之悲。此时的英国殖民主义者正如日中天，气焰万丈。对中国的最大的威胁也来自这个国家。所以，魏源的斗争矛头一直是指向英国。"②

林承节先生对《海国图志》也给予高度评价。他认为，《海国图志》"在介绍印度方面有重大突破"，"它使中国人民对印度的认识由一鳞半爪而开始走向系统化、整体化"。③他从四个方面阐述了《海国图志》的突破性进步："（一）既有分区叙述，又有总体介绍，第一次给人以完整形象。""（二）《海国图志》关于英国对印度征服和统治的记叙远比《海录》细致、具体。""（三）运用中国历代史籍关于印度的记载，对印度历史沿革作了系统考察。""这个沿革考可以

① 梁廷枏：《海国四说》，北京：中华书局，1993年版，第152~153页。

② 季羡林：《中印文化交流史》，北京：新华出版社，1991年版，第168页。

③ 林承节：《中印人民友好关系史：1851~1949》，北京大学出版社，1993年版，第7页。

说是我国第一部中印关系史的材料汇编。”“（四）对我国史籍中关于印度记载的某些讹错之处作了订正。”[①]

徐继畲于1848年出版了《瀛环志略》一书，共10卷，其卷三介绍印度。徐继畲曾为高官，所写的书主要依据中外资料。但书中对印度地理和现状，对中印贸易和鸦片进口的介绍，相对新颖。在某些问题上，如印度终将被英国全部并吞等，作者表现出了政治家的远见。这对于当时人们正确认识英国殖民主义本性，了解印度的前途和命运很有帮助。

1866~1910年，清廷昏庸腐败，西方列强加紧掠夺，中国人民灾难深重，中国的知识分子不断把目光聚焦海外，探寻救国救民的良方。在此期间，中国出了一批涉及印度的著作，有自著也有翻译，季羡林先生开列的书单[②]如下：

| | |
|---|---|
| 1866年 | 斌　椿《乘槎笔记》 |
| 1871年 | 王　芝《渔瀛胪志》 |
| 1877年 | 丁韪良《中国闻见录新编》 |
| 1878年 | 黄懋材《印度札记》 |
| 1881年 | 张德彝《四述奇》 |
| 1883年 | 王　韬《韬园文录外编》 |
| 1886年 | 曾纪泽《使西日记》 |
| | 邹代钧《西征日记》 |
| 1890年 | 薛福成《出使英法义比四国日记》 |
| 1891年 | 薛福成《出使英法义比四国日记续刻》 |
| 1892年 | 郑观应《盛世危言》 |
| 1893年 | 薛福成《庸庵海外文编》 |
| 1894年 | 《中外舆地图说集成》 |
| 1895年 | 李提摩太《泰西新史揽要》 |
| 1896年 | 王之春《使俄日记》 |
| 1897年 | 麦丁高得力《海国大政记》 |
| 1898年 | 沈林一《五洲属国纪略》 |
| | 龚　柴《五洲图考》 |
| | 张煜南《海国公余辑录》 |

① 林承节：《中印人民友好关系史：1851~1949》，北京大学出版社，1993年版，第7~11页。

② 季羡林：《中印文化交流史》，北京：新华出版社，1991年版，第169页。

1901年　　吴宗濂《随轺日记》
1902年　　萧应椿《五洲述略》
　　载　振《英轺日记》
　　辻武雄《五大洲志》
1903年　　《万国历史汇编》
1906年　　《万国史略》
　　瞿方梅《非园中外地舆歌》
　　《地理志略》
1907年　　《印度志》
　　《印度新志》
1910年　　王先谦《五洲地理志略》

对以上著作中的重点著作，季羡林先生给予了简要介绍、援引和评价，最后他说："从上面及其简略的介绍中，可以看到，中国十九世纪后半至二十世纪前十年的中国的知识分子，对世界形势，尤其是对印度处境，是非常关怀的。他们同闭关锁国时期的知识分子完全不同，他们是真正挣开眼睛看世界的一代新人。他们爱自己的祖国，憎恨英人的'死亡的贸易'（泰戈尔语），同情印度人民。"①

1878年夏，受清廷派遣，黄楙材等一行六人取海路赴印度考察。黄楙材在印度逗留近半年，加上途中往返耗时，共一年五个月。回国后，黄楙材写有日记、札记，绘制了印度地图，并写有《游历刍言》等著作。

关于黄楙材的印度之行和他的书，林承节先生在《中印人民友好关系史》中有专章（第二章）介绍和评论，可谓详细而精当。他首先介绍了黄楙材被清廷派往印度的背景和出访目的，然后讲述了黄楙材旅印的过程及其在印度近半年的考察活动，最后分析评价了黄楙材在介绍印度方面的新贡献。他认为，黄楙材的记载"进一步弄清了印度地理，记载了人文地理方面的新变化"。②关于黄楙材对英国殖民者政策的记载，林先生指出："黄楙材居印，时间非短，感触良多。他这样详细地描述殖民政权的各种政策，是以往所有记述印度情况的书籍所不曾做到的。这些记述使中国人对印度的了解深化了一步。"③

① 季羡林：《中印文化交流史》，北京：新华出版社，1991年版，第175~176页。
② 林承节：《中印人民友好关系史：1851~1949》，北京大学出版社，1993年版，第20页。
③ 同上，第24页。

林承节先生的书中还用专章（第三章）介绍和评论了马建忠、吴广霈的印度之行及其南行日记。马、吴二人是清朝派往印度同英人交涉鸦片事务的专使。他们于1881年下半年到印度，在印逗留25天。关于此行，二人分别写有《南行记》（1896年刊行）和《南行日记》（1890年刊行）。林先生评论道："马建忠的使命虽然失败，他和吴广霈此次印度之行的意义并不因之减色。他是近代中国第二个派赴印度的官方使者。他和吴广霈是近代中国最早游历过印度并作了记载的少数人中的两个。他们的南行日记是19世纪中国人记述的关于印度见闻的十分珍贵的史料。"①

日记中有英人并吞印度的记载，有关于印度人反抗英国人的记载，表现了他们对印度人民的同情。同时，他们还细心观察印度社会民情，记载了一些印度人的风俗习惯。他们在参观一些名胜古迹，以及公园、博物馆等处后，都有详细记录，并发有感慨。林先生说："继黄懋材的游记之后，《南行记》和《南行日记》的出版，使中国人对印度又增加了新的知识，特别是对殖民统治下的印度社会状况，开始有了一些认识。"②

薛福成，作为一名清廷的外交家，出于对中国民族利害关系的考虑，也十分关注印度问题。1889年，他被任命为出使英、法、意、比四国大臣，黄遵宪被任命为驻英二等参赞。1890年，二人同船西去，后来都有涉及印度问题的著作出版。

薛福成十分关心鸦片贸易问题。在他的《出使英法义比四国日记续刻》中，于光绪十七年（1891）三月十一日记载了鸦片的种类和产地，说："以每年十万箱计算，约合价银六千万两。"十月二十七日记茶叶贸易事云："绿茶为中国出产之大宗。近则外洋各国，效中国之长，夺中国之利，茶则印度、锡兰、日本种植皆多，烘焙亦日讲究，色香味俱佳。"

有趣的是，他还对印度的人口问题予以关注。他于光绪十八年闰六月十七日记道："去年印度编查户口，共有二万八千八百五十万九千六百余口。"③"去年"指1891年，这一年，英国殖民当局首次在印度实行人口普查。自那以后，形成了一个惯例，直至今日，印度每十年进行一次人口普查，最近一次是在

① 林承节：《中印人民友好关系史：1851~1949》，北京大学出版社，1993年版，第37页。

② 同上，第44页。

③ 以上三段引文，均转引自季羡林：《中印文化交流史》，北京：新华出版社，1991年版，第172~173页。

2011年。这恐怕是我国最早关于印度人口普查的记载。这个记载的意义还在于：印度政府信息和传播部近些年来公布的权威性年鉴一直沿袭一种说法，都说印度的人口普查开始于1901年[①]，根据薛福成的这个记载，如果再查一下历史档案，似乎应该再提前10年。

## 三、大起义中的相互同情

19世纪50年代，历史又一次使中印两国人民遭遇了相似的命运。1857年，印度爆发了空前的反英民族大起义，而在中国一侧，已出现了太平天国农民革命运动（1851~1864）。这两个大起义虽然一个发生在中国一个发生在印度，但实际上彼此是有关联的。而关联点就是英国殖民者在中国和印度的特权和利益。这样，就忙坏了英国殖民主义者。他们一边要镇压印度的民族大起义，一边还要保住他们在中国的利益，与清朝政府相勾结，参与镇压中国太平天国的革命。

对此，林承节先生有详细叙述和精彩的分析。他首先指出："当中印两国人民在爱国封建主或下层人民起义领袖领导下开始进行反殖反封斗争的时候，两国革命者中没有人能认识到他们的斗争间的相互联系和相互影响。阶级的和历史的局限性约束了他们的思考，使他们不可能想到这个问题，因而，两国人民的斗争尽管起了明显的客观上相互支持的作用，并没有人能了解。"[②]他举出了下面的事实来说明这种关联：1857年4月，广州人民的反英斗争给予英国殖民者沉重打击，英国驻华公使曾致信印度总督坎宁，请求派兵五千人和一支炮队支援。但由于当时印度正处于大起义前夕，不断发生兵变，无法调兵援助，英政府便于1858年3月委派特使额尔金从毛里求斯调兵赶赴中国。6月，额尔金率军行至新加坡，因印度民族大起义危及英人政权，坎宁要求额尔金增援印度。额尔金将大部分军队调转印度。不久，这些本来被派往中国的军队便到了印度，在勒克瑙等地参战。"这样，英国在中国扩大侵略战争的计划，只好推迟到第二年才进行。"[③]而在印度，面对如火如荼的大起义，英军仍节节败退，龟缩于少数几个据点。于是，坎宁再次向额尔金紧急求助，但此时的额尔金已经无法从中国抽调兵力了。"中国人民的斗争使英印当局更多更快地集中兵力镇压起义的

① 印度政府信息与传播部：《印度2006》，新德里，2006年印地文版，第7页。
② 林承节：《中印人民友好关系史：1851~1949》，北京大学出版社，1993年版，第46页。
③ 同上，第47页。

计划无法实现，对大起义也是一种无形的支援。”①

林先生又说到中国人民为印度民族大起义欢呼的情形：大起义爆发并取得节节胜利的消息最先是从香港传入广州，然后扩展到广东省。出于对英国殖民主义者的同仇敌忾，广东人都盛传这些消息，以至奔走相告，人心大快。

印度的大起义失败了，英国殖民主义者终于能够腾出手来集中力量对付中国了。他们先是联合法国，迫使清朝政府签订新的不平等条约，继而帮助清政府镇压太平天国农民起义。他们把一批印度士兵派到中国作战。“这不仅是为了弥补英军兵力的不足，也是为了实现用亚洲人打亚洲人的恶毒阴谋。”“然而，出乎他们意料的是，印度士兵中却有少数人，在接触到中国实际后，觉悟到自己被利用，在中国革命大势的影响下，在太平天国革命政策的感召下，毅然掉转枪口，转到太平军方面来，和中国革命者并肩战斗，成了他们的忠实战友。有些战士光荣捐躯，英魂烈骨永远留在中国的大地上。”②说到这里，林先生通过许多史料证明了当时太平天国军队中确实有一些印度人在太平军中服务。

1900年，中国的义和团运动爆发。英国当局又从印度调集军队到中国镇压义和团运动，其中仍有不少印度士兵。非常令人感动和难忘的是，一名叫作戈达达尔·辛格的印度士兵，用印地文写下了一份日记，记下了他随部队从印度出发到中国天津，又从天津进入北京的过程，也记下了他在这个过程中的所见所闻和自身感受。回国后，他将自己的日记以《在中国的十三个月》为题出版。这份日记十分珍贵。作者在其中表达了他对中国人民的认同感：他认为中国人是信仰佛教的，与他的信仰是相同的，因而他反对去打中国人，反倒觉得应该帮助中国人。他揭露了帝国主义者在中国犯下的暴行，抢劫、杀戮，惨无人道。从他的日记里还可以知道，英国军队里同情中国人的印度人不止他一个。

林承节先生总结得好：“广州人民对印度大起义的欢欣鼓舞，觉醒的印度士兵对中国革命事业的真挚同情，这些动人的事例都清楚地表明了，两国下层人民面对共同的命运本能地趋向于相互同情。”③

---

① 林承节：《中印人民友好关系史：1851~1949》，北京大学出版社，1993年版，第47页。

② 同上，第49页。

③ 同上，第54页。

## 四、哲学家辨喜对中国的预言

辨喜（1863~1902）[①]是印度近代最著名的哲学家、社会活动家。他的思想在印度民族主义运动中起到过巨大的作用。他在大学学习期间结识了印度著名的宗教改革家罗摩克里希那，并成为其弟子。1893年以前，他以托钵僧的身份走遍了印度大地，了解了英国殖民统治下印度的社会现实。他接触到各种各样的人，尤其是下层社会的穷苦民众，对他们产生了极大的同情。他一生写有许多著作，涉及范围很广，但主要是哲学和社会改革方面的内容。

1893年，他利用去美国芝加哥出席世界宗教会议的机会，顺路访问了中国的香港和广州等地，留下了深刻的印象。此后，他便时常在演讲和文章中提到中国。

他对中国文化比较了解。他说过这样的话："中国今天虽然象一个无组织的团体，但是在她的伟大的盛年时期，她拥有任何国家所不知的、最可羡的组织。我们称之为现代的很多技巧和创造，在百年甚至几千年前的中国人那里就已实行了。竞争的科举制度是一个例子。"[②]这里，辨喜给了中国古代文化以很高的评价。

他对中国的小孩子也有很高的评价，并揭示出中印两国的贫困现实，对中印两国人民的处境予以同情。他说："中国的孩子真象一个哲学家，当你的印度孩子几乎还在用四肢爬行时，他们已乖乖地进行了工作，很懂得必然性的哲理。极端的穷困是使中国人和印度人仍然处于文化僵死状态的各种原因中的一个，对于一个普通的印度人和中国人来说，每天的生活必需是十分可怕的，因而再也不允许他们去思考其他的东西了。"[③]

同时，他也看到了中国旧社会上不良习俗，尤其是妇女缠足的恶习。他说："我们在香港逗留了三天，然后再去广州游览……广州是我们所看到的最肮脏的城市。""从未见到一个中国仕女……只看到了劳动阶级的妇女，在这些妇女中，人们经常可以见到一个妇女的脚比你们最年轻孩子的还要小，当然不能说她们是在走路，而是在跛行。"但是，他还是对中国人的道德表示了认同："除了中

① 辨喜，原名那兰德拉纳特·达特（Narendranath Datta），1893年以后开始使用维帷卡南达（Vivekananda，意译为辨喜）之名。

② 转引自黄心川：《印度近代哲学家辨喜研究》，北京：中国社会科学出版社，1979年版，第125页。

③ 同上。

国以外的其他国家，我注意到它们可笑的和神秘的仪礼观念。……中国的男女从头到脚全身覆盖着，中国人是孔子的门徒，佛陀的弟子，他们的道德是非常严格和高尚的。……中国人非常憎恨基督教徒，但在另一方面，他们对待其他宗教是十分宽容的。”[①]

辨喜在中国逗留的时间很短，除了他亲眼看到的以外，大概他还从其他渠道对中国给予了特别的关注，进行了比较深入的了解。

最有趣的是他对中国未来前途的预言。他首先认为，这个世界“第一是婆罗门的统治，其次是刹帝利的统治，目前的世界正由吠舍统治着，下一个将是首陀罗的统治，我正要知道将要在那里建立第一个首陀罗的国家，它必然在俄国，或者在中国，在这两个国家中，众多的人们群众被压迫和被践踏着”。[②]他用印度的四个种姓来看待世界上不同的阶级，他所说的吠舍，显然指的是资产阶级，而首陀罗则指被压迫的无产阶级。他还说：“是的，世界的首陀罗将要起来，那是社会的推动者湿婆的命令，整个东方将要复兴，重新建立一个人道的世界，这是象白昼光明一样清楚的，瞧着！中国未来的伟大，并且随着中国，所有亚洲其他国家也有未来的伟大。”“你没有看到吗？我通过外幕看到未来世界的影子，依靠上帝的恩惠，经过多年深入的观察，已经给与了我这个见地。阅读和履行是一种亲证，正象天文学家通过望远镜观察到了星体的运动一样，世界的运动同样投入了我的视觉范围以内，请相信我的话吧！这个首陀罗的兴起首先将要在俄国发生，然后将在中国发生，印度将要紧接着兴起，并且在形成未来的世界中表现出重要的作用。”[③]他的话带有一些神秘主义色彩，但后来世界的发展变化却活生生地验证了他的预言。

那个时期到中国来的印度人肯定不止辨喜一个，对中国怀有同情和友好心情的也肯定不止他一个，只是他有记载而别人没有记载罢了。我们可以把他看作那个时期的代表，可以通过他的记载，看到印度人民对中国的认同和友好。

## 五、戊戌变法与前车之鉴

发生于1898年的戊戌变法是近代中国史上的大事件。然而，就是这样一个

① 转引自黄心川：《印度近代哲学家辨喜研究》，北京：中国社会科学出版社，1979年版，第126页。

② 同上，第123~124页。

③ 同上，第124页。

事件，也与印度有关。如上文所说，中国先进的知识分子始终关注印度。这一方面是因为印度与中国毗邻，还因为历史上中印间有着密切的交往，尤其是佛学成为中国国学的一个重要组成部分，佛教作为一条纽带联系中国和印度达两千年之久。印度沦为英国的殖民地，对中国知识界有着极大的震动。在中华民族积贫积弱、面临危机的关头，他们不能不把印度当作中国的前车之鉴。

戊戌变法的主要代表人物为康有为及其弟子梁启超等。其中，康有为很早就关心印度问题，并且与印度有着不解之缘。

他在其自编年谱“光绪十年（1884）”条下写道：“早岁读宋元明学案、《朱子语类》，于海幢华林读佛典颇多，上自婆罗门，旁收四教，并为算学，涉猎西学书。”其后，他于光绪十六年（1890）著《婆罗门教考》[①]。也就是说，他从读佛典开始关注印度问题，进而涉猎现代西方科学，并写出有关印度的著作。

在戊戌变法前夕，他在《京师强学会序》和《保国会序》等文章中曾反复强调，中国要以印度为前车之鉴，尽早实行变法，以免亡国。康有为又多次上书光绪，分析印度亡国的原因。1895年5月，他在《上清帝第二书》中说：“才智之士多则国强，才智之士少则国弱。土耳其天下陆师第一而见削，印度崇道无为而见亡，此其明效也。”

经康有为等人的不懈努力，1898年光绪帝变法维新，但由于西太后为首的保守派势力强大，变法只进行了三个来月便以失败告终，所以史称“百日维新”。康有为梁启超二人流亡海外。同年，康有为在英人帮助下避祸槟榔屿，10月底，乘船前往他向往已久的印度。他于11月2日抵达加尔各答，月底卜居大吉岭。在这近一个月的时间里，他在女儿康同璧等人陪同下游览了印度的一些名胜古迹。11月14日到阿格拉，参观泰姬陵；15日参观阿格拉堡；17日到马图拉；19日到德里。

参观完泰姬陵和阿格拉堡之后，康有为写了一首绝句：

遗庙只存摩诃末，
故宫同说沙之汗；
玉楼琼殿参天影，
长照恒河月色寒。

诗中，“摩诃末”为穆罕默德之异译，此处指阿格拉堡的清真寺；“沙之汗”

---

① 康有为：《康南海自编年谱》，北京：中华书局，1992年版，第12、19页。

即印度莫卧儿王朝第五代皇帝沙·贾汗。

康有为满以为这次来到印度，可以与他在中国书籍中所了解的那样，看到一片西方净土，看到佛教的兴旺。他觉得，即使在英国人的治下，也不至于看不到佛教信徒。可让他完全没有料到的是，佛教在当时的印度已荡然无存，人们甚至不知道自己生活的这片土地上曾经有过佛教。他失望、悲愤，也对印度当时的现状不满，写下了这样的诗句：

黄面黑足披白毡，
尘沙遍地来乞食。
当时瞿昙率徒游，
而今扫地无佛迹。

他在印度居住达一年半，周游各地，并写下《印度游记》和《须弥雪亭诗集》，著名的《大同书》也在此期间整理完毕。他在《印度游记·序》中说："中国人之游印度者，自秦景、法显、三藏、惠云而后千年，至吾为第五人矣。"他对中印文化交流的掌故似乎不十分清楚，加之无资料可查，文中或有与史实相参差处。其实，古代游印度而留下姓名者，何止五人？但从康有为的话中却可以看出，他以"第五人"自居，是怀着一种沉重的历史使命感去周游印度的。

1909年6月，康有为游锡兰。9月，他再游印度，并赋诗曰：

匪兕虎耶游旷野，
又何沙矣再西游。
庄严净土成淫祀，
胜会灵山今冷秋。
全印无僧无佛法，
有生尽劫尽离忧。
本来不作生天想，
为拯斯人甘狱囚。①

再次流露出我不下地狱谁下地狱的使命感。

他一生不忘以印度沦为英国殖民地的历史教训警诫国人，《大同书》开卷

① 康有为:《康南海自编年谱》，北京：中华书局，1992年版，第149页。

即曰：“康有为生于大地之上，为英帝印度之岁。”直到1921年，在他致赵恒惕的文中还说：“吾国人寡至印度，不知印度之所以亡，而不戒也……中国既有军阀专制，则只有割据之军治，而民治无自而生，故军阀未除，自治二字不必假用……诸公未至印度，不知印度以分裂内争，自亡其国百年之惨也。吾遍游五印度，居之十五月，乃粗知之也。印人苦难万千，不能一二数也。公等必欲举吾中国万里之土，四万万之民，投而为奴，使从印度之后，听人鱼肉，则日倡联省自治之说可也。”

林承节先生统计了康有为和梁启超文章中提到印度的次数，他说：“康有为著作中讲到印度的约有80篇200处，梁启超有近100篇200多处。”①

梁启超没到过印度，但他通过各种渠道对印度的了解并不少，所以他在著作中提到印度更多。

梁启超也在《论不变法之害》中说：“印度，大地最古之国也，守旧不变，夷为英藩矣。”1901年，梁启超发表《灭国新法论》，指出印度亡国乃因英人之“灭国新法”，“英人之灭印度，非以英国之力灭之，而以印度之力灭之也”。“盖当其侵略之始，攻印度人者印度人也，当其戡定之后，监印度人者印度人也。”在同年发表的《瓜分危言》中，他再度告诫国人，要“视印度及诸亡朝之覆辙”，防止列强“以支那人伐支那人”。如是的例子很多，不必一一列举。

从这些言论可知，当时主张变法的改良主义先驱们，对印度的情况相当了解。他们以印度的遭遇为例，谆谆告诫皇帝和国人。同时他们对印度沦为英国殖民地满怀同情之心，哀其不幸，怒其不争。

对康、梁关于印度问题的一系列言论，林承节先生总结说：“康、梁对印度的论述，尽管有许多不足，但从近代中印两国人民重建友好关系的角度看还是很有意义的，是承上启下的一个重要环节。”②

## 第二节　民国前后的中印关系

### 一、辛亥革命前后的中印革命志士

1905年，为反对美国歧视虐待华工，反对中美华工条约，上海工商界于5

① 林承节：《中印人民友好关系史：1851~1949》，北京大学出版社，1993年版，第57页。
② 同上，第69页。

月10日举行会议，决定抵制美货，并通电全国。全国各地热烈响应，掀起了一场反美爱国运动。此时的印度正在进行反对英人分割孟加拉的斗争。7月19日，《巴里萨尔之友报》指出："孟加拉能效仿中国人抵制外国货吗？如果他们能做到这点，在他们面前道路已经廓清了。"当时印度民族独立运动的最主要领导人提拉克（B.G. Tilak）也在演讲中以中国的事情鼓舞印度人民，号召学习中国人，"用团结、勇敢和决心战胜他们的高傲的统治者"。12月2日，在马德拉斯士绅会的会议上，发言者纷纷要求国大党以中国的斗争为榜样，把抵制运动推广至马德拉斯。英国殖民者也看出了这一点，在报上说："那些对抵制决议负责的人无疑是受了中国人的榜样的激励。"①

辛亥革命的领袖中，孙中山和章太炎是最关心和了解印度问题并与印度革命者颇有交往的二人。孙中山有若干文字谈论印度问题。如《中国存亡问题》中，他说："印度之经营，乃自一公司始，资本裁七万镑耳。中间有葡萄牙之先进，复遇法、荷之东印度与为竞争。适印度小国互相攻击，而皆借助于外人。克雷夫，印度公司中一书记也，凭其智力，煽构印度诸王，假以资粮器械，已则乘之收其实权。""英之所以为帝国者，在印度不在英伦"；"英国经济之基础，即其国家之命脉，在于印度"；"英国若无印度，即不成为帝国矣"，"大英帝国亦惟有瓦解而已"。时至今日，事实证明了中山先生的预言。1905年，孙中山自欧赴日，在东京成立中国同盟会。其时，印度留日学生日多，并有一些革命者前往。"孙逸仙能把出现在远东许多国家里面的问题综合起来加以研究，这些问题都有许多共同点，孙逸仙因此成了一群来自朝鲜、中国、日本、印度、泰国、菲律宾的青年学生的热情鼓动者之一。"辛亥革命后，印度志士仁人给孙中山以很高评价，国大党领袖奥罗宾多·高士（Arabinda Ghosh）和其后的国大党领袖M.K.甘地都把孙中山看作是现代中国的缔造者，把他比作印度的提拉克。当时印度的秘密革命组织中流传着"这位伟大的中国领导人的许多事迹"。1911年孙中山在美国檀香山时，会见了印度革命家哈尔·达雅尔（Har Dayal）。后者于1913年在旧金山成立卡德尔党。同年该党在萨克拉门多举行会议，会议厅里悬挂的世界伟人肖像中，有孙中山、列宁、马志尼和1857年印度民族大起义的领袖章西女王（Rani of Jhansi）、唐地亚·托比（Tantia

① 转引自唐文权：《东方的觉醒——近代中印民族运动定位观照》，长沙：湖南出版社，1991年版，第153页。

Topi）等。

孙中山在“二次革命”失败后即东渡日本，1916年回国。在此期间，又有不少印度革命者与他接触。如著名革命家拉·比·鲍斯（R.B.Bose）等，都与孙中山有着深厚的友谊。特别是鲍斯，在遭英印政府通缉时逃亡日本，曾得孙中山鼎力相助。他于《革命之印度》一书中忆道：“余抵日后，得与同是亡命于日本之孙文氏订交，荷孙氏之援助，殊非鲜少。当时孙氏对余之安全问题非常焦虑，盖英国政府对余早经悬红购缉，印度之车站警署，均有余之照片标贴示众，余之行踪若一旦为英政府所探知，则必向日政府要求过渡故也。”此后，孙中山回国，因忙于国内事务，没有再与印度友人联络。但他对印度的关注却始终未曾减少。1921年，他在讲演中说：“观最近英文报所载，印度人之革命而被英国政府逮捕者，为数达六百余人。可见印度之革命精神，颇有进步，未必终为英国所屈也。”此外，他还在各种场合的演讲中经常提到印度，赞扬印度的觉悟和独立运动的发达。

第一次世界大战后，英国洋洋得意，势力显赫，但孙中山却指出：“现时像埃及、印度这样的国家，处于英国人大武力压制之下，所以一时不能成功。假若英国一时衰弱了，埃及、印度不要等五年，他们马上就要推翻英国政府，来恢复自己的独立地位。”这一预言同样为历史所证实。1923年，他写道，“受屈人民当联合受屈人民以排横暴”，“在亚洲，则印度、支那为受屈者之中坚”。1924年，泰戈尔来华，孙中山写信给他：“我极为希望在您抵华时，能获得亲自迎接您的特殊荣幸。向学者表示敬意乃是我们的古老风尚。但我将欢迎的您，不仅是一个曾为印度文学增添光辉的作家，而且还是一个在辛勤耕耘的土地上播下了人类未来福利和精神成就的种子的杰出劳动者。”但由于种种原因，两人未有谋面。

1925年，孙中山与世长辞。1927年，国民党和广东革命政府的代表利用布鲁塞尔世界被压迫民族大会之机与尼赫鲁接触，以两国民族主义力量的名义发表中印联合宣言，实现了孙中山生前遗愿。1929年，国大党工作委员会通过决议，派代表参加孙中山的葬礼。国大党领导人C.达斯（Chittaranjan Das）曾在悼文中赞扬他不仅是中国革命的伟大领袖，也是“亚洲人民之精神领袖”。

章太炎早在1902年旅日时即与印度志士交往，研讨两国前途，印度友人曾对章太炎说：“诸君来此勉自修学，吾国长已矣，贵国则尚可图也。”1906年他再度赴日，与印度志士结交更广更深，其人有释迦氏、带氏、钵逻罕、保什等。

此时他出任《民报》主编，时常著文介绍和评论印度问题。当时他提出中印联合的主张，写出《支那、印度联合法》、《答祐民书》两篇文章。

1907至1908年，章太炎又写出《印度中兴之望》、《记印度西婆耆王纪念会事》、《印度独立方法》等文章。仅1908年6~10月间，《民报》转载印度报刊文章和传单达18篇，章太炎的目的是“使汉族同志得以参观，亦令梵种义声暴著海内”。他在《印度中兴之望》中说：“东方文明之国，荦荦大者，独印度与中国耳。言其亲也，则如肺腑；察其势也，则若辅车。不相互抱持而起，终无以屏蔽亚洲。”1907年4月，中印革命者在东京带头创立亚洲和亲会，与会的中国人有章太炎、张继、刘师培、何震、苏曼殊、陶冶公、陈独秀、吕公侠等，印度人有钵逻罕、保什、带氏等，此外尚有日本、越南、缅甸、菲律宾、马来亚、朝鲜等国志士。章太炎亲自为和亲会撰写了《亚洲和亲会约章》，树起了反对帝国主义和“互相扶持，使各国独立”的旗帜。①

## 二、印度名士对华抗战的声援

除了前面涉及的内容，民国期间的中印文化关系中，有几个重要人物和事件需要介绍。

### （一）圣雄甘地

20世纪20年代以来，圣雄甘地（Mahatma Gandhi）之名在中国很响亮。据统计，从20年代到40年代，中国出版有关甘地及其主义的书籍达27种，仅罗曼·罗兰（Romain Rolland）的甘地传记就有3个译本，而甘地的自传则有4个译本。当时的《东方杂志》刊登有关文章不下六七十篇，并一度辟有《甘地与新印度》的专栏，发文7篇；1948年当其遭暗杀后，又有纪念文章13篇②。他在中国有如此大的影响，原因之一是中国人民对友好邻邦印度始终怀有深情。而他对中国也给予极大的同情和声援，对中国的未来充满希望。

林承节先生指出：“要说甘地对中国的友好感情，光讲抗日战争这一时期是不够的。”“甘地与中国人民的友谊始于20世纪初他在南非时。1942年在给蒋

① 以上四个自然段，根据林承节、林立的《孙中山与印度革命运动》（载1991年第4期《南亚研究》）一文和湖南出版社1991年出版的唐文权的《东方的觉醒——近代中印民族运动定位观照》有关章节编写。

② 唐文权：《东方的觉醒——近代中印民族运动定位观照》，长沙：湖南出版社，1991年版，第238页。

介石的信中，他不无自豪地叙述了这段历史。信中说：‘很早以前，1905年到1913年间，当我在南非时，我就和住在约翰内斯堡的不大的中国侨民团体有经常的接触。他们开始是我的主顾，以后成了南非印度人开展消极抵抗斗争的同志。我逐渐了解他们……羡慕他们的俭朴、勤勉、智慧和团结。’”①接着，林先生在自己的书中列举了大量事实，说明甘地对中国的关注和声援，在南非时期是这样，在后来他成为国大党的精神领袖时也是这样。

1937年4月14日，泰戈尔创办的国际大学举行中国学院成立典礼，甘地得知消息，提前给泰戈尔写信表示祝贺：“愿中国学院作为印中结合的象征。”同时他还给在国际学院工作的谭云山写信：“是的，我们确实需要促进中印两国人民的文化联系。你们的努力诚可钦佩。”同月，他在接见中国留学生魏凤江时说：“中国是个多么伟大的国家呀！我爱中国，我爱中国人民。”7月，当抗日战争爆发的消息传到印度时，他说：“中国已经在抵抗日本侵略者了。胜利一定属于中国人民，因为真理在你们一边！”②对日本法西斯侵略中国的行径，甘地曾在各种场合多次予以谴责。

早在1932年，对于日本侵占中国东三省，他在写给友人的信中说：“说到日本和中国，我们的同情必然是在中国方面。”③1938年，当印度援华医疗队来华时，甘地称他们为“快乐天使”，说：“这些快乐不仅能扶病救伤，而且能用爱把这两大民族的心紧紧连在一起。”④

在此期间，甘地先生曾经会见过很多中国人，有代表团也有零散的学者，也给中国的官员写过信（如蒋介石、孔祥熙等）。他始终一贯地表达着他对中国人民的友好感情和对中国抗日斗争的支持。⑤

**（二）泰戈尔**

罗宾德罗那特·泰戈尔（1861~1941）是近代以来中国人民最熟悉最爱戴的印度朋友。他早在1881年20岁的时候就很关心中国问题，曾写过一篇激烈谴责英国人到中国贩卖鸦片的文章，叫作《在中国的死亡的贸易》，说：“这种贸易和

---

① 林承节：《中印人民友好关系史：1851~1949》，北京大学出版社，1993年版，第303~304页。

② 魏凤江：《在甘地先生家里》，载《南亚研究》1985年第1期。

③ 转引自林承节：《中印人民友好关系史：1851~1949》，北京大学出版社，1993年版，第312页。

④ 同上。

⑤ 同上，第312~319页。

积累财富的方法，只有用客气的口气才能叫作贸易。它简直就是强盗行为。”

1916年，他于访日途中驻足新加坡，见到中国的码头工人，从他们身上看到了“蕴藏着的整个中国的巨大力量”。他写道：“中国这种巨大的力量，一旦能够在现代化的道路上运行，那就是说，掌握现代科学，那时候在世界上恐怕没有任何力量可以阻拦它的前进。”今天，我们对照中国社会的现实，再来看他90年前的预言，不能不感到惊讶！一个伟人，他之所以伟大，不在于他的形象，而在于他的内心，在于他的思想，在于他对客观事物敏锐的洞察力和超前的认识。

1937年七七事变以后，泰戈尔对日本原有的期望破灭了，9月21日，他复电蔡元培说：“我和我的人民完完全全同情你们国家。”10月11日，他在报上发表文章，谴责日本轰炸中国城市，支持印度抵制日货的运动。1938年1月9日，他对印度人民举办支援中国日表示坚决的支持。4月，他写信给蒋介石写信说：“你们的邻国，它继承了你们的文化礼物时理应和你们建立起同志关系而最后受益，却突然受到西方帝国主义贪婪的传染而把在东方建立起一种高尚精神命运的机遇变成阴暗的灾难。它那穷兵黩武的咆哮，它那杀人如麻的残狠的纵情，它那对教育中心的摧毁，它那对人类文明道德条规的毫无血性的背道而驰使正在为自己在新时代中挣扎出荣耀和显著地位的现代亚洲精神受到羞辱。”[①]6月，泰戈尔发表《致中国人民书》；9月，他连写两封义正词严的信痛斥日本军国主义分子，说：“中国是征服不了的，她的文明有无穷无尽的潜力，她的人民不顾一切地忠于国家，空前地团结了起来，正为那个国家创造着一个新的世纪。”泰戈尔对中国人民有特殊的亲近感，不仅在道义上声援中国的抗日战争，而且还以实际行动资助印度援华医疗队到中国参加反法西斯的斗争。[②]

## 三、印度援华医疗队

抗日战争时期，印度派医疗队援华既是中印友谊史上的伟大事件，又是一

① 谭中：《父亲谭云山平凡伟大的一生》，谭中编《谭云山与中印文化交流》，香港中文大学出版社，1998年版，第62页。

② 以上泰戈尔的言论，除特别注出者，其余均转引自季羡林：《泰戈尔与中国》，载《社会科学战线》1979年第2期。

次重要的中印文化交流，值得大书特书。①

1937年，一个印度人来到伦敦。他的名字叫爱德尔，是印度国大党主席尼赫鲁的内兄，早年毕业于英国爱丁堡大学，任英国皇家外科学院会员。此前他参加国际纵队在西班牙救死扶伤，刚刚归来。他到伦敦后，与侨居伦敦的印度进步人士一起为支援中国人民的抗日战争而成立了中印委员会，并着手筹备组织医疗队援华事宜。尼赫鲁得知消息，于9月20日写信祝贺道:“我高兴地获悉中印委员会在伦敦成立。中国和印度是世界民族之林中两个古老的国家，它们的文化源远流长，绵延不断，一直可以追溯到历史的黎明时期。数千年来，无数的纽带把印中两国联系在一起，因此每当中国遭受苦难时，就很自然地会引起印度人民的同情……在这被战争蹂躏的世界上，应该记住中国和印度是两个始终主张和平的国家，总有一天她们的声音会响彻人寰。尽管我们自己眼下软弱无力，为中国人民做不了多少事情，但我们的心是和他们在一起的，我们应该竭尽全力地帮助他们。”②

1937年11月24日，尼赫鲁在阿拉哈巴德向新闻界发表声明:“最近，我曾提请印度人民注意日本侵略中国造成的恐怖事实，呼吁他们向中国同志们提供医药方面的帮助。今天，我收到了中国八路军总司令朱德的呼吁书。大家可能记得，朱德是一支有名军队的统帅，这支军队在几年前克服了难以想象的困难，完成了远征8 000英里的壮举，写下了军事史上独一无二的篇章。我建议于1月9日星期日在全印举行‘中国日’活动，届时举行集会，筹集款项，以向中国提供医药。捐款和物品请送阿拉哈巴德市自治厅全印国大党对外部。”③

尼赫鲁的呼吁得到泰戈尔的积极响应，他宣布为援助中国的基金提供捐助。1938年1月9日，尼赫鲁在阿拉哈巴德举行的“中国日”集会上对泰戈尔的慷慨之举表示感谢。19日，他在致泰戈尔的信中又说:“昨晚收到你的电报，得知你将为中国救济基金慷慨解囊，极感欣喜。除款项本身之外，你在支援中国方面所起的带头作用对我们来说是无比珍贵的。也许你已知道，尽管我们的友好表示和具体帮助是微不足道的，但已给中国人民留下了深刻的印象。”④

---

① 以下内容均依据世界知识出版社1988年出版的中国人民对外友好协会、中国社会科学院南亚与东南亚研究所编《中印友谊史上的丰碑——纪念援华医疗队》一书。

② 同上，第38页。

③ 同上，第27页。

④ 同上，第28页。

“中国日”活动得到印度各政党、工会、农民团体、全印妇女大会、印度进步作家协会和各界人士的有力支持。尼赫鲁选定爱德尔大夫为援华医疗队队长。8月底，经过选拔的五名医疗队成员在孟买集中，他们是：

队长M.M.爱德尔（1886~1957，中国名字为爱德华，又称爱德）

副队长M.R.卓克（1882~1962，中国名字为卓克华，又称卓克）

队员D.S.柯棣尼斯（1910~1942，中国名字为柯棣华或可棣华）

队员B.K.巴苏（1912~1986，中国名字为巴思华或巴苏华）

队员D.慕克吉（1912~1981，中国名字为木克华或慕客华）

临行前，接替尼赫鲁的新任国大党主席苏巴斯·钱德拉·鲍斯发表声明说：“印度国大党组织的医疗队前往中国是个历史性的时刻。我们很自然地想起了久远的时代，国与国之间的联系把印度与别的国家连接在一起。我们与中国的关系一直十分亲密。我们两国都热爱和平，在文化和哲学思想上有着亲缘关系。跟古代的印度传教者一样，医疗队的大夫将作为服务、友谊和爱的使者前往中国。”①

泰戈尔也发去电报，说：“欣悉印度国大党以医疗队的方式在中国急需的时刻向她提供帮助。印度正从事的这种医治工作，即使在人类流血的记忆在我们头脑中消失很久之后，仍将继续把东方民族兄弟般地团结在一起。”②

1938年8月13日，国大党孟买省委员会为五人举行隆重的欢送大会。9月1日，5名战士带着一辆救护车、一辆救护卡车、一架轻便X光机、60箱药品和外科器械登轮出发。9月14日到达香港，17日到达广州，受到宋庆龄和何香凝的欢迎。26日到长沙，29日到武汉，并立即投入救死扶伤的工作。17天后，他们被迫向宜昌撤退。在此期间，周恩来、叶剑英等会见了他们。11月21日，医疗队到达重庆，并在那里工作了一段时间。在重庆负责接待他们的是谭云山先生，他应医疗队成员之请，为他们五人各取了一个中文名字，并为他们每人刻了一枚印章，给每人印制了一盒名片。

1939年2月12日，医疗队辗转到达延安，中共领袖毛泽东和边区军民热烈欢迎他们。当时的延安还在冬季，卓克华大夫因年高体弱，不适应北方的严寒，工作到5月便回国了。他回国后仍然为中国的抗日战争做宣传。8月，慕克吉大

① 中国人民对外友好协会、中国社会科学院南亚与东南亚研究所编：《中印友谊史上的丰碑——纪念印度援华医疗队》，北京：世界知识出版社，1988年版，第28~29页。

② 同上，第29页。

夫突然患上肾病，不得不离开延安，经重庆、香港回国。

爱德华、柯棣华和巴苏华在延安做医疗和教学工作达9个月，其间，他们曾为周恩来医治手臂骨折。11月4日，他们奔赴前线，经过长途跋涉，12月下旬到达晋东南的武乡县八路军总司令部。

由于劳累和营养不良，爱德华大夫生病了。1940年2月，他不得不离开武乡，经西安回国。临行时，朱德总司令和彭德怀副总司令特地为他饯行。离开延安后，爱德华大夫为宣传八路军的抗日做出了重要贡献。1951年，他出席世界和平理事会常务委员会会议，顺访中国。回国后，他又作了关于新中国的报告。1957年9月，他和其他援华医疗队成员应邀来华访问并参加国庆观礼，但一到北京便因重症突发住进北京协和医院。周恩来总理以及与爱德华大夫共同战斗过的老战友都多次到医院去看望他。然而，爱德华大夫身患肝硬化已至晚期，于12月1日不幸逝世。爱德华大夫弥留之际留下遗嘱，要将他的一半骨灰撒进恒河，一半撒进黄河。周恩来总理出席了为爱德华大夫举行的追悼会，并致词说："伟大的印度人民和他们的优秀儿子爱德华博士对中国人民的这种崇高和珍贵的支持，是我们永远不会忘记的。""中国人民会继续尽一切努力来加强中印两国人民之间的伟大友谊，这是我们对爱德华博士的最好纪念。"①

1940年4月，柯棣华和巴苏华组织了一支巡回医疗队，冒着生命危险在华北地区活动。9月，巴苏华与柯棣华分别，各自带领一个医疗队去了前线，为打击日寇立下了汗马功劳。10月，他们二人从前线归来，收到毛泽东主席从延安发来的电报，说印度方面要他们回国。但他们根据局势的变化和中国人民的需要，决定留下来继续工作。巴苏华大夫在延安工作，柯棣华留在阜平白求恩国际和平医院和卫生学校任教。从柯棣华当时写给自己亲属和巴苏华大夫的信中可以知道，在1941年到1942年这段时间里，作为外科医生的柯棣华大夫主持和指导进行的手术超过700次，其中75%是大手术。②许多人经他的救治而保存了生命，许多人经他的救治避免了残废。更重要的是，他的国际主义精神和革命乐观主义精神影响了无数人。

1941年1月，柯棣华大夫任白求恩国际和平医院院长，11月与中国姑娘郭庆兰结婚。1942年7月，柯棣华加入中国共产党，8月他们有了一个儿子，聂

① 中国人民对外友好协会、中国社会科学院南亚与东南亚研究所编：《中印友谊史上的丰碑——纪念印度援华医疗队》，北京：世界知识出版社，1988年版，第138页。

② 同上，第104、106页。

荣臻为孩子取名为印华。但不幸的是，柯棣华于1942年12月9日因病去世，年仅32岁。而他的孩子当时刚刚出生4个月。他的去世使当地的老百姓十分悲哀，医院所在地河北唐县葛公村一片哭声，有上万人前来参加追悼会并为他送葬。

毛泽东于12月29日写道："印度友人柯棣华大夫，远道来华，援助抗日，在延安华北工作五年之久，医治伤员，积劳病逝，全军失一臂助，民族失一友人。柯棣华大夫的国际主义精神，是我们永远不应该忘记的。"

宋庆龄在致印度的电文中说："不仅贵国人民和我国人民缅怀他，争取人类自由和进步的杰出战士们都缅怀他。未来将赋予他比今天更高的荣誉，因为他正是为未来而战斗的。"

朱德总司令在《纪念柯棣华大夫》一文中写道："柯棣华大夫……崇高的国际主义精神，是印度民族的伟大表现，值得一切反法西斯人民、一切殖民地半殖民地人民珍重与发扬的。世界反法西斯战争的胜利，亚洲人民的解放，无疑的要依靠人民的这种团结一致的斗争，才能得到。"

周恩来在给柯棣华的印度家属的电文中说："柯棣华大夫是中印人民友谊的象征，是印度人民积极参加全世界反对日本侵略和反对法西斯的共同战斗的范例，他的名字将在我们两国伟大人民中间永垂不朽。"[①]

1953年春，柯棣华大夫和白求恩大夫的遗骨同时从唐县被移送到位于河北石家庄市的华北军区烈士陵园。现在，那里不仅有柯棣华大夫之墓，还树立有爱德华和巴苏华大夫的纪念碑。1988年，在印度援华医疗队来华50周年之际，这里还建立了"白求恩印度援华医疗队纪念馆"，每年到陵园和纪念馆参观的中外人士多达数十万计。医疗队成员的光辉事迹和国际主义精神将永远鼓舞中印两国人民世代友好下去。[②]

巴苏华大夫来华前已是印度共产党党员，接受印共的指示报名参加医疗队，出发时他新婚不久，连蜜月尚未度完。

---

① 以上四段引文均依据任鸣皋:《印度援华医疗队成员简介》，载中国人民对外友好协会、中国社会科学院南亚与东南亚研究所编:《中印友谊史上的丰碑——纪念印度援华医疗队》，北京：世界知识出版社，1988年版，第152~153页。

② 华北军区烈士陵园管理处:《印度援华医疗队永远活在中国人民心中》，载中国人民对外友好协会，中国社会科学院南亚与东南亚研究所编:《中印友谊史上的丰碑——纪念印度援华医疗队》，北京：世界知识出版社，1988年版。

自1940年10月他与柯棣华再度分手后，便到延安工作，直至1943年6月才回国。回国后，他在印度各地奔走，介绍医疗队和柯棣华的英勇事迹。他的演讲很受欢迎，不少社会团体和知名人士都表示支持他组建第二支援华医疗队。但是，此时印度发生了大饥荒，他的计划搁浅。

1943年10月，巴苏华大夫与一批志同道合者一起组织成立了全印柯棣尼斯大夫纪念委员会。接着，巴苏华大夫又以全印柯棣华大夫纪念委员会的名义找到孟买著名电影导演瓦桑特·桑特拉姆，桑特拉姆把他引见给印度著名文学家K.A.阿巴斯。阿巴斯根据巴苏华大夫的日记、口述及其他资料，于1944年出版了《还有一个没回来》一书，生动详细地报道了援华医疗队的情况。此书在印度的影响要超过《西行漫记》，因为它有六种语言的文本在印度各地流传。同时，阿巴斯还编写了一个电影剧本《柯棣尼斯大夫——不朽的英雄故事》，描写柯棣华大夫在中国生活、工作、恋爱和病逝的故事。影片由桑特拉姆执导，1946年在印度各地上映，反响十分强烈。有评论说："桑特拉姆的导演天赋使这部影片在印度电影史上成为政治上成功的一部。它打动了成千上万印度人民的心灵。很多年轻人看了一遍又一遍。影片在印度人民中特别是年轻人中的影响延续了很久。"①

柯棣华永远留在了中国，永远留在了中国人民的心中，也永远留在印度人民心中。

1957年，巴苏华大夫与其他医疗队成员一起应邀前来中国参加国庆观礼活动。其间，他对中国传统医学的针灸技术发生兴趣。1958年和1959年他又两次来中国学习针灸技术。1962年以后，中印关系紧张，直到1973年他才有机会接受老朋友叶剑英元帅的邀请第四次访问中国，交流针灸经验并学习针麻技术。他是1962以后第一位来华访问的非官方人士。1974年，接到中国人民对外友好协会的邀请，他指派全印柯棣尼斯大夫纪念委员会负责人之一丹尼尔·拉蒂菲率团访华，该团为1962年以后第一个访问中国的印度代表团。1976年，巴苏大夫率领全印柯棣尼斯大夫纪念委员会成员再次访华，并参加了柯棣尼斯大夫纪念馆的开幕仪式。1978年，全印柯棣尼斯大夫纪念委员会接待了王炳南率领的中国人民对外友好协会代表团，并安排他们与印度高层人物会见。1978年和1979年，巴苏华大夫率团两度访华。这期间，巴苏华大夫和他

① 中国人民对外友好协会、中国社会科学院南亚与东南亚研究所编：《中印友谊史上的丰碑——纪念印度援华医疗队》，北京：世界知识出版社，1988年版，第16页。

的委员会为中印两国政府恢复关系做了大量工作，起到重要作用。1982年12月，巴苏华大夫率团来华参加了中国举行的柯棣华逝世40周年和爱德华大夫逝世25周年纪念大会。此后，一直到1986年，巴苏华大夫每年都应邀到中国来。但就在1986年10月12日，巴苏华大夫病逝于加尔各答。此前，他的日记《延安的召唤》刚刚出版。作为印度人民的优秀儿子、中国人民的忠实朋友，巴苏华大夫的骨灰一半留在印度，一半送到了中国。他的纪念碑就设立在柯棣华陵墓的右侧。

## 四、尼赫鲁访华与蒋介石访印

抗日战争时期，尼赫鲁对中国人民的处境一直非常同情，对中国人民的顽强斗争精神深为敬佩。他在1939年7月11日写给毛泽东的信中说："如果国际局势许可，我可能八月底九月初访问中国。若果成行，我非常盼望与您会见，并亲自表达对八路军将士的敬意。"8月22日，尼赫鲁抵达昆明，23日到重庆。国民党政府和重庆各界人士以国宾的规格非常隆重地欢迎这位友好使者。蒋介石夫妇设宴招待他。他在重庆会见了国民党的高级官员，还会见了中共驻重庆的高级干部。中共领袖毛泽东于8月27日致电尼赫鲁，欢迎他到延安访问，并感谢他为派遣印度援华医疗队所做的工作。但由于欧洲战事爆发，国内催促尼赫鲁提前回国，他只好回电表示遗憾。访问期间，尼赫鲁曾写出一份《增进中印接触的备忘录》，提出发展关系的七条建议。参考这七条建议，国民党中央根据蒋介石的意见提出《中印合作措施纲要》：交换教授讲学；交换留学生；交换出版物；交换新闻；互派调查、访问和旅游团。进而又提出具体措施：中国方面组织佛教访问团赴印；派专家考察印度的工农业；组织访问团去印度作科学考察；派代表参加国大党年会。后来，这些都得以落实。①

1942年2月9日，蒋介石夫妇应英印总督林里资哥的邀请抵达新德里，对印度作友好访问，印度各界人士热烈地欢迎了蒋介石一行，各报刊纷纷发表文章表示欢迎。蒋介石在印用大部分时间会见友好人士和参观访问。他会见的重要人物有甘地、尼赫鲁、穆斯林联盟主席真纳（M.A.Jinnah）、妇女界领袖潘迪特夫人（Vijayalakshmi Pandit）、奈都夫人（Sarojini Nedu）等。尼赫鲁与蒋介石会见三次，还亲自陪同他去泰戈尔生前创办的国际大学参观。2月21

① 林承节：《中印人民友好关系史：1851~1949》，北京大学出版社，1993年版，第274~279页。

日，蒋介石在回国前发表《告印度人民书》以表明立场。其中说：“时至今日，世界和平已为野蛮之侵略暴力所威胁，我中印两国不仅利害攸关，实命运相同。因此我两大民族唯有共同一致，积极参加反侵略阵线，并肩作战，以实现世界真正之和平，竭尽吾人应尽之职责。”并呼吁英国当局“从速赋予印度国民以政治上之实权”。他的声明引起英国人的不满，但印度人民却感到深受鼓舞。[①]

## 第三节　物质文化交流

### 一、中国茶叶与印度茶园

明代晚期，荷兰人、英国人都从中国船运茶叶到西方，中间经印度转运。17世纪末18世纪初，欧洲饮茶之风大盛，荷兰东印度公司和英国东印度公司在同中国进行茶叶贸易上展开竞争。据丁韪良（Willanm A.P.Martin）《中西闻见录选编・印度种植茶叶》：“英国采买内地茶叶，已有二百余年，频岁加多，届今增至十余千万磅，运往英京。英人早思于属国择选土地，宜于艺茶者种之，以省费而利国。嗣遣人购觅茶种，于印度昆仑山相近处试种，更雇中国善于采取与烧炼者，教土人以采烧之法。试行以来，著有成效，所收茶品，颇不逊于中华。于同治二年，种茶已有一百万磅。至同治十一年，迭增至二千万磅之多，将来获利自不可量云。”[②]由这段文字可知，在同治二年（1863）之前若干年，中国茶种和种茶、制茶技术已传至印度。

又据黄遵宪编《日本国志》卷三八：“印度种茶起于泰西一千八百三十四年，至今五十余年矣。先是，侯爵某上书政府，首倡其议，英国从其言，遂选英人及印度人十三名为委员。阿朔昔州旧有茶树，当印度未入英国版图时，于千八百二十四年缅甸之役，炮船长官巡察其地，并携茶种归告政府。及是，所遣委员遂于阿朔昔州先建数所苗园，并开小制场。至三十七年，渐通制造焙炼诸法，又遣员往中国福建厦门购种种之，渐及东北诸州。其后，政府决议以移植中国种为便，又往安徽、杭州、宁波、福建武夷山购觅良种，植于西北诸州。尔后考论工拙，争以金牌为赌物，植物家又考究树质佳否，土宜如

① 林承节：《中印人民友好关系史：1851~1949》，北京大学出版社，1993年版，第371~375页。

② 转引自姚镐贤编：《中国近代对外贸易史资料》第一册，北京：中华书局，1962年版，第1186页。

何，一一论究中国焙炼之法，政府并译其书布告于众。凡种茶之地，虽在绝域深山，政府皆开通道路以便运输。人民亦争自奋发，益求良法，佐以机器。至千八百六十九年，印度茶之名竞噪于世。”[①]由此可知，印度阿萨姆地区早在1824年以前即已有茶树，而英国人正式将中国茶种引进印度是在1834年，1837年以后又进行大规模引进，遂使茶园遍布印度东北、西北各地。

不过，关于中国茶传入印度的时间，王玲先生认为：“印度人知茶是由我国西藏传播而去。有人估计唐宋之时印度人已开始了解中国吃茶之法。到1780年东印度公司由广州转输入印部分茶籽，1788年又再次引种，这才使印度逐渐成为世界产茶大国之一。”[②]同窗郁龙余先生说得更详细：“茶最早是什么时候传过去的，这是一个尚待探讨、研究的问题。一般认为，印度的茶是从公元1780年以后发展起来的。但是，印度引种中国茶，应该大大早于这个时间。早在我国明代（14世纪后期）我国出现了手搓炉焙的制茶工艺。后来，这种制茶工艺传到了印度。如果当时印度一定数量的茶树种植，那么这种制茶工艺在印度只是一种屠龙之技，根本没有传入的必要和可能。所以我们认为，手搓炉焙制茶工艺传到印度的时候，茶在印度的引种已经有了相当的规模。”“我国云南、贵州、四川和西藏是茶的原生地。国内外许多专家、学者认为：印度阿萨姆、缅甸、老挝和越南，地处发源于中国云贵、川藏高原的各条江河的中、下游，所以这些地方的野生茶与中国茶树有着历史的源和流的关系。印度阿萨姆的野生茶是大叶种。味苦涩，质量差。公元1780年，东印度公司开始从我国引种茶树的栽培品种。由于两国的自然条件相差太大，而且许多技术也跟不上去，所以引种的效果不佳。1848~1851 年，1853~1856年，东印度公司又连续派一个叫福琼的人到中国来。此人先后到浙江、安徽、福建和江西的各个茶区搜罗茶树良种，并招聘精于制茶的巧匠，准备在印度种植我国的优良茶种。1851年，福琼将我国20 000株茶树苗、17 000颗芽种子运到印度加尔各答。1853年，福琼又从我国运走20 000多株茶树苗。后来我国的茶树与印度阿萨姆的大叶茶树进行杂交，培育出了适应印度自然条件的茶树新品种。”[③]

---

① 转引自姚镐贤编:《中国近代对外贸易史资料》第一册，北京：中华书局，1962年版，第1186页。

② 王玲:《中国茶文化》，北京：中国书店，1992年版，第308页。

③ 郁龙余:《中印栽培植物交流略谈》，载《南亚研究》1983年第2期。

## 二、近代中印贸易

近代（1840~1911）以来中国与印度的物质文化交流主要体现在商品贸易上。

从明末到清初，中国东南海上贸易处于被动局面，而葡萄牙人、荷兰人和英国人则控制着海上贸易的主导权。当时的中国商贸船只基本上都是舢板，不能远航，最多不过到东南亚一带，所以西洋人称中国当时的贸易为“舢板贸易”。据统计：“1690 年至1718年之间平均每年有十四条舢板抵达巴达维亚，运来的茶叶仅够装满一条开往尼德兰的茶叶船。”[①]在这种情况下，中国与印度的商品交易便主要靠西方人转手。“从巴达维亚起航的船只满载香料和其他商品前往广州销售，尔后装运瓷器、药材和丝绸火速运往苏拉特，换成棉花、糖、树胶以及布匹，再驾季候风返航广州。”[②]由此可知，当时中国输往印度的商品主要是茶叶、丝绸、药材和瓷器；而印度输入中国的商品则主要是棉花、糖、树胶和布匹。在上述中国货物中，大部分是运往欧洲的，在印度销售的只是少量。

在鸦片战争之前，英国人在同中国和印度的贸易中以贵金属换取中国和印度的货物，虽然攫取了暴利，但也出现了贸易逆差，为解决这一问题，他们在鸦片和棉花上寻找出路，终于导致鸦片战争。

### （一）鸦片贸易

印度鸦片早在18世纪前期即输入中国。乾隆三十年（1765）以前，每年输入数量不超过二百箱，多作药用。到嘉庆元年（1796），由于中国嗜者益众，开始禁其入口。1770~1789年，由孟加拉输出的鸦片从1 400箱增加到4 000箱，其中多数运往香港，再转销中国其他港口。鸦片贸易给英国商人和印度商人带来巨大利益，印度各地竞相种植罂粟、加工鸦片。1830~1834年，从印度输入中国的鸦片数量为17 000箱；1835~1839年，输入26 000箱；1840~1844年，输入21 500箱。此时，中国已经开始了鸦片的种植。1840年的鸦片战争以中国失败告终，鸦片输入量又逐年猛增。五口通商时期，鸦片输入的主要口岸由广州改为上海，1854年7 月~1855年6月，上海进口鸦片总值白银911万两。而在此前的1850~1851年度， 印度出口鸦片的价值达5 970万卢比。1858年，

① 中外关系史学会编：《中外关系史译丛》第3辑，上海译文出版社，1986年版，第311页。

② 同上，第322页。

中英签订《通商章程善后条约》，鸦片成为合法商品大量输入中国，1880~1881年度，印度输入中国的鸦片达105 507箱，价值约14 320 万卢比。到1884年以后，印度输华鸦片数量开始逐渐减少，因此时中国已增加罂粟的种植量。1890~1891年度，印度出口鸦片85 873箱，价值9 260万卢比。20世纪初，中印政府签约削减鸦片贸易量，1910~1911年度，印度出口鸦片43 921箱，价值12 760万卢比。到第一次世界大战前，已减至4 000箱以下。[①]

**（二）棉花棉纱贸易**

在印度鸦片大量输华的同时，印度棉花也大量倾销中国。印度棉花的纤维短，不利于大机器生产，对中国当时的手工纺织倒比较合适。因此，当印棉在欧洲销路不畅，英印商人无利可图时，他们在中国找到了巨大的市场。1850~1851年度，印度出口棉花的总价值约2 200万卢比；1870~1871年度，印度出口棉花490万英担，价值19 080万卢比；1880~1881年度，印度出口棉花390万英担，价值11 150万卢比；1890~1891年度，印度出口棉花590万英担，价值16 530万卢比；1910~1911年度，印度出口棉花870万英担，价值36 050万卢比。这些棉花大部分都销售至中国。

19世纪中后期，印度的棉纱开始成为印度输华的主要产品。1872~1873年度，印度棉纱的出口总量为180万镑，而其中出口中国的就有120万镑。此后，印度棉纱对华出口量逐年增加：在1874~1879的五个年度中，平均每年度输入中国约900万镑；在1879~1884的五个年度中，平均每年度输华3 010万镑；在1884~1889的五个年度中，平均每年度输华7 660万镑；在1889~1894 的五个年度中，平均每年度输华14 170万镑；在1894~1899的五个年度中，平均每年度输华18 090万镑。开始，印纱主要供应汕头、广州一带，后来渐次扩大到华东、华中、华北、东北、西南等地。直到1914~1915年度，由于日本棉纱的排挤，印度棉纱的输华量才降至13 400万镑。此后，印纱输华数量大大减少。[②]

**（三）中国出口印度的商品**

在鸦片战争前后的中印贸易中，中国输往印度的商品比印度输入中国的商品要少得多。中国方面出现巨大的贸易逆差，需要用白银支付其差额部分。印度的大宗商品为鸦片、棉花、小麦和黄麻，其主要输出对象为中国；而中国的

① 以上数据来源于中华书局1962年出版的姚镐贤的《中国近代对外贸易史资料》第一册和湖南出版社1991年出版的范铁城的《东方的复兴——中印经济近代化对比关照》第六章。

② 以上数据来源于同上。

大宗商品是生丝、瓷器、茶叶和药材，主要输出对象却是英国、美国、法国、荷兰、西班牙等欧洲国家。据统计，1834~1845年，输入中国的印度货物每年平均价值仅略少于4 000万英镑，其中鸦片占2/3，其余大部分为棉花；而印度从中国输入的货物每年平均价值为50万英镑，仅及印度输出货价值的1/80。这样，中国每年运往印度的白银净值便高达150万~250万英镑。中国输出印度的货品数量虽少，但种类还比较多。其中有生丝、茶叶、瓷器、冰糖、白糖、明矾、绸缎、樟脑、大黄、纸、土布等。值得一提的是茶叶，1839~1940 年度，中国输往印度和新加坡的茶叶共约3 106 989磅，有广东武夷、功夫、红梅、珠兰、小种、花香、白毫、屯溪、熙春、皮茶、雨前、圆珠、芝珠等13个品种。①

从清同治三年（1864）到宣统三年（1911）的48年间，中国同印度每年的直接贸易总额平均为2 777万海关两。其中，1910年印度对中国的出口额最高，1887年最低，分别为43 958 226和5 537 375海关两；中国对印度的出口额以1911年为最高，以1865年为最低，分别为5 809 730和14 168海关两。②

## 三、民国时期的中印贸易

民国时期（1912~1949），中印两国间的贸易呈上升势头。1926年，两国间的贸易总额达95 113 114海关两，其中印度输华的货品总值为79 191 013海关两，是历年最高的年份。1927年，中国对印度出口也达到了历史上的空前高度，其总价值为22 194 819海关两。这说明，在此期间，中印两国的物质文化交流较以前有很大的发展，而不是人们通常想象的那样少。

### （一）印度输华物产

这一时期，印度输华的物产中以棉花、大米和棉纱为最大宗。在1926~1928年的3年间，中国大陆进口的棉花总量分别为2 795 618担、2 491 384担和1 933 290担。 其中从印度进口的数量分别为1 529 033担、748 551担和981 673担，分别占进口总量的54.7%、30%和50.8%。同期中国进口大米的总量分别为18 720 777担、21 091 693 担和12 657 904担。其中从印度进口的数量分别为4 178 499担、2 059 724担和622 462担，分别占进口总量的

① 参见姚镐贤：《中国近代对外贸易史资料》第一册，北京：中华书局，1962年版。

② 参见杨端六等：《六十五年来中国国际贸易统计》，南京：国立中央研究院社会科学研究所，1931年版，第102页。

22.3%、9.8%和5%。同期中国进口棉纱的总量分别为462 158担、297 315担和285 308担。其中从印度进口的数量分别为24 225担、31 310担和26 515担，分别占进口总量的5.2%、10.5%和9.3%。除了这三项以外，中国还从印度进口过面粉、糖、煤、煤油、水泥、茶叶（也从锡兰进口过少量茶叶）、黄麻、布匹（其中包括原色布、本色粗布、本色细布、洋标布、斜纹布），等等。①

印度输华的物产肯定不止以上罗列的这些。但由于资料缺乏，我们无法进一步详述。

**（二）中国输印物产**

这一时期，中国输印物产以丝类、茶叶和豆类为大宗。

1912~1928年，中国向印度输出丝类的情况可见下表：

| 年份 | 生丝数量（担） | 生丝价值（海关两） | 丝织品数量（担） | 丝织品价值（海关两） |
|---|---|---|---|---|
| 1912 | 20 181 | 6 320 540 | 981 | 412 669 |
| 1913 | 13 830 | 3 980 393 | 1 776 | 712 382 |
| 1914 | 14 626 | 4 738 382 | 2 091 | 772 642 |
| 1915 | 14 318 | 4 602 854 | 3 178 | 1 114 754 |
| 1916 | 12 567 | 4 231 715 | 2 630 | 872 966 |
| 1917 | 12 853 | 4 193 799 | 1 615 | 585 499 |
| 1918 | 9 155 | 3 195 762 | 2 308 | 840 001 |
| 1919 | 17 413 | 5 676 074 | 5 557 | 2 045 277 |
| 1920 | 12 734 | 4 736 248 | 4 204 | 1 989 998 |
| 1921 | 13 695 | 6 124 838 | 3 297 | 1 646 512 |
| 1922 | 14 214 | 6 146 057 | 1 496 | 907 959 |
| 1923 | 13 006 | 6 301 550 | 2 530 | 1 838 971 |
| 1924 | 12 922 | 6 242 532 | 2 976 | 1 862 974 |
| 1925 | 11 240 | 5 548 066 | 6 204 | 4 104 277 |
| 1926 | 16 452 | 7 730 092 | 6 415 | 4 833 261 |
| 1927 | 20 589 | 9 301 645 | 5 731 | 3 645 812 |
| 1928 | 16 136 | 7 379 839 | 5 225 | 3 196 907 |

在这17年中，中国输往印度的生丝（其中包括蚕茧）数量共245 931担，

① 资料来源于杨端六等：《六十五年来中国国际贸易统计》，南京：国立中央研究院社会科学研究所，1931年版，第102页。

平均每年约14 467担；中国输往印度的丝织品数量共58 214担，平均每年约3 424担。①

1926~1928年，中国向印度出口的茶叶数量分别为51 502担、33 832担和40 265担。1929~1933年的5年间，中国向印度出口茶叶的数量可见下表：

| 年份 | 红茶（担） | 绿茶（担） | 总量（担） |
|---|---|---|---|
| 1929 | 6 536 | 9 754 | 35 521 |
| 1930 | 6 790 | 14 477 | 25 834 |
| 1931 | 685 | 19 302 | 26 292 |
| 1932 | 3 885 | 15 202 | 20 996 |
| 1933 | 165 | 21 926 | 32 725 |

说明：年输出总量中除红茶和绿茶外，尚有其他品种。②

1926~1928年，中国出口印度的豆类分别为69 121担、91 682担和117 462担。此外尚有蛋类、花生、牛皮、芝麻、桐油、煤、棉纱、生铁，等等。值得注意的是，棉纱一向是印度向中国出口，而此时中国的棉纱也向印度出口了，这三年向印度的输出量分别为3 586担、93 633担和70 182担，与前面的丝、茶、豆类三项相比，数量已不算小，这说明中国当时的纺纱业较清代有很大发展。③

## 第四节　精神文明交流

### 一、甘地主义在中国的反响

M.K.甘地对中国人民始终怀有强烈的友好感情，一直关心着中国革命的发展。20世纪初，他就对孙中山领导的民主革命表示了同情和支持。“甘地的

① 资料来源于民国工商部编印：《历年输出各国丝类统计表》，1929年。

② 资料来源于中央银行经济研究处编：《华茶对外贸易之回顾与前瞻》，北京：商务印书馆，1935年版。

③ 资料来源于杨端六等：《六十五年中国国际贸易统计》，南京：国立中央研究院社会科学研究所，1931年版。

思想大约在五四运动以前就开始被介绍到我国，他的一些重要著作在解放前很多已译成中文，在我国人民特别是知识分子中间有着广泛的影响。”[①]“据有人统计，在解放前的20多年中，有关甘地传记及其主义介绍的书籍总共有27种，平均一年一种。这些书中16种出版于30年代，20年代和40年代（到1948年）分别为3种和8种。在这些书中，单是甘地的自传即有4种不同的译本，罗曼·罗兰所作甘地传也有3种不同译本，此外甘地的代表作《印度自治》及其言行录，也都有人译介。若以解放前在中国享有盛誉的历史最久的大型综合性杂志《东方杂志》（1904~1948）而言，其中有关甘地及其主义和印度革命运动的译介文章，据作者统计，即不下60~70篇。其中19卷第10号（1922年5月出版）曾辟有《甘地与新印度》专栏，发表专文7篇，44卷第5号（1948年5月出版）则作为‘追悼甘地专号’，刊载各种纪念文章达13篇之多。这些情况表明，甘地及其主义在中国的介绍历久不衰，拥有一定的读者群。”[②]

1920年，印度国大党采纳了甘地的“非暴力”和“不合作”的反英斗争策略。当年12月，“不合作运动”开始。这一运动引起了中国思想界的密切关注，各报刊连续登载有关消息和评论。自1920年至1926年，仅《东方杂志》发表的有关文章即约30篇。这一时期的文章如《印度民族运动领袖甘尼地》，不仅介绍了甘地其人，还刊登了他的头像。文章指出，甘地是印度自治运动的中枢，是不合作运动的首创者；他笃信宗教，主张爱国主义；他蔑视富贵和安乐，一意行善，不畏强暴；他深得印度民众敬佩，使英国当局惧怕。《印度自治运动》一文又说：“甘氏为一急进派。而亦理想家，主张印度不仅自治而且独立。”从1921年开始到1925年，在我国的思想界展开了一场关于甘地和甘地主义的大论争。许多人在《东方杂志》、《向导》、《新建设》、《少年中国》、《前锋》、《中国青年》、《国闻周报》等报刊上发表意见，有些意见是十分尖锐和对立的。这场激烈的论争说明，中国的民族主义者和革命派十分关心印度的前途，十分重视印度独立运动中出现的问题。争论中的各种意见尽管分歧很大，但都希望印度的运动能顺利发展并取得成功。[③]

1929年12月，印度国大党通过了关于开展第二次不合作运动的决定。

---

① 黄心川：《印度近现代哲学》，北京：商务印书馆，1989年版，第170页。

② 唐文权：《甘地两次不合作运动在当年中国的反响》，载《南亚研究》1988年第4期。

③ 参见林承节：《中印人民友好关系史：1851~1949》，北京大学出版社，1993年版，第134~149页。

1934 年5月，第二次不合作运动失败。对于甘地领导的第二次不合作运动，《东方杂志》亦有强烈反响，自1929~1932年，发表评论、通讯等文章有二三十篇，据唐文权先生归纳，这一阶段发表的好文章具有3个特点：第一，鲜明而又理性地支持并赞同印度民族运动。第二，研究比较深入，论析接近本质。第三，受共产国际的影响，批判甘地“右派”立场的倾向明显加强。“就总体而言，其中不少文章通过深入探究，对印度局势指陈甚切，论析颇当，展示了敏锐的洞察力。它表明，随着时间的推移，在评述第二次不合作运动时，中国知识界有了长足进步。”①

## 二、泰戈尔访华的风波

可以说，在古代的印度人中，对中国影响最大的是释迦牟尼，近现代影响最大的就是泰戈尔。

泰戈尔是一位诗人，又是一位小说家、戏剧家、画家、音乐家，还是一位哲学家。他不仅在印度享有很高的威望，也在世界具有广泛影响，其中包括对中国的影响。

泰戈尔为中印文化交流做了许多事。这里重点谈谈他的访华和他对中国文学界的影响。

泰戈尔是近代中国与印度文化关系史上具有特殊地位的人物。正如林承节先生所说：“直到1924年，中印两国人民重建友谊的努力主要集注于政治方面；在文化方面，虽然中国知识界已开始翻译介绍印度文学作品，两国文化人士间仍无正常交往。1924年，印度著名诗人泰戈尔访华是个转折点。这次访问打开了两国文化交往的通道。自此以后，两国人民发展友谊的内容大大拓宽了。”②

泰戈尔于19世纪80年代开始写作，20世纪初进入黄金时代。1912年，由诗人自译为英文的《吉檀迦利》轰动欧洲，1913年获诺贝尔文学奖。对此，我国文学界立即做出反应，1913年《东方杂志》第10卷第4号上刊登出钱智修的文章《台莪尔氏之人生观》，是我国最早介绍泰戈尔生平和思想的文章。1915年，陈独秀在其主编的《青年杂志》第1卷第2期上译介了泰戈尔诗4首，是我国对泰戈尔著作的最早译介。1917年，《妇女杂志》第3卷第6~9期上连载了天风、无我译的三篇小说。1918年，《新青年》第5卷第3期上刊出刘半农译的

① 唐文权：《甘地两次不合作运动在当年中国的反响》，载《南亚研究》1988年第4期。

② 林承节：《中印人民友好关系史：1851~1949》，北京大学出版社，1993年版，第150页。

泰戈尔诗二首。1920年以后，泰戈尔的诗歌、小说、戏剧、论文、书信、讲演、自传等被大量译介过来。当时登载泰戈尔著作的杂志约有30余种。其中主要有《小说月报》、《东方杂志》、《文学周报》、《晨报》副刊和《少年中国》等。当时的译者主要有郑振铎、赵景深、施蛰存、刘大白、叶绍钧、沈泽民、沈雁冰、许地山、徐志摩、瞿世英等。

然而，1913至1923年的译介仅仅是中国“泰戈尔热”的开始。他1924年来华访问，才把这场“泰戈尔热”真正推向高潮。这里还牵扯出一位中国现代文学史上的名人来，他就是风流才子徐志摩。通过这次访问，泰戈尔和徐志摩结下了深厚的友谊。

正由于泰戈尔对中国人民一贯友好，所以他才于1923年63岁的时候萌生了来中国访问的强烈愿望。这年4月，他派时任印度国际大学乡村建设指导的英国人恩厚之来华，向北京大学表示了访问中国的意愿。但当时北大没有能力接待泰戈尔的代表团。于是，恩厚之找到了曾在英国剑桥大学读书的徐志摩。徐志摩找到恩师梁启超所在的讲学社。讲学社是由梁启超、蔡元培、汪大燮三人发起的，汇聚了一批中国思想界和文化界名流，原就有计划每年聘请一位国际知名学者来华讲演，因此他们很高兴地发出邀请，热切地期盼着泰戈尔的来访。同时，由蒋百里、周作人、朱希祖、耿济之、郑振铎等人联合发起成立的文学研究会也要参与接待。7月，徐志摩给泰戈尔写信说：“我已答应了讲学社，在你逗留期间充任你的旅伴和翻译。”所以，在后来泰戈尔访华的近50天里，徐志摩一陪到底。

为迎接泰戈尔，《小说月报》于9、10月间连续刊出两期《泰戈尔专号》（上、下），郑振铎、沈雁冰、徐志摩、王统照、胡愈之等纷纷发表文章、译作表示欢迎，并介绍了泰戈尔的生平和思想。在10月号《小说月报》上，徐志摩发表了《泰戈尔来华的确期》一文，说他10月中才收到泰戈尔9月初给他的信，定于来年二三月动身来华。

1924年3月7日的《晨报副刊》上登出徐志摩的《泰谷尔来信》，报告了泰戈尔来华的准确时间和随行人员。3月21日，泰戈尔一行六人如期从加尔各答乘船出发。随行的五人有印度国际大学的梵文学者克提·莫亨·沈教授、国际大学艺术学院院长南达拉尔·鲍斯先生、加尔各答大学历史学家卡里达斯·纳格教授、恩厚之和美国社会工作者葛玲小姐。

4月8日，船抵香港时，孙中山在广州因病不能前去见面，便派特使送信去表示了诚挚的欢迎，并邀请泰戈尔到广州做客。因轮船在港停留时间短暂，二人未得见面。4月12日上午，泰戈尔抵达上海，受到文学研究会、上海青年会、江苏省教育会等单位的欢迎。徐志摩担当泰戈尔的翻译，王统照负责编辑整理泰戈尔的讲演。前去迎接的主要有张君劢、郑振铎、瞿世英、殷芝龄、刘湛恩、潘公弼等。当天下午，由徐志摩等人陪同去龙华赏桃花。

13日下午1时，侨沪锡克人召开欢迎会。4时，泰戈尔又接着参加文学研究会等团体举行的欢迎会。欢迎会在张君劢的宅邸举行，到会者百余人。会上，张君劢先致欢迎词，泰戈尔发表讲话，他激动地说："今天是我的欢喜的日子，我多多感谢你们把我从遥远印度请到你们的国家，这真是我的难得的福气。""我记得千年前那一天，印度献给你们他的情爱，契结了不朽的友谊……在这千年内，我们往来的道上也许满长了蔓草，但我们却不难发现往来的踪迹。我们共同的事业就在祛除我们胸膈间壅积着的杂欲，再来沟通这名贵的情感交流。"他对中国满怀希望，说"我相信你们的前途有一个伟大的将来"，"我盼望有一天你们的民族兴起，表现你们内在的精神，那是我们与有荣华的一桩盛事"。①

4月14日，徐志摩和瞿世英陪同泰戈尔一行在杭州游览西湖。次日，游览灵隐寺等名胜。泰戈尔在灵隐寺发表了题为《飞来峰》的讲话。16日，浙江省教育会举行欢迎会。4月17日回上海，18日商务印书馆举行欢迎会。19日乘船赴南京，20日到，上午游明孝陵，下午泰戈尔在东南大学演讲，听众达三千余人。晚9时上火车北上，22日晨抵达济南，下午泰戈尔在省议会发表演说，听众反响热烈。

4月23日傍晚，泰戈尔一行到北京。蒋百里、林长民、陈源、林玉棠、张逢春，北大、北师教授和学生，各团体代表，以及英美日各界人士，共有四五百人在北京东站迎接泰戈尔，气氛十分热烈。到京之前，梁启超已在天津站等候并表示了欢迎。25日中午，英美协会欢迎泰戈尔一行；下午梁启超、蒋百里、熊希龄、汪大燮、范源濂等在北海静心斋设宴款待泰翁一行，胡适等40余位社会名流作陪。26日下午，北京佛化新青年会邀请泰戈尔在法源寺赏丁香。

在此期间，泰戈尔曾与杨丙辰、梁漱溟一起谈论儒家学说，又与张相文、沈钧儒一起讨论过佛教对中国的影响等问题。他谦虚好学、不耻下问，非常关

① 转引自林承节：《中印人民友好关系史：19851~1949》，北京大学出版社，1993年版，第155页。

心中国的现状和未来。

27日上午，末代皇帝溥仪请泰戈尔游故宫御花园，并宴请了他。晚上，泰戈尔在海军联欢社参加北京文学界举行的公宴。28日，泰戈尔在先农坛与北京学生见面并发表演说，听众有二三千人之多。29日上午，北京美术界举行欢迎茶会，并请泰戈尔参观特地为他来华举办的书画展，著名画家凌文渊介绍了中国画的成就和特点。齐白石、陈半丁、姚茫父等绘画大师都出席了欢迎会。下午，溥仪的英文老师庄士敦招待泰戈尔一行，北京知识界多人作陪。晚，泰戈尔一行移居清华，拟在那里居住一星期。安排泰戈尔住清华的目的是想让这位老人安静地休息一下。在这期间，泰戈尔的活动较少，可以在清闲中与清华的学生聊天。徐志摩也没有整天陪同，而是偶尔过来照料一下。

5月8日是泰戈尔64岁诞辰，此前他又回到城里住下。在京的文化界人士要为他庆祝生日。这一天，人们聚集在北京协和医校礼堂，由胡适担任会议主席。大家为泰戈尔准备了一份寿礼，有19张名画和一件名瓷。梁启超还特地为泰戈尔赠送一个中国名字——竺震旦。他解释说，印度人原先称呼中国为“震旦”，不过是“支那”的音译，但选用这两个字有很深的象征意义。“震”是在阴霾的状态中哗然一震，万象昭苏；“旦”是刚在扶桑沐浴的丽日从地平线上涌现出来。“竺”的意思是天竺，即印度。他的讲话博得热烈的掌声。泰戈尔在掌声中上台讲话，说这是他最高兴的日子，他有了一个象征中印团结友爱的名字，他要为中印文化交流进行不倦的努力。为庆祝泰戈尔的生日，徐志摩、林徽因、张歆海等人还特地赶排了泰戈尔写的剧本《齐德拉》，在他生日这天用英语演出。

60年代初，梅兰芳先生回忆了这段往事。就在这次聚会上，泰戈尔对梅兰芳说：“我希望在离开北京前，看到你的戏。”梅兰芳便邀请泰戈尔观看他新排演的《洛神》。几天后，泰翁一行便在开明戏院观看了《洛神》，并留下很深很美的印象。他到后台向梅兰芳表示感谢，说：“我看了这个戏很愉快，有些感想，明日再谈。”5月19日，泰戈尔一行即将离开北京，中午，梅兰芳、姚茫父、郑振铎等为贵宾们设宴饯行。宾主一起谈论起艺术，然后是馈赠诗画。南达拉尔·鲍斯应梅兰芳之请当场画了幅《如来成道图》。泰戈尔在听了梅兰芳《洛神》的音乐和唱腔后就酝酿了一首小诗，趁此机会赠送梅兰芳。他先用孟加拉文写成，又自译为英文，并用中国的细毛笔写在一柄纨扇上。中华人民共和国成立后，梅先生拿出自己珍藏的扇子请吴晓铃、石真夫妇看，石真女士从孟加拉文将诗译成中文，如下：

亲爱的，你用我不懂的
　　语言的面纱，
　　　　遮盖着你的容颜；
正像那遥望如同一脉
　　缥缈的云霞，
　　　　被水雾笼罩着的山峦。

梅兰芳则把自己的几张唱片赠送给泰戈尔，如今，这些唱片仍保存在国际大学艺术学院的博物馆里。19日当晚，梅兰芳与大家一起前往车站送别。依依惜别之际，泰戈尔紧握梅兰芳的手说："我希望你带了剧团到印度来，使印度观众能够有机会欣赏你的优美艺术。"①

5月21日傍晚，泰戈尔到太原。在太原期间，泰戈尔在文瀛湖公园作了一次讲演，参加了教育机关的欢迎会，游了晋祠，还会见了阎锡山。

5月25日，泰戈尔到达汉口，26日作了一次演说。28日回到上海。30日晨启程赴日本。徐志摩陪同前往日本，之后又送泰戈尔到香港。

1924年，泰戈尔返回印度以后，给徐志摩来信说："我在中国所获得的最珍贵的礼物中，你的友谊是其中的一件。"1925年2月，国际大学将泰戈尔在华期间的演讲整理出版为《泰戈尔在华演讲集》。在书的扉页上，泰戈尔写道："感谢我友徐志摩的介绍，得与伟大的中国人民相见，谨以此书为献。"的确，这次泰戈尔访华，徐志摩尽了自己最大的努力。他到处奔走，发动了自己所有的社会关系，又全程陪同，做翻译，当导游，很为泰戈尔的身体健康着想，安排得周密适当。在密切的接触和交往中，泰戈尔对他不仅心存感谢，也引以为忘年之交。

1925年，泰戈尔约徐志摩在欧洲见面，但始终没有见到。

1928年，徐志摩经日本去美国、欧洲访问，回来时到印度去看望泰戈尔，在加尔各答和国际大学住了3个星期。

1929年3月19日，泰戈尔到日本、加拿大讲学，途经上海，特地来看望徐志摩。徐志摩夫妇与胡适一起到码头迎接。徐志摩夫妇特意为泰翁布置了一个

① 梅兰芳：《忆泰戈尔》，载《人民文学》1961年5月号。

印度风格的房间，但泰戈尔却不喜欢，而要住在徐志摩夫妇的卧室里。这次在上海停留期间，泰戈尔在徐志摩夫妇的纪念册上留下两件弥足珍贵的墨宝。一是泰翁用毛笔画的自画像，大半个身子，像座小山。画的右上角有诗人用钢笔书写的一首小诗，汉语的意思是："小山盼望变成一只小鸟，摆脱它那沉默的负担。"还有一幅是用孟加拉文写的诗：

路上耽搁樱花谢了
好景白白过去了
但你不要感到不快
（樱花）在这里出现

可见，诗人对与徐志摩见面叙旧分外重视，宁愿错过到日本看樱花的佳期。

1929年6月，泰戈尔从加拿大回国途中，再次到上海停留，又在徐志摩家住了两天。

今天，我们不能把徐志摩与泰戈尔的友谊仅仅看作是私人的感情，而应看作是中印两大民族两千年友好交往的一个果实，一个结晶，一个代表。

泰戈尔最后这次到中国，正赶上宋庆龄在上海，她与泰戈尔亲切会见，并亲自主持了隆重的仪式欢送泰戈尔回国。宋庆龄赠送给泰戈尔一些中国的土产礼物，其中有一套泥质彩绘京剧脸谱，最受泰戈尔欣赏。如今，这些礼品仍存放在国际大学的博物馆里。

泰戈尔1924年的访问，引起中国政治界、思想界和文艺界的高度重视，报刊上大量发表消息和评论。他在演讲中总是对中国人民寄予希望，对中国文化予以赞扬，对中印友好加以鼓吹。他说："我不知道是什么缘故，到中国便像回故乡一样！""我可以这样说，印度感觉到同中国是极其亲近的亲属。中国和印度是极老而又极亲的兄弟。""我想继续印度以前到中国来的大师所未尽的事业。""我们永远也忘不掉在古老的年代里建立起来的关系。"

泰戈尔对中国人民是这样友好，中国人民也没有忘记他。1957年1月，周恩来总理访问了国际大学。他说："来到这个学术中心，不能不令人想起这个大学的创办人、印度的伟大爱国诗人泰戈尔。泰戈尔不仅是对世界文学做出了卓越贡献的天才诗人，还是憎恨黑暗、争取光明的伟大印度人民的杰出代表。……至今，中国人民还以惦念的心情回忆着1924年泰戈尔对中国的访问。"

据张光璘先生统计，在泰戈尔访华前后的五六年时间里："泰戈尔的主要著作几乎都有了中译本，包括诗集：《吉檀迦利》、《采果集》、《新月集》、《园丁集》、《游思集》、《飞鸟集》及其他诗歌杂译。戏剧：《齐德拉》、《邮局》、《春之循环》、《隐士》、《牺牲》、《国王与王后》、《马丽尼》等。小说：《太谷尔小说》、《泰戈尔短篇小说集》等四十余篇短篇小说；长篇小说《家庭与世界》、《沉船》。自传、论著：《我底回忆》、《人格》、《创造与统一》、《国家主义》、《海上通信》、《欧行通信》等。我国评论家写的介绍泰戈尔生平、思想的文章和作品评论，在刊物上比比皆是。其中重要的论文有：瞿菊农的《泰戈尔的思想及其诗》、王统照的《泰戈尔的人格观》、郑振铎的《泰戈尔传》、张闻天的《泰戈尔对于印度和世界的使命》、愈之的《泰戈尔与东西文化之批判》等。泰戈尔的重要作品有三种甚至五种以上的译本。"①

当时的中国思想界和文坛上之所以出现这股"泰戈尔热"，主要是由外部世界和中国国情决定的，其直接的原因则是他于1924年来华访问。

泰戈尔这次来华在中国的思想界引起了一场争论。张光璘先生对这场争论总结道："关于泰戈尔访华的争论，是从他访问前夕开始的。大家知道，一九二四年前后，我国文化战线上正在进行一场新文化阵营同封建复古派和资产阶级右翼文人的斗争……他此时此刻来到中国，自然会给这场争论带来一些影响。复古派妄图利用他的唯心主义思想为自己张目；革命文化界的先进人物，为反击复古派，就不能不对泰戈尔的思想局限有所批评，从而在客观上就不由自主地站到了反对泰戈尔访华的一边去了。当然，还有一些人，他们出于对泰戈尔艺术的崇拜而热烈欢迎他。这样一来，对泰戈尔访华这件事，当时我国思想文化界大体上就形成了三种不同的态度，即：欢迎、反对、利用。"②林承节先生认为，当时中国正处在军阀混战时期，帝国主义趁机扩张在华势力；孙中山在南方改组国民党，提出"三大政策"，准备北伐；泰戈尔对此不了解，讲话中对爱国主义、民主主义突出不够，再加上一些人的利用，于是引起争论；当时一些进步的人物（如陈独秀、瞿秋白、恽代英、萧楚女、沈雁冰等）主要对泰戈尔提倡东方精神文明，反对西方物质文明不赞同，因而提出质疑和批评。③

① 张光璘：《印度大诗人泰戈尔》，北京：蓝天出版社，1993年版，第116页。

② 同上，第121~122页。

③ 林承节：《中印人民友好关系史：1851~1949》，北京大学出版社，1993年版，第169~172页。

泰戈尔这次来华对我国文学界的影响是深远的。张光璘先生在举例证明了泰戈尔对郭沫若和谢冰心文学创作所产生的影响之后，说："泰戈尔对我国现代作家的影响，从郭沫若和冰心两位作家身上可见一斑。除他们两人外，郑振铎、王统照、徐志摩等人也程度不同地受过泰戈尔的影响。"①

在20世纪20年代的泰戈尔热之后，三四十年代仍有泰戈尔作品的译介，有的是重译，有的是新译，有的是再版。到50年代，由于中印关系的密切，译介泰戈尔作品之风再度兴起；80年代改革开放，国人又掀起了一个研究泰戈尔的热潮。这些都是后话了。

## 三、谭云山与印度的中国学

20年代，中国还出现了一位专门从事中印文化交流活动的学者，即谭云山先生。

谭云山（1898~1982），湖南茶陵人，早年在长沙求学，接触到新文化新思想。后到南洋教书。1924年，泰戈尔来华访问，在中国掀起了一股"泰戈尔热"，当时谭云山虽在南洋教书，但已经受到影响，慕泰翁名已久。1927年7月，他终于在新加坡见到了泰戈尔。这一事件改变了他的一生。"他一见到这位诗圣，一听到诗翁的谈吐，那脑海里的星光就被一轮明月遮盖，使他想起了玄奘，想到了天竺，他觉得泰戈尔是天竺的真正象征。他向泰戈尔谈及自己的人生理想，也谈及对天竺的向往。泰戈尔很喜欢这位热情有理想的年青中国人，就真挚地邀请他去印度参加国际大学的工作，他就满口答应了。"②

1928年9月，谭云山来到泰戈尔的国际大学，从此他为中印两国的文化交流事业贡献了毕生心血。他先在国际大学学习梵文并研究佛学和印度文化，还开设了中文课程。同时，他不断给国内报刊写文章，介绍印度政局，介绍印度文化，不仅为国内印度研究提供了及时而又准确的信息，而且他有关印度时局的评论文章也写得很深入精彩。1931年，他周游了印度，次年即完成《印度周游记》一书，1933年出版。他在《印度周游记》的《记前》中写道："我来印度，还是在四年前。原来的计划，是想纵不能如玄奘大师留居那么久，至少也要以五六年的时光消费在印度：先以五年住学，从书本研究印度之语言、文学、

① 张光璘：《印度大诗人泰戈尔》，北京：蓝天出版社，1993年版，第129页。

② 谭中：《父亲谭云山平凡伟大的一生》，谭中编：《谭云山与中印文化交流》，香港中文大学出版社，1998年版，第34页。

哲学、宗教、文化等学问；后以一年或半年周游，作实地考察印度之古迹、名胜、社会、风土、人情等状况。在五年住学之中，又打算以三年在东印度诗哲泰戈尔先生之圣地尼克坦国际大学，以两年在西印度圣哲甘地先生之沙坝麻地Sabarmati真理学院Satyagraha Ashram。然后再实行中印民族之结合与中印文化之沟通，一面恢复两国过去的旧情谊，一面创造两国未来的新关系。”①也就是说，他到印度后就下定决心以玄奘为榜样，终生致力于中印文化交流的伟大事业。

1931年，谭云山离开印度。离开前，他和印度朋友商量了一个计划，想多招收几个中国学者到印度，在国际大学办个中国学院。在国际大学开展中印文化交流是泰戈尔1924年到中国访问时提出的，当时没有办成，现在这个重任落到了谭云山的肩上。谭云山先到马来亚，携带家眷回国。然后到上海任教，并不断在报刊上发表文章介绍印度的情况，同时他还不停地为中印文化交流奔波。

1933年，在谭云山的多方努力和倡议下，在国民政府和各界名流的积极支持下，“中印学会”首先成立。首任理事长由蔡元培担任，谭云山任秘书，负责处理具体事务。在此基础上，谭云山与国民政府要员联系，为在印度国际大学建立中国学院筹资。此举得到蒋介石和民国考试院院长戴季陶的支持。由于中央政府出面促进中印文化交流，不久，中印学会的主要领导者便由戴季陶、陈立夫、朱家骅等人担任，谭云山任理事，并负责与印度方面的沟通。

1934年春，谭云山再次赴印，带去了中国政府方面的信息，并与泰戈尔商议建立中国学院事宜。4月，泰戈尔写信给戴季陶，提出建一座“中国大厦”及所需费用问题。同时，他还写了两封热情洋溢的信，分别给中国人民和中印学会。对于这两封信，谭中先生评论说：“除了对他本国以外，印度诗圣泰戈尔从来没有对任何国家表示过他对中国的这么热情洋溢的友谊。”②5月，戴季陶写信回应泰戈尔，表示要逐步实现中印交流的计划。10月，谭云山回国，并带回泰戈尔的四封信，分别致国民政府主席林森、司法院长居正、中央研究院院长蔡元培和戴季陶。谭云山用了一年多时间，在中国募集到足够建筑中国学院的款项，购买了10万卷中文图书，又得到捐助图书约5万卷。

1935年，他的《印度丛谈》出版，其中介绍了印度政治、经济、思想、文

① 谭中：《父亲谭云山平凡伟大的一生》，谭中编：《谭云山与中印文化交流》，香港中文大学出版社，1998年版，第34页。

② 同上，第44页。

化、宗教、社会等各方面的情况，为中国学者进一步了解印度提供了丰富的第一手资料。林承节先生说："谭云山可以说是我国近代以来第一位对印度了解最全面最深入的人，他的介绍很好地起到了帮助中国人民较多地了解印度的作用。" ①

1936年，谭云山先生带着所筹集的款项和书籍回到印度，国际大学立即开工兴建中国学院。1937年4月14日，正值孟加拉新年，中国学院正式揭幕。泰戈尔亲自主持揭幕式，并发表了激动人心的长篇讲话。

甘地和尼赫鲁都写信对中国学院的成立予以热烈祝贺，并因不能出席开幕式向泰戈尔表示歉意。甘地在给泰戈尔的信中说："如果我不是要在当天去贝尔高姆，我一定会去看开幕式同时也探望你与圣地尼克坦的……尽管这样，我在精神上会同你们一起。祝愿中国学院成为中印两国当今来往的象征。"他同时也给谭云山写了信，说："我们希望开展两国之间的文化交往。你作了有价值的努力，祝你成功！" ②

尼赫鲁在给泰戈尔的信中写道："生病竟会使我不能参加明天在圣地尼克坦举行的中国学院开幕仪式，使我不能实现我的诺言，对此我感到非常惭愧。我很少遇到这种情况，我答应时是抱着充分信心能参加到这伟大典礼中来的——它的伟大在于它勾引起对远古往昔的回忆，伟大也在于它使我们寄望于将来的同志关系，能使中印两国更紧密联系起来。过去我们有那长久的友好交往和相互影响的历史，从未受到政治冲突和侵略行为的干扰！我们一直是在思想、艺术、文化方面进行交换，取长补短，彼此丰富各自的文化遗产。" ③

在中国方面，当得知中国学院要正式开幕的消息，蒋介石特地发电报给泰戈尔表示祝贺："中国学院成立，曷胜欣慰，愿共同努力发扬东方之学术与文化，以进人类于和平幸福之域而谋大同世界之实现，谨电驰祝，并颂先生健康。" ④

蔡元培、戴季陶、陈大齐也联名给泰戈尔发去贺电，其文字与蒋电大同，只是最后增加一句："谨以至诚祈中华文化合作伟大之成就，并祝先生暨诸同志

---

① 林承节：《中印友好关系史：1851~1949》，北京大学出版社，1993年版，第232页。

② 谭中：《父亲谭云山平凡伟大的一生》，谭中编：《谭云山与中印文化交流》，香港中文大学出版社，1998年版，第49页。

③ 同上，第50页。

④ 同上，第54页。

健康。”①

我们注意到，尼赫鲁的信和蔡元培等人的电报中，都不约而同地使用了“同志”一词，这说明，两国政治和文化界的确有志同道合之感。

印度国际大学中国学院的建立在中印文化交流史上具有划时代的意义。这是近代以来中印关系发展的结果，为实现两个伟大民族相互了解、增进友谊的强烈愿望迈出了实质性的一步。从此，两国学者的交流有了一个重要的基地，为培养两国文化研究的人才和深入开展研究提供了必要的条件。事实也是这样，在此后的岁月中，不断有中国学者到那里去学习印度文化，那里也培养出一批又一批学习中国语言、研究中国文化的印度专家学者。谭云山先生为此做了长期艰苦卓绝的努力，其汗马功劳，赤诚心志，将为后人永记。

中国学院建立以后，谭云山在学院任教。但是，不久发生卢沟桥事变，抗日战争由此全面爆发。谭云山于1938年回国，带回了泰戈尔致蒋介石的信，还带回了国大党主席苏巴斯·钱德拉鲍斯的信，声援中国的抗日战争。1939年，谭云山将夫人和两个孩子接到国际大学中国学院，全身心地投入那里的工作。同年，他为促成尼赫鲁访华做了重要工作。1940年，他极力促成戴季陶访问印度，并陪同戴季陶会见圣雄甘地。同年又促成以太虚法师为首的中国佛教代表团访问印度。1942年，蒋介石访问印度期间，安排尼赫鲁与蒋介石见面，并陪同蒋夫妇参观国际大学。谭中先生说：“谭云山在抗战时期经常在印度和中国的报纸上发表文章，使印度朋友了解抗战的真相，不被日本和其他法西斯宣传引入误区，也使中国同胞了解印度朋友对中国抗战的支持与同情。”②

1944年，谭云山通过中印学会促成时任贝拿勒斯印度教大学校长的印度著名哲学家S.拉达克里希南到中国重庆等地讲学。

由于谭云山在抗战期间对国家和民族做出的贡献，所以在1945年抗战胜利以后，他回国接受国民政府颁发的“胜利勋章”。1947年，谭云山回国在长沙办大同学校。1948年，他被国民政府任命为文化专员，又回到圣蒂尼克坦工作。

这里顺便说说新中国成立后谭云山先生为中印文化交流所做的贡献。

1950年4月1日，中印正式建立外交关系。谭云山以长沙第一师范老同学的身份从印度给毛泽东主席写信，提出三点建议：第一，国际上不要“一边

① 谭中：《父亲谭云山平凡伟大的一生》，谭中编：《谭云山与中印文化交流》，香港中文大学出版社，1998年版，第54页。

② 同上，第82页。

倒”；第二，加强中印团结友好；第三，国共和平解决纠纷。他没有等到回音。1952年，中国驻印度大使袁仲贤到圣蒂尼克坦看望谭云山，再次使谭云山成为中印文化交流的风云人物。

1956年9月，谭云山应邀回国访问并参加国庆观礼。这是他自中华人民共和国成立后第一次回国，在长达两个月的时间里，他走访了许多城市。最让他难忘的是，他在中南海见到了毛主席。毛主席说，当时接到信以后，怎么也想不起你谭云山这个人，后来想起来了。毛主席还说：“当时你的三点建议，我考虑了，但只能接受你的第二条。”谭云山在北京还见到了刘少奇、周恩来和李维汉。他和周总理谈话时间最长。周总理让他为增进中印友谊出谋献策，他就提了几条具体建议：第一，由杭州丝织厂制作甘地、尼赫鲁和泰戈尔的织锦像；第二，庆祝泰戈尔的诞辰；第三，周总理接受国际大学的荣誉学位。这些建议都被采纳，并一一落实。1957年1月30日，周总理由贺龙元帅陪同来到圣蒂尼克坦，接受了国际大学授予的荣誉学位。

1959年9月，谭云山再次应邀回国观光。行前，他特地印制了一本《观光祖国诗及其他》的小册子，作为国庆十周年的献礼。他在《后记》中说：“今后只有更加努力，益增奋勉，以求对中印学术研究、文化交流，和友好团结等事业，有更多的成就与更大的贡献！”

谭云山先生于1967年从国际大学退休，但仍居住在那里。1983年，谭云山先生仙逝。他逝世后，英迪拉·甘地总理特地写来悼念信，说：“泰戈尔师尊和我父亲都爱戴他。他把自己和圣蒂尼克坦结成一体，并且对印度与中国这两大文明间增进了解作了极大的贡献。”[①]的确，他一生为中印友好和文化交流贡献巨大，著述颇丰。他的著作分英文和中文两部分，主要有30余种[②]，是研究中印文化交流的宝贵财富。可以说，谭云山先生是古代玄奘之后，现代中印文化交流上贡献最大影响最深远的人，是当之无愧的现代玄奘。

国际大学中国学院的建立，为印度的中国学研究提供了一个最重要的平台，打开了印度中国学研究的新局面。国际大学也成为印度中国学研究最著名的学府。

---

① 转引自K.P.S.梅农：《我向谭云山致敬》，谭中编：《谭云山与中印文化交流》，香港中文大学出版社，1998年版，第182页。

② 参见谭中编：《谭云山与中印文化交流》，香港中文大学出版社，1998年版，第301、302页。

印度的中国学学者中，最突出的是师觉月。他于1920年于加尔各答大学获硕士学位，然后为法国著名东方学学者S.列维当助手，并随列维到尼泊尔研究佛教。1923年到法国，并在那里学习中文，后在那里获得博士学位。1945~1956年在国际大学任教并从事研究，1956年去世时为国际大学的副校长。他曾两度来华，1947年是来华讲学，1952年是作为印度文化代表团成员访华。他的中国学研究成果汇集在《中国——印度丛书》（共四部）中。他的《印度与中国：千年文化关系》最著名，分为8章，分别论述中印的古代交通、佛教往来、佛教在中国、佛教文学在中国、印度艺术和科学在中国、两大文明的比较等问题。

30年代后期，印度南方城市浦那的费尔古森学院成立了一个研究中国学的中心。巴帕特、戈克雷二人曾在那里从事梵文、巴利文和汉文、藏文佛教典籍的比较研究。戈克雷先在国际大学学习（1937~1938），后到德国留学，在海德堡大学学习了汉文和藏文。巴帕特是在美国学的中文，也是从事佛教研究的，后来也在中国学院学习和工作过很长一段时间（1945~1948）。

金克木先生留学印度期间曾会见过师觉月、戈克雷和巴帕特3位教授，还曾帮助过戈克雷校勘《集论》。①

20世纪，除了泰戈尔国际大学的中国学院以外：“30年代研究中国的另一个重要机构是设在新德里的印度国际文化研究院。它是由著名学者拉古维拉创立的。他从1937年开始研究中国文化和印中关系史，并与中国进行学术交流。1938年，拉古维拉写成了《〈罗摩衍那〉在中国》一书。此后，又致力于探索中国文学艺术，撰写了有关中国诗歌和绘画的专著。他的儿子罗凯什·钱德拉受父亲影响，在读书时候便开始学习中国文化和印中文化交流史。经过多年的刻苦钻研，取得丰硕成果，成为在中国研究方面一位蜚声全印的著名学者。”②

1943年，中印两国政府决定互派留学生，首批来华的印度留学生9人，于11月底到达中国。他们在中国主要学习中国的历史文化。1947年，印度临时政府派遣10名留学生来华，7名硕士，3名大学助教，来华学习中国的语言、艺术、史地、哲学。1947年印度独立后又派遣了一批留学生。这些人中，有的后来成为中国学专家。

---

① 金克木：《天竺旧事》，北京：生活·读书·新知三联书店，1986年版，第60~67页。

② 林承节：《中印人民友好关系史：1851~1949》，北京大学出版社，1993年版，第421页。

## 四、陶行知、徐悲鸿访问印度

这一时期，中国有多位学者访问过印度，这里仅介绍两位。

我国著名教育家和社会活动家陶行知先生曾两度访问印度。

第一次是在1936年7月，为时仅四五天，他写下了五首诗:《二十万人同进牢》、《阿黑煞的农人》、《不可亲近的人》、《印度三姊妹》和《印度高利贷者》。下面引其二首：

**不可亲近的人**

你看这把扫帚，四面八方扫干净。
自己受了牺牲，人说不可亲近。

你看扫地的人，和扫帚同一命运。
干净人受了恩惠，还说不可亲近。

千年恶名谁定？他们失掉自信。
人说不可亲近，多谢甘地提醒，
前途稍放光明，要想洗去恶名，
还得联合拼命。

**印度三姐妹**

出嫁爸爸赔不了，不嫁一世给人笑，
东方礼教爱吃人，只好一起都上吊！①

诗中，他以无限同情的笔致反映了印度人民，特别是印度贱民和妇女的悲惨处境，揭露了英国殖民统治下印度社会的黑暗现实。

1938年8月，陶行知先生再次访问印度。此前，他给圣雄甘地、泰戈尔和国大党主席苏巴斯·钱德拉·鲍斯写信。在给甘地的信中，他说："您的教导和

① 转引自林承节:《中印人民友好关系史：1851~1949》，北京大学出版社，1993年版，第245、246页。

牺牲精神，永远鼓舞着中国人民。我长久以来，渴望去访问你们伟大的国家。现在我非常高兴终于有机会实现这个愿望。”[①]在给泰戈尔的信中，他写道：“自从我在北京荣幸地会见您之后，已近二十年了。您发表的光辉演说永远是我国人民的宝贵财富，将永远铭记在心。我很高兴地告诉您，在我回国途中，我将有机会对你们伟大的国家作短期访问。”[②]

8月8日，陶行知先生到达马德拉斯，10日抵达加尔各答，并拜访国大党主席鲍斯，11日又前往国际大学拜访泰戈尔。他同泰戈尔交谈了一个小时，并一起听了孟加拉乐曲。12日，鲍斯为陶行知举行了欢迎会和茶会，学生、工人和农民代表在会上发言，陶行知则作了演说。他的演说被刊登在8月13日的《马德拉斯邮报》上。8月13日，他在全印教育部秘书陪同下访问考察了印度中央邦的一所半工半读学校。他的考察很细致，如识字率、男女学龄儿童上学比例、教师收入等情况，都一一作了记录。

8月14日，陶行知拜会了圣雄甘地。这一天是甘地先生的“沉默日”，本不接见客人。但得知这位远道而来的中国学者前来拜会，便破例同意会面，并用笔与陶行知“谈话”。陶行知介绍了自己所在的全国救国会，以及从事平民教育事业的经历和体会，并邀请甘地访问中国。甘地说：“我有朝一日会访问你们的伟大国家，没有什么比这更使我感到愉快了。”[③]甘地回答了陶行知提出的一些问题，并约他写一篇关于在中国开展大众教育的文章。陶行知回到香港后，用英文写出了一篇题为《中国的大众教育运动》的文章寄给甘地。这篇文章在10至11月间分三次发表在甘地办的《哈里真》杂志上，甘地特地写了按语：“陶行知博士不久前来访问我时，我邀请他撰文介绍正在中国开展的引人注目的大众教育运动。现在，他寄来了下面这篇有指导意义的文章。这篇文章对我们印度人一定是很有用的。”[④]对此，林承节先生评论道：“陶行知文章在印度发表，这是印度民族主义报刊第一次发表来自中国民族主义活动家的介绍中国斗争经验的文章。他的‘向印度介绍中国’的访印初衷得到进一步实现。中印两国民

---

① 转引自林承节：《中印人民友好关系史：1851~1949》，北京大学出版社，1993年版，第248页。

② 同上，第248页。

③ 同上，第253页。

④ 同上，第253页。

族主义者从事教育改革的经验得到进一步的交流。”①

1924年泰戈尔访华时，徐悲鸿先生已是中国成名画家，但由于他远在法国，二人没有相见。1938年8、9月间，徐悲鸿接到大诗人泰戈尔的邀请，10月即带上一批作品自重庆奔香港，1939年1月到新加坡，又在新加坡、吉隆坡、槟榔屿等地举办画展，所得收入尽数捐献，支援国内的抗日战争。在辗转近一年之久后，约于当年冬季到达印度，在国际大学讲学并作画。他在国际大学期间，吃住就在谭云山先生家里。

12月，徐悲鸿在印度国际大学举办了中国近代画展。这一年，他在印度创作了油画《印度牛》和素描《印度人像》等。

1940年1月，徐悲鸿为泰戈尔画像，并画马赠泰戈尔，深受泰翁喜欢。2月17日，圣雄甘地到国际大学，徐悲鸿在欢迎会上为甘地画速写像二幅，并经泰戈尔介绍会见了甘地先生。甘地先生支持他举办画展。同月，徐悲鸿在加尔各答和国际大学举办了个人作品展览会。泰戈尔亲自为画展写了序言，他以哲人的情思、诗人的笔触，极力赞扬了徐悲鸿的画作：

“美的语言是人类共同的语言，而其音调毕竟是多种多样的。中国艺术大师徐悲鸿在有韵律的线条和色彩中，为我们提供一个在记忆中已消失的远古景象，而无损于他自己经验里所具有的地方色彩和独特风格。

我欢迎这次徐悲鸿绘画展览，我尽情地欣赏了这些绘画，我确信我们的艺术爱好者将从这些绘画中得到丰富的灵感。既然旨趣高奥的形象应由其本身来印证，多言是饶舌的，这样，我就升起谈话的帷幕，来引导观众走向一席难逢的盛宴。”②

4月，徐悲鸿到大吉岭，8月回国际大学，11月向泰戈尔辞行。这一年，他在印度所作的画有油画7幅、国画24幅和素描14幅，是他空前高产的一年。他除了给国际大学的美术学院学生讲课和从事社交活动，还不断宣传抗日。他为国际大学的许多学生和民间艺人画了速写，如《鼓者》、《琴师》等。他与泰戈尔先生结下了深厚友谊，曾为泰戈尔画了10多幅速写、素描、油画及中国画肖像。

---

① 转引自林承节：《中印人民友好关系史：1851~1949》，北京大学出版社，1993年版，第254页。

② 转引自廖静文：《徐悲鸿一生》，济南：山东画报出版社、北京：中国青年出版社，2001年联合出版，第170页。

他在印度作的画中，有几幅特别著名。他为泰戈尔画的肖像，有一幅至今仍挂在泰戈尔故居[①]的墙上；为泰戈尔画的一匹马，前蹄扬起，引颈长啸，上题“哀鸣思战斗，回立向苍苍”，也一直挂在那里[②]。

他的代表作之一《群马》完成于1940年5月，他为此画的题词是：“昔有狂人为诗云：‘一得从千虑，狂愚辄自夸，以为真不恶，古人莫之加。’悲鸿时客西马拉雅之大吉岭。鄂北大胜，豪兴勃发。”既抒发了抗日爱国的情怀，又可以看出他到印度后对马更有认识，画马更加成熟。

《愚公移山》是他的另一代表作，1937年着手创作，在印度完成。在这幅作品里，他用了印度人作模特儿。画面上有五人是中国人的形象，其余多数都是印度人的形象。他对此的解释是：“艺术但求表达一个意思，不管哪国人，都是老百姓。”[③]

他在印度结识了许多朋友。他曾与印度大画家阿邦宁·泰戈尔一起谈论艺术，欣赏绘画，有着深情厚谊。他与当时国际大学美术学院院长、印度著名画家南达拉尔·鲍斯也有很深交往。徐悲鸿离开印度前，他二人受泰戈尔的委托曾合作用两整天时间将泰戈尔的绘画作品一一检选，得精品300余幅，最精者70余幅，拟由国际大学出版，泰戈尔对此表示满意。[④]

## 五、中国的印度学研究

### （一）概况

从戊戌变法到辛亥革命，先有康有为、梁启超等人以印度的沦陷为例子，力陈变法之急迫，后有孙中山、章太炎吸取变法失败的教训，进一步分析印度受制于英国的原因，提出资产阶级革命的主张。在此期间，他们对印度政局、经济和社会的密切关注和研究，是中国印度学开始萌芽的标志。

第一次世界大战到的第二次世界大战爆发前的20多年间，中国知识界对印度的政治动向反应敏感，对时局的分析更加深入中肯。当时中国的一些著名报

① 泰戈尔有两处故居，都可供人参观，一处在加尔各答，一处圣蒂尼克坦国际大学，此指后者。

② 顾子欣：《访泰戈尔故居》，转引自李松编著：《徐悲鸿年谱》，北京：人民美术出版社，1985年版，第80页。

③ 艾中信：《徐悲鸿研究·悲天悯人》，转引自同上。

④ 参见廖静文：《泰戈尔与徐悲鸿的友谊》，载《南亚研究》1982年第1期；廖静文：《徐悲鸿对印度的美好回忆》，载《南亚研究》1985年第2期。

刊，如《新青年》、《东方杂志》、《少年中国》、《申报》等，对第一次世界大战中印度人民的苦难和英国殖民当局的揭露，常常十分及时而深刻，对此后印度民族主义运动成败得失的评论也往往切中要害，对甘地其人其行的介绍和研究则已形成规模。这说明当时已有相当一部分人在密切注视着印度的时局变化，在研究印度的政治经济现状。随着泰戈尔的来华，中国又掀起了一股泰戈尔热，译介和研究印度文学之风飒然而起。这是与政治研究相呼应的文学研究，也是和中国新文化运动相一致的文学运动。

20年代，中国有了去印度的留学生。近代以来去印度留学的第一人是曾圣提。他于1924年泰戈尔来华后不久，即渡海到印度去投奔泰戈尔，先在国际大学学习，后到甘地的真理学院学习，1925年归国。1929年，海维谅在印度德里穆斯林大学学习伊斯兰教哲学数年。他在学期间兼为学校服务，并曾给国内《东方杂志》写过文章，介绍印度民族运动与穆斯林的情况。

这一时期去印度的学者还有许季上（1919年）、许地山（1926年6~9月在贝拿勒斯印度教大学学习梵文、研究佛教，1934年再度到浦那学习梵文和研究佛教三个月）和高剑父（1931年到加尔各答举办个人画展，受到好评）。30年代去印度留学的学僧有体参（1931年）、岫庐（1936年）等。通过不同途径去印度留学的学生有杨国宾、魏风江等。

30年代建立的中印学会是中国印度学兴起过程中的一件大事。1924年泰戈尔访问北京时，何雯曾提出组织中印学会的建议，泰戈尔表示赞同。1931年，谭云山与泰戈尔再度商量此事，泰翁积极支持，并写信给蔡元培。9月谭云山回国。1933年，在蔡元培和戴季陶的大力支持下，中印学会的筹备会议召开，发起人有谭云山、周谷城、太虚、梁漱溟等43位，赞助人有于右任、蔡元培、林森、戴季陶等24位。6月，中印学会的发起书《中印学会：计划、总章、缘起》出版。1934年初，谭云山返印，5月，印度一侧的中印学会正式成立，泰戈尔任主席，尼赫鲁后来任名誉主席，普拉沙德、拉达克里希南等名人曾任各地的负责人。11月，谭云山回国，次年5月，中国的中印学会正式成立，蔡元培为理事会主席，戴季陶为监事会主席。中国的中印学会建立初期主要做了三件事：一是向印度国际大学捐赠了一批中国古籍，二是呼吁教育界和学术界在大学里设立印度佛学和印度文明史讲座，三是帮助泰戈尔的国际大学募集资金建立中国学院。中国学院建立于1937年4月14日，谭云山先生被任命为院长。

抗日战争开始以后，中国去印度从事讲学和研究的学者主要有金克木（1941）、吴晓铃（1942）、徐梵澄（1942）、陈翰笙（1944）、常任侠（1945）、陈洪进（1945）等。他们回国后都成为中国印度学界的著名学者，写出了一批重要的学术著作。

我国当代最著名的印度学家季羡林先生于1935~1946年在德国哥廷根大学主攻梵文、巴利文和吐火罗文，并从事语言学研究。回国后任北京大学东方语言系主任。

1943年三四月间，中国文化访问团访问印度，双方协议，当年即互派10名研究生。自此以后的几年中，中国派往印度的留学生主要有杨瑞琳、巫白慧、巴宙、李开物、陈祚农、裴默农、法舫、周达甫、周祥光、杨允元等。他们后来也都成为中国印度学的学者。

1942年，中国在云南呈贡建立了国立东方语文专科学校，设有印度语文科。这是中国大学里首次设置印度语言专业。谭云山推荐当时在印度国际大学学中文的学生辛哈（Krishna Kinkar Simha）来教授印地语，从1943年教到1945年。该校除教授印地语外，还设有印度历史、印度宗教、印度社会等课程。朱杰勤先生当时在该校讲授印度史。抗战胜利后，国立东方语专迁至南京。1946年，北京大学成立东方语言系，教学内容包括印度的语言和文学。1949年，东方语专合并于北大东语系。1946年，金克木在武汉大学开设印度哲学史课，1948年到北大又继续开此课，原武汉大学的课程由石峻接任。①

从辛亥革命到1949年，我国学者发表了一大批有关印度学的著作。据林承节先生统计：

1919年，梁漱溟的专著《印度哲学概论》出版。

1921年，梁启超写出《印度佛教概观》，1925年出版《印度佛教史略》。

1924年，汤用彤发表《印度哲学之起源》（《学衡》），翌年发表《释迦牟尼时代之外道》（《学衡》），1945年出版《印度哲学史略》。

1926年，刘炳荣的《印度史》、樊仲云的《圣雄甘地》出版。

1929年，向达的《印度现代史》出版。

1930年，许地山发表《古代印度哲学与希腊哲学之比较》（《哲学评论》）。

1931年，袁学易的《印度独立运动史略》出版。

---

① 参见林承节：《中印人民友好关系史：1851~1949》，北京大学出版社，1993年版，第421页。

1933年，徐茂庸的《印度革命史》、陈恭禄的《印度通史大纲》和滕柱的《印度小史》出版。

1936年，黄忏华的专著《印度哲学史纲》出版。

1939年，张君劢的《印度民族解放运动与尼赫鲁》出版。

1942年，蒋君章的《现代印度》、金仲华的《世界战争中的印度》、麦朝枢和黄中廑的《大时代中的印度》、黄觉民的《印度和缅甸》、许公武的《中印历代关系史略》出版。

1943年，印顺的《印度之佛教》、张君劢的《印度复国运动》、石啸冲的《印度民族解放运动史》、戴蕃豫的《佛教美术史印度篇初稿》出版。

1944年，麦浪的《甘地思想批判》、胡树藩的《现代印度论》出版。

1947年，李志纯的《印度史纲要》出版。

1948年，袁月楼的《甘地生平及其思想》、糜文开的《印度历史故事》出版。

此外，30年代发表的有关印度的重要哲学论文还有：王与楫的《印度哲学概论》(《海潮音》)、张正藩的《印度哲学面面观》(《新亚细亚》)、姚宝贤的《印度哲学之体系》(《大夏》)、心月的《印度哲学上胜数论法义及其数量》(《海潮音》)等。40年代的主要论文有：大古的《印度——哲学的故乡》(《时代中国》)、子微的《印度思想与初期佛教思想概论》(《世光》)、金克木的《〈吠檀多精髓〉译述》(《学原》)、子中的《数论与胜论之宇宙观》(《读书通讯》)等。

至于有关印度史、中印关系史、中印文化关系史等方面的译著和论文等，则多得不胜列举。①

**(二)佛学**

这里要重点提起的是中国佛学的复兴问题。中国近代的佛学复兴也与西学东渐有密切关系。这次复兴的第一人杨仁山居士，曾两度随曾纪泽出使欧洲，考察过法国政教民生和英国的政治科技，对西方文明很重视，对列强的发达和中国的衰弱都有深沉的思考，所以他拥护变法，认为“不变法不能自存”，变法才能强盛：“既变法矣，人人争竞，始而效法他国，既而求胜他国，年复一年，日兴月盛，不至登峰造极不止也。”②他于1866年创办金陵刻经处，1907年创办

① 林承节：《中印人民友好关系史：1851~1949》，北京大学出版社，1993年版，第427~449页。

② 转引自高振农：《佛教文化与近代中国》，上海社会科学出版社，1992年版，第15页。

佛学学堂“祇园精舍”，1910年创办佛学研究会。其学堂虽仅维持了二年，但从其课程设置可知，那是一所受了西方教学影响的学校，不仅设有佛学课程，而且还有史、地、语、算和外文等。著名诗僧苏曼殊就曾在那里教授梵文和英语。同时，其学堂和研究会还培养出一批很有影响的佛学研究人才，如谭嗣同、桂伯华、黎端甫、释太虚、章太炎、谢无量、孙少侯、欧阳竟无、李证刚、梅撷云、蒯若木等。他们后来都有一定的研究成果，这也应视为中国印度学的一个组成部分。

辛亥革命以后，中国佛学研究又有了长足的发展。在办学方面，据高振农先生统计：1914年，有月霞在上海、杭州等地连续举办的华严大学，谛闲在宁波举办的观宗学社；1917年，有月霞在常熟举办的法界学院；1919年，有仁山在高邮举办的天台学院；1922年，有欧阳竟无在南京举办的支那内学院，太虚在武昌举办的武昌佛学院，常惺在安庆举办的安徽僧学校，大勇在北京举办的藏文学院；1925年，有常惺在厦门举办的闽南佛学院，守培在镇江举办的玉山佛学院，静波在常州举办的清凉学院，1927年，有韩清净在北京主持的三时学会；1928年，有霭亭于镇江举办的竹林佛学院；1929年，有九华山佛学会主办的九华山佛学院，台源于北京创办的柏林理教院；1931年，有常惺在江苏泰县（今泰州市姜堰区）创办的光孝佛学研究社，宽道等在普陀山主持的南海佛学院，虚云在鼓山创立的鼓山佛学院；1932年，有太虚在四川北碚创办的汉藏教理院；1933年，有慈舟在鼓山创办的法界学院；1934年，有智光在镇江创立的焦山佛学院。此外，全国各地还有许多佛学院，恰如雨后春笋。[①]其中，支那内学院维持时间长且影响巨大，该学院以教学、研究和刻经并重，培养出一批佛学专家。其初期任教务长、后来任院长的吕澂精通英、日、梵、巴、藏等多种文字，将印、汉、藏三支佛学融会贯通，可称为著名南亚学大师。武昌佛学院和闽南佛学院在中国南亚学的形成过程中也有重要贡献。这两所学院以教学成就为突出，前者的课程设置除大乘佛学以外，还有小乘佛学概论、印度佛教史、印度六派哲学等，这比古代的佛学教育和研究领域显然有所扩大；后者的课程中更增设有国文、文法、文学史、文字学、英文、日文、珠算、代数、几何、三角、中国史、印度佛教史、世界史、中国地理、世界地理、中国哲学大要、世界哲学大要、印度哲学大要，以及心理学、伦理学、教育学、艺术、体

① 参见高振农：《佛教文化与近代中国》，上海社会科学出版社，1992年版，第3页。

育，等等。这些课程的设置，说明中国僧人教育已经近代化，为中国印度学的形成起到促进作用。

这一时期，中国的大学也开始设置印度学方面的课程。1916年，许季上率先在北京大学讲授印度哲学。1917年，梁漱溟应蔡元培之聘，在北京大学哲学系讲授印度哲学，直至1924年。1918年，蒋维乔建议北京大学哲学系开设佛学课。同年，汤用彤先生赴美学习哲学，兼攻梵文、巴利文，1922年回国，先后在南京东南大学、天津南开大学、北京大学、西南联大任教，讲授过中国佛教史、小乘佛教研究、佛典选读、印度哲学史等课程。1931年，陈寅恪在清华大学开设佛典翻译文学课。李证刚在抗日战争爆发前后曾在沈阳东北大学和清华大学任教，讲授佛学课程。

**（三）文学**

印度文学在中国近代的反响最初发生在20世纪的头20年里。在这一时期，有3个重要人物与印度文学有关，他们是鲁迅、苏曼殊和梁启超。下面分别来谈。

早在1907年，鲁迅就说："天竺古有《韦陀》四种，瑰丽幽夐，称世界大文；其《摩诃婆罗多》暨《罗摩衍那》二赋，亦至美妙。厥后有诗人加黎陀萨（Kalidasa）者出，以传奇鸣世，间杂抒情之篇。"①他还说过："尝闻天竺寓言之富，如大林深泉，他国艺文往往蒙其影响。即翻为华言之佛经中，亦随在可见。……佛藏中经，以譬喻为名者，亦可五六种……"②

1908年5~8月，苏曼殊在《民报》上连载了他选辑的《岭海幽光录》和他翻译的印度作家瞿沙（Kusha）所著的小说《娑罗海滨遁迹记》。这可能是中国近现代翻译介绍印度新体小说的先声。柳无忌先生说："曼殊把这个印度故事介绍给中国读者的用意是很明显的。他从英国对印度的征服看到了满族征服中国的通用情况。"③同年夏天，他在东京出版了《文学因缘》一书。在书的序言中，他特别提到印度的梵语文学的优美，提到了印度的两大史诗和《沙恭达罗》。1909年春天，苏曼殊在东京为两个印度来的婆罗门僧当翻译，不久便开始学习梵文并阅读《摩诃婆罗多》。同年，他到南洋逗留，直到1912年。据柳无忌先生说，苏曼殊在小南洋时："也翻译了迦梨陀娑的诗剧《沙恭达罗》。我们记得，

① 《鲁迅全集》第一卷，北京：人民文学出版社，1973年版，第56页。

② 同上，第七卷第458页。

③ 柳无忌:《苏曼殊传》，北京：生活·读书·新知三联书店，1992年版，第59页。

他高度赞美过这个梵文诗剧，并曾翻译了歌德为它写的赞歌。他在用英文写的《〈潮音〉自序》里，曾向读者许过愿：‘此后，我将竭尽所能，把诞生于我佛释迦圣地印度的著名诗人迦梨陀娑所著世界闻名的诗剧《沙恭达罗》，翻译出来呈献给读者。’尽管这个译本现在已不存在，但曼殊在1911年底出版《潮音》不久之前，可能已经完成了《沙恭达罗》的翻译。”[①]在《潮音》中，收有他翻译的印度女诗人陀露哆（Taru Datt）的诗《乐死》。1913年，他在《燕子龛随笔》中说：“印度《摩诃婆罗多》、《罗摩衍那》两篇，闳丽渊雅，为长篇叙事诗，欧洲治文学者视为鸿宝，犹《伊利亚特》、《奥德赛》二篇之于希腊也。此土向无译述，唯《华严疏钞》中有云《婆罗多书》、《罗摩延书》，是其名称。”[②]

梁启超曾作《翻译文学与佛典》一文，其中有《文学的情趣之发展》一节，说：“吾为说于此，曰：‘我国近代之纯文学——若小说、若歌曲，皆与佛典之翻译文学有密切关系。’闻者必以为诞。虽然，吾盖确信之。吾征诸印度文学进展之迹而有以明其然也。”接着他举出一些例子来证明他的论点，提到了马鸣的《佛所行赞》和《孔雀东南飞》，还说：“其《大乘庄严论》，则直是‘《儒林外史》式’之一部小说。其原料皆采自四《阿含》。而经彼点缀之后，能令读者肉飞神动。”“此等富于文学性的经典，复经译家宗匠以极优美之国语为之移写，社会上人人嗜读。即不信解教理者，亦靡不心醉于其词绩。故想象力不期而增进，诠写法不期而革新。其影响乃直接表现于一般文艺。我国自《搜神记》以下一派之小说，不能谓与《大庄严经论》一类之书无因缘。而近代一二巨制《水浒》、《红楼》之流，其结体运笔，受《华严》、《涅槃》之影响者实甚多。即宋元明以降，杂剧、传奇、弹词等长篇歌曲，亦间接汲《佛本行赞》等书之流焉。”[③]

据林承节先生总结，20世纪20~40年代，有下列事实值得注意：1921年，滕若渠在《东方杂志》上发表《梵文学》一文，对印度两大史诗及其他著作作了介绍。1924年《小说月报》第5期上，郑振铎发表《印度的史诗》一文，较详细地介绍了两大史诗的内容，并评说：“在事实上说来，这两篇史诗可算是

① 柳无忌：《苏曼殊传》，北京：生活·读书·新知三联书店，1992年版，第94页。

② 转引自林承节：《中印人民友好关系史：1851~1949》，北京大学出版社，1993年版，第428页。

③ 梁启超：《饮冰室佛学论集》，扬州：江苏广陵古籍刻印社，1990年版，第179~180页。

最变幻奇异的，在文学艺术上说来，他们又是可惊异的精练的，在篇幅上说来，又是世界上所有的史诗中最长的。……他们都是世界文学中最伟大的作品。”1925年，许地山在英国牛津大学读研究生时，写了一篇《梵剧体例及其在汉剧上的点点滴滴》，这是他研究印度古典梵文剧作的心得，发表在1927年的《小说月报》上。1931年，他又写了《印度的戏剧》一文，发表于《晨报》。30年代起，迦梨陀娑的一些名著开始被翻译过来。1933年出版了王维克译自法文的《沙恭达罗》，1936年又出版了他译的《时令之环》，他还译出《云使》的一部分登在《逸经》杂志上。王衍孔也自法文译出《沙恭达罗》，1947年出版。1945年，卢前自英文译出《沙恭达罗》，并将它改为南曲，以《孔雀女金环重圆记》的书名出版。这一时期，我国翻译出版的梵语文学作品还有：刘北茂译的《印度寓言》（1931）、汪原放译的《印度七十四故事》（1932）、谭达年译的《印度童话集》（1933）、卢前译的《五卷书》（1941）。我国学者编译的有：郑振铎的《印度寓言》（1933）、王涣章的《印度神话》（1934）、万邦怀的《印度童话》（1934）等。我国学者介绍和研究印度文学的成果有：许地山的《印度文学》（1931）、柳无忌的《印度文学》（1944）等。①

季羡林先生在谈到这一时期印度文学在中国的影响时说：“熟悉汉译佛典的人都会发现，鲁迅在运用词汇的时候很受佛典的影响。”他还举出《〈华盖集〉题记》里的话作为例证：“我知道伟大的人物能洞见三世，观照一切，历大苦难，尝大欢喜，发大慈悲。”接着，他又提到三位学者，说：“另外一个民主斗士同时也是白话诗人和古典文学研究者的闻一多也很重视印度文学。在他的文章里，他也曾着重指出了印度文学对中国文学的影响。他还曾译过印度爱国女诗人奈都夫人（Sarojini Naidu）的诗。”“小说家和梵文学者许地山对印度文学有特殊的爱好。他的许多小说取材于印度神话和寓言，有浓重的印度气息。他根据英文翻译过一些印度神话，象《太阳底下降》和《二十日夜》等等。他也曾研究过印度文学对于中国文学，特别是中国戏剧的影响。……他还写过一部书，叫作《印度文学》。篇幅虽然不算多，但是比较全面地讲印度文学的书在中国这恐怕还是第一部。”“小说家沈从文有时候也取材于印度的寓言文学。他利用这些材料主要是通过汉译的佛经。……在他的一部叫作《月下小景》的短篇小说集里，除了第一篇以外，其余的都取材于汉译佛典。供他取材的书有：

① 林承节：《中印人民友好关系史：1851~1949》，北京大学出版社，1993年版，第420页。

《长阿含经》、《杂譬喻经》、《智度论》、《法苑珠林》、《五分律》、《生经》、《大庄严论》、《太子须大拿经》等。”①

这里要特别介绍一下许地山、郑振铎、季羡林3位先生在1949年以前对印度文学的译介、研究方面的贡献。

许地山先生于1917年至1923年在燕京大学期间，曾主持座谈会，特邀徐志摩介绍泰戈尔生平，也曾研习佛经与梵文。1923年8月赴美，在哥伦比亚大学研究宗教史及宗教比较学。9月转入牛津大学研究宗教史、印度哲学、梵文等。1926年回国途中到印度瓦拉纳西印度教徒大学研究梵文及佛学，并拜访泰戈尔。1927至1934年在燕京大学任教，并在北大、清华等校讲授印度哲学等课程。其间，1933年3月再度赴印，自费研究宗教和梵文4个月，回国前访问了孟买、果阿、马德拉斯等地。从他的这些经历可以看出，他对印度和印度学有着特殊的兴趣。

地山先生最主要的译著是3本书:《孟加拉民间故事》、《二十夜问》和《太阳底下降》。这三书都是印度民间故事集，篇幅都不算很大，但其内容都是首次被介绍到中国来。所以，我们应当肯定地山先生的开创之功。

地山先生的《孟加拉民间故事·译叙》写于1928年6月6日，也就是说，此书大约在此前不久译出。地上先生在“译叙”中谈到此书所依据的底本是1912年麦克米伦公司出版的《孟加拉民间故事》（*Folk-Tales of Bengal*），作者为拉尔·比哈利德伊（*Lal Behari Day*）（即由他采集并翻译为英文），最初出版于1883年。其中收有22个故事。地山先生说，他翻译这本书的主要动机“是因为我对‘民俗学’（Folk-Lore）底研究很有兴趣，每觉得中国有许多民间故事是从印度辗转流入底，多译些印度底故事，对于研究中国民俗学定很有帮助”。接着，他用很大的篇幅来谈民俗学和民间故事。他根据西方民俗学者的意见，认为民间故事是研究民俗学的重要材料；口传文学包括四项：故事、歌谣、格言（谚语）和谜语；故事又分为“认真说的故事”和“游戏说的故事”；认真说的故事包括神话（解释的故事）和传说（叙述的故事）；游戏说的故事包括民间故事、神仙故事、童话和寓言等。他画了一张表来阐释这些概念之间的关系，并辅以英文，详细而准确地解释了这些概念。

---

① 季羡林:《中印文化关系史论文集》，北京：生活·读书·新知三联书店，1982年版，第132~134页。

1930年，商务印书馆出版了他的《印度文学》一书，这虽是个小册子，现在看来也比较简陋，但它毕竟是首次向中国人介绍印度文学的概貌。1935年，许地山先生翻译了印度神话故事《二十夜问》和《太阳底下降》。当年发表于《文学》月刊，50年代由作家出版社正式出版。

《太阳底下降》可以说是一个比较长的民间故事。讲的是一对男女恋人费尽周折终成眷属的故事。按着通常民间故事的概念，这应当属于那种女方（公主）给男方（王子）出难题，男方历尽艰辛解决难题，最终得到女方的故事类型。但在印度古代丰富的神话背景下，前世、今生、未来不同的时间相互交叉，天上、人间、域外、海中、梦境等各种空间不断变幻，天神、仙人、罗刹、隐士、国王、孔雀、乌鸦、蝙蝠、大鸟（银鸿）等各种人物纷纷出场，使这个故事显得十分离奇、曲折，甚至有些枝蔓。然而，这就是印度古代民间故事的一个特点。从地山先生给出的许多注解可以看出，若非他懂得梵文和佛教，熟悉印度神话的背景，要将这个故事翻译出来是十分困难的。即便这样，对中国的一般读者来说，这个故事仍然不是那么通俗易懂。

《二十夜问》与《太阳底下降》有相似之处，即男主人公要回答20个疑难问题方能得到女主人公的爱，也具有印度民间故事的特殊之点——时空转换、人物繁多、大故事中套小故事。

地山先生在《二十夜问》的“小引”中说，这个译本依据的是英文译本，梵文本未见，即使是英文译本已不易得。英文本的名字叫《月食之分》（*A Digit of the Moon*），选自F.W.拜恩（F.W.Bain）的《印度故事》（*The Indian Stories*）第1卷。

《小引》中，地山先生还简要地介绍了印度古代“众神搅乳海”的神话。而更重要的是，他说：“印度文学也和她底建筑一样，从头到尾虽是一整个，但各部分是独立底。各相连底部分都是同样的模型，使人感到层层叠叠，无穷无尽的结构。又因故事还没离开诗歌底格调，为保持文体上底节律，所以各故事底引结，都没有多少变更。在书册难得底时代，这是很必要的，因为人要记诵才能讲出来。印度民间故事都有这样的体裁。”这段话之所以重要，在于地山先生第一次指出了印度民间故事的一个十分突出的结构特征。我们知道，从古老的两大史诗、《佛本生经》到《五卷书》、《故事海》、《僵尸鬼故事二十五则》、《宝座故事三十二则》、《鹦鹉故事七十二则》等，印度的古代民间故事集常常采取这种结构，而这一结构特征对世界文学产生了广泛的影响。如著名的阿拉伯民间故事集《一千零一夜》、波斯故事集《九亭宫》、意大利文艺复兴时期薄伽丘的《十日谈》等，以及中国古代小说，如王度的《古镜记》等。

可以说，地山先生在我国近现代印度文学译介和研究方面有若干个第一：①如前所述，他的《印度文学》一书第一次将印度文学较全面地介绍到中国，使中国学界第一次了解到印度古代文学的整体情况，他的工作成为研究印度文学的基础性工作，对后来者的研究很有帮助。②他第一次将正在流行的三部印度民间故事集翻译成中文，并加以注释和解说，使中国学界第一次看到佛教文献以外的印度民间故事，这也是开展研究的基础性工作。③他第一次利用民间文学的资料进行了中印文学的比较研究工作。早在1925年的《小说月报》第十六卷上他就发表了《中国文学所受印度伊兰文学的影响》一文，同年又写出《梵剧体例及其在汉剧上底点点滴滴》[①]一文。④他第一次把印度民间寓言和神话传说运用于小说、散文和诗歌的创作[②]。郑振铎先生对此曾予以赞扬[③]。⑤如前所述，他在《二十夜问》的“小引”中第一次指出了印度民间故事集“连串插入式”的结构特征。这对于研究印度民间文学和从事比较研究具有重要意义。

郑振铎先生在中国文学史上占有重要位置。他对于中国俗文学的研究成就卓著，这集中体现于他的《中国俗文学史》一书中。该书近50万字，开始撰写于1933年，1938年由长沙商务印书馆出版。

西谛先生[④]很早就与印度文学结下不解之缘，于1921年就在《小说月报》上翻译发表印度大诗人泰戈尔的诗，1922年出版了泰戈尔的《飞鸟集》，1923年又出版了《新月集》。中华人民共和国成立后，他曾兼任中印友好协会理事，还曾两次率团访问印度，写过许多有关中印文化交流的文章。对印度民间文学，西谛先生也给予了特别的关注。如，在《民间故事的巧合与转变》一文中，他介绍了欧洲19世纪以来民间文学研究的几个发展阶段和代表性理论，如“比较

---

① 地山先生于英国牛津大学印度学院完成此文，时在1925年12月，后发表于1926年《小说月报》第17卷号外上。

② 如《命命鸟》（1921年《小说月报》第12卷1号）、《醍醐天女》（1923年《小说月报》第14卷11号）、《七宝池上底乡思》（1923年《小说月报》第13卷6号）等。

③ 郑振铎先生说：“他于一九二〇年和我们一同发起文学研究会，并开始写起短篇小说来。改革后，面目全新的《小说月报》上，第一次刊载了他的创作《命命鸟》，就以他的独特的风格和题材引起读者们很大的注意。显然地，他在早年就受了若干佛教的影响，并相当熟悉印度的文学的。”引自《许地山选集·序》，北京：人民文学出版社，1982年版。

④ 西谛为郑振铎先生的笔名之一，由振铎二字旧式拼音的第一个字母CT而来。

神话学派”的“印度发源说”、“阿利安来源说”和“印度故事转变说”，以及人类学派的“必然巧合说”等。说明他对西方一个多世纪以来的民间文学研究理论十分了解。他写过一篇《榨牛奶的女郎》，其中说道：“印度的巨大故事集《故事海》中，《魔鬼的二十五故事》，《鹦鹉的七十二故事》，《五经书》中，也都有极可笑的愚蠢人的笑话在着。”说明他对印度民间文学概况的了解。在《中山狼故事之变异》一文中，他指出：“中山狼的故事，有马中锡的《中山狼传》、康海的《中山狼杂剧》、王九思的《中山狼院本》。但在印度、高丽各处，也有与此大同小异的民间传说。”文中，他对印度故事与中国故事进行了比较。

他还特别谈到印度文学通过佛教影响了中国文学，如唐代变文。他说：“变文之渊源，不能不求之于印度。彼邦重要佛教经典，如《本生经》(Jataka)，如《本生鬘论》(Jataka-mala)皆由韵散联合组成。”①他还批判了那种一切作品都是国货的“国粹”派观点，认为中国古代俗文学也受到印度的影响。他说：“我们重要的民间文学，如弹词，佛曲和鼓词，也都是受印度影响而发生的。”②在讲到《维摩诘经变文》时，他就目前所存的卷数推测说：“这部伟大的变文，恐怕总有三十卷以上的篇幅了。这可算是唐代最伟大的一部名著了。”“很可惜的是，我们读到的只是其中五之一。但就这五之一读到的而论，我们已为其弘伟的体制，描状的活跃，辞彩的骏丽，想象的丰富所震撼了。印度经典素以描状繁琐著称，但我们的作者却从《维摩诘经》上更引申、更廓大、更加渲染而成为这部《维摩诘经变文》，较原文增大了至少三十倍以上。这不能不说是自印度文学输入以来的一个最大的奇迹了。”③

此外，西谛先生在论述中国戏剧起源的时候，也有专文谈到印度戏剧对中国戏剧结构的影响。他列举了五个方面的事实，加以对比论证，最后得出结论说：“在这五点上讲来，已很足证明中国戏曲自印度输来的话是可靠的了。像这样的二者逼肖的组织与性质，若谓其出于偶然‘貌合’或碰巧的相同，那是说不过去的。”④

西谛先生与印度文学的因缘极深，他在印度民间文学研究方面的贡献主要表现在比较文学的研究上。而他的比较研究又具有以下两个显著特点。

---

① 郑振铎：《郑振铎文集》(6)，北京：人民文学出版社，1988年版，第245页。

② 同上，第288页。

③ 郑振铎：《中国俗文学史》，北京：东方出版社，1996年版，第165页。

④ 郑振铎：《郑振铎说俗文学》，上海古籍出版社，2000年版，第241页。

第一，他将比较文学引入中国俗文学研究，研究中经常以印度故事作为参照，进行比较。他在写《中国俗文学史》的时候就是这样做的。书中，他举出《维摩诘经变文》“持世菩萨”卷中的一段，说：“这样夸奢斗艳的写法，在印度是‘司空见惯’的，但在中国便成了奇珍异宝了。虽以汉赋的恣意形容，多方夸饰，也不足以与之比肩。”[①]也就是说，他对印度民间文学的创作手法和特点很了解，对这种手法和特点在中国民间文学中的影响看得很真切。所以，他在另外一篇文章《什么叫做“变文”？和后来的“宝卷”、“诸宫调”、“弹词”、“鼓词”等文体有怎样的关系》里，则明确指出“‘变文’是受印度文体的直接影响的一种”。这种文体还一直影响到宝卷等民间歌词的创作。从我们前面所引的例证也能看出，他在写其他比较研究的论文时也是这样做的。

第二，他以更加开阔的视角把中印民间文学的比较研究扩展到了世界多民族文学比较研究的范围。原因是，首先，他对西方的理论相当熟悉，如在《民间故事的巧合与演变》一文中，他就谈到了比较神话学派和人类学派的观点，他既反对一切故事“其源皆出印度”的“阿利安来源”说，又认为“神话与故事往往有很显著的线索可证明其为同出一源，或某一源转变而来者”。[②]其次，他对世界各地区的民间故事也相当熟悉，如《中山狼故事之变异》一文，不仅列出了中印两国的相关故事，还列出了欧洲和东亚流传的故事，如《列那狐的历史》、《西伯利亚故事》、《挪威民间故事》和《高丽的神仙故事》等[③]。因此可以说，郑振铎先生是我国民间文学和比较文学研究的一位先锋。他虽然在印度民间文学的译介方面不及许地山先生，但在中印民间文学的比较研究方面，比许地山先生更加深入细致，视野更开阔。这就为后来的比较文学研究者树立了榜样。

季羡林先生在中华人民共和国成立前就发表过印度文学方面的译介和研究的作品。下面列出的是收在《比较文学与民间文学》一书中中华人民共和国成立前写的主要几篇文章：

《印度寓言自序》，作于1941年底，是先生为自己编译的《印度寓言》写的序言。而《印度寓言》则是“在巴利文《本生经》里和梵文《五卷书》里选择最有趣的故事，再加上一点自己的幻想，用中文写出来，给中国的孩子们

---

① 郑振铎：《中国俗文学史》，北京：东方出版社，1996年版，第158页。

② 郑振铎：《郑振铎文集》（6），北京：人民文学出版社，1988年版，第256页。

③ 同上，第261页。

看”。[①]也就是说，这本《印度寓言》是季先生选取了《本生经》和《五卷书》里的故事编译出来的儿童读物。

《一个故事的演变》，作于1946年底，以《五卷书》中的寓言故事同中国故事比较。《梵文〈五卷书〉：一部征服了世界的寓言童话集》，也作于1946年底，详细介绍了《五卷书》在世界各地流传的情况，尤其是对不同年代、不同语言译本的介绍，丰富得简直令人眼花缭乱，说《五卷书》“征服了世界”实不为过。

《从比较文学的观点上看寓言和童话》写于1947年10月初，以印度的故事和中国的故事、希腊的故事比较。认为“印度可以说是有产生故事的最好条件”。

此外尚有《柳宗元〈黔之驴〉材料来源考》（1947年10月）、《“猫名”寓言的演变》（1948年3月）、《〈列子〉与佛典》（1948年12月）、《三国两晋南北朝正史与印度传说》（1949年2月）等，都利用印度民间故事作了比较研究。

从以上情况看，季羡林先生在中华人民共和国成立前的将近十年时间里，就曾经做过不少印度文学的译介和研究工作。尤其是他的比较文学研究文章，有理有据，较之前人有明显突破。然而，他的更大成就是在1949年以后取得的。

---

① 季羡林：《比较文学与民间文学》，北京大学出版社，1991年版，第7页。

# 第七章

# 中华人民共和国成立以后（1949～2000）

本章要介绍的是20世纪后半叶中印文化交流的历史。这是一段新鲜的历史，许多当事人还健在，许多事件都让我们记忆犹新。但是，写起来却有特殊的难度。首先是因为前人没有写过这段历史，无以借鉴；其次是事件太多、人员往来太频繁，且不易突出重点。如果一一点到，就难免写成流水账，如果只开列统计数字，又有笼统之嫌。所以，本章的撰写初衷是，不发表过多评论，而给读者提供较多的资料，有些地方看上去像是大事年表，有些地方则是开列出一个书单。

## 第一节　半个世纪的回顾

1949年10月1日，中华人民共和国成立。1950年4月1日，与印度建立正式外交关系。从此，中印文化交流进入一个新的时期。从1950至2000年的半个世纪里，中印文化交流可以分为四个时期：第一个时期为高潮期，出现在50年代。第二个时期为中断期，出现于60年代初至70年代初。第三个时期为恢复期，发生于70年代中期和后期。第四个时期为平稳发展期，发生于八九十年代。

### 一、高潮期

大凡两个国家的文化交流，其高低起伏，不仅仅取决于两国的关系，还取决于两国各自的国情及国际的大环境。

印度于1947年独立，中华人民共和国于1949年成立，两个饱受列强欺负的伟大民族，都站了起来；加上两国有着2000多年的友好交往历史，彼此怀着天然纯朴的感情。国际上，此时分为两大阵营，中国和印度从各自的国情出发，都反对帝国主义，都要走社会主义道路。正由于有着相似的经历、共同的目标和传统的友谊，所以，在两国建交以后，那种友好感情与独立自主的豪情同时迸发出来，一发而不可收，使两国的友好交往迅速达到高潮。

50年代，两国在政治、经济、文化等方面展开了全面交往与合作。

在政治方面，两国的领导人都十分重视这种新建立起来的友好关系。例如，1951年1月26日，毛泽东主席应印度驻华大使潘尼迦邀请，亲自出席印度驻华使馆举办的国庆招待会，并发表了热情友好的讲话："印度民族是伟大的民族，印度人民是很好的人民。中国、印度这两个民族和两国人民之间的友谊，几千年以来是很好的。今天庆祝印度的国庆节日，我们希望中国和印度两个民族继续团结起来，为和平而努力。"①

此后，双方在反对帝国主义的旗帜下紧密合作，互相声援。中国支持印度果阿的斗争，印度则支持中国恢复在联合国的合法席位。两国高级领导人还多次互访。

1954年6月25~28日，中国政务院总理兼外交部部长周恩来访问印度。到达新德里当日，他先后拜会了印度总统普拉萨德、副总统拉达克里希南和总理尼赫鲁。26日，周恩来总理同尼赫鲁总理亲切友好地会谈，当天还出席了印度首都各界十万群众参加的大型欢迎会。在与尼赫鲁会谈中，双方在许多问题上达成广泛共识，并发表《联合公报》，共同倡导了处理国际关系的"五项原则"。

1954年10月19~30日，尼赫鲁总理和他的女儿英迪拉·甘地访华，同样受到中国领导人和人民群众的热烈欢迎。周总理举行盛大宴会欢迎贵宾的到来，毛泽东主席也亲自会见尼赫鲁一行并设宴款待。北京市各界群众则举行了盛大的欢迎会。尼赫鲁总理的访问又进一步达成了两国政府间的共识，促进了两国人民的了解和友谊。

在1955年4月的"万隆会议"上，两国总理为亚非国家的团结反帝做出了巨大贡献。此后，周恩来总理又于1956年和1960年两次访问印度。

在民间，中印友好协会和印中友好协会分别于1952和1953年成立，并做

---

① 1951年2月号《新华月报》第64页。

了大量工作。这期间，“秦尼印地巴依巴依”（印中人民是兄弟）的口号声响遍中国和印度的土地。

在经济方面，两国1951年就开始了贸易往来，1954年两国政府就签订了《关于中国西藏地方和印度之间的通商和交通协定》，还签订了两国间的第一个贸易协定。这一时期，中国输往印度的货物主要有大米、高粱、大豆、生丝、机器、变压器、羊毛、苛性钠、纸张等；印度输入中国的货物主要有麻制品、大米、豆类、烟叶、化学品、药品、云母、电扇、毛织品、机械等。

在文化方面，中印文化交流蓬勃发展，在科技、法律、宗教、文学、艺术、教育、卫生、体育、新闻等领域，双方的往来和交流都很频繁。其具体内容将在以下各节介绍。

## 二、中断期

好景不长，1959年，中印两国便在边界和领土问题上发生争议，1962年便发生了边界冲突。双方各自撤回大使。在此后的十年多时间里，中印两国的关系基本中断，各种往来几乎全部中止，而且在边界和西藏问题上经常发生一些令人不愉快的事情。但是，从中印两千余年友好交往的历史看，这十来年时间不过是短暂的一瞬。

## 三、恢复期

直到1973年4月，全印柯棣华大夫纪念委员会主席、中国人民的老朋友巴苏华大夫应叶剑英元帅的邀请访问中国，使中印关系出现转机。次年5月，全印柯棣华纪念委员会访华团来到北京，这是1962年以来第一个来华访问的印度代表团。代表团出发前得到了印度总理英迪拉·甘地夫人的同意。他们带来两株象征友谊的树苗，栽种到石家庄华北烈士陵园的爱德华大夫和柯棣华大夫墓前。应当说，巴苏华大夫和他领导的全印柯棣华纪念委员会为中印外交关系正常化做了重要的工作，为中印文化交流做出了重要贡献。

1975年2月，中国乒乓球代表团赴印比赛并进行友好访问。以柯棣华纪念活动和“乒乓外交”为转机，经过政府和民间的共同努力，中印两国于1976年恢复了大使级外交关系。1976年7月，印度新任驻华大使纳拉亚南来北京赴任，9月，中国驻印度大使也抵达新德里。从此，两国首先在文化领域进行交往，逐步探索通过外交途径使中印关系正常化的办法。

自1977年10月起，中印间的人员往来激增，几乎每月都有两国人员互访的记录。

1978年，中国对外友好协会会长王炳南率领一个由12人组成的友好代表团访问印度，所到之处受到印度各阶层群众的热烈欢迎。全印柯棣华委员会负责接待代表团，并安排代表团与印度副总统贾蒂、总理德赛、外长瓦杰帕伊和在野党领袖英迪拉·甘地夫人等政界要人会面。代表团除了在新德里访问外，还到喀拉拉邦、西孟加拉邦和旁遮普邦等地访问。在这些地方，代表团受到了国宾级的礼遇。王炳南会长在会见瓦杰帕伊外长时，邀请他访问中国。瓦杰帕伊外长接受了邀请，并于1979年2月访问了中国。访问期间，邓小平副总理会见了代表团，并就中印关系发表了重要讲话。

在文化交流方面（包括科技学术交流），1976年，两国官方和民间进行的重要活动有3起，1977年8起，1978年17起，1979年8起。

## 四、平稳发展期

1980年5月、1981年10月和1985年10月，中印两国总理利用国际首脑会议的机会，分别于贝尔格莱德、坎昆和纽约会见。1981年6月，中国国务院副总理兼外交部部长黄华访问印度，双方就一些共同关心的问题达成谅解。1982年，中国领导人邓小平会见印度社会科学理事会代表团时就曾指出："中印两国之间的问题并不是很大，既不存在中国对印度的威胁，也不存在印度对中国的威胁，无非就是一个边界问题。"[①]1981~1988年，为了解决边界问题，中印两国官员进行了9轮谈判。这些谈判虽然没有最终解决边界问题，但对于改善两国关系、促进文化交流起到了积极的作用。

1984年10月，英迪拉·甘地总理不幸遇刺，中国政府派副总理姚依林专诚前往新德里参加葬礼。1985年12月，中国共产党派代表团参加印度国大党成立100周年纪念活动。

1988年12月19~23日，拉吉夫·甘地总理应邀对中国进行正式友好访问。他的这次访问在中印关系史上具有重要意义。这是34年后印度总理第一次来中国访问，拉吉夫·甘地不顾国内一些人的反对，力排众议，毅然来华。他与李鹏总理举行了坦率、诚挚和友好的会谈。双方就双边关系和一些共同感兴趣的问题交换了看法，一致认为，要在和平共处五项原则的基础上恢复、改善和

① 《邓小平文选》第三卷，北京：人民出版社，1993年版，第19页。

发展两国的睦邻友好关系；要本着“互谅互让”、“互相调整”的精神，通过友好协商的方式解决边界争端。访问期间，邓小平等中国领导人与拉吉夫·甘地总理会见。邓小平主席在会见时说：“中印两国对人类有一个共同的责任，就是要利用现在有利的和平国际环境来发展自己。为什么这样说呢？因为中印两国共有18亿人口，占世界人口1/3以上。”“中印两国不发展起来就不是亚洲世纪。真正的亚太世纪或亚洲世纪是要等到中国、印度和其他一些邻国发展起来，才算到来。”“我们应当用和平共处五项原则作为指导国际关系的准则。我们向国际社会推荐这些原则来指导国际关系，首先我们两国之间的关系要遵循这些原则。”“我们两国同邻国的关系应该做些调整。”[①]其间，两国政府还签订了科学技术合作协定、民用航空运输协定和1988~1990三年文化交流与合作执行计划。

两国经济领域的交往和合作在进入80年代以后有较大发展。1977年，中印恢复直接贸易；1984年签订政府间贸易协定；1985年11月，两国签订1986年交换价值1亿~1.6亿美元货物的贸易议定书；1988年成立部长级经贸、科技合作联合小组。

80年代，中国输往印度的商品主要有生丝、丝制品、食用植物油、煤、汞、锑、石油、石油化工产品、药品等；印度输入中国的产品主要有铁矿石、铬矿石、锰矿石、钢产品、烟叶、皮革、发电设备等。

1982年，中印之间的贸易额14 500万美元，1983年为6 400万美元。

1984~1990年，中印贸易大体呈逐年增长趋势，可见下表：

**1984~1990年中印贸易情况表（单位：万美元）**

| 年份 | 贸易总额 | 印从中进口 | 中从印进口 | 印方顺逆差 |
|---|---|---|---|---|
| 1984 | 6 200 | 3 700 | 2 500 | –1 200 |
| 1985 | 12 300 | 8 400 | 3 900 | –4 500 |
| 1986 | 12 800 | 8 900 | 3 900 | –5 000 |
| 1987 | 11 800 | 8 800 | 3 000 | –5 800 |
| 1988 | 24 700 | 14 900 | 9 800 | –5 100 |
| 1989 | 27 100 | 16 900 | 10 200 | –6 700 |
| 1990 | 30 500 | 21 000 | 9 500 | –11 500 |

资料来源：《中国对外贸易年鉴》

① 《邓小平文选》第三卷，北京：人民出版社，1993年版，第281~283页。

在中印文化交流方面，1988年5月，印度政府文化代表团应中国文化部邀请访问中国，两国政府签订了第一个文化交流与合作协定。12月，中国文化部长刘德有率中国政府文化代表团访问印度，两国政府草签了1988~1990三年文化交流执行计划（同年12月拉吉夫·甘地访华时正式签署）。

80年代，官方和民间进行的重要文化交流活动，1980 年有13起，1981年18起，1982年23起，1983年21起，1984年30起，1985年40起，1986年30起。到1988年底，各种交流项目和文化活动达到196起①。1976~1986年，中印文化交流的发展速度很快，80年代两国间的交往频率高于历史上任何一个时期。

90年代，中印关系发展基本平稳，只是在印度于1998年5月进行核爆炸并把矛头指向中国时有所波动。好在这一影响仅持续了一年多。

1991年12月11~16日，李鹏总理应印度总理纳拉辛哈·拉奥的邀请前往新德里进行正式友好访问。这是中国总理31年后第一次访印。两国总理在会谈中一致认为，边界问题不应成为两国发展关系的障碍，应继续保持两国领导人之间的高层互访，推动两国关系深入发展，进一步深化两国在政治、经济、科技和文化等领域的合作；在复杂多变的国际形势下，发展中国家应相互支持，加强合作。其间，双方还签订了《中华人民共和国和印度共和国领事条约》、《中华人民共和国和印度共和国关于在孟买和上海设立总领事馆的协议》、《中国政府和印度政府关于恢复边界贸易的备忘录》、《中国政府和印度政府1992年贸易协定书》、《中华人民共和国航空航天部和印度共和国航天部关于和平利用外空科技合作备忘录》等5个文件，并共同发表了《联合公报》。

1992年5月，印度总统文卡塔拉曼对中国进行国事访问。这是自中印建交以来第一位访问中国的印度总统。他会见了江泽民总书记、杨尚昆主席和李鹏总理。双方都表示要进一步发展两国关系，加强在各个领域的交流和学习。这对于推动两国关系的发展具有重要意义。

1993年9月6~9日，应李鹏总理邀请，印度总理纳拉辛哈·拉奥对中国进行国事访问。其间，两国政府签署了《关于在中印边境实际控制线地区保持和平与安宁的协定》、《中国广播电影电视部与印度新闻广播部合作协定》、《关于在什布奇山口扩大边境贸易的协定书》等4个文件。这次访问对于推动两国在

① 朱占府：《中印文化交流40年回顾——贺中印建交40周年》，载《南亚研究》1990年第2期。

政治、经济、文化等领域的合作具有重要意义。

1996年11月28日~12月1日，中国国家主席江泽民应印度总统夏尔马的邀请对印度进行国事访问。这是中印建交以来第一位中国国家元首访问印度，印度方面对此高度重视。这次访问最重要的成果是，确定了中印两国在和平共处五项原则基础上建立面向21世纪的建设性合作伙伴关系。中印双方签署了《关于中印边境实际控制线地区军事领域建立信任措施的协定》、《中印海运协定》、《关于打击非法贩运毒品、精神药物和麻醉药品及其他犯罪活动的合作协定》和《关于印度在香港特别行政区保留总领馆的协定》等文件。两国领导人表示，要把中印经济合作推向一个新的高度。

1998年，印度人民党上台不到140天，就于5月11日和13日连续进行了5次核试验，并公开宣称中国是印度“潜在的头号威胁”，为其核试验寻找借口。此举伤害了中国人民的感情，两国关系受到影响。1999年，印度外长贾斯旺特·辛格访华，双方达成“互不视对方为威胁”的共识，中印关系从此又步入改善与发展的轨道。

2000年，5月28日~6月3日，印度总统纳拉亚南应邀对中国进行国事访问。双方就双边关系和共同关心的地区和国际问题交换了意见，并达成许多共识。江泽民主席在会谈中对未来两国关系的发展提出四点意见：第一，增加人员往来，增加彼此间的了解和信任；第二，扩大经贸合作，为两国关系的发展铺垫更加厚实的基础；第三，加强在国际事务中的协调与配合；第四，登高望远，求同存异，妥善处理历史遗留问题。7月22日，唐家璇外长应邀访印，双方探讨了落实两国领导人达成的共识、推动两国关系继续改善和发展的措施。

90年代，中印贸易又在80年代基础上逐年增加。特别是1992年和1994年增加开放我国西藏边境贸易口岸后，贸易额更有明显增加。1998年，两国贸易额达19.2亿美元；1999年19.87亿美元；2000年达29.1亿美元；1991~1997年贸易情况参见下表。

1991~1997年中印贸易情况表（单位：万美元）

| 年份 | 贸易总额 | 印从中进口 | 中从印进口 | 印方顺逆差 |
|---|---|---|---|---|
| 1984 | 6 200 | 3 700 | 2 500 | –1 200 |
| 1985 | 12 300 | 8 400 | 3 900 | –4 500 |
| 1986 | 12 800 | 8 900 | 3 900 | –5 000 |
| 1987 | 11 800 | 8 800 | 3 000 | –5 800 |
| 1988 | 24 700 | 14 900 | 9 800 | –5 100 |
| 1989 | 27 100 | 16 900 | 10 200 | –6 700 |
| 1990 | 30 500 | 21 000 | 9 500 | –11 500 |

资料来源:《中国对外贸易年鉴》

从1991年到2000年，中印双边贸易总额从2.64亿美元激增至29.1亿，增加了10倍。增幅虽巨，但是，这个数目在两国各自的对外贸易总额中所占比例却甚小，不到0.6%，与两国的经济规模不成比例，双方合作的空间仍然巨大。

90年代一个突出的现象是中印军事和安全领域的合作。这期间，中印两国国防部长实现了自建交以来的首次互访，双方三军高级将领和海军舰只也开始了互访和交流活动。2000年3月，两国外交部正式启动两国间的安全对话，定期就国际、地区安全形势和共同关心的问题交换看法。

90年代，中印文化交流更有新的进展。例如，1994年，根据两国文化交流协定，在中国举办第一届“印度文化节”，历时达两个多月，遍及中国18个城市。印度派出了包括官方代表、10个文艺团组在内的140多人的大型代表团访华，这在以往的交流中是罕见的。其他具体交流的情况见于以下各节。

## 第二节　科技教育合作

1952年1月11日，国际工业展览会在印度孟买开幕，中国展览馆展出了五个部分：①自然资源；②机器、电气和化学工业；③轻工业；④纺织工业；⑤食品工业和农业。这是新中国首次在印度展示科技成果。

1953年中国卫生部部长李德全访问印度。

1954年五六月间，印度水利与电力部中央水利和电力委员会代表团到中国进行水利考察。六七月，印度喜马偕尔邦政府总工程师兼邦政府工程部秘书甘帕特·拉伊·南迦访华。九十月间，印度阿萨姆邦粮食与农业部长访问中国并考察农业。12月，以钱瑞升为团长的中国科学家代表团应邀参加印度科学大会协会第42届年会。

1955年6月，印度工程师学会主席德伊博士来华访问。六七月间，印度医学代表团来华访问并讲学。九十月间，印度卫生部长拉·阿·考尔夫人访问中国并参加国庆观礼。其在华期间，会见了周恩来总理。11月，中国卫生部医学访问团访问印度。十一二月，中国派团参加印度工业博览会并展出工业品。同年，中国科学家代表团刘崇乐教授等访问印度；印度师生代表团访问中国。

1956年五六月间，中国教育工会代表团访问印度加尔各答，并参加第三届全印小学教师协会会议。7月，印度农业考察团来华考察。8月，印度来华考察农业计划及技术代表团访问中国。9月，以农垦部副部长姜齐贤为团长的中国农业科学考察团到印度考察。同年，印度铁路代表团和印度国家科学研究所专家分别来华访问考察。班加罗尔印度国家科学研究所航空学教授斯·达文访问中国。

1957年7月9日，周恩来总理和夫人邓颖超接见印度内阁统计顾问、印度统计学院院长、联合国统计委员会主席马哈拉诺比斯教授和夫人，并共进晚餐。9月，"印度展览会"在北京开幕。同年，中国盐业参观团访问了印度，印度数学家高善必教授、矿物学家高士分别来华访问。

1958年，中国水利考察团赴印考察，印度孟买省农业部长来华考察。

1959年1月，印度水利灌溉代表团访问中国。一二月间，中国科学院派员参加印度科学大会。三四月间，印度钢铁考察团访问中国。10~11月，印度巴加利医生及夫人访问中国，周恩来总理与他们会见。

1960年1月，中国科学院学部委员、北京大学副校长周培源和中国科学院学部委员、地球物理研究所所长赵九章参加印度科学大会第47届年会。10月，印度数学家、世界和平理事会常务理事高善必二次访华，周恩来总理接见了他。

1977年10~11月，周华康率中华医学会儿科学会代表团访问印度，并参加在德里召开的第15届国际儿科大会。11月，王询率中国采矿全国委员会代表团在印度参加世界采矿会议第41次组织委员会会议，并访问印度。

1978年6月，以巴苏华大夫为首的印度医生代表团在北京和上海考察针灸工作。9月，由中国农业科学院作物研究所李奇真率中国农业考察团赴印考察。

11月，印度矿业代表团在北京、抚顺、沈阳、上海、杭州、大同等地访问。

1979年6月，中国人民的老朋友、反法西斯战士巴苏华医生再次来华，参加针灸针麻学术讨论会。如上一章所说，他曾于1938年随印度援华医疗队来华，在华工作达五年之久。1957年来华访问时，他对中国的针灸疗法发生兴趣。1958年冬至1959年5月，他在北京中医学院学习针灸技术，回国后便用针灸为国人治疗，收到良好效果，深受国人欢迎，许多医生和学生要求向他学习。于是他在自己加尔各答的诊所开办学习班，每期3个月。1973年初，巴苏华医生来华学习和研讨针灸技术，3个月后回国，向全印医学科学院、印度医学研究理事会、加尔各答医学院等单位介绍中国的针灸术，引起印度医学界的重视。到1977年10月，仅西孟加拉邦柯棣华大夫纪念委员会就在加尔各答市郊建立了19个针灸诊所，培养出针灸医生150人。到70年代末，印度已有30多家针灸诊所，主要开设在加尔各答、孟买、新德里、高哈蒂、昌迪加尔和卢迪亚纳等地。印度的针灸医生不仅在治疗常见病上取得了显著成绩，而且在一些疑难病症的治疗上也获得了可喜成果。中国针灸技术在印度的传播，巴苏华大夫功不可没。①

1980年3月，中国农业部副部长刘锡庚率代表团应印度农业研究理事会邀请在印度旁遮普邦访问。5月，应中国科学院邀请，印度旁遮普大学教授V.T.古普塔（V.T.Gupta）访问中国并考察了喜马拉雅山地理。6月，应联合国水文组织印度委员会邀请，中国华东水利学院院长严恺等二人参加了在新德里举行的“联合国水文组织亚洲地区水文资料交流会”。

1981年12月，由副院长李熏率领的中国科学院代表团应邀赴印参加印度科学大会和印度统计学院50周年纪念活动。是年，由中国中医研究院副院长唐由之和中医研究院广安门医院院长师绣章率领的中国传统医学考察团一行六人访问了印度6个城市。岁末，在瓦拉纳西的传统印医研究所，6位中医专家与上百位印医专家会聚一堂，观看了从中国带来的关于“金针拨白内障”的纪录片。影片中主持手术的就是唐由之教授。此术乃古代由印度传来的“金篦术”，在唐代极为著名（参见本书第四章第三节）。唐教授将久已失传的绝技复活，又回传印度，正所谓木瓜琼琚之报，在场印医无不鼓掌喝彩，纷纷与唐教授握手拥抱。②

① 李兆乾：《银针传友谊》，载1978年3月13日《人民日报》。

② 詹得雄：《印度散记》，北京：新华出版社，1984年版，第166页。

1982年六七月间，印度石油考察团来华，先后考察了大庆油田、渤海海上石油设施、燕山石油化学工业公司所属的炼油厂和四川天然气。11月，印度国家科学院代表团来华访问。

1983年11月，应中国国家科委邀请，印度科技政策、管理和计划考察团来华。国务委员兼国家科委主任方毅接见了印度代表团，双方就加强两国科技交流和发展科技的政策等问题交换了意见。

1984年2月，全国人民代表大会常委会副委员长黄华率中国人大代表团访印，在同印度代表团会谈期间，双方同意在计划生育和生物医学研究方面开展交流活动。同月，中国科学院数学研究所副所长杨乐率团访印；以国家卫生部顾问马海德博士为首的中国麻风病学家代表团10人赴印参加第12届国际麻风病大会。6月，印度茶叶访华团来华访问考察。11月，由副主任赵维臣率领的中国国家经委代表团访问印度，并出席了第三次国际设备工程师会议。

1985年8月，中国冶金工业部部长李东冶一行到印度访问。

1986年7月，以院长拉奥教授为团长的印度国家科学院代表团来华访问。

1988年12月，拉吉夫・甘地总理访华期间，两国政府签订了《科学技术合作协定》，两国开始了科技合作新时代。

1989年12月，李鹏总理访印期间，两国政府签署了《和平利用外空科技合作备忘录》，为中印两国开始在空间技术方面进行合作开辟了道路。

1992年2月，李铁映国务委员兼教委主任去印度考察印度教育。

1993年4月，国务委员兼国家科委主任宋健率团访印，中印科技合作联合委员会第三次会议在新德里举行，会议期间签订了议定书。12月，李岚清副总理率中国政府代表团到印度参加“九国全民教育首脑会议”。

1994年6月，外经贸部部长吴仪率团访印，参加中印经济科技联合工作小组会议。9月，印度卫生和家庭福利部长访问中国，中印双方签署了《卫生和医学科学合作协定》。

1995年1月，根据协议，中国向印度塔拉普尔核电站提供4.44万千克低浓缩铀。3月，印度环境和森林国务部长访华，并签了署两国政府《关于保护老虎的议定书》，这标志着中印两国开始在环境保护方面开始合作。同月，中国国家科委副主任率中国政府科技代表团对印度进行正式友好访问。6月，中国卫生部副部长应邀率团访印，与印度卫生和家庭福利部签订了两部合作的座谈纪要。11月，中国教委主任率团访印，双方签署了《有关教育培训和管理的交流计划》。

1996年10月，中国卫生部副部长赴印访问并参加国际卫生会议。

1997年7月，首届印度工业技术展在北京开幕。11月，中国国家科委代表团访问印度，并在印度举行第二届中国技术展。

1999年4月，中国信息产业部副部长率团赴印度考察。5月，第四届中印科技合作联合委员会会议在北京召开，双方签订了合作协议。

## 第三节 文学交流

1949年10月1日，中华人民共和国成立。此后的数十年间，中国大陆与印度的文学交流空前活跃，学界译介的印度文学作品多得不胜枚举，对印度文学的研究工作也取得很大进展。这里要介绍的是其中最主要的部分。

### 一、人员往来

中国去印度的文学人员主要有：由丁西林任团长、李一氓任副团长的中国文化代表团（1951年，这是中华人民共和国派往印度的第一个文化代表团，其阵容庞大，访问时间长，团员有郑振铎、季羡林等），由团长郑振铎、副团长周而复率领的中国文化代表团（1954年），由茅盾、周扬和老舍任正副团长的中国作家代表团（1956年），戏剧作家孙维世和阿甲（1957年），鲁迅问题专家王士菁（1981年），吴晓铃、石真夫妇（1981年），刘国楠、金鼎汉组成的印地语学者代表团（1983年），学者季羡林等三人（1985年），中国作家代表团（1986年）。这一时期访问印度的中国著名作家、诗人还有谢冰心、袁水拍、夏衍、杨朔、萧三、楼适夷、韩北屏等，他们回国后都在报刊上发表过访印观感。

来华的印度文学工作者主要有：印度诗人、国会议员哈林德拉纳特·查托巴迪雅亚（Harindranath Chattobhadhayaya）（1953）、印度作家代表团（1957）、著名孟加拉文作家梅特丽耶·戴维夫人（Metraya Devi）（1978）、剧作家杜特（M.M.Dutta）夫妇（1979）。此外还有一些未见报道。

自1988年拉吉夫·甘地总理访问中国签订1988~1990年文化交流执行计划后，中印双方隔年派作家代表团互访，逐渐形成惯例，持续至今。

## 二、作品译介

我国译介的印度文学作品，从1950到1985年，共翻译出版了100多种。这期间有两个译介高峰。第一个高峰在50年代，第二个高峰在80年代。

50年代共出版了59种，主要涉及印度的五大语言文学，即梵语、英语、印地语、孟加拉语和乌尔都语文学。其中多数是从英文转译的，也有几种是从俄文转译的。

译自梵文的主要有《沙恭达罗》（季羡林译，1956）、《云使》（金克木译，1956）、《龙喜记》（吴晓铃译，1956）、《小泥车》（吴晓铃译，1957）、《五卷书》（季羡林译，1959）。从英文转译的梵语文学作品有《莎毗妲萝》（糜文开译，1950）、《古印度两大史诗（片断）》（糜文开译，1951）等。

直接译自印度英语作家的作品主要是安纳德（Mulk Raj Anand）的《安纳德短篇小说选》（侯浚吉译，1954）、《不可接触的贱民》（王科一译，1954）、《两叶一芽》（黄星圻等译，1955）、《苦力》（施竹筠等译，1955）、《印度童话集》（谢冰心译，1955）、《石榴女王》（谢冰心译，1955）等。

从英文转译的印地语和乌尔都语作家的作品主要有克里山·钱达尔（Krishan Chandar）的《火焰与花》（冯金辛译，1953）、《钱达尔短篇小说集》（冯金辛等译，1955）、《我不能死》（严绍端等译，1958）。克·阿·阿巴斯（K.A.Abbas）的作品有《阿巴斯短篇小说集》（冯金辛等译，1957）、《小麦与玫瑰》（孙敬钊译，1959）。普列姆昌德（Premchand）的作品有《普列姆昌德短篇小说集》（懿敏等译，1957）、《戈丹》（严绍端译，1958）、《一把小麦》（懿敏等译，1958）。

直接从印地文译出的有普列姆昌德的《妮姆拉》（索纳译，1959）。直接从乌尔都文译出的有印度巴基斯坦现代诗集《牢狱的破灭》（北大乌尔都语专业同学译，1958）。译自俄文的印度文学作品有普列姆昌德的《变心的人》（正秋译，1956）、钱达尔的《黑太阳》（红燕译，1956）等。译自孟加拉文的有萨拉特·钱达·查特吉（Sarat Chandra Chtterjee）的《嫁不出去的女儿》（石真译，1956）。泰戈尔的作品在这一时期也被大量译介，多数是译自英文，少数译自孟加拉文、乌尔都文。

另外，1956年9 月号的《译文》上发表了孙用译的费兹·艾哈迈德·费兹（Faiz Ahmad Faiz）的8首诗，1958年3 月号《世界文学》上又发表了邹荻帆译的费兹诗3首，1961 年《诗刊》第3 期又有韦苇译的费兹诗。50年代，我国还曾译介过著名作家艾·纳·卡斯米的小说。伊克巴尔（Muhannad Iqbal）的著作曾被较多地译介过来。这些作家和诗人主要生活于印巴分治之前，所以既被巴基斯坦人认为是巴基斯坦的诗人，又被印度人认作印度的诗人。

六七十年代译介的作品很少。主要有迦梨陀娑的《优哩婆湿》（季羡林译自梵文，1962）和《印度现代短篇小说选》（黄宝生等译自英文和印地文，1978）等五六种。

80年代前半期，我国出版的印度文学作品在50种以上。与第一个高峰期不同的是，这一时期对印度文学作品的译介有以下4个特点：第一，既有鸿篇巨制的译介，也有许多零散单篇的介绍（不在统计数内，其数量恐怕是空前的）；第二，从英文和俄文转译的情况减少，直接从梵文、巴利文、印地文、乌尔都文、孟加拉文和泰米尔文翻译的情况有明显增加；第三，所译介的作品不仅有诗歌、剧本、小说等，还出现了文学理论及文学史的翻译；第四，涉及的作家面更加宽阔。

这段时间从梵文直接译出的作品主要有史诗《罗摩衍那》（季羡林译，共7卷，1980~1984 年出齐）。这是中印文化交流史上的一件大事，因此，1984年9月15日，中国人民对外友好协会、人民文学出版社、中国印度文学研究会在北京举行招待会，庆祝《罗摩衍那》中译本全部出版。对外友协副会长楚图南、人民出版社社长韦君宜、印度驻华大使文卡特斯瓦兰和北京大学教授刘安武等到会祝贺并讲话，首都印度学界数十人与会祝贺。此外，还有《古代印度文艺理论文选》（金克木译，1980）、《那罗与达摩衍蒂》（史诗《摩诃婆罗多》节选，赵国华译，1982）、古典诗集《伐致呵利三百咏》（金克木译，1982）、跋娑（Bhasa）的剧本《惊梦记》（韩廷杰译，1983）、《印度古诗选》（金克木译，1984年）。

从巴利文直接译出的有《佛本生故事选》（黄宝生、郭良鋆译，1985）。从英文译出的除泰戈尔的作品外，主要有安纳德的小说《村庄》（王槐挺译，1983）。从印地文译出的主要有普列姆昌德的小说《舞台》（庄重译，1981）、《如意树》（刘安武译，1983）、《新婚》（刘安武译，1983）、《仁爱道院》（周志宽等译，1983）、《一串项链》（庄重译，1983）等。

自乌尔都文译出的主要有密尔·阿门（Amen Mir Dehlavi）的小说《花园与春天》（李宗华等译，1982）。

自孟加拉文译出的主要有萨拉特·钱达·查特吉的小说《斯里甘特》(石真译，1981）和《玛尼克短篇小说选》(石真译，1984）。泰戈尔的《孟加拉掠影》(刘建译，1985）。自泰米尔文译出的有《阿基兰短篇小说选》(张锡麟译，1984）。

80年代后半期和整个90年代，又有一批印度文学作品被翻译或编译出版，数量多达近200种[①]。其中比较重要的有:《公理和惩罚》(耶谢巴尔著，刘宝珍、彭正笃译自印地文，1986）、《茅庐集》(泰戈尔著，吴华译自孟加拉文，1986）、《摩诃婆罗多插话选》(金克木等译自梵文，1987）、《章西女王》(弗林达文拉尔·瓦尔玛著，庄严译自印地文，1987），《寂园心曲》(泰戈尔著，白开元译自孟加拉文，1987）、《家庭与世界》(泰戈尔著，董友忱译自孟加拉文，1987）、《普列姆昌德论文学》(唐仁虎、刘安武译自印地文，1987）、《罗摩功行之湖》(金鼎汉译自印地文，1988）、《王后市场》(泰戈尔著，董友忱译自孟加拉文，1988）、《毒树》(般吉姆著，石真译自孟加拉文，1988）、《薄伽梵歌》(张保胜译自梵文，1989）、《泰戈尔爱情诗选》和《泰戈尔儿童诗选》(白开元译自孟加拉文，1990）、《孽海红伶》(张双鼓译自印地文，1991）、《月光下的爱情》(钱达尔著，冯金辛译自英文，1992）、《摩诃婆罗多·初篇》(金克木等译自梵文，1993）、《男向导的奇遇》(纳拉扬著，李南译自英文，1993）、《肮脏的裙裾》(雷努著，刘国楠、薛克翘译自印地文，1994）、《炉火情：泰戈尔谈话录》(梅特丽耶·黛维夫人著，季羡林译自英文，1995）、《沉船》(泰戈尔著，白开元译自孟加拉文，1995）、《普列姆昌德短篇小说选》(刘安武译自印地文，1996）、《金藤》(达罗克纳特·贡戈巴泰著，董友忱译自孟加拉文，1997）、《自我的秘密》(伊克巴尔著，刘曙雄译自乌尔都文，1999）、《虚假的事实》(耶谢巴尔著，金鼎汉、沈家驹译自印地文，2000）、《故事海选》(月天著，黄宝生、郭良鋆、蒋忠新译自梵文，2001），等等。

应当说，这些年的译著数量很多，其中有相当多的印度文学作品是新译的，其中不乏经典作品的翻译，但也有少数作品不是新译的，特别是泰戈尔的一些作品，以及一些印度神话、童话等，被巧立名目编来编去。不管怎样，这种现象说明，这些作品是受读者欢迎的，是有市场的。

印度译介中国文学作品的资料较少。我国于1850年元月创办了英文杂志

---

① 参见朱晓兰编:《中国印度学总书目》(Ⅳ)、(Ⅴ)，载《南亚研究》2002年第2期和2003年1期。

《人民中国》，此后又陆续创办了《北京周报》、《中国文学》、《今日中国》、《中国画报》等。其中《中国画报》有印地文、乌尔都文等印度文种的版本，专向印度等南亚国家发行。英文版杂志也发行于印度。印度知识界一般都精通英语，从这些杂志上读到中国文学作品是情理中事。另外，我国外文出版社翻译介绍了许多中国古今名著，这些在印度都有一定影响。

此外，我们还从一些报道得知，印度的一些文学杂志不时地出版中国文学专号，介绍中国现代文学家及其作品。

近代以来的中国作家中，鲁迅在印度的影响最大。

我国外文出版社曾将鲁迅的作品如《鲁迅全集》（共4卷）和《鲁迅短篇小说选》翻译为英文，也曾将鲁迅的一部分作品翻译成印地文、乌尔都文、孟加拉文、泰米尔文等文字，使其在印度流传。印度派到中国来学习中国文学的留学生一般都要学习鲁迅的作品，有些学生的毕业论文就以鲁迅的作品为研究对象。

此外，我们还可以从一些事件中看到鲁迅在印度的影响：

1981年11月9日，印度纪念鲁迅诞辰一百周年学术谈论会在新德里尼赫鲁大学开幕。会议共进行了3天，宣读论文40篇。从这一情况看，印度不仅读鲁迅著作的大有人在，而且研究鲁迅的也大有人在。

下面举一个具体的例子。

1985年，印度国莲出版社出版了一部印地文剧本《昌德拉马辛赫别号查马库》（*Chandramasinh Urf Chamaku*），剧本版权页标题下尚有一行字："有感于鲁迅的世界著名小说《阿Q正传》"。这个剧本是印度著名戏剧家巴努·巴拉提（Bhanu Bharati）撰写的。他1947年7月出生于拉贾斯坦邦的阿贾梅尔，青年时代毕业于印度国家戏剧学院。后曾去日本学习日本传统戏剧。曾发表诗歌和短篇小说，执导过话剧和电影。在若干大学从事过戏剧艺术研究，还曾发表过由日本一小说改编的剧本《一棵燃烧的树讲述的故事》。1982年，由他执导的话剧《查马库》被派往农村演出，给人们留下深刻印象。同年5月9~12日首次在新德里演出，获得成功。剧本的前面有鲁迅简介，其中写道："在读了《阿Q正传》之后，任何人都会觉得，我们大家就是阿Q。鲁迅无情地揭露反人民的势力，向那些人民的压迫者发起进攻。同时又满怀热情地描写人们的向往、追求和他们的创造力。'改造社会是唯一的出路'，这就是鲁迅著作的根本旨意。"在剧本的前言中，作者写道："最后，我想明确地说，这部作品不是鲁迅小说的话剧改编，而是受了他的启示所写成的我的工作剧本，是我的演员和舞台工作者的集体创作。”该剧本反映的是印度农村的故事，从其主人公查马库的身上，我们可以看到阿Q的影子。

## 第四节　艺术交流

### 一、美术

1951年11月，中国文化艺术展览会在新德里举行。

1952年5月，“印度艺术展览”在北京展出，周恩来总理亲自主持开幕式。

1954年6月15日，中印友好协会主办的“印度艺术图片及手工艺品展览会”在北京开幕。

1955年2月5日，中国人民对外文化协会和全印美术工艺协会联合举办的中国工艺美术展览会在德里开幕。6月26日，印度艺术品展览会在北京开幕。9月11日，北京各界人民隆重举行印度阿旃陀壁画1 500周年纪念；在此前后，中国美术界和文化界名人，吴作人、郑振铎、常书鸿、刘开渠、常任侠等，纷纷在《人民日报》、《光明日报》、《美术》等报刊发表文章。10月，印中友好协会主办的中国美术工艺展览会在新德里全印美术工艺协会大厅展出。

1956年9月4日，中国古代石窟、庙宇、墓穴艺术图片和其他复制品的展览会在全印美术协会大厅揭幕。

1957年12月12日，10幅中国画和木刻参加了在新德里举行的第七届国际现代美术展览。

1978年1月，联合国教科文组织在印度尼赫鲁大学俱乐部举办“中华人民共和国绘画展览”。2月9日，中国在新德里第四届印度美术展览会和美术品博览会上展出中国绘画20幅。

1981年5月，印度举办为期一周的中国画展览会。11月，中国国画展览在新德里艺术馆展出。展出的有郭熙、石涛、郑板桥、任伯年、徐悲鸿和齐白石等古代和现代画家的作品80多件。此后又到孟买、班加罗尔和马德拉斯等地展出。

1982年7月，印度国际中心和中国驻印度大使馆在新德里联合举办了中国民间剪纸展览。

1984年2月，印度为纪念柯棣华大夫，出版了名为《柯棣华大夫在中国》的连环画册。4月，中国对外展览公司在中国美术馆主办了印度传统手工艺品展览，展品是由印度文化关系委员会和新德里工艺品博物馆提供的。5月，中国工艺美术展览会在新德里举行，5月24日/印度总理英迪拉·甘地参观并赞扬了这次展览。10月2日，全印美术工艺协会在新德里举办中国文化周，展出了中国工艺美术品、中国画及图片。10月19日，印度艺术家南达拉尔·鲍斯的绘画作品在中国美术馆展出。鲍斯是印度著名画家，与中国画家徐悲鸿有旧。他一生创作近万幅作品，此次展出了120余幅精品。

1985年11~12月，徐悲鸿画展在新德里现代艺术国家画廊进行了为期一个月的展出。12月21日，印度总理拉吉夫·甘地和夫人参观了展览，被徐悲鸿的《野马图》所吸引，对徐悲鸿的作品表示赞赏。中国驻印度大使李连庆将徐悲鸿的一幅《骏马图》赠送给拉吉夫·甘地。

1987年9月~1988年9月，中国文学艺术研究院美术研究所王镛在印度国际大学研究印度艺术，并作画。回国后，他陆续发表许多关于印度美术的论文和专著，主要有《二十世纪印度美术》(1997)、《印度美术史话》(1999)和《印度美术》(2004)等。

1997年2月，首届现代印度艺术展在北京举行。许多艺术爱好者参观了展览，印度现代艺术和传统艺术的结合给观众留下了深刻的印象。同年，中国年轻学子毛小雨在印度学习、考察，拍摄了大量照片，回国出版了《印度雕塑》一书。

1998年11~12月，中国重庆14岁著名小画家林曦应印度英迪拉·甘地国家艺术中心邀请访问印度。在印期间，她受到印度英迪拉·甘地国家艺术中心、印度国际中心和泰戈尔国际大学的热情接待，并在国际中心和国际大学各举办一次画展。她少年老成、清俊典雅的国画风格征服了所有的观众，受到印度媒体的广泛关注和一致赞扬。

## 二、音乐舞蹈

50年代，我国北京舞蹈学校开办了专门的东方舞班，向印度舞蹈家学习引进了印度的《拍球舞》。

1953年7~8月，由萨钦·森·古普塔(Sachin Sen Gupta)率领的印度艺术代表团在中国访问演出。7月26日，毛泽东主席观看了演出并接见代表团的主要成员。

1954年12月~1955年1月，以郑振铎为团长的中国文化代表团访问印度并演出歌舞。

1955年6~8月，以外交部副部长阿尼尔·库马尔·钱达尔（Anil Kumar Chandar）为团长的印度文化代表团在中国访问演出。6月16日，中印两国艺术家举行座谈联欢会，交流艺术经验。这次演出引起中国文艺界的强烈反响。

1957年3月底，印度著名舞蹈家卡玛拉·拉克希曼（Kamala Rakshman）姊妹来华访问演出。七八月，印度乌黛·香卡（Uday Shankar）舞蹈团在中国访问演出。这两次演出在中国的反响也很强烈。同年，印度青年艺术团来华访问。

1978年11月底，印度舞蹈团来华访问演出。这是时隔20年的又一印度舞蹈团来华。

1980年10月，中国舞蹈家张均、刘友兰二女士应印度对外文化协会的邀请去印度学习印度的古典舞蹈和民间舞蹈，1981年4月，二人与印度舞蹈家在新德里同台演出。至今张均已去印度访问和学习多次，也在国内培养出一批印度舞的弟子。1980年10月，印度舞蹈家访华演出。

1982年11月，中国中央歌舞团前往印度参加第九届亚运会艺术节。

1983年6月，印度卡塔卡利和曼尼普利舞蹈团一行13人来华演出印度古典舞蹈。8月29日，印度著名音乐家拉维·香卡（Ravi Shankar）在北京人民剧场用印度的古代乐器演出古典和民间乐曲，受到热烈欢迎。

1984年5月22日，应中国文化部邀请来华的印度喀拉克什特拉舞蹈团在北京人民剧场举行首场演出，演出的主要节目有古典的《婆罗多舞》、《卡塔卡利舞》以及各种民间舞蹈。6月27日，应中国音乐家协会和舞蹈家邀请，印度音乐舞蹈考察组到达北京。

1985年2月12日，由中国音乐研究所杨光率领的中国乐器展览和演奏代表团到达新德里。该团参加了在新德里举行的国际打击乐演奏节，并到孟买、马德拉斯等地巡回展出和演奏。15日，中国乐器展览在新德里开幕，展品有各种鼓、铙、弹拨乐器和吹奏乐器等80多件。7月26日，印度玛玛塔·香卡芭蕾舞团在北京民族文化宫演出印度民间舞蹈。此次演出的节目除一些短小的舞蹈外，还有泰戈尔编的舞蹈《旃陀罗的少女》和舞剧《阿耶格·埃格拉布亚》。

1986年10月，印度喜马偕尔邦舞蹈团来华访问演出。同月，印度民族乐器展览在北京开幕，首都近百名音乐界人士参观了展览。这次展出的20件古典弦鸣、气鸣和膜鸣乐器代表了印度南北方的主要乐器流派。27日，一千多名观众在北京音乐厅欣赏了印度音乐大师们的弦乐、吹奏乐和打击乐演奏，这些大师分别代表着南印度的卡纳塔克乐派和北印度的印度斯坦乐派。

1992年12月，廖汉生副委员长率团赴印，在新德里参加了中国文化节的开幕式。中国文化节期间，中国演出团在新德里和孟买等地巡回演出数场。印度媒体对此作了报道，并给予很高评价。

1997年10月，印度文化交流协会派艺术团来华协助印度驻华使馆举办庆祝独立50周年活动，在北京、成都和上海三地演出。其中，印度北方风格的传统舞蹈和印度著名流行歌手沙容·普拉巴卡的演唱给人们留下了深刻印象。

1998年3月，印度国际乡村艺术团来华演出。

2000年5月28日，正值中印建交50周年之际，印度总统纳拉亚南及夫人来到北京进行国事访问。印度著名小提琴演奏家马尼亚姆博士随总统访华。他与中国中央交响乐团合作演出，将中印建交50周年的庆祝活动推向高潮。江泽民主席陪同总统和夫人一起观看了文艺节目。参加演出的还有中国舞蹈家张均的小弟子们，她们的印度舞蹈受到总统夫人的鼓励和赞扬。

### 三、戏剧

中国与印度现代的戏剧交流不是很多，但仍然有一些重要的事件。

1954年12月，中国文化代表团访问印度期间，著名京剧演员李少春等在新德里、加尔各答、孟买和马德拉斯四大城市演出了京剧，受到热烈欢迎。他们还去圣蒂尼克坦参观了泰戈尔的故居。

1957年5月19日，印度驻华大使举行酒会，庆祝中印友好协会成立五周年，并祝贺中国青年艺术剧院上演印度古代诗人、戏剧家迦梨陀娑的诗剧《沙恭达罗》获得成功，周恩来总理应邀出席了酒会。同年，中国戏剧家协会代表团访问印度。12月，中国戏剧家孙维世、阿甲访问印度。

1958年11月，中国青年艺术剧院院长、中国戏剧家协会常务理事吴雪访问印度，并参加纪念迦梨陀娑的活动。

1979年2月，印度剧作家杜特夫妇访问中国。

1980年，中国青年艺术剧院再度上演《沙恭达罗》。

1983年12月，中国烟台京剧团在印度访问演出。26日，英迪拉·甘地总理观看了演出，并对中国艺术家的精彩表演表示赞赏。

## 四、电影电视

我国自20世纪50年代初开始介绍印度影片。1950年4月20日，《人民日报》发表张默的文章《介绍印度影片〈人间地狱〉》。此后，随着印度故事片《两亩地》、《流浪者》和《暴风雨》，纪录片《印度历代艺术》、《印度的石洞庙宇》等的上映，1955年在我国兴起了第一个印度电影热。当时的各种报刊上刊登出许多介绍和评论印度电影的文章，我国不少著名的文艺家都投入了这一热潮，广大观众也是异常兴奋，《流浪者》的插曲回荡于大街小巷。1956和1957年，随着电影《旅行者》和《章西女皇》等的上映，中国又出现了第二次印度电影热。70年代晚期和80年代初期，随着中国“文化大革命”的结束和中印关系的好转，《流浪者》再度上映，加上新片《大篷车》、《哑女》等的放映，中国出现了第三次印度电影热。80年代，中国报刊发表了许多介绍和评论印度电影业、电影艺术及电影工作者的文章，出现了从宏观上审视印度电影的倾向。

1951年9~12月，中国文化代表团在新德里、孟买和加尔各答举行中国文化艺术展览会，期间放映了中国电影。

1952年1月，由吴印咸任团长的中国电影代表团访问印度。中国参加第一届印度国际电影节，纪录片《中国民族大团结》获得奖状。此后，中国参加了10余次印度国际电影节。

1955年2月，中国电影工作者张水华、张瑞芳和汤晓丹访问印度，并列席印度电影座谈会。10月，由普·拉·卡普尔（Prithvi Raj Kapur）率领的印度电影代表团访问中国。

1957年8月，应邀参加亚洲电影周的印度电影代表团来华。

1958年，印度电影制片人来华拍摄了大型纪录片《中国在前进》。

1976年，中国参加了印度第六届国际电影节，参加的影片有故事片《白毛女》、《渡江侦察记》，纪录片《北京业余体校武术班》和科教片《熊猫》。

1978年7月，印度电影协会联合会和西孟加拉邦印中友好协会在加尔各答联合举办中国电影节。同月，印度著名电影导演M.森（M.Sen）和夫人访问中国。

1980年1月，中国参加了在印度班加罗尔举行的国际电影节。参加的影片主要有故事片《小花》、《白求恩大夫》、《大浪淘沙》，纪录片《神奇的长江源》

和《春雷》。6月，应中国电影进出口公司的邀请，印度电影工作者G.阿那德（G.Anand）访华。

1981年11月，中国参加第二届印度国际儿童电影节，故事片《苗苗》获得最佳儿童片奖。

1983年11月，在第三届印度国际新青年电影节上，中国儿童影片《泉水叮咚》获得最高奖——金像奖，并获得印度各族儿童评委最佳奖，王佳莹获最佳儿童女演员二等奖。

1984年5月，印度广播电视代表团访问中国。10月，为庆祝中国国庆，全印美术工艺协会在新德里举办中国文化周，放映了中国电影。

1985年1月，为庆祝印度国庆，北京长城饭店、印度航空公司、印度驻华使馆和印度旅游部在长城饭店联合举办印度食品节和文化节，放映了印度故事片《宙凌西路36号》、《塔戈·帕娜娅》和《安克尔》。2月，由中国广播电影电视部副部长马庆雄率领的中国广播电视代表团访问印度。8月，在印度第四届国际儿童电影节上，中国影片《月光下的小屋》获最佳故事片奖。11月，中国电影周在新德里举办。以吴贻弓为团长的中国电影代表团访问印度。

1986年3月，印度电影周在北京举行，放映电影有《情暖盲人心》、《搅乳》、《名妓》和《丈夫的家》。这四部影片还在上海、天津和重庆放映。

1987年1月，在印度第十一届国际电影节上，中国影片《野妈妈》获评委会特别奖和印度影评协会授予的评论家奖，《良家妇女》获国际评论家奖。不久，印度国家电视台播放了电影《野妈妈》，一些观众深受感动，认为该片与印度浪漫主义电影不同，非常真实地反映了生活。4月，印度广播电视代表团访问中国。中国在印度拍摄了电视片《爱德华—柯棣华》。

1992年12月，中国文化节期间，也在新德里和孟买等地放映了中国电影。

1993年9月，拉奥总理访华期间，双方签订《广播电视合作协定》，从此，中印两国的电视交流逐渐展开。

2000年，中国故事片《黄河绝恋》、《一个都不能少》、《我的父亲母亲》和纪录片《故宫》、《长城》等在印度新德里、昌迪加尔、加尔各答、孟买、金奈等地放映，受到观众好评。

需要说明的是，自50年代起，我驻印度使馆文化处就不断接到国内寄发的影片拷贝，几乎是每年一批，至今已有的故事片、科教片和纪录片拷贝数以百计。2000年以后，笨重的拷贝逐渐为便捷的光碟取代，电影拷贝减少到每年3

部左右。印度是一个电影大国，民众对电影有特殊喜好。而且在印度各大城市都有电影协会之类的民间组织。一些大城市的这类组织与我使馆文化处保持着长期联系，他们不以营利为目的，每年都从使馆运一组电影拷贝在各大城市巡回放映。这就使中国电影在印度一些城市拥有了一批观众。如加尔各答有一个半官方半民间的电影组织，已经与我使馆文化处合作多年，几乎每年都从使馆借片子举办一次中国电影节。他们那里有放映大厅和放映机，条件好，而且讲信誉，能够及时把片子还回，或直接寄往下一个城市。

## 第五节　杂技体育交流

### 一、杂技

中华人民共和国成立以后，我国的杂技艺术有了很大的发展，在世界上享有很高的声望。我国杂技团曾多次到印度演出，受到极高的赞誉。

1957年3月2日，中国杂技团在印度首都新德里举行首场演出，尼赫鲁总理观看了中国艺术家的表演。

1981年二三月间，由夏菊花率领的武汉杂技团在印度访问演出，先后在新德里、斋浦尔、海得拉巴和加尔各答等地演出16场，并受到印度总理英迪拉·甘地的接见。

1985年1月底，北京长城饭店和印度航空公司等单位为庆祝印度国庆联合举办的印度食品节和文化节上，有一著名的印度魔术师参加。3月2~18日，中国江西杂技团到印度各地访问演出。17日，印度副总统文卡塔拉曼在新德里观看了杂技团的演出，并与演员一起合影留念。

### 二、体育

中华人民共和国同印度的体育文化交流开始于50年代初期。1951年6月，中国体育观光团一行9人到印度访问观光，拉开了中印现代体育交流的序幕。此后，中印间体育交流的大事主要有下列诸端：

1952年12月，印度乒乓球队访问中国。

1955年10月，印度国家排球队来华访问。28日，毛泽东主席观看了印度队同中国体育学院排球队的友谊比赛，并接见了两国排球队员。

1971年8月，中国邀请印度乒乓球队来华参加亚非乒乓球邀请赛。

1975年2月，中国乒乓球代表团在加尔各答参加第33届世界乒乓球锦标赛，然后在印度各地进行友好访问。

1977年3月，印度政府批准印度羽毛球协会派三名代表到北京参加羽毛球教练训练班。10月，中国青年羽毛球队对印度进行友好访问。

1978年4月，印度羽毛球代表队到北京参加第三届亚洲羽毛球邀请赛。

1980年3月，应中国国家体育委员会的邀请，印度国家体育学院的一名教练参加了中国举办的“田径教练训练班”。5月，以李富荣为团长的中国乒乓球代表团在参加在加尔各答举行的第五届亚洲乒乓球锦标赛后，应印度乒乓球协会的邀请访问了新德里。

1981年4月，中国体操代表团访问印度。11月，印度少年网球队来华访问。这两次访问是20余年来两国第一次互派体育队专程访问。11~12月间，中国上海男子排球队访问印度。

1982年11月12日，印度驻华大使举行招待会，款待即将去印度参加第九届亚运会的中国体育代表团。

1983年2月，中国女子垒球队在印度进行友好访问。3月，中国青年足球队在印度南部城市科钦参加第二届尼赫鲁杯国际足球赛。10月，中国国际象棋队在新德里参加第五届国际象棋团体锦标赛。11~12月，中国羽毛球队在加尔各答参加第五届亚洲羽毛球锦标赛。

1984年1月，中国足球队在印度参加第三届尼赫鲁杯足球邀请赛。4月，中国乒乓球队员在加尔各答参加了印度乒乓球大奖赛。

1986年1月，中国足球队参加第五届尼赫鲁杯足球邀请赛。

此后的15年时间里，中印体育交流很多，除了各种球类比赛外，还有田径、水上运动和国际象棋等各种比赛。

1997年12月，国家体委主任伍绍祖赴印开会并进行友好合作访问，在印期间双方签署了《中国奥林匹克委员会和印度奥林匹克委员会关于体育交流的协定》。

## 第六节 中国印度学的现状

### 一、壮大时期

50年代，由于中华人民共和国已经成立，百废俱兴，文化往来频繁，学术交流增多，中国的印度学也得到了空前的发展。

这一时期，40年代在海外学习和从事研究的学子大都已经回国，并在各个领域里发挥强有力的作用。中国科学院成立以后，设立了哲学社会科学部，其中有从事印度历史文化研究的机构。北京大学东方语言系除了已开设的印地语专业外，又增加了乌尔都语专业（1954年招收了第一批学生）和梵文巴利文专业（1960年招收了第一批学生）。讲授的课程除语言外，尚有印度的历史、文学、社会等。

由于外交和文化交流的需要，我国还于50年代选送了不少留学生到印度、苏联、锡兰（今斯里兰卡）等国学习印度的语言，如孟加拉语、泰米尔语、印地语、乌尔都语等。

60年代，在我国大学中设立的语言文学专业越来越多。1959年，北京广播学院成立，1960年开设泰米尔语专业、1962年开设乌尔都语专业、1963年开设孟加拉语专业、1965年开设印地语和阿萨姆语专业，陆续培养出了一批研究人才。

五六十年代，我国印度学界十分活跃，一些著名学者，如吕澂、陈翰笙、汤用彤、郑振铎、向达、朱杰勤、季羡林、金克木、吴晓铃、常任侠、贺昌群、石素真等，都发表了不少重要著作，涉及的学科有哲学、宗教、历史、地理、语言、文学、艺术、政治、经济等。

### 二、辉煌时期

20世纪70年代末至2000年是中国印度学的辉煌时期。

70年代末期，中国印度学界最重要的事件是1978年经国务院批准、由中国社会科学院和北京大学合办的南亚东南亚研究所的成立。该所简称南亚所，由著名学者季羡林任所长、黄心川任副所长，下设南亚政治经济、南亚历史文化、南亚语言文学等研究室。随着南亚所的成立，1979年中国南亚学会也成立了，将全国从事南亚学研究的学者联合起来。同时南亚学会办起了3种刊物：

《南亚研究》、《南亚译丛》和《南亚东南亚资料》，建立起中国南亚学研究成果的主要发表园地，为及时交流信息，还办起了不定期的内部小报《南亚通讯》。与南亚所的成立相配合，1978年，中国社会科学院研究生院设立了南亚系，与北京大学一起为南亚所招收研究生。同时，与南亚学会成立相呼应，四川大学成立了南亚研究所，后又办起杂志《南亚研究季刊》；辽宁大学历史系和华中师范大学历史系都相继成立了印度史研究室；云南省社会科学院成立了南亚东南亚研究室。这些机构大多培养过一批研究生。

中国南亚学会由季羡林先生任会长，下设副会长和理事若干名，每年都举行学术交流活动。1982年，南亚学会下又成立了印度文学研究会，季羡林先生兼会长。南亚学会基本上两年举行一次年会，主要进行学术交流，也就学会内部事务进行会商。印度文学研究会于1982、1984、1986、1989和1992年分别在济南、杭州、广州、重庆和深圳举办了5次研讨会。此后，基本上是每隔一年举行一次印度文学讨论会，到2006年为止，已经出版了6期《印度文学研究辑刊》。

这一时期，中国印度学界宿将新军人才济济，成果累累，一片繁荣景象，无论从人才上、从成果上看，还是从学科设置上看，都是历史上从未有过的。

80年代中期，中国社会科学院·北京大学南亚所分家，社科院独自成立南亚所，孙培均先生任所长。而北大则将原南亚所人员分别归入亚非所和东语系。从当时情况看，对科研并未产生过大影响，然而随着时间推移，分家的影响逐渐显现。人员分散，图书资料分散乃至流失。到1991年，中国社会科学院南亚所改名为亚太所，进入一批研究亚太地区政治、经济人员，黄心川先生任所长，印度学研究仍可照常进行。1995年，黄心川先生不再担任所长，部分研究印度文化的人员被驱散，研究队伍不断萎缩。

## 三、重要成果

1. 宗教哲学

这里要重点介绍70~90年代出版的几部研究印度宗教哲学的专著。

吕澂先生的《印度佛学源流略讲》出版于1979年（上海人民出版社）。这是根据先生1961~1966年在中国科学院哲学社会科学部佛学班上的讲稿整理出版的，是先生毕生研究佛学的辛勤结晶之一。全书分六讲：原始佛教、部派佛教、初期大乘佛教、小乘佛教、中期大乘佛教和晚期大乘佛教，此外尚附有先生的8篇论文。此书将考据与讲解相结合，时代背景与教派变迁相结合，不仅清楚地勾画出印度佛教的发展脉络，而且还阐发了不少独到见解，显示了老一辈佛学家的深厚功力。

黄心川先生的《印度近代哲学家辨喜研究》出版于1979年（中国社会科学出版社）。这是我国改革开放后最早出版的关于印度哲学研究的专著，也是我国研究印度近代哲学的第一部专著。书中介绍了印度哲学家辨喜的生平和著作，分析和评论了他的宗教、哲学、社会、政治思想，以及他有关中国的论述，并对其在印度民族独立运动中的作用作了评价。

黄心川先生的《印度哲学史》和《印度近现代哲学》均出版于1989年（商务印书馆）。前者，全书14章，全面介绍分析了上古至中世纪印度的宗教哲学：吠陀哲学思想的萌芽、奥义书哲学和社会思想、沙门思潮、顺世派哲学、生活派哲学、耆那教哲学、佛教哲学、数论派哲学、瑜伽派哲学、胜论派哲学、正理派哲学和逻辑思想、弥曼差派哲学、吠檀多派哲学。此书是继我国老一辈印度学学者（如梁漱溟、黄忏华、汤用彤等先生）同类著作之后出版的最重要的印度古代哲学史，因此至今仍被广泛征引。后者是前者的续篇，是中国学者首次出版的印度近现代哲学研究的专著。全书分11章，分别对印度近现代的哲学家的思想做了介绍和评论。这些哲学家主要有：罗姆·摩罕·罗易、亨利·狄洛吉奥、达耶难陀·娑罗室伐底、罗摩克里西那、辨喜、纳奥罗吉、罗纳德、提拉克、奥罗宾多·高士、圣雄甘地、泰戈尔、赛义德·阿赫默德·汗、伊克巴尔等。其中，除少数人，如甘地、泰戈尔等，大多数人都是第一次受到中国学者如此深入的研究。应当说，这两部书对于我国印度学界非常重要，对于我国今后该领域及相关领域的研究极有补益。

姚卫群先生的《印度哲学》出版于1992年（北京大学出版社）。全书分3编：简史编、概论编和史料编。简史编5章，从古代介绍到近代，给人一个印度古代哲学的发展线索。概论编11章，分专题综合论述各种学说和观点，以及思维方式。史料编提供了11种印度哲学流派的研究资料。该书不仅体例新颖，资料丰富，而且在一些论述上体现了自己新的研究成果。

朱明忠先生的《奥罗宾多·高士》出版于1994年（中国台湾东大图书公司）。这是他多年研究印度近代哲学家奥罗宾多·高士的最终成果。此书分9章，后附奥罗宾多年表。此书介绍了奥罗宾多的生平，全面而细致地分析了他的哲学思想，并做出客观评价，是奥罗宾多研究的权威性著作。

朱明忠先生的《恒河沐浴：印度教概览》出版于1994年（四川民族出版社）。该书包括什么是印度教、印度教的起源与发展、经典、教义、神明、教派、节日、圣地、与佛教的关系、与印度社会的关系等诸多内容。这是学者撰写的普及性读物，但能够把复杂的印度教介绍清楚却不是一件容易的事情，没有多年的积累和研究是很难做到的。

郭良鋆先生的《佛陀和原始佛教思想》出版于1997年（中国社会科学出版社），全书3章，分别是巴利语文献概述、佛陀和原始佛教思想。另附巴利语三藏提要，为学界了解巴利语三藏的基本情况做了基础性和开创性的工作。此书是她多年从事巴利语文献研究的成果之一，在论述原始佛教的思想教义方面提出了新见解。

方广锠先生的《印度禅》出版于1998年（浙江人民出版社）。全书5章，分别谈印度的原始瑜伽、初期瑜伽、古典瑜伽、诃陀瑜伽和近代瑜伽。此书不仅分别介绍了各个时期印度的瑜伽理论和实践，还描绘出印度瑜伽学说的发展脉络。

王树英先生的《南亚印度教与文化》出版于1999年（中央民族大学出版社）。该书对印度教的发展、教义、礼仪、习俗、艺术及传播和影响作了介绍。

崔连仲先生的《释迦牟尼——生平与思想》出版于2001年（商务印书馆）。全书分出世篇、教义篇、善恶篇、平等篇、伦理篇、杂话篇和涅槃篇。先生多年从事印度历史研究，熟悉佛典。此书依据早期佛典，重点谈释迦牟尼的思想，写得生动活泼。

这一时期的主要译著（编译）有：

黄宝生和郭良鋆译、印度德·恰托巴底亚耶著《印度哲学》，商务印书馆，1980年。

徐梵澄译《五十奥义书》，中国社会科学出版社，1984年。

徐梵澄译、奥罗宾多著《瑜伽论》，商务印书馆，1987年。

张保胜译《薄伽梵歌》，中国社会科学出版社，1989年。

郭良鋆译《经集》，中国社会科学出版社，1990年。

朱明忠译、印度巴萨特·库马尔·拉尔著《印度现代哲学》，商务印书馆，1991年。

宫静译、泰戈尔著《人生的亲证》，商务印书馆，1992年。

2. 历史文化

中华人民共和国成立以来，我国出版的关于印度历史文化的书籍很多。本书第一章里已经介绍过一些与中印文化交流史相关的专著和资料汇编，不再重复。这里要介绍的是另外一些比较重要的著作，但难免有所疏漏。

刘国楠、王树英先生的《印度各邦历史文化》出版于1982年（中国社会科学出版社）。这是中国社会科学院·北京大学南亚所成立后较早出版的一部著作。全书按印度各邦划分条例，分别介绍其历史、社会和文化，对于了解印度概况很有帮助。

金克木先生的《印度文化论集》出版于1983年（中国社会科学出版社）。书中收有先生多年来所写论文15篇。内容涉及哲学、文学、绘画、翻译学、语法学、文献学等。在许多问题上，先生都提出了前人没有过的新看法。

林承节先生的《印度民族独立运动的兴起》出版于1984年（北京大学出版社）。这实际上是一部断代史，描述并分析了印度独立运动前及其过程中，印度政治、经济、社会和文化的变迁。

刘欣如先生的《印度古代社会史》出版于1990年（中国社会科学出版社）。全书11章，从印度河文明写到莫卧儿王朝。尤其是在第三、第四、第六章，体现了作者的新观点。

崔连仲先生的《从佛陀到阿育王》出版于1991年（辽宁大学出版社）。全书除《引论》和《结语》外，分为4章，另附相关论文3篇。此书是先生研究印度古代史的代表作。书中对公元前6至3世纪的历史做了全面研究，资料翔实。尤其是在印度列国时代和阿育王时代政治、经济、社会和文化研究方面，成就突出。

范铁城先生的《东方的复兴——中印经济现代化对比观照》出版于1991年（湖南出版社）。书中讨论了近代中国和印度的经济发展一些共性与个性问题，如殖民势力的入侵、对外贸易、民族资本的形成和发展、近代经济思想等。

唐文权先生的《东方的觉醒——近代中印民族运动定位观照》出版于1991年（湖南出版社）。书中就近代中国和印度在西方殖民主义征服过程中的一些重大事件进行了讨论分析，如民族大起义、西学东渐、改良运动、民族主义思想与民族独立运动等。

林承节先生的《印度近现代史》出版于1995年（北京大学出版社）。这是先生继《印度民族运动的兴起》一书后又一部著作。全书39章，并附有12篇资料。此书从17世纪初写到1950年印度共和国成立。书中的资料非常丰富，作者站在客观的立场，叙述了这期间重要事实发生的背景、原因、过程和后果，分析了事件的性质和意义。这是迄今为止中国学者写的一部内容最翔实、分析最透彻的印度近现代史。

黄思骏先生的《印度土地制度研究》出版于1998年（中国社会科学出版社）。该书是先生多年从事印度历史研究的成果。全书15章，从公元前1000年写起，直至公元20世纪90年代。书中，对印度土地制度在各个发展阶段上的不同表现形式做了细致分析，并提出了自己的观点。这对于深入进行印度历史的研究具有重要的参考价值。

尚会鹏先生的《印度文化史》出版于1998年（台湾亚太图书出版社）。全书13章，全面介绍了印度古代的文化，对于一般读者来说，是一部十分有益的著作。

朱明忠先生的《尼赫鲁》出版于1999年（台湾东大图书公司）。该书分为9章，先介绍尼赫鲁的生平与家世，然后重点讨论尼赫鲁的思想，如其哲学观、科学观、文化观、民主观、社会主义观、世俗主义观，最后对其历史地位及影响作了深入讨论。这是我国尼赫鲁研究的重要著作。

尚劝余先生的《尼赫鲁研究》和《尼赫鲁与甘地的历史交往》均出版于1999年（四川人民出版社）。前者分5章，分别研究尼赫鲁的生平、思想、实践和对中国的关系。后者分上下篇，分析印度现代史上两位巨人在各个时间段、不同政治运动中的关系，视角独特，颇有新意。

林承节先生的《印度古代史纲》出版于2000年（光明日报出版社）。该书10章，从印度河文明写到莫卧儿前期。该书与先生的《印度近现代史》相衔接。此后，先生又陆续出版了几部印度史学著作，使他的印度史学研究形成一个庞大的系列。这个成就在中国研究印度史学的学者中是独一无二的。

3. 文学艺术

先介绍几部文学著作。

刘安武先生的《印度印地语文学史》出版于1987年（人民文学出版社）。这是先生自50年代留学印度后，长期从事印地语文学研究的重大成果。书中，清晰地描绘出印地语文学从产生到发展的全过程。先生阅读过大量第一手资料，在一些主要作品的分析上，没有囿于前人的成说，而是阐发了自己的观点。可以说，这是中国人写的第一部印地语文学史，也是到目前为止中国唯一一部印地语文学史，在很长一个时期不会有人超过。

黄宝生先生的《印度古代文学》出版于1988年（知识出版社）。这部书虽小，但内容全面，是继金克木先生的《梵语文学史》之后唯一一部印度古代文学史。内容包括吠陀文学、两大史诗、往世书、佛教文学、耆那教文学、俗语文学、古典诗歌、戏剧、小说，以及故事和文学理论。

季羡林先生主编，刘安武、李宗华、黄宝生、郭良鋆、张锡麟等先生撰稿的《印度古代文学史》出版于1991年（北京大学出版社）。该书描绘出从吠陀文学到中世纪虔诚文学的发展脉络，对于这个时期出现的主要文学家和主要文学作品做了介绍和分析，是目前为止我国研究印度古代乃至中世纪文学的权威性著作。

张光璘先生的《印度大诗人泰戈尔》出版于1993年（蓝天出版社）。书中对泰戈尔的生平与思想做了深入研究和介绍，对其主要作品（《故事诗》、《新月集》、《吉檀迦利》、《沉船》和《戈拉》）做了评介和赏析。

黄宝生先生的《印度古典诗学》出版于1993年（北京大学出版社）。该书分上下两编，是我国第一部研究印度古典诗学的重量级专著，在该领域研究中获得了重大进展。该书全面介绍和阐释了印度古代诗学的理论、流派、主要人物和主要著作，有许多内容是前人没有涉及或详细讨论过的。这不仅填补了我国印度学研究的某些空白，也为后人继续研究该领域问题奠定了坚实基础。

石海峻先生的《20世纪印度文学史》出版于1998年（青岛出版社）。此书18章。其可贵之处在于，对于20世纪后半期的印度文学，我国的研究极少，几乎接近空白，在这种情况下，作者写出此作，十分难能可贵。由于印度语言的复杂，各种语言文学的作品太多，因此即使在印度，到90年代也没有一部综合考察20世纪印度文学的史书。而此书对于60年代以后印度各种文学思潮、流派都有专章叙述、评论，是研究印度当代文学的先导。

刘安武先生的《普列姆昌德评传》出版于1999年（中国国际广播出版社）。这是中国学者写的第一部普列姆昌德传记。先生在译介和研究普列姆昌德方面做了大量工作，此书集中体现了他对于普列姆昌德全面而深刻的了解。此书的特点是，作者以普列姆昌德的创作为纲，在介绍作家生平的同时重点突出了其创作生涯，并兼顾了主要作品的鉴赏和评价。

刘安武先生的《印度两大史诗研究》出版于2001年（北京大学出版社）。这是先生在熟读印度两大史诗的基础上撰写的又一部重要著作。对于中国普通读者来说，有两大史诗的导读作用。而且，对于中国的研究者来说，也具有启发和借鉴意义。

郁龙余先生的《中国印度文学比较》出版于2001年（中国社会科学出版社）。此书分为上下两编。上编为中印文学发展背景，共5章；下编为中印文学比较，共9章。其中，下编第六章的中国士人文学与印度仙人文学比较分析、第七章的“中印团圆情结分析”等，颇有创见，给人启发。

下面再介绍部分艺术著作。

印度菲罗兹·伦宫瓦拉著《印度电影史》，由孙琬先生自印地文译出，出版于1985年（中国电影出版社）。书中叙述了自1896年印度开始有电影，直到1972年印度电影走向成熟的历史。

美国H.因伐尔特著的《犍陀罗艺术》，由李铁先生自英文译出，出版于1991年（上海人民美术出版社）。

叶公贤、王迪民先生编著的《印度美术史》出版于1991年（云南人民出版社）。该书11章，介绍了印度自印度河文明以来，直至19世纪的建筑、雕刻和绘画艺术。在此书出版之前，我国1949年后在这方面的研究以常任侠先生最为有成。在常先生之后，出现过范梦先生的《东方美术史》，其中收有印度部分，但没有一部完整的印度美术史。从这个意义上说，作者的工作具有开创性。书中内容比较丰富，图片资料也很丰富。

王镛先生的《20世纪印度美术》出版于1997年（文化艺术出版社）。这是一位印度美术研究者的专著。作者早年在北京大学东语系学习印地语，后从常任侠先生研究印度美术，并曾在印度留学、考察，本人又喜爱绘画，学风严谨，所以，他的这部著作具有无可挑剔的可靠性和权威性。全书7章，附图117幅。内容包括：印欧学院派、孟加拉派、印度现代艺术的先驱、印度表现主义绘画、印度超现实主义绘画、新坦多罗艺术、20世纪印度雕塑。20世纪印度美术的流派、主要画家和主要作品，在这里都一一予以介绍和评价。可以说，这是我国学者研究印度美术史的上乘之作，为读者了解现当代印度美术提供了可靠的帮助，也为今后的研究奠定了基础。

王镛先生的《印度美术史话》出版于1999年（人民美术出版社）。该书是作者多年研究的前期成果之一，名为“史话”，实则为一部印度美术史。全书12章，附图104幅。全面介绍、鉴赏和评价了自印度河文明至莫卧儿王朝的印度建筑、雕刻和绘画艺术，对于普通读者和研究者都有重要的参考价值。此后，作者还陆续有译著和专著出版，成就更加突出，但已不在本书谈论范围之内。

4. 社会民俗

这一时期，我国有关印度社会研究的著作不少，下面仅介绍其中比较重要的几部。

王树英先生的《印度文化与民俗》出版于1989年（四川民族出版社）。全书12章，涉及印度的历史、地理、宗教、民族、语言、风俗、文学、艺术、教育等各方面内容，可称为印度民俗的小百科。中国专门从事印度民俗学研究的人极少，而作者长期坚持这一领域的研究，既有文字上的依据，又有亲身考察的经验。这部书仅是其早期成果之一，其民俗学价值可想而知。

陈峰君先生主编的《印度社会述论》出版于1991年（中国社会科学出版社）。该书由季羡林先生写序，撰稿者尚有闵光沛、林良光、张敏秋、韩兴华、王红生、李德昌、林振熙、崔瑛、苏印环等。该书分5编，分别介绍印度社会的演变、印度文化宗教与种姓、印度民族和人口、印度社会各阶级、印度社会问题。

马加力与尚会鹏先生合著的《一应俱全印度人》出版于1998年（时事出版社）。该书分11个部分，分别介绍印度概况、印度人的家庭婚姻与生活、印度宗教、印度人的价值观与行为方式、印度人的审美观、印度人的衣食住行、印度人的科学头脑、印度人的教育、印度人的经济与社会、印度人的杰出代表、印度的人文景观。由于两位作者都多年从事印度问题研究，此书看似通俗，其实学术含量很高。

王树英先生的《印度》出版于1998年（当代世界出版社）。该书是《世界列国国情习俗丛书》中的一部，以介绍印度社会民俗为主，同时还介绍了印度概况，以及民族、语言、宗教、教育、科技、文艺、经济等情况。先生多年研究印度，又曾在印度考察数载，所以，该书内容全面，事例生动。

尚会鹏先生的《种姓与印度教社会》出版于2001年（北京大学出版社）。全书11章，着重研究印度社会的种姓问题。因作者有深厚的社会学功底，每年坚持进行中国农村的社会调查，也有机会到印度和日本的农村进行调查，因此，该书第三章第二节“个案分析：北印度村落中的不可接触制”和第十章第二节“同日本的比较”、第四节“同中国的比较”都写得具体而生动，很有深度。作者此后还有若干著作出版。

主要译著有：

华中师范学院历史系翻译组译、萨拉夫著《印度社会》，商务印书馆，1977年。

蒋忠新译《摩奴法论》，中国社会科学出版社，1986年。

5. 政治经济

孙培钧、华碧云、张敏秋、高鲲4位先生的《印度垄断财团》出版于1984年（时事出版社）。全书10章，陈翰笙先生作序，附资料3篇。书中对印度垄断财团的形成与发展做了回顾与分析；详细介绍和分析了印度主要财团，如塔塔财团、比尔拉财团，以及地方财团的实力、现状、前景，及其在印度经济中的地位和影响等。这是我国第一部对印度财团进行深入研究的专著，对印度经济的研究具有重要价值。

孙培钧先生主编，黄德一、沈若愚、华碧云、张敏秋等撰稿的《中印经济发展比较研究》出版于1991年。这是我国最早对中印经济进行比较研究的专著，也是迄今为止中印经济比较研究方面最权威的专著。它出版较早，说明作者当时已经看到了中印经济的发展趋势，并进行深入研究。

朱昌利先生的《印度农村经济问题》出版于1991年（云南人民出版社）。全书9章，附资料10篇。书中讨论了印度农业发展战略、土地制度、经济作物、农村工业、农业科技、农村社会结构等问题。

林良光先生主编的《印度政治制度研究》出版于1995年（北京大学出版社）。季羡林先生为之作序，撰稿人尚有闵光沛、燕锋、孙士海、陈峰君和尚会鹏。全书共9章，对印度的政治制度进行了全面深入的论述，内容包括印度政治制度的历史渊源，宪法、立法、司法、行政制度，行政官制度，邦和地方政权机构，种姓、教派、部族与政治制度的关系等。

于海莲、杜振华先生的《发展中大国财政体制：中国与印度》出版于1996年（中国经济出版社）。全书7章，前三章主要介绍和讨论印度财政体制的基本特征、印度税制结构和印度政府债务问题。4至6章讨论中国的相同问题。最后一章则是比较研究。该书对我国财政体制的改革具有借鉴意义。

孙士海先生主编的《印度的发展及其对外战略》出版于2000年，（中国社会科学出版社）。撰稿人尚有林良光、孙培均、华碧云、王宏纬、江亦丽、于海莲、叶正佳。全书分8章，分别是：第一章印度的崛起：潜力与制约因素；第二章印度政治发展的特点和趋势；第三章印度的经济改革和经济发展；第四章印度的科学技术现状和发展前景；第五章印度的社会人文发展；第六章印度的传统文化与现代化；第七章印度的国防政策与军事力量大发展；第八章印度的外交和安全战略。

孙培钧、华碧云先生的《印度国情与综合国力》出版于2001年（中国城市出版社）。全书12章，从资源、国民生产、工业、农业、基础设施、对外经济、科学技术、教育、国内政治、国际影响、军事实力等方面综合考察和分析了印度的国力，对于全面了解印度现状、进行中印对比、开展中印合作，以及制定我国的发展战略，都有重要的参考价值。

6. 其他

还有几部书也应提到。

季羡林先生的《印度古代语言论集》出版于1982年（中国社会科学出版社）。书中收有先生50年代以前写的外文论文8篇，中文论文5篇。可以说，这是先生语言学研究的代表作。书中除了有关印度古代阿育王碑铭上的语言、巴利语、古典戏剧中的俗语、混合梵语等以外，还涉及印度佛教和文学等方面内容。

赵中建先生的《战后印度教育研究》出版于1992年（江西教育出版社）。该书是在作者博士论文基础上修订扩充而成。全书8章，讨论了印度独立后的教育政策、计划、学制，以及初等教育、中等教育、高等教育、扫盲教育和师范教育等问题，是我国第一部研究印度教育的专著。

殷洪元先生的《印地语语法》出版于1993年（北京大学出版社）。这是中国第一部正式出版的印地语语法书。中国自20世纪40年代就有了印地语教学，新中国成立后又培养了大量印地语人才，所用教材几经变更，但却没有一部正式出版的印地语语法书。先生新中国成立前就学于南京东方语专，学习印地语，新中国成立后在北京大学东语系印地语专业教学，主要讲授印地语语法。因此可以说，这部书是先生毕生心血的一个结晶。

段晴先生的《波你尼语法入门》出版于2001年（北京大学出版社）。此书以讲解印度古代梵文语法书《月光疏精粹》为基础，进而全面介绍印度古代波你尼语法体系，对于学习梵文很有帮助。同时，这是一部学术性很强的语言学著作。

以上介绍截止于2001年出版的主要印度学学术性著作，难免遗漏。

## 第七节　印度中国学的现状

### 一、50年代

20世纪40年代去中国研究、讲学和学习的印度人都陆续回国了。而中国去印度留学的许多学生，有的已经回国，有的还留在印度。这些人都为印度的中国学研究做出了贡献。

例如上一章已经提到的4位学者：师觉月（P.C.Bagchi）先生，1949年在国际大学任研究院院长，1954~1955年任国际大学校长。巴帕特（P.V.Bapat）先生，虽然在学术交换中没有来中国，但他来到了国际大学中国学院，他能读也能讲中文。1956年，J.尼赫鲁决定在德里大学设立佛学系，巴帕特为首任系主任。在他的倡导下，佛学系很注重中文和藏文的学习。他退休后，接替他的是郭克雷（V.V.Gokhale）先生，为60年代印度中国学的领军人物之一。辛哈先生在中国教授完印地语之后，也一直从事中印文化交流的工作。

再如，40年代末50年代初，阿拉哈巴德大学开设中文课程，当年中国学院成立后第一位中国留学生巴宙经谭云山推荐，前去任教。后来巴宙先生曾到斯里兰卡和美国教书，成为国际知名学者。在巴宙之后，谭云山先生又先后推荐另一位中国留学生周祥光及其夫人前去教中文。周先生还写过一部《中国佛教史》（英文，1953年出版于阿拉哈巴德）。这部书没有中文版，但在印度学术界很有影响。印度国防部外国语学校开设中文班的时候，谭云山又介绍杨允元去讲授中文。后来杨允元先生又去美洲等地，也成为国际知名的学者。薛雷先生也是40年代到印度留学的，先在贝拿勒斯印度教大学学习，后成为印度国防学院第一任中文讲师，不久他又回到印度教大学讲授中文，退休后去台湾担任佛学教授。

国防大学的第二任中文讲师是泰无量（Amitendranath Tagore），他是大诗人泰戈尔的侄孙，1948年到中国学习中文，回国后接替了薛雷的职务。后来泰无量又回到国际大学中国学院任教，然后又去美国教学多年。1948年到中国留学的还有文卡塔拉曼（Venkataraman），他回国后到国际大学教授哲学和中文；萨提兰建·沈（Satiranjan Sen）也回到国际大学中国学院从事中文教学，他写了一本书，叫作《轻轻松松教中文》，但却从来没有正式出版过。

40年代在北京大学读书的还有一位白春晖（Vasant Paranjpe）先生。他在北京读书达10年之久，不仅汉语说得好，而且对中国文化也有深刻了解，并结交过不少中国文化名人。50年代，他担任过尼赫鲁的中文翻译，后来成为外交官，直到退休。多年来他一直关心中国问题，直到进入21世纪以后仍不断在报刊上发表有关中印关系的文章。

50年代，在国际大学中国学院研究佛学典籍的几位学者都能够读中文大藏经。如，穆克吉（Sujit Kumar Mukherjee）和艾雅斯瓦米（N.Aiyaswami Sastri），50年代就发表过有关的翻译成果，后来在那里研究，直至退休。还有一位寂比丘（和平比丘，Shanti Bhikksu Sastri）也曾在那里研读中文佛经。

50年代，根据两国政府交换留学生的协议，第一批印度留学生来到中国学习。其中，维迪亚·普拉卡什·杜特（Vidya Prakash Dutta）和他的妻子嘉姬·杜特（Gargi Dutta）回国后曾分别在德里大学和尼赫鲁大学任教；克里希南纳特·查特吉（Krishnanath Chatterjee）回国后曾在贝拿勒斯印度教大学任教；沈纳兰（Naryan Chandra Sen）回国后曾先后在国际大学、尼赫鲁大学任教，后来还曾作为孟加拉文专家在北京工作多年。

稍后一批到中国学习的有丽娜·甘古利（Reena Ganguly）和甘山·梅赫塔（Ganshan Mehta）等。

50年代，印度专家沙兰（Rajesh Saran）曾在北京大学东语系教授印地语，回国后在中国驻印度大使馆工作很久。而他的妻子则在尼赫鲁大学讲授中文。

50年代，根据尼赫鲁的意愿建立了印度国际研究学院（The Indian School of International Studies），即尼赫鲁大学的前身。德什潘德（G.P.Deshpande）、拉马钱德兰（K.N.Ramachandran）、克里希南（R.R.Krishnan）、希拉·穆尔蒂（Sheela Murthy）等成为东亚系教员。该系也对中国有相当全面的研究。

## 二、60年代以后

### 1. 科研机构

1964年，德里大学利用美国福特基金会提供的资助建立了“中国研究中心”，1965年，该中心羽翼丰满，变成了中日研究系。该系的中文教学和研究是由谭中先生开的头。谭中夫人黄绮淑女士也曾在该系任教。后来，在美国学习的一些人，如吉里·迪香卡（Gir Deshingkar）、米拉·辛哈（Meera Sinha）、马诺兰江·莫汉蒂（Manoranjan Mohanty）、K.P.古普塔（K.P.Gupta）、阿霞·夏尔玛（Asha Sharma）和齐特拉·夏尔马（Chitra Sharma）等均回到德里大学。如今（21世纪初），德里大学东亚系讲授中文或中国文化的教师有：查克洛巴蒂夫人（Sreemati Chakrobarty）、马杜·巴拉（Madhu Bhalla）、阿妮塔·沙曼博士（Dr. Anita Sharma）、马德维·坦比博士（Dr. Madhavi Thampi）、余德烁博士（Dr. Yukteshwar Kumar）、谈玉妮博士（Dr. Ravani Thakur）、贾纳丹·沙胡博士（Dr.Janardn Sahu）、希利帕娜·罗易女士（Ms. Shreeparna Roy）等。他们都发表过关于中国的文章或专著。

60年代中期，中国研究所（Institute of Chinese Studies）成立。该所的最初成员是德里大学的一批学者，后来一直不断发展，汇集了一批研究中国问题的专家学者。该研究所每周定期举办中国问题座谈会，其出版的《中国报道》是印度唯一全面聚焦中国的杂志，发表了大量学术文章。特别是70年代后期中印关系恢复以后，对中国改革开放后的政治、经济、外交的研究很多。该所组织过很多国际和国内学术研讨会，专家学者们的建议和意见很受印度外交部等政府重要部门的重视。莫汉蒂先生曾于90年代担任该所所长，曾任驻华大使的任嘉德（C.V.Ranganathan）先生也在其中发挥过重要作用。许多成员都发表过有关中国的文章或专著。

70年代中期，尼赫鲁大学的中文课程主要由两位香港人（Hu Jicao、Zai Hansheng），以及罗易博士（Dr. H.P.Ray）、维姆拉·夏尔马（Vimla Shanrma）和东南亚华人叶书君女士讲授。1978年，谭中教授由德里大学转来执教，并担任中日系主任直至退休。80至90年代，一批新培养出来的印度教员逐渐崭露头角，登台讲授汉语和中国文化。

尼赫鲁大学设有东亚研究中心（Center for East Asian Studies，CEAS）和社会科学部（Scool of Social Science，SIS）。中心从80年代开始至今（2007年）的25年间一直研究中国问题。而学部的阿尔卡·阿恰利亚博士（Dr. Alka Aacharya）、斯里甘特博士（Dr. Srikant）、斯瓦兰·辛格博士（Dr. Swaran Singh）和现已退休的G.P.德什潘德教授等，均发表过有关中国外交、经济和社会问题的文章或专著。

尼赫鲁大学还设有语言文学文化学院（School of Languages，Literature & Cultural Studies，SLL&CS）和中国与东南亚研究中心（Center for Chinese and Southeast Asian Studies，CCSEAS）。自从谭中教授和H.P.罗易博士退休

后，90年代的科研工作一度衰落。90年代末期和21世纪初，马尼克博士（Dr. Manik Bhattacharya）和莫普德博士（Dr. Priyadarshi Mukherjee）先后担任中日系主任。近年来，该所科研工作重现起色。新秀邵葆丽博士（Dr. Sobaree Mitra）、海孟德博士（Dr. Hemant Adlakha）、狄伯杰博士（Dr. B.R.Deepak）等已经陆续发表了不少文章和专著，其中不乏重要的研究成果。莫普德教授更是将中国著名诗人艾青的诗翻译成英文出版。计划由中国政府援建的孔子学院将在该部门属下，这对于其开展中印文化交流、学术交流和培养学生会有好处。

这里要特别提出的是谭中先生。他是现代玄奘——谭云山先生的长子。他1929年生于马来亚柔佛邦，1931~1954年在中国长大。1955年至印度，获得国际大学学士（1957年），德里大学历史硕士（1962年）、博士（1971年）学位。1958~1959年任印度国防学院中文讲师；1959~1963年任国防部外国语学校中文讲师；1964~1970年任德里大学中文讲师；1971~1978年任德里大学中文副教授兼中日系主任；1978~1994年任尼赫鲁大学中文教授，其间曾先后担任亚非语文系及东亚语文系主任。他秉承父志，为中印文化交流事业奋斗了一生。他在德里大学和尼赫鲁大学做了大量工作，对印度中国学研究做出了重要贡献。中国和印度的学术界都对他的成就给予很高评价。他的主要著作，将在后面介绍。

西孟加拉邦圣蒂尼克坦的国际大学设有中国学院，上一章已经叙述了其建立之初至40年代的情况。到70年代，当谭云山先生还在世的时候，学院的研究工作进行得很好，出版了不少关于中国的研究著作。但是，根据有关资料统计，从80年代之前算起，至2007年的30年间，只出过3份相关的博士论文。而且，这30年间，除了副教授贾伊塔·甘古丽博士（Dr. Jayeeta Ganguly）发表过八九篇文章外，该学院再无研究成果发表。

瓦拉纳西的印度教大学设有中文学士课程。从开设这门课程至2007年，已经培养了150多名学生。最近两年，由于学中文的学生找工作的机会多，所以学生的数量有激增的趋势。该校外语系主任是卡马尔·希尔博士（Dr. Kamal Sheel）。卡马尔希尔先生1969~1971年在台湾学习汉语，1971~1979年间两度在美国威斯康星大学学习中文和中国历史。1980~1984年在印度旁遮普大学讲授中国历史。其间，1982年曾来华进修，此后多次来华访问。1984年以后，他一直担任瓦拉纳西印度教大学外语系主任。他已经发表了大量学术文章和专著。主要著作有：《中国的农业社会和农民革命》、《方志敏的思想》、《黄河与恒河》、

《中国经济发展中乡镇非限定经济体的贡献》、《近现代中国学者看印度》，等等（有的著作后面还将提到）。该校另一位学者拉尔·吉博士（Dr. Lal Ji）也发表过一些关于中国佛教的论文。80年代后期在该校讲授中文的还有卡马尔·杜特（Kamal Dutta）先生和他的妻子阿迪蒂（Ms. Aditi），他们都在80年代到中国留学过，汉语讲得很好。

新德里的国防战略和分析研究所（IDSA，Institute of Defense Strategy & Analysis）成立于60年代中期，出版过一些杂志和时事通讯，其中有不少关于中国的文章和报道，主要是中国国防和军事方面的。斯瓦兰·辛格博士、斯里甘特博士曾经是那里的主要研究人员，发表过很多文章。如今他们二人也加入到尼赫鲁大学的社会科学部。该研究所也经常组织有关中国问题的座谈会或研讨会。

此外，还有一些研究机构，如新德里的政策研究所（Institute of Policy Research）、参考政策研究所（Institute of Alternate Policy）、和平与冲突研究所（Institute of Peace and Conflict Studies）和北方邦诺伊达（新德里附近）的南亚分析组织（South Asian Analysis Group）等，近几年都曾研究与中国有关的问题，或举行有关中国问题的座谈会，或在网站发表有关评论等。

2. 汉语教学

至2007年，印度开设了汉语课程的大学有15所。其中，有4所大学的中文教学实力较强、课程设置较合理、招生稳定、培养学生较多、学生基础知识牢固，其教员和学生有机会到中国继续深造，进而成为中国问题的专家学者。这4所大学是：

尼赫鲁大学（新德里）

德里大学（德里）

国际大学（西孟加拉邦圣蒂尼克坦）

印度教大学（北方邦瓦拉纳西）

开设汉语教学、学生可获得结业证书的有11所大学。因教学或学生问题，这些大学的中文课程时断时续，不很稳定。如下：

阿拉哈巴德大学（北方邦阿拉哈巴德）

帕提亚拉大学（旁遮普邦昌迪加尔）

外国语学院（德里）

卡尔雅尼大学（西孟加拉邦）

加尔各答大学（西孟加拉邦）

奥朗加巴德大学（马哈拉施特拉邦）

乌特卡尔大学（奥里萨邦）

泰吉普尔大学（阿萨姆邦）

圣雄甘地大学（马哈拉施特拉邦）

戈拉克普尔大学（北方邦）

海得拉巴大学（安德拉邦）

近几年，由于中国的经济增长和中印贸易的不断扩大，已经有越来越多的学生选择学习中文。以德里大学东亚系为例，2005年前后，每年半日制和全日制学习中文的学生数目超过150人。2007年，有8名学生被选送中国继续深造，这个数目是各大学中最多的。

3. 出版书籍

下面是50年代以来印度学者发表的有关中国的一些主要著作。需要说明的是：第一，这些著作中除个别的，笔者都没有读过，所以只能列出书目，而列出的目的是想说明印度的中国学研究现状，也为今后的研究者提供一份资料。第二，因为印度的资料相对难得，所以一些重要的2000年以后出版的新书也列了出来。第三，印度学者的有关著作肯定不止这些，肯定还有重要的著作遗漏，这里所选列的基本都是与中印文化交流关系比较紧密的。

50年代的有：

S. 拉达克里希南：《印度和中国：1944年5月在中国发表的演讲》，孟买，1954年。

S. Radhakrishnana: *India and China: Lectures Delivered in China in May 1944*, Bombay，1954.

S. 纳拉扬：《印度和中国》，德里，1956年。

Shriman Narayan：*India and China*，Delhi，1956.

K. M. 潘尼迦：《印度和中国：文化关系研究》，孟买，1957年。

K. M. Panikkar：*India and China: A Study of Cultural Relation*，Bombay，1957.

60年代的有：

K. P. S. 梅农：《德里重庆日记》，孟买，1964年。

K.P. S. Menon：*Delhi Chongqing Diary*，Bombay，Oxford University Press，1964.

K. P. S. 梅农:《中国：过去与现在》，孟买，1968年。

K. P. S. Menon: *China: Past and Present*, Bombay, 1968.

70年代的有：

R. 沃赫拉:《老舍与中国革命》，哈佛大学，1973年。

Rambir Vohra: *Lao She and the Chinese Revolution*, Harvard, 1973.

M. 莫汉蒂:《革命的暴力：印度毛主义运动研究》，德里，1977年。

M. Mohanty: *Revolutionary Violence: A Study of the Maoist Movement in India*, Delhi, 1977.

M. 莫汉蒂:《毛泽东的政治哲学》，新德里，1978年。

M. Mohanty: *The Political Philosophy of Mao Zedong*, New Delhi, 1978.

谭中:《中国与勇敢新世界——鸦片战争（1840~1842）研究》，新德里，1978年。

Tan Chung: *China and the Brave New World: A Study of the Origins of the Opium War (1840~42)*, Delhi, 1978.

80年代的有：

谭中:《海神与龙——关于19世纪中国与帝国主义的研究》[1]，德里，1985年。

Tan Chung: *Triton and Dragon: Study on Nineteenth-Century China and Imperialism*, Delhi, 1985.

卡马尔・希尔:《中国的农民社会与马克思主义知识分子》，美国，1989年。

Kamal Sheel: *Peasant Society and Marxist Intellectuals in China*, US, 1989.

K. R. 夏尔马:《中国：革命复革命》，新德里，1989年。

K. R. Sharma: *China: Revolution and Revolution*, New Delhi, 1989.

90年代的有：

维克拉姆・赛特:《中国三大诗人：王维、李白和杜甫》，德里，1992年。

Vikram Seth: *Three Chinese Poets: Wang Wei, Li Bai and Du Fu*, Delhi, 1992.

V. P. 杜特、加尔基:《毛以后的中国》，德里，1992年。

V. P. Dutta and Gargi Dutta: *China after Mao*, Delhi, 1992.

哈尔普拉萨德・罗易:《印中关系中的商贸与外交：15世纪的孟加拉研究》，德里，1993年。

① 谭中先生此二书长期以来为印度各大学东亚历史教材。

Harprasad Ray：*Trade and Diplomacy in India-China Relations: A Study of Bengal during the Fifteenth Century*，Delhi，1993.

贾斯吉特・辛格编：《印度—中国与和平共处五项原则》，德里，1996年。

Jasjit Singh（ed.）：*India-China and Panchsheel*，Delhi，1996.

谭中：《跨越喜马拉雅鸿沟：印度寻求了解中国》，新德里，1998年。

Tan Chung：*Across the Himalayan Gap*：*An India Quest for Understanding China*，New Delhi，1998.

谭中：《踏着玄奘的脚印：谭云山与印度》[①]，新德里，1998年。

Tan Chung：*In the Footsteps of Xuanzang: Tan Yun-Shan and India*，New Delhi，1998.

2000年以后的有：

坎提・巴杰帕伊编：《孔雀与龙：21世纪的印中关系》，2000年。

Kanti Bajpai（ed.）：*Peacock and the Dragon: India-China Relations in the 21st Century*，2000.

G. P. 德什潘德编：《印中五十年：跨越梦想之桥》，2001年。

G. P. Deshpande（ed.）：*50 Years of India-China: Crossing a Bridge of Dreams*，2001.

米拉・辛哈：《中国、世界和印度》，2003年。

Meera Sinha Bhattacharjea：*China the World and India*，2003.

阿贾伊・B. 阿加瓦尔：《印度、西藏和中国：尼赫鲁扮演的角色》，2003年。

Ajay B. Aggarwal：*India, Tibet and China: The Role Nehru Played*，2003.

谭中、耿引曾：《印度与中国：两千年的文明影响与激荡》[②]，新德里，2005年。

Tan Chung and Geng yinzeng：*India and China: Twenty Centuries of Civilizational Interaction and Vibrations*，New Delhi，2005.

狄伯杰：《1904~2004年的印度和中国：一个世纪的和平与冲突》，2005年。

B. R. Deepak：*India and China 1904~2004: A Century of Peace and Conflict*，2005.

余德烁：《公元1至7世纪中印关系史》，新德里，2005年。

Yukteshwar Kumar：*A History of Sino-Indian Relations（1st Century to 7th*

---

① 该书中文版《谭云山与中印文化交流》1998年由香港中文大学出版社出版。

② 该书中文版《印度与中国——两大文明的交往和激荡》2006年由商务印书馆出版。

*Century AD)* , New Delhi, 2005.

余德烁:《轻松快捷学中文》，新德里，2007年。

Yukteshwar Kumar: *Quick and Easy Way to Learn Chinese* , New Delhi, 2007.

V. P. 杜特:《独立以来的中印关系》，2007年。

V. P. Dutt: *Sino-Indian Relations Since Independence*, 2007.

# 索　引

## E



## F



## G



## H



## J



## K



## L

M



N



P



Q



R



S

T



W



X

## Y

## Z



## 数字

# 后 记

《中国印度文化交流史》这部书写完了，总觉得还有一些缺憾。而此时，历史的时针已经指向了2007年8月。于是，别的缺憾都不说了，敬请读者指正和后来者弥补。最大的缺憾是，此书原计划写到2000年，但进入21世纪之后，从2001年到2007年的短短7年间，中印文化交流的历史舞台上，又出现了许多新鲜热闹的场景。我于2000年2月到2002年2月被借调至中国驻印度使馆文化处工作整整两年，亲历了一些中印文化交流的重要事件，留下了终生难忘的记忆，似应在这里说说。

2000年，中印建交50周年。这一年，尽管由于印度核试验带来的阴影还没有完全消除，但双方都已表达了修好的善意。

5月底到6月初，印度总统纳拉亚南应邀对中国进行国事访问，双方达成许多共识。7月下旬，唐家璇外长访印，双方探讨了落实两国领导人达成的共识、推动两国关系继续改善和发展的措施。

这一年，印度的民间友好团体也纷纷组织活动，庆祝中印建交50周年。令我印象至深的是，3~5月，印度各地有许多电影协会，纷纷给使馆来信，一致表示要在各地放映中国电影，在庆祝建交50周年的同时让更多的印度民众了解中国，了解中国文化。印度电影协会联盟秘书U.拉达克里希南先生给了很大帮助。他将这些信息综合起来，除了安排在印度德里、孟买、加尔各答、昌迪加尔、兰契等地由传统关系单位举办中国电影节外，还安排一些新地方，如北方邦的勒克瑙、坎普尔、阿拉哈巴德，拉贾斯坦邦的斋浦尔、焦特布尔，喀拉拉邦的5个中小城市等。他还特地强调：“在每个地方都要提到庆祝中印建交50周年。”当时提供的中国影片主要有《红河谷》、《鸦片战争》、《大辫子的诱惑》、《吾家有女》、《啊！摇篮》和《乐魂》等故事片，以及几部纪录片。活动整整持续了一年。

配合建交50周年的庆祝活动，中国黑龙江艺术团于9月到印度访问演出，尽管当时该团不是中国一流的演出团体，但仍然受到热烈欢迎。在新德里演出时，印度前总统文卡塔拉曼出席并观看了演出。

2001年1月，李鹏委员长访问印度，加强了两国的友谊。是年一二月间，中国画家陈醉等2人访问印度。3月，北京大学教授马克垚、王邦维访问印度。4月，中国国家文物局局长张文彬一行访问印度。5月，以马尔琼为首的西藏自治区对外友协代表团访问印度，受到印中友好协会和印度佛教界人士的盛情接待和欢迎。6月15日，中国学者金鼎汉教授在新德里印度总统府荣获印度总统纳拉亚南亲自颁发的大奖，以表彰其在印地语教学和印地语文学翻译、研究方面的突出成就。12月，前文化部长、著名作家王蒙为首的中国作家代表团访问印度，在印期间，曾在新德里会见印度文学院负责人、在孟买与印度作家代表座谈、参观阿旃陀和爱罗拉石窟、在加尔各答参观泰戈尔故居并主持中国电影周开幕式。

2000~2001年，到印度访问的中国体育代表团很多，有国家网球队、赛艇队、青年女篮队和叶江川、谢军、诸宸等人组成的中国国际象棋队。

2002年1月，朱镕基总理成功访问印度。重庆少儿杂技团随同访问，在新德里、班加罗尔等地演出4场杂技节目。中国小演员的出色表演给印度观众留下极深印象。场场爆满，喝彩声和掌声经久不断，印度多家媒体也给予热情赞扬。许多观众都说:“从来没有看过这么精彩的演出！”“这些小孩都这样身怀绝技，长大了还得了！”

2004年7月，我随民间友好团体去印度考察佛教圣地，回国后写出7集专题片《走近释迦牟尼》。2005年3月，再随摄制组前往拍摄，并目睹了印度近3年来的发展变化。2006年，作为“中印友好年”的一个献礼，该片英文版分别由中央电视台9频道和印度国家电视台播出。

2003年6月，印度总理瓦杰帕伊访华，两国总理签署了《中华人民共和国和印度共和国关系原则和全面合作的宣言》，标志着中印关系进入了全面合作的新阶段。双方还签署了两国文化合作协定2003~2005年执行计划，以及两国在对方首都互设文化中心的备忘录。同时，双方决定，由印方每年出资100万卢比支持中国北京大学印度研究中心的日常工作，印度还将出资5 000万卢比在中国洛阳白马寺修建一座印度风格的佛殿，而中国则在印度尼赫鲁大学建立一所孔子学院。目前，这些工作都在进行中。

2005年4月11日，在中印建交55周年之际，温家宝总理访问印度，提出拓展中印关系的六点建议，其第四点为“扩大文化交流，增进民间往来”，并提出，中方希望举办“中印文化月”，并确定2006年为“中印友好年”。中方还要在年内邀请100名印度青年到中国访问。温总理的建议得到印度政府的积极回应。“中国文化月”首先在印度拉开序幕。11日晚，中国艺术团的一场大型文艺演出在新德里开幕，两国总理都出席观看了演出。12日，“中国艺术展”也在新德里开幕，展出了一批民间乐器、金银器、瓷器和雕塑等。继而，中国电影周等一系列活动陆续展开。印度媒体对这两次活动予以报道，并大加赞扬。印度政府原计划10月在中国举办“印度文化月”活动，后因种种原因推迟到2006年举行。

2006年元旦，中印两国元首和总理分别相互致电，宣布2006年为“中印友好年”。这标志着中印关系已经发展到一个全新的阶段，中印文化交流也将达到一个空前的高潮。

2006年1月1~8日，中国辽宁京剧团应印度国家戏剧学院邀请访问印度，在新德里、班加罗尔等地演出，深受欢迎。1月6日，中国山西民俗艺术展在新德里开幕，也受到媒体和观众的好评。“中印友好年”的文化交流活动由此拉开序幕。

据报道，“中印友好年”拟安排的活动多达50余项，平均每周都有一项活动。而其中文化交流活动是重头戏，除了已经举行的京剧表演和山西民俗艺术展外，还有玄奘纪念堂揭幕仪式、洛阳白马寺印度佛殿落成典礼、互办电影节、互译文学名著、联合举办“中印文化交流”学术研讨会、开展体育交流等。印度方面则把前一年的一些活动挪到友好年来举办，并加大了力度。

1月间，中国中央电视台策划的《玄奘之路》大型系列节目开始启动。1月16日，广东电视台《重走唐僧西行路》的大型节目也于北京人民大会堂召开新闻发布会。这两个电视台的节目陆续播放，迤逦经年。

4月22日，博鳌亚洲论坛2006年年会期间，特设“印度和中国——合作的力量”主题分会，印度工商联合会秘书长阿米特·密特拉、印度著名学者莫汉蒂等发言。

5月26日，北京大学举办“印度节”活动，印度驻华大使苏里宁出席开幕式并发表讲话。该活动为期10天，有印度歌舞演出、学术讲座、印地语演讲比赛等内容。

4月26日，印度建筑风格的佛殿建筑在洛阳白马寺举行奠基典礼。印度驻华大使苏里宁参加典礼并致词。6月15日，工程招标仪式在洛阳举行，18日开始动工前的准备工作。

8月18日，印度著名摄影家诺伊·K.贝尔的摄影展《慈悲之路》在大同展出。

8月25日~9月1日，“印度电影节”首先在北京开幕。电影节期间，放映电影10部。9月8~14日，“印度电影节”在上海继续。10月26~30日，在河南洛阳大学再度举行，放映了5部影片。

9月19~22日，中国玄奘研究中心与中国对外友协和中国佛协等单位联合发起、四川佛协和成都佛协承办的第三届玄奘国际学术研讨会在成都举行。中国学者黄心川先生和孙宝纲先生等近百人参加，印度学者卡马尔·希尔、拉尔·吉出席并发表论文，印度驻华使馆公使罗国栋在开幕式上致祝词。

10月8~17日，百名印度青年访华团成员在北京、西安、广州和上海访问。代表团中的艺术家在北京和西安两地展示了他们的精彩演艺。两国健儿还在广州奥林匹克体育馆进行了数场友谊比赛。

8月29日~9月2日，以印度国际图书托拉斯公司为首的12家印度出版公司在北京参加第13届北京国际图书博览会。

2006年12月26日，《西天诸神》古代印度瑰宝展在北京首都博物馆开幕。印度旅游与文化部长安比卡·索妮和中国外交部副部长戴秉国共同主持了开幕式，为“中印友好年”画上圆满句号。此展在京将展出至2007年2月，然后将于2007年3~5月在郑州河南博物馆、5~7月在重庆三峡博物馆、7~10月在广州南越王博物馆展出。

2007年，中印双方又启动“2007——中印旅游年”的活动。

从以上活动已经可以看出，中印文化交流在近年有逐渐加强和不断升级的趋势。至于中印两国间地方性的、民间的文化交流，已经难以统计其数量和人次。自从2002年3月中印通航以来，去印度的中国人越来越多。最近两年多来，据中国驻印度大使孙玉玺讲，使馆平均每天都要接待一个国内来的代表团。

由于人员往来频繁，那种广义的文化交流正在向更大规模、更深层次扩展。种种迹象表明，21世纪将是中印文化交流的新世纪。

最后，我要在这里真诚鸣谢。

首先感谢季羡林先生。记得那是在1995年的一天，我拿着刚写出的《中国与南亚文化交流志》稿子，送给先生看。先生事先知道此事，但看到那厚厚的一摞稿纸，先生好像很抱歉地说："这个稿子是不是我就不看了。"这时我才觉得自己唐突，30多万字的稿子，要看也得看上好几天，先生那么忙，这不是难为他吗？不免心中有些不安。先生看我有些尴尬，就给我台阶下，说："我看了你这几年写的文章，读了不少书。我相信你这部书能写好。"没等我说话，先生又说："有了这部书的基础，你可以写一本像样的中印文化交流史了。"然后，先生说他自己原先有写一部大部头中印文化交流史的打算，由于头绪太多，事情太杂，只为《神州文化集成》写了一本小册子（指1991年新华出版社出版的《中印文化交流史》）。先生的意思是让我来完成这个工作。我也当即表示，以后一定要写这样一部书。正是因为先生的鼓励和鞭策，我斗胆于10年后动手写这本书。先生的赠书，如《中印文化交流史》、《中印文化关系史论文集》也使我受用无穷。如今，我的这本书虽然完成了，却自知离先生的期望相距尚远。

我还要感谢耿引曾先生。她积平生所学、多年之功，主持完成了上下两卷本的《中国载籍中南亚史料汇编》。当得知我正在撰写《中国与南亚文化交流志》时，她立即将新出版的两本样书赠送给我。不久，她的《汉文南亚史料学》问世，又及时赐赠。这两部书对我撰写《中国印度文化交流史》帮助极大。

我还要感谢林承节先生。他将大作《中印人民友好关系史1851~1949》及时赠我。书中翔实的资料和精当的结论，不仅对我写《中国与南亚文化交流志》帮助极大，而且是写《中国印度文化交流史》第六章的主要参考和征引对象。

我这里还要感谢郭书兰老师。她在南亚所和亚太所工作期间，非常认真仔细地收集整理了两种资料：一是《中印关系大事记》（1987年由中国社会科学院亚洲太平洋研究所作为内部资料印刷），二是《国内主要报刊有关南亚问题（文章）目录索引》（1986年由中国南亚学会作为内部资料印刷）。前者根据《人民日报》、《新华月报》、新华社新闻稿、《中华人民共和国大事记》，以及新华社国际部、外交部亚洲司、文化部外联局和中国对外友好协会资料室等渠道获取的资料按年份（1949~1986）排列。后者根据山东图书馆编辑出版的《全国主要期刊重要资料索引》和上海图书馆编辑出版的《全国报刊索引》，以及一些内部刊物、文集等编写，在分国别的基础上又按学科分类编排。这为本书第七章的撰写提供了极大方便。

我还要感谢很多老师和同学，他们的赠书都使我受益匪浅。

在这里，我还要特别感谢一位远在美国的老师——谭中先生，以及3位远在印度的朋友——印度贝拿勒斯印度教大学的卡马尔·希尔教授、德里大学的沙曼副教授和余德烁副教授。他们为我撰写本书第七章第七节提供了很有价值的材料。尤其是余德烁博士，年轻有为，著作颇丰，为当今印度中国学研究的后起之秀。他于百忙中为我收集资料，达10页之多。

中印友好和中印文化交流岂是一句空话，本书的撰成就是一个例证。

薛克翘

2007年8月5日于京东太阳宫